KB193679

CNB
548
마가복음에 관한 본문 중심의 구속사 관점 강해
가치 체계가 파괴되어 가는 시대를 향한 메시지

마가복음

이 광 호

2023

크리스천
르네상스

지은이 | 이광호

영남대학교와 경북대학교대학원에서 법학과 서양사학을 공부했으며, 고려신학대학원(M.Div.)과 ACTS(Th.M.)에서 신학일반 및 조직신학을 공부한 후 대구 가톨릭대학교(Ph.D.)에서 선교학을 위한 비교종교학을 연구하였다. '홍은개혁신학연구원'에서 성경신학 담당교수를 비롯해 고신대학교, 고려신학대학원, 영남신학대학교, 브니엘신학교, 대구 가톨릭대학교, 숭실대학교 등에서 학생들을 가르쳤으며, 이슬람 전문선교단체인 국제 WIN선교회 한국대표, 한국개혁장로회신학교 교장을 지냈다. 현재는 실로암교회에서 담임목회를 하면서 한국개혁장로회신학교와 부경신학연구원에서 강의하고 있다.

저서

- 성경에 나타난 성도의 사회참여(1990)
- 갈라디아서 강해(1990)
- 더불어 나누는 즐거움(1995)
- 기독교관점에서 본 세계문화사(1998)
- 세계 선교의 새로운 과제들(1998)
- 이슬람과 한국의 민간신앙(1998)
- 아빠, 교회 그만하고 슈퍼하자요(1995)
- 교회와 신앙(2002)
- 한국교회 무엇을 개혁할 것인가(2004)
- 한의 학제적 연구(공저)(2004)
- 세상속의 교회(2005)
- 한국교회의 문제점과 극복방안(공저)(2005)
- 교회, 변화인가 변질인가(2015)
- CNB 501 에세이 산상수훈(2005)
- CNB 502 예수님 생애 마지막 7일(2006)
- CNB 503 구약신학의 구속사적 이해(2006)
- CNB 504 신약신학의 구속사적 이해(2006)
- CNB 505 창세기(2007)
- CNB 506 바울의 생애와 바울서신(2007)
- CNB 507 손에 잡히는 신앙생활(2007)
- CNB 508 아름다운 신앙생활(2007)
- CNB 509 열매 맺는 신앙생활(2007)
- CNB 510 웨스트민스터 신앙고백(2008)
- CNB 511 사무엘서(2010)
- CNB 512 요한복음(2009)
- CNB 513 요한계시록(2009)
- CNB 514 로마서(2010)
- CNB 515 야고보서(2010)
- CNB 516 다니엘서(2011)
- CNB 517 열왕기상하(2011)
- CNB 518 고린도전후서(2012)
- CNB 519 개혁조직신학(2012)
- CNB 520 마태복음(2013)
- CNB 521 히브리서(2013)
- CNB 522 출애굽기(2013)
- CNB 523 목회서신(2014)
- CNB 524 사사기, 룻기(2014)
- CNB 525 옥중서신(2014)
- CNB 526 요한 1, 2, 3서, 유다서(2014)
- CNB 527 레위기(2015)
- CNB 528 스코틀랜드 신앙고백서(2015)
- CNB 529 이사야(2016)
- CNB 530 갈라디아서(2016)
- CNB 531 잠언(2017)
- CNB 532 욥기(2018)
- CNB 533 교회헌법해설(2018)
- CNB 534 사도행전(2018)
- CNB 535 소선지서(I)(2018)
- CNB 536 소선지서(II)(2019)
- CNB 537 시대 분별과 신학적 균형(2019)
- CNB 538 역대상, 하(2019)
- CNB 539 누가복음(2020)
- CNB 540 신명기(2021)
- CNB 541 아가서(2021)
- CNB 542 베드로전서(2021)
- CNB 543 전도서(2021)
- CNB 544 예레미야, 예레미야애가(2022)
- CNB 545 여호수아(2022)
- CNB 546 데살로니가전후서(2022)
- CNB 547 에스라, 느헤미야, 에스더(2023)

역서

- 모슬렘 세계에 예수 그리스도를 심자(Charles R. Marsh, 1985년, CLC)
  - 예수님의 수제자들(F. F. Bruce, 1988년, CLC)
  - 치유함을 받으라(Colin Urquhart, 1988년, CLC)

홈페이지 http://siloam-church.org

마가복음

CNB 548

마가복음

A Study on the Book of Mark
by Kwangho Lee
Copyright ⓒ 2023 by Kwangho Lee

Published by the Church & Bible Publishing House

초판 인쇄 ｜ 2023년 5월 8일
초판 발행 ｜ 2023년 5월 15일

발행처 ｜ 크리스천 르네상스
주소 ｜ 경기도 안산시 단원구 와동로 5길 301호
전화 ｜ 070-4894-7722
등록번호 ｜ 2019-000004
등록일자 ｜ 2019년 1월 31일

발행인 ｜ 정영오
지은이 ｜ 이광호
편집주간 ｜ 송영찬
편집 ｜ 신명기
디자인 ｜ 조혜진

총판 ｜ (주) 비전북출판유통
주소 ｜ 경기도 고양시 일산구 장항동 568-17호 (우) 411-834
전화 ｜ 031-907-3927(대)   팩스 031-905-3927

저작권자 ⓒ 2023 이광호

이 책의 저작권은 저자에게 있습니다.
내용의 일부를 발췌 및 배포할 경우
서면에 의한 저자와 출판사의 허락을 받으십시오.

값은 표지에 있습니다.
파손된 책은 구입처나 출판사에서 교환해 드립니다.
ISBN 979-11-980535-3-4   93230

Printed in Seoul of Korea

CNB카페 ｜ http://cafe.daum.net/C.N.B.(교회와 성경)

CNB 시리즈
서 문

CNB The Church and The Bible 시리즈는 개혁신앙의 교회관과 성경신학적 구속사 해석에 근거한 신·구약 성경 연구 시리즈이다.

이 시리즈는 보다 정확한 성경 본문 해석을 바탕으로 역사적 개혁 교회의 면모를 조명하고 우리 시대의 교회가 마땅히 추구해야 할 방향을 제시함으로써 교회의 삶과 문화를 창달하는 것을 그 목적으로 하고 있다.

따라서 이 시리즈는 진지하게 성경을 연구하며 본문이 제시하는 메시지에 충실하고 있다. 그렇다고 이 시리즈가 다분히 학문적이거나 또는 적용이라는 의미에 국한되지 않는다. 학구적인 자세는 변함 없지만 궁극적으로 하나님의 나라를 지향함에 있어 개혁주의 교회관을 분명히 하기 위해 보다 더 관심을 가진다는 의미이다.

본 시리즈의 집필자들은 이미 신·구약 계시로써 말씀하셨던 하나님께서 지금도 말씀하고 계시며, 몸된 교회의 머리이자 영원한 왕이신 그리스도께서 지금도 통치하시며, 태초부터 모든 성도들을 부르시어 복음으로 성장하게 하시는 성령께서 지금도 구원 사역을 성취하심으로써 창세로부터 종말에 이르기까지 거룩한 나라로서 교회가 여전히 존재하고 있음을 그 무엇보다도 중요하게 여기고 있다.

아무쪼록 이 시리즈를 통해 계시에 근거한 바른 교회관과 성경관을 가지고 이 땅에 진정한 그리스도인의 삶과 문화가 확장되기를 바라는 바이다.

시리즈 편집인

송영찬 목사, 교회와성경 편집인, 샤론수교회, M.Div.
이광호 목사, 한국개혁장로회신학교 교장, 실로암교회, Ph.D.

마가복음

머리말

1981년 교회를 위한 전임 사역자로 봉사하기 시작한 지 40여 년이 지났다. 그리고 1989년 목사 안수를 받은 후 30년이 훨씬 넘는 기간 동안 줄곧 현재 목회하고 있는 실로암교회와 더불어 살아왔다. 목사로서 감당해야 할 가장 중요한 직무는 성경을 올바르게 이해하기 위한 연구와 그 결과를 기초로 매 주일 공 예배 가운데 설교하며 가르치는 일이었다.

수십 년이 지나는 동안 신구약 성경 거의 전체를 설교하거나 강의하며 가르쳐 왔다. 그 가운데 많은 경우는 교회를 위해 원고를 작성해 정리했다. 구약성경 39권 가운데 많은 서책을 강해서로 출판하고, 이제 〈민수기〉, 〈에스겔서〉, 〈시편〉을 남겨 두고 있다. 그리고 이번에 〈마가복음〉을 내놓음으로써 신약성경 27권 전체 강해를 완성하게 되었다. 하나님께서 부족한 자의 생명을 좀 더 연장해 주시거나 주님의 재림이 늦어진다면 수년 내에 신구약 성경 전체 강해서가 마무리될 것 같다.

우리는 하나님의 말씀의 권위가 극도로 약화되어 가는 안타까운 시대에 살아가고 있다. 매주 성경 본문을 설교해야 할 지상 교회에서 마저 성경이 뒷전으로 밀려나고 있는 실정이다. 오직 하나님으로부터 주어진 계시인 말씀을 통해 모든 진리가 선포되어야 하지만, 어리석은 자들은 인간의 이성과 경험을 배경으로 하는 종교적인 환경에 의지해 가르침을 베풀고자 한다.

따라서 과거 믿음의 선배들이 그토록 강조해온 '오직 성경'(sola scriptura)의 원리가 무색하게 되어버렸다. 타락한 현대 기독교 가운데는 하나님으로부터 계시로 주어진 말씀보다 세속적인 판단이 더 중요하게 인식되고 있다. 잘못된 교회 지도자들은 하나님의 말씀인 성경보다 더 흥미로운 다양한 프로그램들을 만들어 교회 내부에 도입하기를 좋아한다. 음악이나 미술, 스포츠, 각종 놀이 등을 활성화함으로써 교인들의 관심을 끌고자 하는 것이다.

그로 말미암아 세속적인 풍조와 유행들이 기독교적인 외양으로 채색되어 교인들에게 잘못된 영향을 끼치게 된다. 하지만 그런 것들은 성경에 기울여야 할 관심을 다른 곳으로 돌리게 하는 매우 위태로운 역할을 할 우려가 있다. 따라서 다가오는 시대에는 하나님으로부터 계시로 주어진 성경 말씀이 다시금 교회의 중심에 굳건히 자리 잡도록 해야만 한다.

신약성경 복음서는 이땅에 오신 하나님의 아들이신 예수님과 그의 구속 사역에 관한 내용을 총체적으로 보여주고 있다. 마태, 마가, 누가, 요한 복음은 하나님의 아들이신 예수 그리스도에 관하여 계시로 주어진 진리의 말씀이다. 한 권의 복음서가 아니라 네 권의 복음서가 지상 교회에 주어진 것은 예수님과 그의 사역을 다양한 각도에서 입체적으로 보여주는 의미가 담겨 있다. 그로 말미암아 더욱 풍성한 복음의 실상을 드러내 보이고 있는 것이다.

신약의 복음서들 가운데, 마태복음은 '아브라함과 다윗의 자손 예수 그리스도'로 시작한다. 또한 누가복음은 '이방인 데오빌로 각하에게 쓴 편지'라는 말로 출발한다. 요한복음은 하나님께서 우주 만물을 창조하시기 전인 '태초에 계신 말씀'으로부터 시작하여 주님에 관한 내용을 기록하고 있다.

그에 비해 마가복음은 예수님의 공사역으로부터 시작하고 있다. 그 첫머리에는 세례 요한이 요단강 세례와 더불어 언약의 자손들을 향해 예수님에 관한 진리를 선포하는 내용이 나온다. 이어서 만왕의 왕으로 오신 예수께서 사탄에 의해 시험받는 것과, 갈릴리 지역에서 하나님의 복음을 선포하시는 사역을 소개하고 있다. 또한 예수님의 다양한 활동과 더불어 예루살렘에 왕으로 입성하신 그가 모진 고난과 함께 십자가 사역을 감당하신 사건 및 부활 승천에 관한 내용을 담고 있다.

이 책을 접하는 성도들이 하나님의 말씀에 대한 이해가 더욱 풍성해지기를 바란다. 그동안 출판을 위해 모든 노력을 아끼지 않은 친구 송영찬 목사님께 깊이 감사드린다. 그리고 부족한 교사임에도 불구하고 격려를 아끼지 않은 실로암교회 성도들과 한국개혁장로회신학교 학생들에게 고마운 마음을 전한다.

또한 이 책을 먼저 읽고 교정을 보며 수고해 주신 여러분이 계신다. 아내 정정희와 김지분, 최은숙 자매에게 감사한 마음을 남긴다. 한편 병상에 누워계시는 어머니께서 교정을 보는 일에 참여하지 못한 점이 큰 아쉬움으로 남는다. 90세가 넘은 고령임에도 불구하고 아들의 책을 미리 읽으며 틀린 글자를 찾아내는 일을 좋아하셨는데 이번에는 그럴 수 없었다.

21세기 초엽에 뒤얽혀버린 지구촌이 갈피를 잡지 못한 채 더욱 심하게 흔들리는 모습을 보게 된다. 인간들의 전반적인 가치 체계가 파괴되어가는 시대적 현상 때문이다. 이와 같은 안타까운 양상은 지상 교회 가운데도 그대로 나타나고 있다. 주님께서 재림하실 날이 크게 멀지 않은 듯한 조짐들이 여기저기 나타나는 혼돈의 시대에 하나님의 말씀이 제 위치를 회복하게 될 날이 속히 이르기를 바라는 마음 간절하다.

"아멘, 주 예수여, 오시옵소서"(계 22:20).

2023년 봄
실로암교회 서재에서
이광호 목사

12

차 례

제1장

하나님의 아들 예수 그리스도와 세례 요한

(막 1:1-13)

1. 하나님의 아들 예수 그리스도 (막 1:1)

마가복음의 맨 앞부분에서는 '하나님의 아들 예수 그리스도 복음의 시작'이라는 사실을 선언적으로 언급하고 있다. 이 짧은 한 문장 가운데는 예수님에 관한 많은 증언들이 포함되어 있다. 인간의 모습을 한 그의 존재를 성경이 증거하고 있는 것이다.

하나님께서 계시한 성경의 내용은 먼저 예수님이 '하나님의 아들'이라고 했다. 여기서 하나님의 아들이라는 의미는 그가 곧 성자 하나님이라는 사실을 말해준다. 이는 예수님이 하나님으로부터 난 자로서 타락한 이 세상에서 출생한 보통 사람들과는 달리 하나님과 동일본질의 속성을 지닌 분임을 입증하고 있다. 즉 그 말씀은 예수님이 곧 하나님이라는 사실을 증거하고 있는 것이다.

우리는 또한 여기서 삼위일체 하나님에 관한 중요한 깨달음을 가지게 된다. 성경은 성부 성자 성령 삼위일체 하나님에 관한 구체적인 교훈을 주고 있다. 창세 전에 하나님의 선택을 받은 언약의 자손들은 아버지와 아들과 성령 곧 삼위일체 하나님으로부터 세례를 받게 된다는 사실이 증거되고 있다(마 28:19, 참조).

그리고 복음서에는 예수님이 그리스도라는 사실을 밝히고 있다. 하나님께서 구약시대에 계시로 주신 말씀을 통해 장차 보내기로 약속하신 메시아가 예수님이라는 것이다. 하나님이신 그가 인간이 되어 이땅에 와서 죄에 빠진 자기 백성들을 구원하실 분이다. 사도 바울은 갈라디아 교회에 보내는 편지에서 그 점을 분명히 증거하고 있다.

> "때가 차매 하나님이 그 아들을 보내사 여자에게서 나게 하시고 율법 아래 나게 하신 것은 율법 아래 있는 자들을 속량하시고 우리로 아들의 명분을 얻게 하려 하심이라" (갈 4:4, 5)

하나님께서 작정하신 때가 이르게 되어 구약을 통해 계시된 약속의 메시아가 이땅에 오시게 되었다. 하나님께서 그 아들이신 성자 하나님을 인간인 여자의 몸을 통해 이땅에 보내셨다. 그는 완벽한 '하나님의 아들'(the Son of God)인 동시에 그의 모친인 마리아를 통해 이땅에 오신 완벽한 '사람의 아들'(the Son of Man)이었다.

하나님께서 친히 인간의 몸을 입고 이땅에 오신 것은 사탄에 의해 멸망의 구렁텅이에 빠진 아담의 자손들을 구하기 위해서였다. 언약의 자손들에게 그것은 '복된 소식'이었다. 그리하여 성경은 그와 같은 은혜의 상황을 '복음의 시작'이라 언급하고 있다. 즉 인간들에게 허락된 구체적인 '복음의 시작'은 성자 하나님이 예수 그리스도로서 인간의 몸을 입고 이땅에 오신 것에 직접 연관되어 있다. 물론 그 의미 가운데는 하나님의 아들이신 예수 그리스도가 곧 복음의 원천이 된다는 사실을 말해주고 있다.

2. 선지자 이사야의 예언 (막 1:2, 3)

복음서 기자는 오래전 선지자 이사야가 예수 그리스도를 증거로 제시하기 위해 기록한 예언의 말씀을 보라고 했다. 예수님은 아무런 예고 없이 갑자기 이 세상에 오시지 않았다. 하나님께서는 전 구약시대에 걸쳐 장차 오실 메시아에 대한 구체적인 예언을 하셨다. 특히 이사야서에는 왕으로 오실 메시아를 위해 미리 등장하여 그의 길을 예비하는 특별한 사신이 오게 될 것에 관한 기록을 남기고 있다.

> "보라 내가 내 사자를 네 앞에 보내노니 저가 네 길을 예비하리라 광야에 외치는 자의 소리가 있어 가로되 너희는 주의 길을 예비하라 그의 첩경을 평탄케 하라"(막 1:2, 3); "외치는 자의 소리여 가로되 너희는 광야에서 여호와의 길을 예비하라 사막에서 우리 하나님의 대로를 평탄케 하라"(사 40:3)

선지자 이사야는 예수께서 이땅에 왕으로 오셔서 자신을 공적으로 드러내시기 전에 먼저 특별한 사신이 와서 준비 작업을 하게 된다는 사실을 예언했다. 그는 보통 신분을 가진 자가 아니라 특별한 공적인 직함을 가지게 된다. 따라서 그 사신은 왕보다 앞서 백성들 앞에 나타나 뒤에 오실 왕의 길을 예비해야만 했다. 그가 오시는 행로는 사막과 같이 험준하여서 그곳을 평탄하게 하여 대로(大路)로 만들어야 했다. 그 직무를 감당하는 가운데 그는 왕이신 메시아가 오고 계신다는 사실을 큰 소리로 외쳐야 했다.

마가복음에는 구약성경에 예언된 대로 왕이 공적으로 등장하기 전에 그의 길을 평탄케 하는 사신이 와서 행하는 일을 언급하고 있다. 왕의 사신이 먼저 와서 저에게 맡겨진 책무를 감당함으로써 하나님의 약속이 성취되어 가는 모습을 보여준다는 것이었다. 이처럼 하나님의 아들이 메시아로서 이땅에 오시는 것은 시대에 따른 역사적 상황에 따라 이루어진 것이 아니라 하나님의 섭리 가운데 진행되어 왔다.

3. 세례 요한의 사역 (막 1:4-7)

(1) 구약의 예언 성취(막 1:4, 5)

선지자 이사야가 예언한 대로 세례 요한이 특별한 사신이 되어 언약의 백성들을 향해 메시아가 오심을 외치며 선포했다. 그는 예수님이 보내신 이가 아니라 하나님께서 친히 보내신 사신이었다(막 1:2, 참조). 우리는 여기서 그가 아론의 후손으로 제사장 가문에 속한 인물이란 사실을 기억해야 한다(눅 1:5-13). 세례 요한은 거룩한 하나님과 타락한 죄인인 인간 사이를 중재하는 제사장 가문에 속해 있었다.

이는 매우 중요한 언약적 의미를 지니고 있다. 구약시대 레위인들과 아론 자손 제사장들의 직무는, 왕통을 잇고 있으면서 장차 오시게 될 메시아를 위한 통로가 될 유다 지파를 보좌하는 성격을 띠고 있었기 때문이다. 제사장 가문의 세례 요한이 왕으로 오시는 예수 그리스도의 사신으로서 백성들에게 미리 선포하고 외치는 것은 그에 밀접하게 연관되어 있다.

세례 요한은 언약의 자손들을 향해 곧 등장하게 될 메시아를 기억하며 회개하여 죄를 뉘우치라고 외쳤다. 그런데 그는 모든 중요한 언약적 시설과 영향력 있는 사람들이 모여 사는 예루살렘에서 메시아인 왕의 등장을 선포하지 않았으며 사람들이 많은 다른 대도시에서 외치지도 않았다. 더군다나 여러 사람이 몰려드는 시장 어귀에서 그 사실을 선포하지도 않았다.

그는 오히려 사람들이 드문 광야 곧 한적한 사막 같은 곳에서 왕이 오신다는 사실을 선포했다. 외로운 형편 중에 이제 곧 영원한 왕이 등장할 것이니 죄 사함을 받기 위해 세례를 받으라고 촉구했다. 이는 세상의 모든 사람이 죄인이라는 기본적인 사실을 전제하고 있다. 인간들은 하나님 앞에서 그 모든 죄를 용서받아야만 하는데 그 일을 감당하시게 될 왕이 오신다는 것이었다.

그렇다면 왜 세례 요한은 사람들이 많이 모인 예루살렘 성읍이나 성전 앞 혹은 도시의 시장 같은 데서 왕이신 메시아를 선포하지 않고 인적이 드문 광야에서 그에 관한 사실을 선포했을까? 이는 인간들의 판단이 아니라 하나님께서 친히 그 모든 일을 주관하고 계신다는 점을 보여주고 있다. 즉 인간들의 지혜나 전략에 근거하여 하나님의 아들인 메시아 사역이 시작된다고 선포하지 않은 것이다.

그러므로 그에 연관된 놀라운 일이 발생했다. 요한은 하나님의 특별한 사신으로서 인적이 드문 광야에서 왕이 오신다는 사실을 선포했으나 그 소식은 곧장 예루살렘과 유대 지방으로 퍼져나갔다. 따라서 당시 언약의 땅인 가나안 전역에서 그가 있는 곳으로 사람들이 몰려들었다. 예루살렘을 비롯한 유대 온 지방으로부터 백성들이 그에게 나아왔다.

세례 요한이 요단강 주변에 머물고 있을 때 많은 사람이 그 앞으로 나아와 자기 죄를 자복했다. 여기서 말하는 죄란 사사로운 일반적인 범죄행위를 일컫지 않는다. 그들은 인간의 근본적인 죄 문제를 해결하지 않으면 하나님 앞으로 나아갈 수 없다는 사실을 깨닫고 있었다. 그리하여 많은 백성이 요단강에서 죄 사함과 연관된 세례를 받게 되었다.

(2) 세례 요한의 모습과 복음 전파(막 1:6, 7)

왕이신 예수 그리스도의 특별한 사신인 세례 요한은 범상치 않은 모습을 하고 있었다. 그는 평상적인 사신의 복식을 갖추고 있지 않았다. 왕의 사신으로 먼저 보냄을 받아 직무를 감당하는 인물이라면 상당한 권위를 보여주는 그에 걸맞은 근엄하고 멋진 옷차림을 하는 것이 일반적이다.

하지만 세례 요한의 복식은 전혀 그렇지 않았다. 그는 낙타털가죽으로 만든 외투를 입고 허리에는 가죽 띠를 띠고 있었다. 이는 그의 의상이 허름한 모습이었음을 말해주고 있다. 즉 외견상 보기에 그는 전혀 왕으로부터 보냄을 받은 중요한 직무를 맡은 사신으로 보이지 않았다. 그는 오히려 대수롭지 않은 낭인(浪人)처럼 비쳤을 따름이다.

그리고 그가 먹는 음식은 왕궁이나 고위 공직자들의 화려한 음식이 아니었다. 나아가 당시 사람들이 먹는 일상적인 음식에도 미치지 못했다. 그 대신 그는 사람들이 즐겨 먹지 않는 광야에 서식하는 곤충인 메뚜기를 식량으로 삼았다. 그리고 야생에서 나는 석청(石淸)을 먹으며 생활했다. 석청은 사람들이 치는 좋은 꿀이 아니라 산속의 나무나 바위틈에서 야생벌이 생산한 꿀이다.

이는 왕의 사신으로서 책무를 감당해야 하는 세례 요한이 밥상에 차려진 그럴듯한 음식이 아니라 눈에 띄는 대로 곤충을 잡아먹고 야생 꿀을 먹고 생계를 이어갔음을 의미하고 있다. 물론 그가 한평생 그렇게 살았다는 의미가 아니라 예수께서 왕으로 자기를 드러내기 전 일정 기간 그런 생활을 했음을 말해준다. 그렇다고 할지라도 그는 외견상 보기에 별다른 권위가 있어 보이지 않았다.

그와 같은 복식을 한 채 광야에서 낭인과 같은 생활을 하며 왕의 오심을 선포하는 요한의 말을 귀담아듣는 사람들이 복 있는 자들이다. 그 외침을 주의를 기울여 듣는 사람들은 개인의 인위적인 판단 때문이 아니라 하나님의 인도하심에 따라 그렇게 한 것으로 이해해야 한다. 이는 하나님의 복음의 소중함으로 인해 겉보기에 화려함에 이끌리는 자들을 견제하는 의미를 지니고 있다.

그런 환경 가운데서 세례 요한은 자기 뒤에 엄청난 권능을 가진 이가 뒤따라오게 된다는 사실을 선포했다. 그는 워낙 크신 분이기 때문에 자기는 감히 그의 신발의 끈을 푸는 일조차 감당하지 못한다고 했다. 이는 이제 곧 전지전능하신 하나님의 아들이 온 세상을 통치하는 왕으로 오신다는 사실을 선포하고 있다.

4. 세례와 더불어 등장하시는 만왕의 왕 (막 1:8-13)

(1) 요한의 세례와 예수님(막 1:8, 9)

세례 요한은 자기에게 나아오는 자들을 위해 요단강에서 세례를 베풀었다. 요단강 세례는 구속사적인 특별한 의미를 지니고 있다. 즉 왕이신 예수님의 사신으로서 그가 베푸는 세례는 오직 요한만 베풀 수 있는 세례였다. 그리고 그 후 일시 동안 예수께서도 요단강에서 직접 세례를 베푸시며 회개를 촉구했다. 따라서 왕이신 그리스도가 언약의 백성 앞에 공식적으로 등장하는 전후에 그 세례가 잠깐 베풀어진 후 완료되었다.

그러므로 요한의 세례는 그 후에 있을 교회의 세례와는 다른 의미를 지니고 있다. 즉 성찬과 더불어 시행되는 보편교회의 신앙공동체 가운데 베풀어지는 세례와는 차이가 난다. 물론 옛사람이 죽고 새사람으로 태어나는 근원적인 성격은 같을지라도 그 기능은 상이했다. 교회공동체 가운데 베풀어지는 세례는 교회의 회원을 위한 필수 절차이다. 즉 세례를 통해 교회의 구성원이 됨으로써 예수 그리스도의 지체가 되는 것이다.

그런데 세례 요한이 요단강에서 세례를 베푸는 동안 갈릴리 나사렛으로부터 예수께서 나아와 요한으로부터 세례를 받으셨다. 그것을 통해 예수님이 공적으로 역사의 전면에 등장하시게 된다. 여기서 우리가 간과하지 말아야 할 점은 죄 없으신 거룩한 왕인 예수님이 죄인들이 받는 자리에서 세례를 받으셨다는 사실이다.

이는 그가 다른 사람들처럼 죄인이었기 때문에 세례를 받으신 것이 아니라 죄인이 아니면서 스스로 자신을 죄인의 자리에 놓으신 사실을 말해주고 있다. 즉 죄인이 아니었으나 자신을 죄인의 자리에 놓고 세례를 받으신 것은 요한의 세례와 함께 스스로 낮아져 친히 죄인의 모든 것을 체휼하셨음을 의미하고 있다. 이를 통해 우리가 알 수 있는 것은 하나님 아들이신 거룩한 왕이 죄인인 인간들을 구원하시기 위해 이땅에 오셨다는 놀라운 사실이다.

(2) 하늘의 증거(막 1:10, 11)

인간의 몸을 입으신 예수님이 하나님의 아들이라는 사실은 이 세상에서 증거가 있기 전에 하늘로부터 먼저 선포되었다. 그것은 거룩한 천상의 나라에서 타락한 이 세상을 향해 전해졌다. 지구와 그 안에 사는 모든 인간은 그 천상의 소리를 들어야만 했다.

죄 없는 거룩한 예수께서 자신을 죄인인 인간으로 낮추어 세례를 받으셨다. 그에게 세례를 베푼 요한은 자기가 거룩한 왕인 그로부터 세례를 받아야 하는 터에 어떻게 죄인인 자기가 그렇게 할 수 있느냐며 당황스러워했다. 그러자 주님께서는 주저하지 말고 자기에게 세례를 베풀어 하나님의 선을 이루라는 명을 내리셨다(마 3:13-15). 그리하여 죄와 아무런 상관이 없는 예수께서 세례를 받으시게 되었다.

인간의 몸을 입으신 하나님의 아들 예수 그리스도께서는 세례를 받으면서 요단강 물 속에 잠겼다가 올라오실 때 하늘이 갈라지고 성령이 비둘기같이 자기에게 임하는 것을 보셨다. 이에 대해서는 거기 모인 사람들이 눈으로 목격한 것이 아니라 하나님의 아들이신 주님께서 보신 것이다. 이는 세례를 통해 성자 하나님과 성령 하나님의 공적인 사역이 시작되었음을 말해주고 있다.

우리가 여기서 기억해야 할 바는 성령이 비둘기 같이 내려왔다는 말이 비둘기의 모습으로 왔다는 의미가 아니라는 사실이다. 즉 그것은 비둘기와는 아무런 상관이 없는 것으로 이해하는 것이 옳다. 이 표현은 마치 비둘기가 소리 없이 사뿐히 땅에 내려앉듯이 성령께서 예수님께 임하시게 된 사실을 말해주고 있다.

그때 천상에 계시는 성부 하나님께서 성자이신 예수님을 향해 '너는 내 사랑하는 아들이라'라고 말씀하심으로써 그의 존재가 세상에 선포되었다. 그리고 '내가 너를 기뻐하노라'라는 말씀을 통해 성부와 성자 하나님 사이의 완벽한 사랑의 관계를 드러내 보여주고 있다.

요단강에서 있었던 성령이 예수님께 임하는 그 역사적 사실은 인간들이 육안으로 볼 수 있는 것이 아니었다. 하지만 하늘에서 선포하는 그 소리는 주변 사람들이 들을 수 있었던 것으로 이해할 수 있다. 이를 통해 하나님께서 이 세상에 보내신 메시아인 성자 하나님의 존재가 분명히 드러나게 되었다.

우리는 여기서 삼위일체 하나님의 존재와 상호 관계를 깨닫게 된다. 천상에 계시는 성부 하나님과 이 세상에 인간의 모습으로 오신 성자 하나님, 그리고 세례받으실 때 그에게 임한 성령 하나님이 삼위(三位, three persons)인 동시에 일체(trinity)를 이루고 있음을 알게 되는 것이다. 예수님의 공사역이 시작되는 초기에 그 사실이 언약의 백성을 향해 선포된 것은 매우 중요한 의미를 지니고 있다.

(3) 광야에서 시험받으신 왕(막 1:12, 13)

성자 하나님이신 예수 그리스도가 왕의 사역을 시작하면서 하나님의 자녀들뿐 아니라 사탄을 향해서도 그 실상이 선포되어야 했다. 그리하여 성령 하나님께서는 그를 광야로 나가도록 인도하셨다. 거기서 첫번째 사람 아담을 유혹하여 범죄에 빠뜨린 사탄에 대한 심판을 선언하고자 했기 때문이다.

예수께서는 들짐승들과 함께 사십일 간 광야에 계시면서 식음을 전

폐한 채 금식하셨다. 그로 인해 인간의 몸을 입으신 그가 배가 고파 고
통스러운 지경에 놓이게 되었다. 그때 사탄이 굶주린 예수님 앞으로 나
와 몇 가지 시험을 하셨다. 그것은 성자 하나님 곧 '하나님의 아들'이
신 그의 존재에 대한 무모한 시험이었다(마 4:1-11, 참조).

그 가운데 첫번째 시험은, 만일 그가 '하나님의 아들'이라면 돌들에
명하여 떡이 되게 해보라는 것이었다. 성자 하나님이면서 무엇 때문에
그렇게 배고픈 상태로 고생하느냐며 비아냥대고 있었다. 그리고 만일
그가 '하나님의 아들'이라면 성전 꼭대기에서 뛰어내려 보라고 했다.
하나님의 성전 곧 자기 집 꼭대기에서 그렇게 해도 다치지 않는 것을
사람들이 보면 감동하지 않겠느냐는 것이었다. 또한 예수님을 높은 산
위로 데리고 올라가 천하만국을 보여주며 만일 자기에게 경배하면 그
모든 것을 돌려주리라고 했다. 그러나 예수께서는 하나님이신 자기를
시험하는 사탄을 엄하게 책망하며 그의 모든 요구를 거절했다. 예수께
서는 사악한 사탄을 자신의 대화 상대로 인정하지 않으셨다.

사탄은 음식을 먹지 않아 굶주려 기진맥진한 예수님을 이용하려 했
다. 또한 거룩한 성전의 의미를 알고 있는 자기가 시키는 대로 그의 신
적 존재를 나타내보라고 유혹했다. 그리고 성자 하나님이 이 세상에 온
목적은 아담으로 인해 자기에게 빼앗긴 모든 것들을 회복하는 것인데
자기에게 경배하여 쉬운 방법으로 그렇게 하라고 했다.

그 모든 것이 사악한 사탄의 술수라는 사실을 예수께서는 잘 알고 계
셨다. 첫 사람 아담에게 교묘한 술수를 써서 유혹에 성공한 경험이 있
는 사탄은 두 번째 아담으로 이땅에 오신 예수님을 유혹하고자 했다.
하지만 하나님의 아들이신 그는 그 술책에 넘어가지 않았다. 이렇게 하
여 인간의 몸을 입으신 성자 하나님은 그 상황을 극복하고 승리를 거두
시게 되었다. 그때부터 심판에 직면한 악한 사탄은 물러가고 천사들이
나아와 왕이신 그를 보필하며 수종을 들게 되었다.

제2장

하나님의 복음 선포와 제자들을 부르심

(막 1:14-28)

1. 세례 요한의 체포와 예수님의 복음 선포 (막 1:14, 15)

공중 권세로 오염된 세상을 장악하고 있던 사탄은 이땅에 하나님의 아들이 오시는 것에 대하여 강력하게 저항했다. 이미 이 세상에 와 계시는 예수님이 조만간 만왕의 왕으로 선포된다는 것은 사탄에게 엄청난 타격이 아닐 수 없었다. 따라서 그의 오심을 안내하는 사신으로 임명받은 세례 요한을 용납하지 않으려고 했다.

사탄은 어떻게 해서든지 그의 사역을 훼방하려고 애썼다. 하지만 그것은 결코 쉬운 일이 아니었다. 왕의 공적인 등장에 앞서 그의 길을 평탄케 하는 세례 요한은 많은 백성으로부터 존경받는 인물이었기 때문이다. 적어도 그는 개인적인 욕망을 채우기 위해 온갖 사악한 일들을 도모하는 자들과 같지 않았다.

그러므로 사탄에게 속한 자들은 세례 요한을 처치하기 위하여 적당한 명분을 만들어내야 했다. 당시 요한은 유다 백성들 가운데 정치적 권력을 가진 자들과 배도에 빠진 종교지도자들에게 동조하지 않았으며 협조적인 자세를 취하지 않았다. 도리어 그는 언약의 백성들 가운데서 악을 행하는 자들의 죄를 지적하기를 서슴지 않았다.

그와 같은 상황에서 이스라엘 민족의 중요한 정치지도자였던 분봉왕 헤롯이 자기 동생의 아내 헤로디아를 가로채는 일이 발생했다. 그것은 결코 있을 수 없는 악행이었으나 기득권층에 빌붙어 있던 자들은 그 악한 일을 지적하기는커녕 도리어 철저히 함구하며 비굴한 태도를 보이고 있었다.

하지만 세례 요한은 그에 대한 죄를 지적하며 강하게 책망했다. 그로 말미암아 큰 불편을 느끼던 헤롯 왕은 그에게 다른 부당한 죄목을 뒤집어씌워 요한을 체포해 감옥에 가두었다. 우리는 그와 같은 범법 행위를 보면서도 모르는 체 입을 다물고 있던 종교지도자들을 통해 당시의 총체적인 타락상을 엿볼 수 있다.

> "분봉왕 헤롯은 그의 동생의 아내 헤로디아의 일과 또 자기가 행한 모든 악한 일로 말미암아 요한에게 책망을 받고 그 위에 한 가지 악을 더하여 요한을 옥에 가두니라"(눅 3:19, 20)

사탄의 세력은 왕으로 오시는 예수 그리스도의 길을 예비하는 특별한 사신인 세례 요한을 체포하여 감옥에 가두는 악행을 저질렀다. 그런데 예수께서 왕으로 오시는 일에 연관된 하나님의 모든 사역을 전면에서 훼방하는 자들은 순수 이방인들이 아니었다. 그들은 입술로는 하나님을 안다고 떠벌렸으나 실상은 왜곡된 이단 사상을 가진 배도자들이었다.

이처럼 하나님께서 보내신 사신을 억압하는 원수들은 외부인들이 아니라 이스라엘 내부에 잠입해 들어온 자들이었다. 그들이 하나님으로부터 특별한 사명을 부여받은 사신을 체포해 가두었다는 것은 사실상 전쟁을 선포하는 것과 마찬가지였다. 따라서 예수께서 만왕의 왕으로 선포되기 시작한 시기에 이미 심각한 전운(戰雲)이 감돌고 있었다.

또한 우리가 여기서 각별한 주의를 기울여 생각해 보아야 할 바는, 악한 자들의 세력이 세례 요한을 체포해 투옥한 것은 그를 사신으로 보내신 하나님과 왕이신 예수님에 대한 적극적 도전행위였다는 사실이다. 그들은 그것을 통해 요한뿐 아니라 그 뒤에 오시는 왕을 직접 모독했다. 공의를 위한 요한의 부르짖음과 외침이 왕의 길을 예비하는 성격을 지니고 있었으나 악한 자들은 도리어 부당한 방법으로 대응했다.

그러므로 예수께서는 "때가 찼고 하나님 나라가 가까웠으니 회개하고 복음을 믿으라"(막 1:15)라고 외치셨다.[1] 사악한 자들이 왕의 사신을 체포해 가둔 것은 전쟁을 앞둔 일종의 신호탄 같은 역할을 했다. 따라서 이제 그 왕이 하나님 나라를 세워 악한 자들의 세력을 심판하게 되리라는 것이었다. 그리하여 언약의 백성들을 향해 회개하고 돌이켜 왕이 하시는 모든 일에 참여하라고 촉구하게 되었다.

2. 제자들을 불러 모으시는 예수님 (막 1:16-20)

사탄은 자기에게 속한 배도자들을 동원해 예수 그리스도가 왕으로 오시는 길을 적극적으로 훼방하는 행위를 지속했다. 따라서 왕의 사신으로 온 세례 요한은 악한 원수들에 의해 심한 고통을 당할 수밖에 없었다. 그런 중에 왕이신 예수께서 언약의 백성들 앞에 자기의 모습을 공적으로 드러내셨다.

그와 같은 민감한 상황 중에 예수께서는 갈릴리 해변을 걸어 다니시

---

1) 여기서 '때가 찼다'라고 언급한 것은, 예수께서 역사적 경륜 가운데 언약의 백성과 온 세상의 왕으로 등극하실 구체적인 때가 이르렀음을 말해주고 있다. 그가 30년 전 인간의 몸을 입고 왕으로서 베들레헴에 탄생하신 역사적 사실도 하나님의 놀라운 경륜에 의한 것이었다. 사도 바울은 갈라디아 교회에 편지하면서, "때가 차매 하나님이 그 아들을 보내사 여자에게서 나게 하시고 율법 아래 나게 하신 것"(갈 4:4)에 관한 사실을 언급하고 있다.

다가 원수의 세력에 대응하고자 제자들을 하나씩 불러 모으기 시작하셨다. 이는 눈에 띄는 대로 아무나 부르신 것이 아니라 하나님의 섭리와 엄밀한 경륜 가운데 진행되는 일이었다. 그는 갈릴리 호수에서 시몬 베드로와 그의 형제 안드레가 그물을 던지며 고기를 잡는 것을 보시게 되었다.

그들은 물고기를 잡는 어부로서 예수님을 처음 만났을 때 그 일을 하고 있었다. 그런데 주님께서는 그들을 향해 자기를 따라오라고 말씀하셨다. 그들로 하여금 호수 안에 살아가는 물고기가 아니라 사람을 낚는 어부가 되게 하리라는 것이었다. 갑작스럽게 던져진 그 말은 베드로와 안드레에게는 당황스러운 일이 아닐 수 없었다.

그럼에도 불구하고 그들 형제는 물고기를 잡던 그물을 뒤에 버려두고 주님을 따라가게 되었다. 이는 그들이 왕이신 예수님의 신분을 즉시 알아보았음을 말해주고 있다. 그것은 물론 성령 하나님의 도우심에 의한 것으로 이해해야 한다. 또한 예수께서는 조금 더 지나가시다가 세배대의 아들 야고보와 그의 형제 요한을 보셨다. 그들 역시 물고기를 잡는 어부였으므로 그물을 정비하고 있었다.

그때 주님께서 그들을 부르시자 자기의 손에 잡고 있던 그물을 버리고 그를 따라갔다. 그들은 그동안 물고기를 잡기 위해 같이 일해온 자기 아버지와 일꾼들과는 아무런 상의도 없이 예수님을 따라가게 되었다. 그들은 물고기를 잡는 일보다 훨씬 중요한 일이 저들 앞에 놓여있다는 사실을 깨닫고 있었다.

우리는 여기서 몇 가지 중요한 사실을 생각해 보게 된다. 우선 베드로, 안드레, 야고보, 요한은 생계를 위한 고기잡이 생활을 버리고 함께 일하던 동료들과 결별하게 되었다. 이는 예수께서 그들의 아버지를 부르시지 않았으며 그들과 함께 일하던 자들도 부르지 않았음을 말해주고 있다. 주님께서는 눈에 띄는 자들을 아무렇게나 부르신 것이 아니라 자기가 원하는 특정인들을 지목하여 제자로 삼으신 것이다.

우리가 또한 주의 깊게 생각해 보아야 할 점은 그들이 갈릴리 호수에서 물고기를 잡는 어부들이었으나 하나님과 그의 율법을 올바르게 깨닫고 있었다는 사실이다. 그들은 예루살렘에서 율법에 대한 학식이 높은 서기관들보다 훌륭한 신앙인들이었다. 따라서 예수께서 부르실 때 아무 생각 없이 무조건 그를 따른 것이 아니라 그가 하나님의 아들로서 이땅에 오신 메시아라는 사실을 분명히 알고 있었다. 이는 그들이 메시아 강림에 대한 구약성경의 예언을 굳게 믿고 있었음을 의미한다.

나아가 그들은 스스로 자원해서 예수님을 따르고자 한 것이 아니었다. 오직 주님의 구체적인 부르심을 듣고 그에 순종하는 자세로 올바른 반응을 하게 되었다. 그리고 그들이 자기의 원래 직업인 어부 생활을 완전히 접고 예수님을 따르게 될 때 그들의 생계 문제를 포함한 모든 문제는 그 왕이 책임져 주시게 된다.

한편 입술로 언약의 백성이라 내세우면서 실상은 사탄에게 속한 배도자들이 세례 요한을 체포하여 감옥에 가두었을 때, 이땅에 왕으로 오신 주님께서는 자기 제자들을 하나씩 불러 모아 원수의 세력에 맞서 싸울 전쟁을 준비하고 계셨다. 그것은 하나님의 나라가 구체화 되어가는 과정에 연관되어 있다. 그리하여 조만간 악한 자들을 심판하게 될 큰 전쟁이 예고되었다.

3. 가버나움에서 있었던 안식일 사건 (막 1:21-27)

예수께서는 몇 명의 제자들과 함께 갈릴리 호수 북쪽 마을인 가버나움으로 들어가셨다. 그곳에는 베드로와 안드레의 집이 있었다. 그리고 그 동네가 주변 지역에서 중심지 역할을 했으므로 유대인 회당이 있었다.

그리하여 예수께서는 안식일 날 회당에 들어가셨다. 그런데 그날 예수께서 회당에서 가르칠 기회를 얻게 되었다. 당시 안식일의 회당 정규

모임에서는 개인이 원한다고 해서 아무나 성경을 가르칠 수 있었던 것이 아니다. 더군다나 예수께서는 소위 율법을 배우기 위한 전문적인 교육 기관에서 공부한 적이 없었다.

우리가 이미 알고 있는 것처럼 당시 유대 전 지역에는 율법을 가르치는 학교들이 많이 있었다. 그 가운데는 상당한 권위를 가진 유명한 학교가 있었는가 하면 그렇지 않은 학교들도 있었다. 길리기아 다소 출신의 바울이 공부한 가말리엘이 책임을 맡고 있던 예루살렘의 학교는 매우 큰 권위를 가진 유명한 교육 기관이었다.

그렇지만 예수님은 그와 같은 교육 기관에서 공부하신 적이 없다. 당시 회당에서 가르치는 자격을 갖추기 위해서는 율법을 정식으로 공부하는 과정을 거쳐야만 했다. 따라서 많은 유대인은 예수님이 회당에서 다른 사람들을 가르치는 것을 보며 매우 놀라워했다. 심지어는 정식 교육 기관에서 공부하지 않았는데 어떻게 글을 아느냐며 그것마저 신기하게 여기는 자들도 있었다. 사도 요한은 복음서에서 그에 관한 기록을 남기고 있다.

> "이미 명절의 중간이 되어 예수께서 성전에 올라가사 가르치시니 유대인들이 기이히 여겨 가로되 이 사람은 배우지 아니하였거늘 어떻게 글을 아느냐 하니 예수께서 대답하여 가라사대 내 교훈은 내 것이 아니요 나를 보내신 이의 것이니라"(요 7:14-16)

예수께서는 여기서 매우 중요한 말씀을 하고 계신다. 자기가 율법을 가르치는 사람인 교사로부터 배우지 않은 것은 하나님으로부터 직접 배우기 위해서라는 점을 시사하고 있기 때문이다. 이는 율법의 교훈이 사람들의 논리에 근거한 것이 아니며 종교적인 사상가에 의해 정리된 것도 아니라는 사실을 말해주고 있다.

우리가 분명히 깨달아야 할 점은 예수님이 안식일 날 가버나움 회당

에서 사람들에게 성경을 가르치는 것은 매우 특이한 경우였다는 사실
이다. 이는 아마도 당시 백성들이 신뢰한 세례 요한이 그를 매우 중요
한 인물로 증거했기 때문이었을 것으로 보인다. 즉 당시 가버나움의 회
당에 속한 지도자들과 백성들이 그로 말미암아 예수님을 율법 교사로
받아들였던 것으로 이해할 수 있다.

그와 같은 형편 가운데 젊은 예수께서 그 안식일 날 유대인 회당에서
가르치실 때 많은 사람이 그 교훈을 듣고 놀라워했다. 그의 가르침은 당
시 주변에서 종교교사 노릇을 하던 숱하게 많은 서기관들과 달랐다. 그
대신 큰 권세를 가진 선생의 면모를 충분히 보여주고 있었다. 그중에는
예수님이 정식 교육기관에서 배우지 않았음에도 불구하고 율법을 설명
하고 전하는 그의 모습을 보고 놀란 사람들이 많았을 것이 분명하다.

그때 그 회당 안에는 더러운 귀신들린 상태로 들어온 한 사람이 있었
다. 그가 예수님이 전하는 말씀을 듣는 중에 갑자기 큰 소리를 질렀다.
그가 예수님을 향해 외치며 한 표현 가운데는 아무도 말할 수 없는 놀
라운 내용이 담겨 있었다. 거기 모여 있던 대다수 사람은 예수님을 훌
륭한 교사 정도로 이해하고 있었을 것이지만 그 귀신들린 자는 예수님
을 하나님의 거룩한 메시아로 칭했기 때문이다.

> "나사렛 예수여 우리가 당신과 무슨 상관이 있나이까 우리를 멸하러 왔나
> 이까 나는 당신이 누구인 줄 아노니 하나님의 거룩한 자니이다"(막 1:24)

우리는 여기서 매우 중요한 사실을 알게 된다. 당시 많은 종교지도자
들은 예수님을 일반적인 관점에서 메시아로 믿지도 않았으며, 그가 하
나님께서 보내신 메시아이자 왕이라는 사실을 염두에 둔 사람조차 찾
아볼 수 없었다. 그들의 관심은 오로지 세상에서 추구하는 종교적인 욕
망을 극대화하는 것과 이땅에서 무난하게 살아가는 것이 전부였다.

그런데 가버나움의 유대인 회당에서 귀신들린 자의 입술 곧 귀신에

의해 예수님의 존재에 관한 놀라운 사실이 선포되었다. 영적인 존재인 귀신은 하나님의 아들로서 이땅에 메시아로 오신 예수님의 신분에 관하여 확실히 알고 있었다. 즉 귀신은 예수님의 신적인 존재를 정확하게 알고 있었으나 그가 이땅에 오신 메시아로서 자기를 위한 구원자라는 사실에 대한 믿음은 없었다.

다소 다른 상황이기는 하나 이에 연관해서는 오늘날 우리 역시 매우 주의 깊게 생각해 볼 필요가 있다. 예수님을 하나님의 아들 메시아로서 언약의 백성들을 구원하시는 분이라는 사실을 믿고 의지하는 것과 윤리적으로 훌륭한 인물이었다고 인정하는 것 사이에는 상당한 차이가 난다. 따라서 하나님의 은혜를 입은 자들은 예수님이 자기에게 어떤 의미를 가진 존재인지 올바르게 깨달아야 한다.

예수께서는 귀신이 자기에게 하는 말을 듣고 즉시 그를 크게 꾸짖었다. 귀신을 향해 그 사람에게서 나오라고 명령하셨다. 예수님의 말씀이 있게 되자 그 귀신은 달리 저항하지 못하고 귀신들린 그 사람에게 경련을 일으키게 하고 즉시 큰 소리를 지르며 나갔다. 회당 안에서 그 모든 광경을 지켜본 사람들은 매우 놀라지 않을 수 없었다.

사람들은 한마디 말씀으로 어떻게 사람을 그토록 괴롭히던 그 더러운 귀신을 단번에 쫓아낼 수 있느냐며 웅성거렸다. 그와 동시에 사람들은 예수께서 가르치시는 내용을 '권세 있는 새 교훈' 이라고 말했다. 이는 그가 메시아라는 사실을 인정하는 동시에 그가 전하는 가르침이 곧 '메시아의 교훈' 이라는 사실을 받아들이는 의미를 지니고 있다. 메시아가 아니라면 더러운 귀신을 명하여 즉시 그에 순종하도록 만들지 못할 것이기 때문이었다.

4. 갈릴리 전 지역으로 퍼져나간 예수님에 관한 소문 (막 1:28)

예수께서 공사역을 시작한 지 그렇게 오래지 않아 그에 관한 소문이

갈릴리 전 지역으로 퍼져나갔다. 그의 특별한 사역이 많은 백성에게 전
파되었다. 이미 세례 요한에 의해 그가 이땅에 왕으로 온 사실이 선포
된 바였다.

당시 백성들 가운데는 약 삼십 년 전 베들레헴의 특별한 사건을 기억
하는 자들이 많았다. 즉 유대 땅 베들레헴에 '유대인의 왕'이 온 사실
을 많은 사람이 알고 있었다. 예수님이 출생했을 때 동방에서 온 박사
들 곧 이방 지역에서 하나님의 말씀을 연구하던 서기관들이 그를 영접
하기 위해 먼 길을 와서 그를 왕으로 맞이했다.[2]

당시 헤롯 대왕은 그에 관한 소식을 듣고 자기 이외의 어떤 왕도 용
납하지 않으려 했다. 그리하여 급기야는 예수님이 태어난 시점을 중심
으로 하여 그가 출생한 베들레헴 인근의 모든 남자 아기들을 살해하는
일이 발생했다. 그것은 국가적인 특별한 정책의 일환이었다. 따라서 그
끔찍한 소문은 가나안 땅 전역에 크게 퍼져나갈 수밖에 없었다.

그 후 인간의 몸을 입으신 아기 예수님은 부모인 요셉과 마리아와 함
께 헤롯 왕의 칼날을 피해 잠시 애굽으로 피신했다가 나중 갈릴리 나사
렛으로 가서 생활하게 되었다. 그동안 예수님은 사람들의 눈에 왕이라
는 사실이 가시적으로 드러나지 않은 상태였다. 따라서 다수의 사람들
은 동방박사들이 영접했던 그 아기 예수님이 베들레헴 영아살해 기간에
죽었을 것이라 믿었을 것이다. 혹 그렇지 않다고 할지라도 그의 행방을
아는 사람은 그 부모를 비롯한 극히 소수 몇 사람에 지나지 않았다.

예수님의 탄생 후 거의 삼십 년이 지난 후 세례 요한에 의해 그의 공
적인 신분이 선포되었을 때 옛날 그 사건을 떠올리는 자들이 상당수 있
었을 것이 분명하다. 그들은 그가 곧 메시아라는 사실을 감지했을 것으
로 보인다. 하지만 그를 메시아로 받아들이지 않는 자들과 미심쩍어하
는 자들도 많이 있었다.

---

2) 이광호, 마태복음, 서울: 칼빈 아카데미, 2012, pp.44-46. 참조.

당시 그에 관한 소문은 예수님이 평범한 인물이 아니란 사실을 포함하고 있었을 것이 분명하다. 그런데 그에 관련된 소문을 받아들이는 자들의 생각은 제각기 달랐을 것으로 생각해 볼 수 있다. 그것은 크게 보아 세 가지 정도로 간추릴 수 있다.

한 부류는 그를 하나님께서 보내신 메시아로 받아들이는 사람들이다. 세례 요한의 선포를 들은 자들 가운데 어떤 사람들은 그가 만왕의 왕이신 메시아라는 사실을 받아들였다.[3] 예수님의 제자가 된 자들을 비롯한 믿음의 사람들은 그가 누구인지 깨달았을 것이다.

또 다른 한 부류는 예수님이 많은 질병을 고치며 기적을 일으키는 특별한 인물로 받아들이는 자들이다. 그들은 하나님에 대한 객관적인 신앙보다 그 소문을 듣고 자기나 가족의 질병을 치유 받고자 하는 기대를 했다. 설령 병자가 아니라 할지라도 그가 행하는 일반적이지 않은 기적을 보고 싶다는 마음을 가진 자들이 많았을 것이다.

그리고 또 한 부류는 그를 유다 백성들에게 해를 끼치는 자로 간주하는 사람들이다. 당시 기득권을 가진 자들 가운데는 예수님으로 인해 상당한 손해를 보게 될지 모른다고 생각하는 경우가 많았다. 나아가 그중에는 예수님을 유대교에 반하는 비신앙적인 인물로 몰아 죽이려 하기도 했다.

우리가 분명히 기억해야 할 중요한 점은 그가 구약성경에서 끊임없이 예언되어 온 메시아라는 사실이다. 그가 일으키는 모든 기적은 메시아의 능력을 보여주기 위한 증거의 수단으로 이해되어야 한다. 즉 하나님의 아들로서 그의 존재에 대한 본질을 성경을 통해 깨닫는 것이 중요하며 신불신을 막론하고 누구나 목격할 수 있는 일반적인 현상 자체를

---

3) 예수님을 '왕'으로 받아들이는 자들 가운데 서로 다른 생각을 하는 경우가 생겨난다. 참 성도들은 예수님이 하나님의 백성들을 위한 영원한 왕이라는 사실을 믿는다. 그에 반해 어리석은 자들 중에는 그가 로마제국을 물리치고 세상의 모든 국가를 정복하여 군림하는 세속적인 막강한 왕으로 생각하는 자들도 있다.

본질의 중심에 두어서는 안 된다.

또한 우리가 여기서 염두에 두어야 할 바는 그에 관한 소문이 지속해서 소문을 이어가게 된다는 사실이다. 그가 하나님의 아들 곧 메시아라는 실상을 아는 자들은 그 소문을 낼 수밖에 없다. 그들은 주변의 이웃들에게 이땅에 메시아가 오셨다는 사실과 예수님이 바로 그 메시아라는 진정한 복음을 전파하게 된다.

그와 달리 예수님이 질병을 고치고 많은 기적을 일으키는 현상을 보며 그것 자체를 관심 있게 보는 자들은 그에 연관된 소문을 내기에 바쁘다. 그것이 사실이기는 하나 그에 연관된 본질의 중요한 의미를 간과할 우려가 있다. 그런 자들과 그 소문을 듣는 자들은 자기도 예수님을 통해 그와 같은 혜택을 누리고자 하는 이기적인 관심에 매몰될 수 있는 것이다.

또한 예수님이 숱하게 많은 기적과 함께 율법에 대해 새로운 해석을 하는 것을 보며 그를 위험한 존재로 보는 자들이 있다. 그런 사람들은 자기 나름대로 해석한 왜곡된 소문을 내게 된다. 그들은 자기가 마치 이스라엘 민족을 위한 대단한 애국자이며 정의로운 존재인 양 위험한 착각을 하는 것이 보통이다. 그러다 보니 왜곡된 '정의'를 앞세워 예수님에 대한 부당한 소문을 퍼뜨리기를 좋아한다.

이와 같은 다양한 양상은 당시뿐 아니라 오늘날 우리 시대까지도 그대로 이어지고 있다. 하나님의 자녀들인 우리는 성경에 근거한 올바른 소문을 낼 수 있어야 한다. 즉 예수님에 관한 참된 소문을 제대로 다른 사람들에게 전파해야 한다. 만왕의 왕이신 예수께서 수많은 기적을 베풀면서 자기를 선포한 그 의미를 온 천하에 전해야 하는 것이다.

제3장

세상을 심판하는 권세와 백성의 관심

(막 1:29-45)

1. 가버나움 베드로의 집에서 행해진 기적 (막 1:29-33)

예수께서는 안식일 날 회당에서 성경을 강론하고 귀신을 쫓아낸 후 야고보와 요한을 데리고 베드로와 안드레의 집으로 가셨다. 그때 베드로의 장모가 열병으로 인해 자리에 누워있었다. 회당에서 행하신 예수님의 기적을 목격한 자들이 그녀를 도와줄 어떤 방법이 없느냐는 식으로 질문했다.

그 말을 듣고 예수님은 베드로의 장모를 치유해 주시고자 하셨다. 그리하여 환자 앞으로 나아가 그 손을 잡아 일으키셨다. 그러자 열병이 즉시 떠나가고 치유받은 베드로의 장모는 예수님과 함께 있던 자들에게 필요한 손길을 베풀게 되었다. 그 여인이 예수님께 수종을 든 것이라기보다는 자기 집에 온 여러 손님을 맞이한 것으로 보는 것이 자연스럽다.

그날 오후 늦게 해가 저물어가는 시간에 많은 사람이 예수님이 계시

는 곳으로 몰려왔다. 회당에서 귀신을 쫓아내신 일과 베드로의 장모를
치유하신 사건이 삽시간에 소문으로 퍼져나갔기 때문이다. 그리하여
사람들이 각종 질병에 걸린 환자들과 귀신들린 자들을 예수님 앞으로
데려왔다.

베드로의 집 앞에는 사방에서 몰려든 많은 사람으로 인해 시끌벅적
한 분위기가 되었다. 그것을 본 예수께서는 각색 병에 걸린 사람들을
고쳐주셨다. 그리고 귀신들린 사람들로부터 귀신들을 내쫓으셨다. 당
시 많은 사람들은 예수님의 그 행위를 보고 매우 고마운 분으로 생각했
을 것이다. 하지만 그들 가운데 예수님을 하나님의 아들로 받아들이는
자는 아직 그리 많지 않았을 수 있다.

그러나 당시 질병을 고치고 귀신을 쫓아내시는 예수님의 신분을 가
장 정확하게 알아보는 존재는 귀신이었다. 따라서 그 귀신은 하나님의
아들이신 예수님에 대하여 무언가 말하고자 하는 태도를 비쳤다. 물론
귀신이 예수님에 관하여 신앙적인 좋은 말을 하려고 했던 것이 아니었
음은 분명하다. 그리하여 예수께서는 그때 어떤 식으로든 귀신이 자기
에 대하여 말하는 것을 허락하시지 않았다. 즉 더러운 귀신에 의해 자
기의 이름이 들먹여지는 것을 원하지 않으신 것이다.

2. 예수님의 기도 및 전도와 귀신을 쫓아내심 (막 1:35-39)

예수께서는 동이 트기 전인 이른 새벽에 일어나 사람들이 없는 한적
한 곳으로 가서 기도하셨다. 그 기도는 성부와 성자 하나님의 완벽한
교제로 이해해야 한다. 이제 하나님의 아들로서 만왕의 왕으로 선포된
예수께서 하나님의 섭리와 경륜 가운데 시행해야 할 모든 일이 그 앞에
기다리고 있었다. 그 모든 일은 삼위일체 하나님께서 이루어 가시는 신
비로운 공동 사역이었다.

뒤늦게 예수님이 밖으로 나가신 사실을 알게 된 베드로를 비롯한 제

자들이 그가 계신 곳으로 찾아갔다. 아마도 그때는 시간이 좀 흘러 아침이 된 시간이었을 것으로 보인다. 따라서 동네의 많은 사람이 몰려와 예수님을 찾고 있다는 사실을 보고하게 되었다.

그런데 제자들의 말을 들은 예수께서는 가버나움이 아니라 다른 가까운 마을로 가자는 말씀을 하셨다. 그곳에서도 하나님의 복음을 전파하리라는 것이었다. 그가 이 세상에 오신 까닭은 그 일을 위해서라고 하셨다. 그리하여 제자들과 함께 주변에 있는 이웃 동네로 가시게 되었다.

그 후부터 예수께서는 온 갈릴리 지역을 두루 다니시면서 여러 회당에 들어가 하나님의 말씀과 더불어 메시아에 관한 선포를 하셨다. 그리고 귀신들린 자들로부터 저들을 괴롭히는 귀신을 쫓아내셨다. 물론 가는 곳마다 많은 병자를 고치시며 메시아로서 자신의 신분을 드러내셨다.

우리가 여기서 주의 깊게 생각해야 할 바는, 예수께서 심중에 두고 계신 뜻은 하나님의 복음이 선포되는 것이었다는 점이다. 즉 더러운 귀신을 쫓아내고 각종 질병을 고치면서 메시아인 자신의 권능을 보여주신 것은 어떤 의미에서 볼 때 부수적인 사역으로 이해할 수 있다.[4] 그리하여 궁극적으로는 자기가 구약성경에 예언된 대로 죄에 빠진 언약의 백성들을 구원하시리라는 것을 목적으로 삼고 계셨다.

하지만 어리석은 자들은 눈에 보이는 외적인 현상에 더 많은 관심을 가지고 귀신을 쫓아내며 병자를 고치는 것에만 사고를 고착시키는 경

---

4) 이에 대해서는 보편교회 시대인 오늘날 과거의 특별한 계시적 사건이 종료된 사실과 연관지어 생각해 볼 수 있다. 웨스트민스터신앙고백서 제1장, <성경> 제1항에는 그에 연관된 고백이 나타난다. "… 성경이 완성된 후에는 이전에 하나님께서 자기 백성에게 자신의 뜻을 직접 계시해 주시던 과거의 방식들은 이제 중단되었다"(이광호, 웨스트민스터신앙고백, CNB 510, 교회와 성경, p.72. 참조). 여기에서 '복음의 핵심'은 언약의 백성들을 위한 영원한 구원이며, 다른 여러 기적들은 한시적이었음을 말해주고 있다.

향이 있다. 천상의 나라에서 인간의 몸을 입고 이땅에 오신 예수 그리스도께서는 그런 더럽고 추한 것들로부터 아무런 영향을 받지 않으시는 분이다. 따라서 하나님께 속한 성도들은 메시아로 오신 성자 하나님의 본성에 더욱 가까이 나아가야만 한다.

3. 문둥병 치유와 제사장 사역 (막 1:40-45)

(1) 예수님을 찾아온 문둥병자(막 1:40-44)

예수께서 어느 한 동네에 계실 때 문둥병에 걸린 한 사람이 그의 앞으로 나아와 무릎을 꿇었다. 당시 문둥병에 걸린 사람은 저주받은 자로 간주되어 주변의 이웃 사이에 자유롭게 다니기가 어려웠으며 마음놓고 말하거나 행동할 수 없었다. 그런데 그는 예수님을 찾아와 자기의 질병을 낫게 해 달라고 간청했다.

아마 그 당시는 다른 사람들이 많이 모여 있지 않은 때였던 것으로 보인다. 그는 예수님을 향해 만일 그가 원하시기만 하면 자기의 문둥병을 깨끗이 고칠 수 있다는 사실을 고백적으로 언급했다. 이는 그가 예수님이 하나님으로부터 이땅에 보내심을 받은 메시아라는 점을 깨닫고 있었음을 말해주고 있다.

우리가 여기서 특별히 관심을 가질 부분은 많은 사람에게 저주받은 자로 알려진 채 살아가는 문둥병자가 다른 많은 종교인과 달리 하나님의 아들이신 예수 그리스도를 알아보았다는 사실이다. 당시에는 대다수 종교지도자가 예수님을 배척했으며 일반 백성들 가운데 그를 메시아로 인정하는 자가 많지 않았다. 설령 예수님에게 호감을 느끼는 자들도 그가 메시아였기 때문이 아니라 많은 병자를 치유하는 그의 특별한 능력으로 인한 것이었다.

구약의 율법에서 문둥병은 아무나 고칠 수 있는 질병이 아니었다. 그 질병에 대한 치료는 일반 의사에게 맡겨지지 않았다. 문둥병은 다른 질병과 달라서 제사장들에게 그 치유가 맡겨져 있었다.[5] 즉 문둥병은 매우 특이한 질병으로, 그것이 퍼져나가면 많은 사람과 주변 전체를 하나님의 정결로부터 떠나 부정하게 만들 우려가 있었다.

그런데 저주받은 자로 알려진 그 문둥병 환자가 예수님을 향해 자기 질병을 고쳐달라고 요구한 것은 매우 이례적인 일이다. 자칫 잘못하면 그는 더 심한 저주에 빠질지 모를 일이었기 때문이다. 하지만 그는 예수님이 영원한 하나님의 제사장으로서 이땅에 오신 사실을 분명히 깨닫고 있었다. 다른 사람들이 예수님이 제사장의 신분을 소유한 사실을 미처 모르고 있을 때 그가 알고 있었다.

그런 형편에서 그를 측은하게 여기신 예수께서는 손을 내밀어 그의 몸에 대셨다. 그리고는 '내가 원하니 깨끗함을 받으라' 라고 말씀하셨다. 저주받은 자로 간주하고 있는 문둥병자를 낫게 하는 것은 전적으로 그렇게 되기를 원하는 예수님의 뜻에 달려있었다. 그리하여 그 사람은 문둥병을 치유받아 깨끗하게 되었다.

문둥병을 고치신 예수께서는 그 치유받은 자를 향해 방금 일어난 그 사건을 다른 사람에게 말하지 말도록 엄히 당부하셨다. 그 대신 깨끗하게 된 저의 몸을 제사장에게 가서 보이라고 했다. 그리고 제사장이 그가 치유받아 깨끗하게 된 사실을 율법에 따라 인정하면 그로 말미암아 모세가 율법에 명한 대로 예물을 바치고 사람들 앞에서 모든 것에 대하여 증거가 되도록 했다.

이 모든 과정을 통해 예수께서는 자기가 하나님의 제사장이라는 사실을 선포하셨다. 그는 언약의 백성들 가운데 존재하는 모든 제사장보

---

5) 구약시대 문둥병에 걸린 자를 따로 격리했던 것은 제사장들에게 맡겨진 직무였다. 이는 다른 일반인은 물론 문둥병자 스스로 그렇게 할 수 있는 일이 아니었다. 제사장이 그를 격리할 때는 하나님의 은혜 가운데 그 질병이 치유되는 것을 염두에 두고 그렇게 했을 것이다.

다 훨씬 더 높은 영원한 대제사장 신분을 소유한 분이었다. 그리하여 문둥병을 낫게 한 예수님은 규례와 절차에 따라 그로 하여금 제사장을 찾아가 저가 감당해야 할 모든 책무를 완수하라는 명을 내렸던 것이다.

문둥병을 치유받은 그 사람은 예수님의 지시에 따라 제사장을 찾아가 정결하게 된 몸을 보여주었을 것이 분명하다. 제사장은 아마도 문둥병이 나은 자에게 그 과정에 연관된 많은 질문을 던졌을 것이다. 이미 깨끗하게 된 상태에서 그 흔적이 남아 있지 않으면 과거의 상태를 파악하기 어려울 수 있다. 어쩌면 문둥병자들에 대한 별도의 명부가 존재했을 수 있으며 제사장이 그전부터 문둥병에 걸린 그 사람을 알고 있었을 수도 있다.

(2) 치유받은 문둥병자의 복음 전파(막 1:45)

예수님에 의해 치유받아 문둥병에서 벗어나 완전히 정결케 된 그 사람은 규례에 따라 예물을 바치며 율법에 정해진 책무를 다했다. 그리하여 그는 문둥병이 걸리기 전과 같이 살아갈 수 있었다. 이제 그는 다른 건강한 사람들로부터 어떤 경계나 차별을 받을 필요가 없이 자유롭게 살아가도록 허락되었다.

그런데 문둥병에서 해방된 그 사람은 예수께서 자기에게 행하신 모든 사실을 만방에 선포했다. 앞에서 다른 사람에게 아무 말도 하지 말라고 한 것은 제사장 앞에서 정결하게 된 상태에 대한 확증이 있을 때까지 그에 따르라는 의미로 받아들일 수 있다. 따라서 그가 정결하게 된 상태에서는 하나님의 아들 예수 그리스도로 말미암은 모든 것을 선포할 수 있게 되었다. 그의 선포 가운데는 예수님이 영원한 제사장 직무를 감당하는 분이란 사실이 내포되어 있었다.

저주받은 자로 간주하였던 자가 전하는 복음 선포는 더욱 큰 의미를 지니고 있었을 것이 분명하다. 대제사장이신 예수님으로 말미암아 저

주가 축복으로 바뀌었으며 저주받은 자가 축복받은 자로서 하나님의
사역을 선포하게 되었기 때문이다. 일반 사람들의 관점에서 본다면 문
둥병자와 건강한 자들 사이의 형편이 완전히 뒤바뀐 형국이 되었다.

문둥병자가 정결하게 치유받은 사실에 대한 소문이 퍼져나가게 되자
예수님을 찾아오는 큰 무리로 인해 마을 안으로 들어가기가 어렵게 되
었다. 그를 보고자 하는 자들과 그의 도움을 받아 무언가 해결하고자
하는 자들이 넘쳐났기 때문이다. 그런 중에 예수님을 하나님의 아들 메
시아로 알아보는 자들이 점차 많아지게 되었다.

결국 예수님은 동네 안으로 들어가지 못하시고 동네 바깥의 한적한
곳을 찾아 머물게 되었다. 이는 잠자리 문제와 식사 문제 등 불편한 점
들이 많았음에도 불구하고 그렇게 할 수밖에 없었던 형편을 보여준다.
하지만 어디든지 예수님이 계시는 곳에는 소문을 듣고 그에게 나아오
는 사람들이 많았다. 이렇게 하여 예수님에 대한 신앙적인 수용을 하
는 자들과 그렇지 않은 자들 사이에 점차 뚜렷한 구분이 생겨나기 시
작했다.

| 구약의 문둥병 (the leprosy) |

구약성경에는 문둥병에 관한 내용이 기록되어 있다. 모세(출 4:6, 7),
미리암(민 12:10), 유다의 웃시야 왕(대하 26:19-21), 나아만(왕하 5:1-27) 등
그 질병에 걸린 여러 사람이 소개되기도 한다. 우리가 그들을 통해 알
수 있는 점은 문둥병은 일반적인 자연환경 가운데서 저절로 걸리는 질
병이 아니라 하나님의 심판과 연관되어 있다는 사실이다.

그런데 그 질병은 오늘날 우리가 일반적으로 생각하는 나병과는 그
성격이 근본적으로 다르다. 일반적인 나병은 사람들에게만 걸리지만,
성경에 언급된 문둥병은 다른 질병들과 달리 집이나 가구 등에도 그 현
상이 나타난다. 심지어 사람들의 의상이나 베옷, 천이나 가죽 제품 등

에 생겨나기도 한다(레 13:59).

인간들이 걸리는 모든 질병은 사람의 신체, 즉 몸에 발생한다. 구약 시대 이스라엘 자손들 역시 일반적으로는 그와 같았다. 그것이 전염성이 있는 질병이든지 혹은 그렇지 않은 질환이든지 신체의 건강과 관련되어 있었다. 그에 반해 성경에 언급된 문둥병은 영적인 문제를 기본으로 하고 있었다. 따라서 다른 모든 질병이 일반적인 건강 문제였다면 문둥병은 하나님의 저주와 연관되어 있었다.

따라서 사람의 피부에 종기가 생기거나 색점이 변하는 것을 보면 문둥병을 의심하고 먼저 제사장을 찾아가야 했다. 제사장이 그 부위를 자세히 살펴보고 피부의 털이 희게 되었거나 살갗이 우묵하게 들어가 있다면 문둥병으로 판정내리게 된다. 그와 달리 환부에 그 정도가 선명하게 드러나지 않으면 칠 일간 저를 격리했다가 다시금 살펴보아야 한다. 그때도 명확한 진단이 어려우면 또다시 칠 일간 격리한 후에 별다른 문제가 없다면 일반 피부병으로 진단하게 된다.

그 사람이 문둥병자인 것으로 확인되면 제사장은 그를 부정한 자로 판단하고 백성들이 사는 진영 안에 머물지 못하도록 밖으로 내보내 그를 격리해야 한다. 그를 따로 관리하지 않고 일반 백성들이 생활하는 진영 내부에 방치하게 되면 그 무서운 질병이 금방 주변으로 퍼져나가게 될 우려가 따른다. 따라서 제사장은 문둥병의 전염성과 급속한 확장성으로부터 다른 사람들을 보호하기 위해 그를 엄히 경계해야만 했다.

그리고 제사장은 진 밖에 머무는 문둥병자들을 특별히 관리해야 할 직무를 가지고 있다. 그러던 중 제사장이 보기에 문둥병 증상이 환자의 머리부터 발까지 전체로 퍼졌으면 도리어 그를 정결한 것으로 선언해야 했다(레 13:12, 13). 여기에는 그렇게 된 문둥병자는 자기를 완전히 포기하고 오직 하나님께 모든 것을 맡길 수밖에 없다는 점과, 누구든지 그의 상태를 알고 경계하며 조심하게 된다는 의미가 내포된 것으로 보인다.

우리가 분명히 알 수 있는 사실은 구약시대의 문둥병이 하나님의 저주에 밀접하게 연관되어 있다는 사실이다. 그것은 사람의 신체와 집안의 가구들을 비롯한 의복 등에 발병하지만 영적인 의미를 지니고 있음을 말해주고 있다. 그 질병은 제사장들의 담당 아래 놓여 있었으며 전염성이 강하기 때문에 모든 백성이 극히 조심해야만 했다.

그리고 구약성경에 나타난 문둥병은 신약시대 교회 가운데 존재하는 전염성 강한 영적인 범죄와 밀접하게 연관되어 있다. 죄는 타락한 세상 가운데 다양한 형태로 존재한다. 지상 교회 안에서도 마찬가지다. 사람들이 일반적으로 생각하는 모든 범죄행위를 엄격하게 다스려야 하지만 파급성이 있는 죄에 대해서는 더욱 그러해야 한다.

따라서 지상 교회는 악한 것이 전염병처럼 퍼져나가지 않도록 철저한 대응 자세를 유지해야 한다. 교회 내부에서 발생하는 영적인 범죄행위는 구약시대의 문둥병처럼 위험하다. 그것은 인격을 갖춘 사람뿐 아니라 교회의 직분 및 조직과 여러 환경을 크게 위협하기 때문이다. 만일 교회의 장로들이 공적인 측면에서 그에 관한 분명한 자세를 유지하지 않으면 전염성 강한 문둥병이 무섭게 퍼져나가듯이 교회 전체가 크게 상할 위기에 직면하게 되는 것이다.

제4장

병자와 죄인에게 은혜 베푸시는 예수님
(막 2:1-17)

1. 중풍병자를 치유하시는 주님과 의분에 빠진 서기관들 (막 2:1-12)

(1) 중풍병자와 그 친구들의 믿음(막 2:1-4)

예수께서 회당에서 하나님의 말씀을 선포하시고 베드로의 집과 갈릴리 여러 곳에서 다양한 기적들을 행하신 후 다시금 가버나움으로 들어가셨다. 그러자 그가 오신 사실이 주변의 여러 사람에게 알려지게 되었다. 당시 예수님에 관한 소문은 이미 파다하게 퍼져 있는 상태였다.

그러므로 예수님이 거하시는 집으로 사람이 몰려들었다. 워낙 많은 사람이 찾아왔기 때문에 집 안에서는 몸을 움직이기조차 힘들 정도가 되었다. 그런 가운데 예수께서는 그들을 향해 하나님의 진리를 선포하셨다. 그것은 물론 하나님의 언약이 성취되어 가는 일들에 관한 내용이었을 것이다.

모든 사람이 그의 말씀을 들으려고 했으므로 나중에 온 사람들이나 몸이 불편한 자들은 그 안으로 들어갈 엄두를 내지 못했다. 그런 상황이 벌어지고 있을 때 네 명의 남성들이 중풍병에 걸린 환자를 침상에 눕힌 채 예수님께 나아왔다. 그들은 예수께서 그를 치유할 수 있다는 사실을 믿고 있었다.

하지만 몰려든 사람들이 워낙 많았기 때문에 틈새를 비집고 예수님이 계시는 집 안으로 들어갈 수 없었다. 그러자 그들은 상상을 초월하는 다른 방안을 강구하기에 이르렀다. 이는 저들의 간절한 마음을 그대로 보여주고 있다. 결국 그 사람들은 지붕 위로 올라가 지붕을 뜯어 구멍을 내고, 중풍병자를 침상에 눕힌 채로 예수님 앞으로 달아 내렸다. 당시 유대인들의 지붕은 평평한 옥상 같았으며 나뭇가지들을 걸치고 그 위에 흙을 이겨 덮었으므로 가능한 일이었다.

그런데 여기서 우리는 생각해 볼 만한 몇 가지 문제에 직면하게 된다. 우선 그 모든 일을 구상하고 실행한 것은 중풍병자 자신이 아니라 그를 침상에 눕힌 채 데리고 온 네 사람이었다. 어쩌면 환자인 당사자의 간절한 마음이 저들을 움직였을지도 모른다. 중요한 사실은 저들 가운데 그와 같은 특별한 사건이 발생하게 되었다는 점이다.

또한 분명한 것은 네 명의 남자가 남의 지붕을 뜯어내는 무모한 행동을 했다는 사실이다. 그것은 다른 사람의 사유 재산을 침해하는 일종의 범죄행위가 될 수 있었다. 그들이 사전에 집주인을 찾아가 양해를 구하고 그렇게 한 것으로 보이지는 않는다. 그런데도 그들은 그렇게 했으며 나중에 그것이 별문제가 되지 않았다. 이는 당시 많은 사람이 예수님과 그의 사역 이상으로 중요하게 여기는 것이 없었음을 말해주고 있다.

(2) 예수께서 중풍병자의 죄를 사해 주심(막 2:5)

지붕이 뜯기는 소리가 난 후 갑자기 한 중풍병자가 눕힌 침상이 위로부터 내려오는 것을 목격한 모든 사람이 매우 놀랐을 것이 분명하다. 예수께서는 그 일어나는 사건을 보면서도 그렇게 행하는 자들을 전혀 책망하지 않으셨다. 상식적으로 행동하라든지 그렇게 하지 않아도 나중에 자기를 만날 수 있지 않느냐는 식으로 말씀하지 않았다. 나아가 집주인의 허락 없이 남의 지붕을 뜯고 나서 어떻게 그 피해를 보상할 것이냐는 식의 책망도 없었다.

오히려 예수께서는 그들을 칭찬하셨다. 이는 일반적인 상식으로는 이해하기 어려우나 주님께서 중요하게 여기신 것은 보통 사람들의 관점과 달랐다. 예수께서 보신 것은 중풍병자를 비롯하여 함께한 네 사람의 믿음이었다. 그들은 중풍병자와 함께 지붕 아래로 내려온 것이 아니라 지붕 위에서 아래를 내려다보고 있었을 것이 분명하다.

우리는 여기서 예수께서 중풍병자와 그를 데리고 온 사람들의 믿음을 보셨다는 점을 기억해야 할 필요가 있다. 이는 매우 중요한 사실을 깨닫게 한다. 중풍병자와 그를 데리고 온 자들의 믿음이 서로간 일치를 이루고 있다는 것을 보여주기 때문이다. 이 말은 믿음에 연관된 실체가 개별성을 넘어 집단적 개념을 지니고 있다는 사실을 의미한다. 그래서 우리는 일치된 참된 믿음을 소유한 좋은 이웃의 존재가 얼마나 소중한지 알게 된다.

그리고 그와 같은 상황에서 어느 사람도 예상치 못한 큰일이 발생했으나 그것을 보고 주관적인 정의를 부르짖는 자가 없었던 것도 특이하다. 즉 잘못된 정의주의자(正義主義者)들은 남의 집 지붕을 뚫고 중풍병자를 실내로 달아 내리는 것을 보고 심하게 책망할 법했다. 하지만 그 자리에는 그런 사람들이 보이지 않았다. 속으로 그렇게 생각하는 자들이 있었을지 모르나 겉으로 드러내놓고 말하는 자가 없었다.

어쨌거나 예수께서는 중풍병자를 침상에 눕힌 채 무모한 행동을 한 그 사람들의 믿음을 보고 도리어 칭찬하셨다. 그와 더불어 그 중풍병자를 향해 '죄 사함을 받았느니라'라고 선포하셨다. 아마도 중풍병자인 당사자와 그를 침상에 눕혀 데리고 온 사람들이 그와 같은 말을 듣고자 하지는 않았을 것으로 보인다.

그들이 원했던 것은 그 중풍병자가 예수님에 의해 깨끗이 낫는 것이었다. 그런데 예수께서는 그 환자가 죄를 용서받았다고 선포하셨으나 아직 그의 질병을 치유해주시지는 않았다. 그런 중에도 예수님을 바라보고 나아온 중풍병자 일행은 예수님에 대하여 원망하거나 치유해 달라고 성급하게 보채지 않았다.

우리는 여기서 메시아를 분명히 아는 자들이 조급하지 않은 여유로운 마음을 소유하고 있음을 보게 된다. 죄를 사하신다는 예수님의 말씀은 선언적인 의미가 있을 뿐 눈에 보이는 구체적인 증거를 확인할 수 있는 것은 아니었다. 하지만 중요한 점은 예수님의 말씀과 선포 자체가 그 증거가 된다는 사실에 대한 믿음이다.

(3) 서기관들의 왜곡된 의분(막 2:6, 7)

네 명의 사람들이 지붕을 뚫고 실내에 계시는 예수님 앞으로 중풍병자를 침상에 눕힌 채 달아 내린 것으로 인해 결국 모두가 기뻐하게 되었다. 예수께서는 저들의 믿음을 보고 기뻐하셨으며 그 일을 행한 자들과 중풍병자 역시 그로 말미암아 감사한 마음을 가졌다. 뿐만 아니라 집주인과 그 자리에 모여 있던 대다수 사람이 주님으로 인해 기쁨을 누릴 수 있었다.

그런데 거기 있던 일부 서기관들은 그와 정반대로 반응했다. 그들은 예수님으로부터 무언가 잘못된 것을 찾아내기 위해 모든 노력을 기울이고 있었다. 일반 사람이 아니라 하나님의 말씀을 전문적으로 연구하는 율법사들이 그렇게 한다는 것은 어처구니없는 일이 아닐 수 없었다. 이와 같은 상황은 구약시대와 신약의 사도교회 시대, 그리고 오늘날 우리 시대까지 이어지고 있다.

그 자리에 있던 서기관들은, 중풍병자를 향해 그의 죄가 사해졌다고 선포하신 예수님의 말씀을 꼬투리 잡았다. 따라서 그들은 따로 모여 그에 관한 논의를 했다. 예수께서 사람의 죄를 사한다고 선언하신 점을 심각한 문제가 있는 것으로 판단했다. 오직 하나님 한 분 외에는 사람의 죄를 사할 수 있는 권세가 없다는 것이었다.

이는 그들이 예수님이 곧 성자 하나님이라는 사실을 인정하지 않고 있었다는 사실을 말해준다. 메시아이신 예수님의 신분을 거부하는 것 자체가 무서운 죄가 되는 데도 그들은 그 점을 전혀 인식하지 못하고 있었다. 하지만 그들은 스스로 대단한 신앙인인 양 착각했다. 그 서기관들은 왜곡된 인본주의적 절대주의 사상에 빠져 있었다.

(4) 예수님의 응답(막 2:8-10ⓐ)

예수께서는 스스로 의롭다고 여기면서 실상은 무서운 죄를 일삼는 서기관들이 모여 어떤 논의를 하고 있는지 알고 계셨다. 그리하여 저들을 향해 어찌하여 그와 같은 사악한 생각을 품고 의논하느냐며 책망하셨다. 그것은 자기가 곧 하나님의 아들이라는 사실을 선포하는 성격을 지니고 있다.

그리고 예수께서는 저들에게 질문을 던지셨다. 중풍병자를 향해 저의 죄가 용서받았다고 하는 말과 그에게 자기가 눕혀 실려 왔던 그 침상을 가지고 걸어가라고 하는 말 사이에 어느 것이 더 쉽겠느냐는 것이다. 굳이 따져 말하자면, 스스로 몸을 가누지 못하는 환자에게 일어나 자기의 침상을 들고 가라고 하는 것이 인간의 모든 죄를 사하는 일보다 훨씬 쉽다고 할 수 있다.

그렇지만 믿음으로 말미암아 허락된 죄 사함에 연관된 응답을 단순히 상징이나 관념으로 생각하는 자들은 그렇지 않았다. 누군가를 향해 죄 사함을 받았다고 하는 말은 현장에서 쉽게 판단할 수 있는 성질의 것이 아니기 때문이다. 실제로 그렇게 되는지 눈으로 직접 목격할 수 없으니 그것으로 끝낼 수 있다고 보는 것이다.

하지만 질병으로 인해 침상에 누워있는 환자에게 일어나 그 침상을 들고 걸어가라고 하는 말은 많은 사람들이 보는 앞에서 그대로 실행되어야만 한다. 그러니 그 자리에 있던 서기관들은 예수님의 질문에 적절한 답변을 하기 어려웠다. 예수께서는 그 모든 상황과 서기관들의 생각을 훤히 꿰뚫어 보고 계셨다.

그러므로 예수께서는 하나님의 아들로서 인간의 몸을 입고 이땅에 온 메시아, 곧 인자(人子)인 자기에게 죄를 사하는 권세가 있음을 보여주겠다고 말씀하셨다. 이는 그가 중풍병자를 치유해 그 자리에서 걸어 나가게 하리라는 의미를 지니고 있다. 이 말은 육신에 대한 그의 치유는 그것 자체가 목적이 아니라 죄를 사하는 권세가 자기에게 있음을 보여주는 방편이라는 사실과 연관되어 있다.

우리가 여기서 알 수 있는 사실은 인간적인 종교심을 가졌다고 하는 자들이 가지는 판단력의 한계에 관한 문제이다. 보통 인간들은 보이는 것과 보이지 않는 것 중에 눈에 보이는 것이 중요하다고 여기지만 실상은 정반대일 수 있다. 어리석은 자들은 눈에 보이는 것을 통해 증거를 찾으려 하지만 하나님의 자녀들은 보이지 않는 하나님의 말씀이 곧 확실한 증거가 된다는 사실을 알고 있어야 한다.

(5) 중풍병자를 치료하심(막 2:10ⓑ-12)

서기관들에게 그 말씀을 하신 후 예수께서는 침상에 누워있는 중풍병자를 향해 말씀하셨다. 그는 아직 질병을 치유받지 못한 상태였으나 예수님이 선포하신 대로 자기의 죄가 사해진 사실을 믿고 있었을 것이 분명하다. 따라서 이미 자기에게 이루어진 그 일이 본질이며 뒤따라오게 될 육신의 질병을 치유받는 것은 부수적인 일로 생각할 수 있었다. 즉 앞에서 이미 죄 사함이 이루어졌다면 나중 자기의 중풍병이 치유받는 것은 그에 비해 그다지 중요하지 않다.

어쨌거나 예수께서는 자기의 말을 문제 삼는 서기관들과 거기 모인 많은 사람들에게 자기에게 죄를 사할 수 있는 권세가 있음을 보여주시고자 했다. 그리하여 그는 침상에 누워있는 환자를 향해 자리에서 일어나 그가 눕혀 온 침상을 가지고 집으로 돌아가라는 명령을 내리셨다. 그러자 그는 즉시 자리에서 일어나 모든 사람이 보는 앞에서 자기의 침상을 들고 밖으로 나갔다.

여기서 우리가 기억해야 할 바는 중풍병이 치유된 것보다 예수님으로부터 그의 죄가 용서받았다는 사실이다. 그 모든 과정을 가까이서 지켜본 사람들은 깜짝 놀라 하나님께 영광을 돌리게 되었다. 그들은 과거에 그와 같은 일을 본 적이 없었다. 그런데 언약의 자손들이 중풍병자를 직접 고치신 예수님이 아니라 하나님께 영광을 돌린다고 한 것은 그가 곧 성자 하나님이라는 사실을 증거하고 있다.

나아가 사람들에 의해 별로 존중받지 못하는 중풍병자에게 예수께서 더 큰 은혜를 베푸신 것은 예사로운 일이 아니었다. 그런 가운데 성숙한 백성들은 예수님의 특별한 사역을 보며 그가 곧 구약성경에 예언된 메시아라는 사실을 확고히 믿게 되었다. 그로 말미암아 예수님이 하나님의 아들 그리스도로서 모든 것을 통치하는 왕의 권능을 가지신 분이란 사실을 깨달았다.

2. 죄인을 제자로 부르시는 주님과 배도자들의 저항 (막 2:13-17)

(1) 세리인 알패오의 아들 레위6)를 부르신 예수님(막 2:13, 14)

예수께서 밖으로 나가시면 많은 사람이 그에게 몰려들었다. 각자의 관심과 기대는 다양했을 것이다. 그가 여러 질병을 고치는 기적을 일으

---

6) 알패오의 아들 레위는 마태와 동일 인물이다. 그가 나중 마태복음을 하나님으로부터 계시받아 기록하게 되었다.

킨다는 소문이 보통 사람들에게는 가장 큰 호기심을 끌었을 것으로 보인다. 물론 그 가운데는 그가 하나님의 아들 메시아라는 사실을 깨닫고 그에게 나아오는 자들도 상당수 있었을 것이 분명하다.

많은 백성이 몰려들자 예수께서는 그들에게 진리를 가르치셨다. 구약성경에 기록된 언약의 말씀을 근거로 하여 새로운 교훈을 주시게 되었다. 아마도 그 중심에는 하나님께서 죄인들을 구원하시기 위해 이땅에 메시아를 보내신다는 사실과 그 성취에 관한 내용이 담겨있었을 것이다.

그 후 예수께서는 길을 가시다가 관공서 앞을 지나게 되었다. 그는 세관에서 근무하는 세관원인 알패오의 아들 레위를 보시고 자기를 따르라고 말씀하셨다. 그의 부르심을 들은 세리 레위는 조금도 주저하지 않고 예수님을 따라갔다. 이는 그가 예수님이 하나님의 아들 메시아라는 사실을 알고 있었기 때문에 가능한 일이었다.

당시 세리는 보통 사람들로부터 부러움을 사는 직업이었다. 그들은 공직자로서 부유한 생활을 할 수 있었기 때문이다. 하지만 유대 민족주의자들은 그들에 대하여 손가락질을 했다. 겉으로는 그렇게 말하기 어려웠을지라도 세리는 로마제국에 빌붙어 이스라엘 백성들을 늑탈하는 자로 인식되어 있었기 때문이다.

그런데 예수께서 떳떳한 직업인이라 말하기 어려운 세리를 제자로 부르시게 되었다. 여기서 우리가 기억해야 할 바는 당시 그가 로마제국의 지시를 받는 세관원이었을지라도 올바른 신앙이 있었다는 사실이다. 그는 많은 사람에게 좋지 않은 자로 간주 되었으나 어느 사람보다 훌륭한 언약 신앙을 소유하고 있었다.

그가 비록 사람들로부터 손가락질을 당한 세리였을지라도 예루살렘을 비롯한 여러 중요한 지역에서 활동하는 제사장들이나 율법을 가르치는 서기관들보다 훨씬 나은 신앙인이었다. 그는 구약성경에 기록된 하나님의 언약을 그대로 믿고 있었다. 그리하여 유대인의 왕으로 오신 예수님에 대한 믿음을 가질 수 있었다.

예수께서는 갈릴리 호수에서 제자들을 부르실 때 사람들로부터 크게 존경받는 자들을 택하지 않으셨다. 또한 심각한 질병에 걸린 환자들과 고통 중에 신음하는 자들에게 하나님의 복음과 더불어 은총을 베풀어 주셨다. 이는 그가 보통 사람들과는 그 시각을 달리한다는 사실을 말해 주고 있다.

사람들이 대수롭지 않게 생각하거나 측은히 여기는 중풍병자에게 예수께서 큰 긍휼을 베풀어주셨듯이 부정한 죄인으로 간주되는 세리를 자기의 최측근인 제자로 부르시게 되었다. 그는 앞서 갈릴리 바다에서 고기를 잡던 베드로를 비롯한 몇몇 사람들이 그물을 버려두고 즉시 예수님을 따랐던 것처럼 세리 레위 역시 즉시 사표를 제출하고 곧 바로 세관을 떠나 그를 따라나섰다. 그들이 모든 것을 포기한 채 망설이지 않고 예수님을 따른 것은 하나님과 그의 약속에 대한 올바른 깨달음 때문이었다.

레위가 세관원의 안정된 직업을 버리고 나서 예수께서는 그의 집을 방문하셨다. 그 자리에는 여러 명의 세리와 죄인들도 섞여 있었다. 그들 역시 예수님의 소문을 듣고 궁금해하던 자들이었다. 예수께서는 자기 제자들과 그날 만난 여러 사람에게 구약성경을 통해 많은 교훈을 주셨을 것이 분명하다.

(2) 배도에 빠진 자칭 의인들의 저항(막 2:16, 17)

예수님을 하나님의 아들 메시아로 알고 그를 따르는 사람들이 많았던 데 반해 그에게 강력히 저항하는 자들 또한 많이 있었다. 그들은 예수께서 로마제국의 편에 서 있으면서 백성들에게 과한 세금을 거두는 일을 담당하던 세리들과 함께 식사를 나누는 것을 보며 못마땅해했다. 당시 세리들은 부정한 죄인들로 분류되고 있었다. 하지만 그들을 비판하는 자들은 종교적인 관념에 빠져 스스로 율법에 충실한 좋은 신앙인이자 애국자인 양 착각한 채 권위 있는 종교인 행세를 하고 있었다.

그러므로 바리새인인 서기관들이 예수님의 제자들을 향해 항의하듯 말했다. 어찌하여 세리와 같이 로마제국의 편에 선 반 민족주의자들을 비롯한 죄인들과 한 식탁에서 음식을 먹을 수 있느냐는 것이었다. 한자리에 같이 앉아 식사한다는 것은 서로 동일한 가치관을 소유하고 있다는 사실을 말해주기 때문이다.

서기관들의 모든 생각을 알고 계신 예수께서 그들을 향해 말씀하셨다. "건강한 자에게는 의원이 쓸데없고 병든 자에게라야 쓸 데 있느니라 내가 의인을 부르러 온 것이 아니요 죄인을 부르러 왔노라"(막 2:17). 이는 저들에게 매우 충격적인 말이 아닐 수 없었다. 우리는 예수님의 이 말씀을 주의 깊게 이해해야 할 필요가 있다. 이는 일반적으로 주어진 단순한 교훈이 아니기 때문이다.

건강한 자들은 외부의 도움이 없을지라도 자기 스스로 살아갈 수 있다고 판단하게 된다. 그러나 병든 자들은 자기에게 의사의 적극적인 도움이 필요하다는 사실을 알고 있다. 따라서 중한 질병에 걸린 자들은 생명을 유지하고 건강을 회복하기 위해 자기의 몸을 의사의 손에 맡길 수밖에 없다.

예수께서는 이 비유를 말씀하시면서, 자기는 바리새인과 서기관들처럼 스스로 의인이라고 여기는 자들이 아니라 불의한 자로 여겨지는 세리와 같은 자들이라 할지라도 자신을 하나님 앞에서 죄인으로 깨닫는 자들을 부르러 왔노라고 말씀하셨다. 따라서 우리는 예수께서 언급하신 의인과 죄인에 대해 올바른 이해를 해야 한다. 예수께서 칭하신 의인이란 말 그대로 진정한 의인이 아니라 스스로 죄인이 아니라고 여기는 주관주의자들을 일컫고 있다. 그런 자들은 하나님이 없어도 자기의 능력과 종교성으로 살아갈 수 있다고 생각한다.

그에 반해 예수께서 언급하신 죄인이란 자신의 부족한 실상을 알고 스스로 떳떳하지 않다는 것을 깨닫는 자들을 일컫는다. 그런 사람들은 자기에게 아무런 의가 존재하지 않으므로 참 의로운 자가 자기를 도와주어야만 살 수 있다고 믿는다. 즉 중환자가 반드시 의사를 필요로 하듯이 죄인은 반드시 완벽한 의를 소유한 의로운 자 메시아를 필요로 한다는 것이다. 이는 참 하나님의 자녀라면 자기의 죽음 문제를 해결해 주시는 주님을 찾을 수밖에 없다는 사실을 말해주고 있다.

이에 대해서는 오늘날 우리 시대 역시 마찬가지다. 진정한 의인은 자신을 죄인으로 여기지만 하나님의 뜻을 벗어난 자들은 왜곡된 종교심으로 인해 스스로 의인인 양 착각한다. 참 의인들은 거룩한 하나님 앞에서 자신의 죄 된 모습을 직시하게 되지만 자칭 의인들은 다른 사람들과 적절히 비교하면서 자신을 의로운 자로 내세우는 것이다. 따라서 성숙한 성도들은 자신이 하나님 앞에서 얼마나 큰 죄인인가 하는 점을 구체적으로 깨달을 수 있어야 한다.

제5장

율법에 연관된 문제들
(막 2:18-28)

1. 금식과 혼인 잔치를 통한 예언적 교훈 (막 2:18-22)

(1) 세례 요한의 제자들과 바리새인들의 금식 (막 2:18)

　구약시대의 성도들은 모세 율법과 규례에 따라 신앙생활을 했다. 모든 언약의 백성은 일반적인 이성과 경험이 아니라 하나님의 뜻에 온전히 순종하며 살아가야만 했다. 그 모든 것은 장차 이땅에 오실 메시아를 향하고 있었다. 즉 메시아가 오시면 인간의 몸을 입은 그의 삶과 교훈이 새로운 절대적인 규범이 된다.

　예수 그리스도가 이땅에 오셔서 세례 요한에 의해 만왕의 왕으로 선포된 상태에서도 그에 관한 사실을 제대로 깨닫지 못하는 자들이 많았다. 율법주의자들은 메시아와 상관없이 율법적 규례 자체를 종교적 삶의 중심에 두고 살아가고자 했다. 그들 가운데는 특별히 악한 의도 때문이 아니라 메시아 사역이 시작된 사실을 모르고 있었기 때문에 율법 자체를 고수한 자들도 상당수 있었다.

그와 같은 상황에서 세례 요한의 제자들과 바리새인들이 때에 따라 금식을 하게 되었다. 금식은 절기 중에 집단으로 행하는 경우가 있었는가 하면 각자가 특별한 사건이나 사안을 염두에 두고 식음을 전폐한 채 자신을 돌아보기도 했다. 그것은 배고픔을 참고 견뎌야 하는 일이어서 고통을 이겨내야 할 경우가 많았다. 따라서 진지한 태도로 금식하는 자들은 대개 종교적인 삶을 살아가고 있었다.

우리가 여기서 기억해야 할 바는 외적으로 보아 동일한 금식인데, 올바른 금식이 있는가 하면 그렇지 않은 예도 있다는 사실이다. 당시 율법주의에 빠진 자들의 금식은 관습적인 행위로서 하나님을 위한 참된 금식이라 말할 수 없다.[7] 그들은 자기의 종교적인 의를 나타내기 위해 그렇게 했을 따름이다.

그에 반해 세례 요한의 제자들이 행한 금식은 올바른 금식으로 이해할 수 있다. 당시 저들의 스승인 요한이 악한 권세자들에 의해 감옥에 갇혀 있는 상태였으므로 하나님께 매달릴 수밖에 없었다. 그리하여 금식하며 하나님께 간절한 도움을 간구했다.

다수의 사람이 금식을 하는 중에 예수님을 향해 엉뚱한 문제를 제기하는 자가 나타났다. 그는 요한의 제자들과 바리새인의 제자들은 금식하는데 왜 예수님을 따르는 자들은 금식하지 않느냐고 따져 물었다. 그 말 가운데는 예수님의 제자들이 모세 율법에 신실하지 않다는 사실에 대한 도전적 성격이 내포되어 있었다.

거기에는 또한 예수님을 따르는 자들은 진지하고 경건한 신앙을 버

---

7) 선지자 이사야는 참된 금식에 관한 기록을 남기고 있다: "나의 기뻐하는 금식은 흉악의 결박을 풀어 주며 멍에의 줄을 끌러 주며 압제당하는 자를 자유케 하며 모든 멍에를 꺾는 것이 아니겠느냐 또 주린 자에게 네 식물을 나눠 주며 유리하는 빈민을 네 집에 들이며 벗은 자를 보면 입히며 또 네 골육을 피하여 스스로 숨지 아니하는 것이 아니겠느냐"(사 58:6, 7). 이를 통해, 참된 금식은 사탄의 세력에 의해 억눌린 자들을 향한 하나님의 복음 선포와 연관된 것으로 이해할 수 있다.

리고 즐거움과 일시적인 욕망을 추구하기에 급급한 것이 아닌가 하는
비아냥거림이 섞여 있었다(눅 5:33, 참조). 그것은 예수님의 제자들의 신
앙에 대한 율법주의자들의 의구심을 드러내 보이고 있다. 나아가 이는
외형상 제자들을 표적으로 삼고 있으나 실상은 예수님을 겨냥하고 있
는 것과 마찬가지였다.

(2) 혼인 잔치와 신랑에 대한 비유(막 2:19, 20)

금식에 관한 질문을 하는 사람의 말을 들은 예수께서는 그에 대해 답
변을 하셨다. 그곳은 율법주의자들뿐 아니라 예수님을 따르는 사람들
등 여러 부류의 사람들이 뒤섞여 있는 공개적인 장소였다. 그리하여 모
든 사람이 알아들을 수 있도록 그에 대해 명확한 답변을 해야 할 필요
가 있었다.

사람들이 날마다 음식을 먹으며 생활하는 것은 누구에게나 당연한
삶의 방편이 된다. 음식을 먹지 못한 채 너무 오래 굶주리게 되면 죽을
수밖에 없다. 따라서 사람이 굶주리게 될 때 배고픔을 면하고 자신의
생명을 유지하기 위해 먹을 음식을 찾기 마련이다.

하나님의 자녀들이 음식의 섭취를 중단하는 금식을 하는 목적 가운
데는 여러 가지 복합적인 의미가 내포되어 있다. 금식은 우선 심각한
문제에 봉착한 자신과 언약의 백성을 돌아보며 회개하는 방편이 된다.
또한 가난한 이웃을 기억하며 저들을 돌아보기 위해 금식하기도 한다.
그와 연관된 실제적인 목적과 관심이 없는 상태에서 행하는 금식은 무
의미한 종교 행위에 지나지 않는다. 나아가 금식을 통해 자기의 종교적
인 의를 드러내기 위한 것이라면 더욱 그렇다.

그런데 예수께서는 거기 모인 사람들을 향해 매우 중요한 교훈을 주
셨다. 그것은 이땅에서 행해지는 일시적인 금식과 더불어 영원한 잔치
를 연관지어 설명하고 계시기 때문이다. 즉 금식을 통해 배고픈 상태와

괴로움을 일시적으로 경험하면서 나중에 임하게 될 영원한 잔치의 즐거움을 소망하며 기억하라는 것이었다.

그러므로 금식에 관한 어떤 사람의 질문을 들은 예수께서 여러 사람에게 특별한 혼인 잔치에 관한 예를 들어 설명하셨다. 혼인은 신랑과 신부가 한 가정을 이루게 되는 출발점으로서 그날 온 가족과 친구와 이웃이 한자리에 모여 풍성한 음식을 나누며 즐거워하게 된다. 그날은 슬프고 괴로운 날이 아니라 신랑 신부뿐 아니라 그 자리에 있는 모든 사람에게 기쁨의 날이 되는 것이다.

예수께서는 그에 관한 사실을 언급하시면서 당시 언약의 백성들 가운데 많은 사람이 그 실상을 전혀 인식하지 못하는 중에 이미 잔치가 벌어지고 있다고 말씀하셨다. 이는 곧 예수 그리스도 자신이 참 신랑으로서 신부인 언약의 백성들을 위해 이 세상에 오셔서 저들과 함께 계신다는 것이었다. 따라서 신랑이 신부와 함께 있는 동안에는 금식하지 않아도 된다고 말씀하셨다.

그러나 하나님의 약속에 따라 시작된 그 잔치를 훼방하는 자들이 곧 등장하리라는 사실을 언급하셨다. 그들은 맨 처음 하나님께서 자기의 형상대로 창조하신 아담을 비롯한 모든 것들을 망가뜨린 사탄에게 속한 자들이다. 그런 자들은 신부를 위한 신랑으로 오신 예수님을 크게 해치고자 한다는 것이었다.

그 악한 자들은 신부인 언약의 백성으로부터 신랑을 빼앗아 분리하고자 애쓴다. 그들은 불법을 저지르며 신랑과 신부의 관계를 무너뜨리려고 한다. 그렇게 되면 신부가 되는 하나님의 백성들은 슬픔과 괴로움에 빠질 수밖에 없게 된다. 예수님을 메시아로 알고 따르는 자들에게는 그의 말씀이 큰 충격이었을 것이 분명하다.

하지만 그와 같은 일은 장차 반드시 일어나게 된다. 구약성경에는 이 땅에 오실 메시아가 '고난받는 종'으로서 당할 고난에 관한 예언들이 많이 나타나고 있다. 앞으로 그와 같은 일이 발생하게 되면 신부인 성도들이 금식하지 않을 수 없으리라고 했다. 그 사실만으로도 괴로운 터에 금식까지 하게 된다는 것은 모든 기쁨을 포기하는 의미를 지닌다. 이는 물론 악한 자들의 포악한 횡포로부터 하나님의 보호를 받고자 하는 소망과 연관되어 있다.

우리는 예수님의 이 말씀을 구속사적인 의미와 더불어 받아들여야 한다. 구약성경이 요구하는 금식은 단순히 음식을 중단하는 문제에 그치는 것이 아니라 참되고 영원한 생명이 오직 하나님으로부터 공급된다는 사실에 연관되어 있다. 즉 하나님께서 공급하시는 참된 음식이 없으면 발생하게 될 일을 금식함으로써 깨닫게 되며, 나중에 십자가 사역과 더불어 교회에 허락된 참 생명이신 예수 그리스도의 몸을 통해 영생의 기쁨을 소유하게 되는 것이다.

2. 생베 조각과 새 포도주를 위한 부대 (막 2:21, 22)

예수께서는 금식에 관한 교훈을 주신 후 일상적인 예를 들어 율법에 관한 설명을 하셨다. 생베 조각 곧 새 천 조각을 낡은 옷에 붙이는 자가 없다는 것이다. 그것은 단순히 외형적인 모양 때문이 아니라 그 상태가 달라 결국 옷 전체에 심한 훼손이 뒤따르게 될 것이기 때문이다.

베 곧 천이라는 성질은 같지만 원래의 옷은 오래 입었으므로 낡은 상태가 되어 있다. 그에 반해 새것인 생 베는 천의 기본 상태가 아직 튼튼하고 강하다. 동일한 천인데 상태가 서로 다른 것이다. 따라서 생베 조각을 낡은 옷의 해어진 부분에 붙여 바느질한다면 그것은 오히려 옷을 더욱 빨리 상하게 할 뿐이다. 이는 새 천이 헌 옷의 천을 잡아당기기 때문에 더 심하게 해어지게 되는 것이다.

그리고 예수께서는 새 포도주를 낡은 가죽 부대에 담는 자가 없다는 사실을 예로 들어 말씀하셨다. 만일 그렇게 하면 새 포도주가 세월이 흐르면서 낡아 약해진 부대를 터뜨려 포도주와 부대를 모두 버리게 된다는 것이다. 포도주를 담은 용기로서 오랫동안 사용한 낡은 부대에 또다시 새 포도주를 담게 되면 오랜 기간 발효하는 과정에서 견뎌내기 어렵게 된다.

그러므로 새 포도주는 새 부대에 담는 것이 자연스럽다. 새 포도주를 새 부대에 담아 오래 보관할 때 포도주가 숙성되어 가는 과정에서 부대가 안전한 역할을 하게 된다. 즉 새로운 것은 새로운 용기에 담아야 하며 옛것은 옛날의 용기 가운데서 적합한 역할을 하는 것이다.

이는 구약의 율법에 연관된 교훈으로 이해해야 한다. 예수님이 이땅에 오시기 전의 구약에 기록된 율법과 교훈들은 장차 오실 메시아를 향하고 있었다. 구약성경은 그것을 위해 소중한 역할을 충분히 감당했다. 하지만 구약에서 증거해 오던 메시아에 관한 약속이 성취된 후에는 그로 인한 새로운 용기가 필요하다.

구약시대 성도들은 할례와 각종 절기를 통해 장차 오실 메시아를 기다리며 소망하는 가운데 생활해 왔다. 그러나 주님께서 오신 후에는 그 모든 것들이 그리스도와 그의 사역 가운데 녹아나게 되었다. 이제 이스라엘 민족을 중심으로 한 구약의 내용이 신약시대에는 예수 그리스도를 머리로 한 그의 몸된 교회를 통해 모든 약속이 이루어지게 되리라는 사실을 말해주고 있다.

이는 또한 구약과 신약의 관계에서 연속성과 불연속성에 연관된 문제이기도 하다. 예수께서 이땅에 오시기 전에는 의례와 연관된 모든 율법과 절기들이 장차 오실 주님을 향한 선한 도구 역할을 감당했다. 신약시대에는 그 선한 도구를 통해 하나님의 놀라운 사랑과 은혜를 기억하는 가운데 구약의 모든 내용을 소중한 교훈으로 삼되 그것을 율법적 절대 규범으로 삼아서는 안 된다. 예수 그리스도의 신부가 되는 지상교회는 그에 대한 분명한 깨달음을 가져야만 한다.

3. 안식일에 관한 교훈 (막 2:23-28)

(1) 십계명과 안식일

본문 가운데는 안식일 날 발생한 한 특별한 사건이 기록되어 있다. 우리는 안식일을 이해하기 위해 그것을 올바르게 알아야 한다. 안식일은 인간들이 만든 종교 제도가 아니라 하나님께서 직접 제정하신 중요한 규례이다. 언약의 백성들이 지켜야 할 율법의 특별한 날들을 비롯한 다양한 절기가 역사적 경륜 가운데 제정된 것과 달리 안식일은 태초와 연관된 근원적인 성격을 지니고 있다.

그러므로 우리가 분명히 기억해야 할 바는 십계명은 구약 율법 가운데 매우 독특한 성격을 지니고 있다는 점이다. 모세 율법은 전체적으로 모세가 하나님으로부터 계시받아 기록한 진리의 말씀이다. 물론 거기에는 일점일획도 틀림이 없는 완벽한 하나님의 계시가 담겨 있다.

그에 비해 십계명은 시내산 정상에서 하나님께서 친히 열 개의 계명을 돌판에 새겨 기록하셨다. 그때 두 개의 돌판에는 똑같은 내용이 각기 새겨지게 되었다. 그 의미를 생각해 볼 때 하나님께서 두 돌판에 동일한 것을 기록하여 하나는 하나님의 것으로, 다른 하나는 언약의 자손들에게 맡겨진 것으로 이해할 수 있다.

이 말은 십계명이 하나님과 그의 백성 사이에 체결된 계약문서의 역할을 한다는 사실을 말해주고 있다. 따라서 나중 그 두 개의 십계명 돌판은 지성소 안에 있는 하나님의 법궤 안에 보관되었다. 하나님께서는 항상 그 약속의 자리 가운데 계셨으며 모든 언약의 자손들은 그곳을 향해 하나님을 경배하며 섬겼다.

계약문서로서 돌판에 새겨진 십계명의 내용은 모든 언약의 자손들에게 항구적으로 유효한 성격을 지니고 있다. 거기 기록된 모든 내용은 성도들이 항상 마음판에 새겨두어야 할 불변의 계약이다. 따라서 오늘날 신약시대에도 그 의미가 동일한 효력을 나타내고 있다. 우리가 여기서 기억해야 할 바는 그 가운데 안식일에 관한 규례가 들어있다는 사실이다.

> "안식일을 기억하여 거룩히 지키라 엿새 동안은 힘써 네 모든 일을 행할 것이나 제 칠일은 너의 하나님 여호와의 안식일인즉 너나 네 아들이나 네 딸이나 네 남종이나 네 여종이나 네 육축이나 네 문안에 유하는 객이라도 아무 일도 하지 말라 이는 엿새 동안에 나 여호와가 하늘과 땅과 바다와 그 가운데 모든 것을 만들고 제 칠일에 쉬었음이라 그러므로 나 여호와가 안식일을 복되게 하여 그 날을 거룩하게 하였느니라"(출 20:8-11)

하나님께서는 언약의 자손들에게 안식일을 거룩히 지키라는 요구를 하시면서 엿새 동안은 열심히 일하되 안식일에는 노동하지 말라는 명령을 내리셨다. 그와 더불어 하나님께서 태초에 엿새 동안 우주 만물을 창조하시고 난 후 일곱째 날에 쉬셨다는 사실을 언급하셨다. 이는 모든 창조 사역을 완성하신 하나님께서 자신의 피조 세계를 통해 영광을 받으신 사실에 연관되어 있다. 이 말은 또한 모세 시대 십계명이 주어지기 전에도 언약의 자손들은 안식일을 기억하고 그 의미를 마음에 새겨두고 있었음을 말해주고 있다.

그러므로 하나님께서는 십계명 가운데 안식일을 복되게 하여 거룩하게 했다는 사실을 말씀하셨다. 또한 그것을 통해 십계명에 기록된 하나님의 창조에 관한 모든 내용을 언약의 백성들이 기억하고 있어야 함을 말해준다. 우주 만물을 창조하신 하나님과 그의 형상대로 지음을 받은 인간 사이에 허락된 은혜 언약이 항상 안식일을 통해 드러나게 되는 것이다.

우리가 이와 더불어 기본적으로 이해해야 할 바는 그 가운데 생명의 근원이 되시는 메시아가 존재한다는 사실이다. 사악한 사탄으로 인해 아담이 범죄한 후 모든 인간은 멸망에 빠지게 되었다. 그러나 창세 전부터 자기 자녀들을 위해 언약을 세우신 하나님께서 메시아를 통해 참 안식과 거룩한 영광의 복을 허락하시게 된 것이다.

(2) 안식일 날 밀밭의 이삭을 자른 사건(막 2:23)

율법주의자들은 십계명에 담긴 내용을 하나님의 뜻에 따라 겸손하게 받아들이려고 하는 대신 문자 자체에 의미를 두고 있었다. 즉 그들은 본질보다 형식을 훨씬 중시했다. 안식일에 관한 문제 역시 마찬가지다. 그런 자들은 하나님께서 무엇 때문에 언약의 백성들에게 그 중요한 내용을 허락하시고 십계명에 담으셨는지에 관한 관심이 없었다.

구약의 율법 시대 안식일은 노동을 중단하고 쉬는 것에 관련되어 있었다. 그것은 사람들이 이 세상에서 생존하는 것과 더불어 식생활을 위한 양식을 얻는 일과 밀접한 연관성이 있다. 하나님의 십계명이 주어질 당시 출애굽한 이스라엘 백성은 시내 광야에 유리하면서 날마다 하늘로부터 내리는 만나와 메추라기를 먹고 살았다. 즉 인간의 노동력에 의해서가 아니라 전적인 하나님의 공급과 은혜로 인해 살아갔다.

안식일의 의미 가운데는 그에 연관된 소중한 언약이 내포되어 있다. 하지만 어리석은 자들은 본질에 관련된 의미를 멀리한 채 노동만 하지 않으면 안식일을 잘 지키는 것인 양 착각하며 살아갔다. 형식은 반드시 본질에 연관되어 있어야 했지만 그들의 삶은 그와 같지 않았다.

이땅에 오신 예수께서는 안식일의 주인으로서 하나님의 언약과 더불어 본질적인 의미를 드러내셨다. 그런데 안식일 날 예수님과 그 제자들이 함께 밀밭 사이로 지나갈 때 제자들이 밭에 있는 밀 이삭을 잘라 먹었다. 당시 그들이 밀 이삭을 잘라 먹은 것은 시장기 때문이었던 것으로 보인다. 제자들은 아무런 의미 없이 그런 행동을 취한 것이 아니라 허기진 배를 채우기 위해서였을 것이다.

우리는 또한 예수님의 제자들이 안식일에 관한 구약의 율법을 몰랐을 리 없다는 사실을 기억해야 할 필요가 있다. 그럼에도 불구하고 그들이 그와 같이 행했던 까닭은 그들이 예수님과 안식일의 관계를 알고 있었기 때문이었다. 그렇지 않았다면 쉽게 그렇게 행동하기 어려웠을 것이 분명하다. 그런데 밀 이삭을 잘라 먹는 제자들의 모습을 목격한 자들은 그들이 안식일을 범한 것으로 판단하여 분노하는 모습을 보였다.

(3) 분노한 바리새인들의 질문과 예수님의 답변(막 2:24-26)

예수님의 제자들이 밀밭 사이를 지나가면서 배가 고파 밀 이삭을 잘라먹었으나 그것 자체로는 문제시되지 않았다. 배고픈 사람이 허기진 배를 채우기 위해 남의 밭에서 그렇게 하는 것은 범죄행위가 아니었다. 설령 밭 주인이 그 광경을 직접 목격할지라도 문제 삼지 않았을 것이다.

그러므로 제자들이 그처럼 했을 때 예수께서도 저들을 책망하지 않으셨다. 함께 가던 바리새인들이 그 제자들을 보고 분노한 이유는 평일이 아닌 안식일 날 밀 이삭을 잘라 먹는 행동이 하나님의 거룩한 날을 범한 것으로 보았기 때문이었다. 따라서 그들은 예수님의 제자들이 왜 남의 밭의 밀 이삭을 따먹느냐고 책망한 것이 아니라 왜 안식일 날 그와 같은 행동을 하느냐며 문제 삼게 되었다.

그리고 우리가 여기서 눈여겨보아야 할 점은 그들이 제자들을 직접 나무란 것이 아니라 예수님께 그 문제를 따졌다는 사실이다. 바리새인들은, 예수님의 제자들이 그렇게 한 것은 안식일에 관한 율법을 어긴 것이라 확신하고 있었다. 나아가 안식일을 범하는 제자들을 보고 아무런 제재를 가하지 않는 스승인 예수님 역시 그와 같다고 여기게 되었다. 그들은 아마도 이제 예수님을 궁지로 몰아갈 기회를 얻은 것으로 판단했을 수도 있다.

바리새인들의 모든 생각을 꿰뚫어 보시던 예수께서는 그들을 향해 구약성경에 기록된 한 사건을 언급하셨다. 다윗이 자기와 함께 있던 자들이 음식이 없어 배가 매우 고플 때 있었던 일을 모르느냐고 하셨다. 아비아달(Abiathar)이 대제사장 직무를 감당하고 있을 때 다윗은 하나님의 성전에 들어가 제사장들 외에 먹지 못하는 진설병 곧 성소에 차려졌던 거룩한 떡을 먹고 함께 있던 자들에게도 나누어 주지 않았느냐는 것이다.

우리는 여기서 매우 중요한 사실을 생각해 보게 된다. 다윗은 유다 지파에 속한 자로서 레위 지파에 속한 제사장들과는 맡은 바 직무가 전혀 달랐다. 그런데 그가 하나님의 성전에 들어가 거룩한 음식을 먹고 같이 있던 자들에게 나누어 준 것을 어떻게 생각하느냐고 예수께서 물어보셨다. 다윗은 이스라엘 조상들 가운데 매우 중요한 인물이었으므로 함부로 그에 대한 비난 섞인 말을 할 수 없었다.

그런데 예수께서는 당시 다윗의 행동이 정당했음을 언급하고 있다. 그가 비록 유다 지파에 속한 인물이었으나 제사장들의 음식을 먹게 된 것이 일반적인 관점에서 말하는 율법을 어긴 죄가 아니라는 것이다. 이 말 가운데는 유다 지파인 다윗의 그와 같은 행동이 나중에 오실 메시아에 대한 예언적 성격이 내포되어 있음을 말해주고 있다.

이제 다윗의 자손으로 이땅에 오신 예수 그리스도께서 안식일 날 밀밭 사이에 난 길을 걸어가실 때 그의 제자들이 밀 이삭을 잘라 먹는 행동을 했을지라도 그것은 아무런 문제가 되지 않는다는 것이었다. 그것은 그들의 행동 자체보다 그들 가운데 계시는 예수님 때문이라는 사실을 말해주고 있다. 여기서는 성경 전체의 본질적 교훈을 멀리하는 바리새인들의 잘못된 종교적인 판단과 안식일의 주인이신 예수님의 실상을 보여주고 있다.

(4) 안식일의 주인인 그리스도와 안식일의 기본적인 의미(막 2:27, 28)

예수께서는 바리새인들에게 다윗에 연관된 사건을 설명하신 후 안식일의 근본 의미를 설명하셨다. 안식일은 인간을 위한 특별한 의미를 지닌 날이라는 것이다. 이는 인간이 안식일을 위해 존재하는 것이 아니라 언약의 자손을 위해 안식일이 존재한다는 사실을 말해주고 있다.

하지만 예수님의 말씀 가운데는 안식일이 단순히 인간을 위해 존재한다는 것 이상의 의미를 지니고 있다. 그것은 곧 안식일이 이땅에 메시아로 오신 예수님과 밀접하게 연관되어 있다는 사실을 의미한다. 따라서 예수께서는 자기를 '안식일의 주인'이라고 선포하셨다.

그러므로 하나님의 자녀들은 안식일을 통해 오직 그리스도께 의존하는 자신의 삶을 확인하게 된다. 구약시대 이스라엘 백성은 안식일을 보내면서 인간의 노동력이 아니라 하나님께서 참 생명의 양식을 공급한다는 사실을 깨닫게 되었다. 그것은 매 주일(週日) 정기적으로 돌아오는 날이기 때문에 항상 그와 같은 삶의 의미를 중심에 두고 살아갔다.

이에 대해서는 시대와 장소를 초월하여 이 세상에 존재하는 모든 하나님의 자녀들에게 해당이 된다. 예수님과 동행하던 제자들이 밀 이삭을 잘라 먹을 때도 의미상 그것은 주님으로부터 공급되는 것이었다. 따라서 바리새인들이 그 광경을 보고 율법을 핑계대어 문제 삼는 것은 그리스도에 관한 참된 이해가 없었기 때문이다.

(5) 신약시대와 안식일

안식일은 구약시대 언약의 자손들에게만 유효한 제도가 아니라 신약시대 교회에도 여전히 그 의미가 살아있다. 안식일의 언약적인 의미가 신약시대 교회 가운데 적용되어야 하는 것은 하나님의 창조 때부터 지속되어 온 일이기 때문이다. 즉 안식일 외에 율법 시대의 특별한 날과 절기였던 월삭, 유월절, 오순절, 장막절, 부림절, 안식년, 희년 등은 후대에 제정되었다. 따라서 구약의 절기들은 예수 그리스도와 그가 이루신 모든 구속 사역으로 인해 그 의미가 완성되었다.

　그와 달리 안식일은 하나님의 창조 질서와 직접 연관되는 특별한 날이다. 따라서 그 의미가 신구약의 전 역사 가운데 지속된다. 따라서 하나님의 자녀들은 주님께서 재림하시는 그날까지 안식일이 지닌 언약의 정신을 품고 살아가야 한다. 지상 교회에 속한 모든 성도는 안식일에 관한 본질적인 의미를 소중하게 받아들여야 한다.

　그러므로 신약시대 교회 가운데서도 교회의 언약적 공예배 시간에 십계명을 공적으로 봉독하고 있다. 물론 그 가운데는 안식일에 관한 내용이 포함되어 있다. 따라서 웨스트민스터 신앙고백서에는 주일을 안식일로 묘사하고 있다.[8] 이는 예수께서 십자가에 달려 돌아가셨다가 부활하신 안식일 후 첫날을 주일로 제정하면서 안식일의 의미가 그대로 이어진 사실을 말해주고 있다.

　그러므로 신약시대의 성도들도 여전히 안식일의 의미를 소중하게 받아들여 적용해야 한다. 하지만 그날 노동하지 않고 구약의 율법을 준수하는 것이 아니라 안식일의 주인이신 주님을 기억하는 가운데 하나님을 공적으로 경배하게 되는 것이다. 우리 실로암교회에서는 성찬식이 있는 매월 둘째 주일 공예배 시간에 십계명을 공적으로 봉독하고 있다. 모든 성도는 그 내용이 해당 주일뿐 아니라 일상의 신앙생활 가운데 항상 유효하다는 사실을 기억해야 한다.

---

8) 웨스트민스터신앙고백서 제21장, '예배와 안식일' 제8항 참조: 이광호, 웨스트민스터신앙고백, 서울: 교회와 성경, 2009, 306-309, 참조.

제6장

예수님을 따르는 무리와 '열두 제자'

(막 3:1-19)

1. 안식일 날의 치유 사역 (막 3:1-12)

(1) 악한 종교인들의 올무 (막 3:1-6)

예수께서 어느 안식일 날 회당에 들어가셨다. 그곳에는 한편 손이 말라 오그라들어 손을 사용할 수 없는 사람이 와 있었다. 그가 그 자리에 왔던 것이 병 낫기 위한 목적이었는지는 분명히 알기 어렵다. 어쩌면 그는 이땅에 오신 메시아를 보고 그의 말씀을 듣기 위해 회당에 갔을 수도 있다.

그런 가운데 불손한 마음을 품은 자들이 섞여 있었다. 당시의 서기관들과 바리새인들 중 다수는 종교인으로 활동했으나 실상은 하나님을 대적하는 자들이 많았다. 그들은 회당에 들어와서도 진실로 하나님을 알고 섬기고자 한 것이 아니라 왜곡된 정치적 목적을 가지고 있었다.

그 사람들은 회당에서 하나님의 아들이신 예수께서 하시는 말씀을 귀담아듣고자 하기는커녕 도리어 그의 말과 행동에서 꼬투리를 잡고자 애썼다. 안식일 날 몸이 아픈 병자를 고치는가 보고, 만일 그렇게 한다면 당국에 소송하려고 했다. 물론 예수께서는 저들의 사악한 마음을 꿰뚫어 보고 계셨다. 그리하여 의도적으로 저들 앞에서 메시아의 놀라운 사역을 보여주시고자 했다.

그리하여 예수께서 손이 말라 오그라진 그 병인을 모두가 보는 가운데 자리에서 일으켜 세우셨다. 그리고 회당에 모인 사람들을 향해 질문을 던지셨다. 안식일 날 선을 행하는 것과 악을 행하는 것, 생명을 구하는 것과 죽이는 것 가운데 어느 것이 옳으냐는 것이었다. 그 말씀을 들은 사람들은 아무 말도 하지 못하고 가만히 있었다.

그와 더불어 예수께서는 완악한 마음을 가지고 감히 자기를 모함하는 자들을 보며 탄식하셨다. 그는 저들을 둘러보며 크게 분노하시게 되었다. 그 악한 자들이 하나님을 멸시하고 자기를 궁지로 몰아넣으려 할 뿐 아니라 메시아를 따르는 많은 백성을 해코지할 것이기 때문이었다.

그와 같은 분위기 가운데서 예수께서는 손이 불편한 그 사람을 향해 손을 자기 앞으로 내밀라고 하셨다. 그가 주님의 말씀을 듣고 그렇게 했을 때 그의 손이 그 자리에서 즉시 원래대로 회복되었다. 이를 통해 거기 모인 많은 사람은 그가 메시아라는 사실을 더욱 확고히 믿게 되었다. 물론 그들이 예수님을 메시아로 믿게 된 것은 그의 기적 때문이 아니라 하나님의 은혜로 말미암은 것이었다.

우리는 동일한 기적을 목격한 다른 어떤 부류의 사람들은 그를 메시아로 믿지 않고 도리어 그를 죽이려는 마음을 먹었다는 사실을 눈여겨봐야 한다. 그 자리에 있던 바리새인들은 예수께서 행하시는 놀라운 기적을 보고 오히려 그를 해치고자 했다. 그들은 밖으로 나가 헤롯당 곧 정치적 권력을 가진 자들과 의논하여 예수님을 죽일 궁리를 하게 되었다.

한 자리에서 기적을 행하시는 동일한 예수님을 보고 어떤 사람들은 그를 메시아로 받아들이고 또 다른 어떤 사람들은 그를 죽이려고 했다.

중요한 사실은 예수님을 하나님의 아들로서 이땅에 영원한 왕으로 오신 것을 믿게 된 자들은 하나님 앞에 감사의 마음과 더불어 겸손한 자세를 취했다. 그에 반해 그를 죽이려고 작정한 자들은 강퍅하게 되어 저들의 악함에도 불구하고 스스로 하나님을 위한 큰 신앙을 가진 자들인 양 엄청난 착각을 하고 있었다.

(2) 예수님 앞으로 몰려드는 무리들(막 3:7-10)

회당에서 그 사건이 있고 난 뒤 예수께서는 제자들과 함께 갈릴리 해변으로 가셨다. 그때는 예수님에 관한 소문이 갈릴리 지역뿐 아니라 가나안 땅 전역으로 퍼져나가게 된 상태였다. 그리하여 예루살렘과 주변의 유다 지역, 그리고 남부 지역의 이두매와 요단강 동편 지역과 지중해 연안에 있는 두로와 시돈까지 소문이 났다.

그리하여 여러 지역의 사람들이 예수님이 계시는 갈릴리 지역으로 몰려들었다. 큰 무리를 이룬 그 사람들은 예수께서 행하신 놀라운 일들에 관한 소문을 듣고 그것을 보고자 나아온 자들이었다. 많은 사람이 예수님을 에워싸게 되고 서로 밀며 더 가까이 가고자 했다. 그들 가운데 질병으로 인해 고통당하는 자들은 예수님의 몸에 손을 대기만 해도 나을 것이라 믿고 있었을 것이 분명하다.

예수께서는 자기에게 몰려드는 사람들을 보고 제자들에게 명하여 작은 배를 준비하도록 하셨다. 그는 배 위에서 육지에 모여든 백성을 향해 하나님의 말씀을 전했을 것이 틀림없다. 그는 멀리 떨어져 있는 사람들의 질병을 치유하시는 일보다 하나님의 복음이 선포되는 것이 훨씬 중요하다는 사실을 잘 알고 계셨다.

당시 거기 모인 자들 가운데 신앙이 어린 사람들은 하나님의 복음이 아니라 개인의 질병을 고치고 고통을 면하는 것을 기대하고 있었을 것이다. 하지만 그 가운데는 메시아의 존재와 그의 말씀이 질병을 치유하는 자체보다 훨씬 중요하다는 사실을 깨닫고 있는 자들이 상당수 있었을 것이 분명하다. 성숙한 언약의 백성들은 이에 관한 올바른 깨달음을 가지고 있어야만 한다.

(3) 예수님의 신분을 분명히 아는 귀신들(막 3:11, 12)

시골에서 고기잡이하며 어부 생활을 하던 청년들과 당시 많은 사람이 괄시하던 세리와 같은 자가 예수님이 누구인지 먼저 알아보았다. 나아가 문둥병자와 중풍병 등 무서운 질병에 걸린 자들도 예수님이 누구인지 깨닫게 되었다. 그런데 당시 구약성경을 전문으로 연구하는 신학자로 자처하던 서기관들이 하나님의 아들이신 메시아 예수님을 알아보지 못했다.

나아가 더욱 놀라운 점은 더러운 귀신들이 예수님을 정확하게 알아보았다는 사실이다. 그 귀신들은 예수님을 보게 되면 언제든지 그 앞에 무릎을 꿇어 엎드렸다. 그들의 입에서 나온 말은 '예수님이 하나님의 아들'이라는 선언이었다.

물론 그 귀신들이 예수님을 하나님의 아들로 신앙하는 가운데 그에게 고백하며 순종하는 것은 아니었다. 귀신들은 사탄의 졸개로서 예수님을 구세주로 믿지 않았다. 하지만 그들은 예수님이 자기들을 심판하시기 위해 이땅에 오신 무서운 심판주라는 사실을 알고 있었다.

그러므로 그들은 예수님이 자신을 심판하게 되리라는 점을 알고 불안한 마음을 가지게 되었다. 귀신들은 장차 자기에게 임하게 될 엄중한 심판을 두려워했다. 이처럼 성경을 연구하던 서기관들이 몰라본 예수님의 존재를 알아본 귀신들을 통해 이땅에 영적인 전투가 시작된 사실과 하나님의 구원역사가 구체적으로 진행되어 가는 것을 보여주고 있다.

예수께서는 그 귀신들을 향해 자기의 존재를 나타내지 말라고 명령

하셨다. 물론 귀신들은 그 후에 예수님이 하나님의 아들 메시아라는 사실을 다른 사람들을 향해 말하지 않았다. 단지 귀신들은 예수님의 면전(面前)에서 떨며 불안해했을 따름이며 예수님이 함께하지 않는 다른 경우에는 그에 대해 언급을 하지 않았다. 우리는 이에 대해 올바른 이해를 해야만 한다.

2. 열두 제자와 산상수훈 (막 3:13-19)

(1) 열두 제자를 세우심 (막 3:13, 14ⓐ)

예수께서는 공사역을 시작하신 후 초기에 열두 명의 제자들을 불러 모으셨다. 즉 그는 오랜 기간을 두고 제자들을 하나씩 부르신 것이 아니라 단기간에 그 일을 완수하셨다.

그가 굳이 열두 명의 제자를 택하여 부르신 것은 구약성경의 언약이 계승되고 있다는 사실을 드러내 보여주고 계신다. 즉 열두 명의 제자들을 통해 야곱의 열두 아들로부터 형성된 열두 지파의 의미가 상속되고 있음을 알게 된다. 이는 곧 구약시대 이스라엘 열두 지파와 신약시대 열두 제자가 구속사적으로 한 묶음의 성격을 지닌 것으로 이해할수 있다.

그러므로 예수께서 열두 명의 제자를 부르신 것은 우연이 아니라 하나님의 섭리와 작정에 따라 진행된 일이었다. 즉 아브라함과 이삭의 아들 야곱을 통해 허락된 이스라엘 열두 지파는 구약시대를 거쳐 신약시대에 이르러 예수님으로 인한 열두 제자를 통해 인간 역사 가운데 거대한 언약의 틀이 완성되었다.

우리는 아담 이래 노아와 아브라함을 거친 구속사 가운데 타락한 인간 세계에 약속의 땅 가나안과 더불어 이스라엘 열두 지파를 통해 언약의 줄기가 확연히 세워지게 되었음을 알고 있다. 그 모든 과정을 통해 장차 이땅에 메시아가 오시게 될 예언이 그 가운데서 점진적으로 실행되어 갔다.

이제 하나님의 아들 예수 그리스도가 인간의 몸을 입고 이 세상에 오심으로써 복음을 위한 새로운 지평이 열리게 되었다. 그 중심에는 예수께서 친히 지명하여 불러 세우신 열두 제자들이 자리잡고 있다. 그들을 기초로 하여 이땅에 하나님의 집인 거룩한 교회가 세워지게 되었다.

주님께서 열두 제자들을 부르신 것은 그에 밀접하게 연관되어 있다. 예수께서는 그들을 산 위로 불러 모아 특별한 교훈을 주셨다. 그것은 우리가 일반적으로 알고 있는 '산상수훈'으로서 마치 영적인 싸움을 위한 전투 교범과 같은 성격을 지니고 있다.[9] 즉 하나님의 자녀로서 이 세상에서 살아가며 어떤 자세로 대처해야 할지 열두 제자들에게 그 기본적인 방안을 제시하고 있다.

(2) 열두 제자를 세우신 목적(막 3:14ⓑ, 15)

예수께서 열두 제자를 세우신 의도와 목적은 분명하다. 그것은 원천적으로 구약의 이스라엘 열두 지파와 연관된 언약의 성취를 보여주고 있다. 이는 메시아가 단순히 몇 명의 숫자로 구성된 제자들을 뽑아 세운 것이 아니라, 여기에는 보다 중요한 근본적인 의미가 들어있음을 말해주고 있다.

즉 구약시대의 이스라엘 열두 지파가 장차 세상을 정복하게 될 예언적 성격을 지니고 있었다면 예수님의 열두 제자의 조직은 그 성취의 성격을 지니고 있다. 이는 마치 왕으로 오신 예수께서 이제 열두 명의 영적인 사령관을 세운 것과도 같다. 즉 그 제자들은 군대를 총지휘하는

---

9) 이광호, 에세이 산상수훈, 서울: 칼빈아카데미, 2005, 2014. pp, 16-20. 참조.

직무를 감당하게 된다.

이는 예수님의 열두 제자들이 하나님 나라의 근간을 확립하는 의미를 지니고 있다. 이제 그들은 왕이신 예수님을 중심으로 하여 악한 세력에 대한 본격적인 전투에 돌입하게 된다. 그 대상은 물론 사탄이 통치하는 타락한 세상이다. 그리고 구체적으로는 예수님과 제자들을 중심으로 하는 영적인 군대의 영적인 칼끝은 배도자들이 장악한 예루살렘과 세상의 권력자들이 장악한 로마를 향하고 있다.

그 영적인 전투는 세상 사람들이 경험한 것과는 전혀 다른 방식으로 전개된다. 만왕의 왕이신 예수께서는 제자들을 향해 자기와 함께 있도록 명하셨다. 이는 영적인 전투에서 자기를 보좌하라는 의미를 지니고 있다. 그와 동시에 그들을 세상으로 보내면서 사탄의 세력이 장악하고 있는 영역 가운데 하나님의 나라를 선포하라고 명하셨다. 그와 동시에 하나님의 복음을 전파하라는 당부를 했다.

그리고 예수께서는 제자들에게 귀신을 쫓아내는 특별한 권세를 부여하셨다. 이는 사탄의 졸개인 귀신을 심판함으로써 그들의 수괴가 되는 사탄을 겨냥하고 있음을 말해준다. 세상의 왕으로 오신 예수 그리스도께서 영적인 조직을 통해 하나님의 형상을 닮은 아담을 유혹해 사망에 빠뜨린 사탄의 세력을 심판하게 되는 것이다.

(3) 열두 제자의 특성과 그 가운데 있는 가룟 유다(막 3:16-19)

성경에는 예수께서 직접 부르신 열두 명의 이름이 나타나고 있다. 시몬, 야고보, 요한, 안드레, 빌립, 바돌로매, 마태, 도마, 알패오의 아들 야고보, 다대오, 가나안인 시몬, 가룟 유다가 곧 그들이다. 여기서 먼저 우리의 관심을 끄는 것은 모든 제자가 순수 유대인들이 아니라 가나안인 시몬이 포함되어 있다는 사실이다.

여기서 가나안인(the Canaanite) 시몬은 로마제국에 저항하던 열성당원(the Zealot)으로 번역된 경우도 많이 있다.[10] 그가 평범한 인물이 아니었던 것은 분명하다. 그는 가나안인 출신으로 열성당원이었을 것으로 보인다. 이처럼 예수께서는 이방인 출신이자 열성당원 출신인 시몬을 제자로 받아들이셨다.

우리는 이를 통해 예수께서 당시의 유대인 혈통주의에 얽매이지 않았다는 사실을 알게 된다. 그리고 그들의 과거 신분이나 행적 자체가 그다지 중요한 의미를 지니지 않았음을 말해주고 있다. 중요한 것은 당시 언약에 연관된 저들의 신앙 상태와 예수께서 그들을 제자로 부르셨다는 점이다.

또한 우리가 여기서 보게 되는 특이한 점은 그들 가운데 몇 명에게는 원래 이름 대신에 다른 이름을 주셨다는 사실이다. 시몬에게는 '반석'이란 의미를 지닌 '베드로'라는 이름을 주셨다. 그리고 세베대의 아들 '야고보'와 '요한'에게는 '보아너게'(Boanerges) 곧 '우레의 아들'이라는 공동의 별명을 주셨다. 그들은 주님으로부터 특별한 이름을 부여받아 그 이름으로 불리는 경우가 많았다.

그런데 왜 예수께서는 모든 제자에게 별명을 주시지 않고 몇 명에게만 다른 이름을 주셨을까? 이는 초기 단계에 이루어진 일로서 그들에게 특별한 임무가 맡겨질 것에 연관된 의미가 있는 것으로 보인다. 베드로는 장차 예수님의 수제자 역할을 하며 제자들을 대표하게 되었다. 그리

---

10) 개역한글, 개역개정, 현대인의 성경, 영어성경 KJV에는 '가나안인'(the Canaanite)으로 번역되어 있는데 반해, 한글 공동번역, 새번역, 영어성경 NIV, NASB에는 열성당원(the Zealot)으로 번역되어 있다. 또한 누가복음 6:15, 사도행전 1:13에도 시몬을 열성당원으로 기록하고 있다. 여기서 열성당원이란 로마제국에 저항하는 정치적 성향을 지닌 자들로 이해된다. 이는 마태가 세리로서 친 로마제국 성향을 지니고 있었던 점과 대조적이라 할 수 있다. 한편 일부 학자들 가운데는 여기서 '가나안인'을 '가나나인'으로 번역하기도 한다(개역개정). 이는 '가나나인'(Cananaean)을 아람어 '젤롯'(Zealot)에 해당하는 것으로 이해하기 때문이지만 굳이 그렇게 해석할 필요가 있어 보이지 않는다.

하여 나중 주님께서는 베드로, 곧 반석 위에 자신의 교회를 세우신다고
말씀하셨다(마 16:13-20).

그리고 나중 주님께서는 베드로와 요한과 야고보 세 명의 제자를 데
리고 변화산으로 올라가셨다(눅 9:28-36). 그곳에서 구약을 대표하는 모
세와 엘리야를 만나게 되었으며 그리스도가 하나님의 아들이라는 사실
이 천상의 나라로부터 다시금 확인되었다. 우리는 이를 통해 예수께서
그 세 명의 제자들에게 특별한 사명을 맡기신 것으로 이해할 수 있다.

또한 우리가 눈여겨보아야 할 인물은 가룟 유다이다. 그는 예수님을
파는 악한 자였으나 당시 그는 많은 사람으로부터 신임을 받고 있었으
며 본인 자신도 그렇게 생각하고 있었다. 하지만 그는 하나님의 말씀에
온전히 순종하기보다 이 세상을 위한 정치 사회적 정의감에 사로잡힌
인물이었다. 그는 시간이 흐르면서 예수 그리스도의 뜻과 자기가 세상
을 바라보는 눈이 다르다는 사실을 점차 깨닫게 되었다.

가룟 유다에게는 구약성경에서 예언해온 메시아에 대한 절대적 신앙
이 없었다. 그는 성경이 말하는 메시아가 아니라 개인적으로 원하는 사
회적 개념의 메시아를 기다리고 있었다. 그에게는 참된 언약 신앙이 없
었다. 그는 예수님의 뜻에 온전히 순종하려는 마음보다 자기가 원하는
일을 추구하고자 예수님을 이용하려고 했다. 그는 영원한 하나님의 나
라가 아니라 이 세상에서 가난한 자들과 어려운 자들이 새로운 정치적
세상을 경험하는 나라를 만들어가고자 원했던 것이다.

그럼에도 불구하고 예수께서 그를 부르신 이유는 장차 지상 교회가
경계해야 할 바를 미리 보여주시기 위해서였다. 이는 교회가 경계해야
할 대상이 교회 밖의 악한 세상뿐 아니라 교회 내부에 들어온 악한 자
들에 대한 경계 의무를 포함하고 있다. 그런데 다수의 성도들은 그에
관해 분명히 알기 어렵다. 겉모습만 보며 그런 자들을 훌륭한 주님의
제자로 착각할 우려가 따르기 때문이다.

예수께서 가룟 유다를 불러 제자로 삼으신 것은 장차 이 세상에 세워

지게 될 교회를 향한 경고의 의미를 담고 있다. 예수께서 그의 본성을 모르고 부르시지는 않았을 것이 분명하다. 주님께서 가룟 유다를 통해 교훈을 주셨듯이 지상 교회에는 항상 배도자들이 넘쳐나고 있다. 이는 교회가 항상 깨어 있으면서 하나님의 뜻을 이루어가야 한다는 사실을 말해주고 있다. 따라서 지상 교회는 세상을 향한 영적인 전투태세를 유지하는 동시에 교회 내부의 배도자들에 대한 경계의 끈을 늦추지 말아야 한다.

제7장

비판자들에 대한 예수님의 경고와 대응

(막 3:20-35)

1. 예수님을 의심하는 친족들과 모독하는 서기관들 (막 3:20, 21)

예수님의 주변에는 항상 다양한 부류의 사람들이 몰려들었다. 그 가운데는 예수님을 하나님의 아들 메시아로 알고 추종하는 자들이 많이 있었다. 그들은 세례 요한의 선포에 의해 그가 우주 만물을 통치하시는 만왕의 왕이라는 사실을 신앙으로 받아들였다. 하지만 또 다른 한편으로는 그와 정반대로 예수님을 욕보이거나 해코지할 목적으로 그의 모든 언행을 살피는 자들이 상당수 있었다.

그 외에도 질병을 치유받기를 원하는 자들과 잡다한 구경꾼들도 섞여 있었다. 예수께서는 그 다양한 사람들 가운데서 분주한 시간을 보내는 경우가 많았다. 그래서 집에 들어가 조용히 휴식을 취하거나 식사를 하려고 해도 그 짬을 내기가 쉽지 않은 형편이었다. 그러는 중에 그가 한 집으로 들어가셨다. 그곳은 아마도 가버나움에 있는 베드로의 집이었을 것이다. 그와 같은 형편에서 예수님의 친족들로 인해 예기치 않은 문제가 발생하게 되었다.

일반적으로 생각한다면 그동안 예수님과 함께 살아오던 그의 형제나 친척들은 어떤 경우라 할지라도 그에게 우호적인 자세로 대하고 감싸 안는 것이 원칙이다. 하지만 예수께서 직면한 상황은 전혀 그렇지 못했다. 예수님에게 육신의 부모인 요셉과 마리아는 그가 출생할 때부터 메시아인 그의 신분에 관한 확고한 신앙을 가지고 있었다.

그들 부부는 마리아가 잉태하던 때와 베들레헴에서 동방박사들이 갓 출생한 천상의 왕을 찾아와 경배했던 사실과 헤롯 대왕의 영아살해정책(嬰兒殺害政策)에 의해 겪었던 위기를 생생하게 기억하고 있었을 것이 분명하다. 그의 친척 세례 요한의 부모인 사가랴와 엘리사벳 역시 아기 예수에 연관된 많은 일들을 마음에 담아두었을 것이 틀림없다.

하지만 나머지 대다수 친척들은 그에 대한 사실을 전혀 인식하지 못하고 있었다. 나사렛 동네에 살고 있던 주민들 역시 마찬가지였다. 세례 요한의 메시아 선포와 더불어 예수께서 공사역을 시작하기 전까지는, 예수 그리스도의 신분이 하나님의 섭리에 의해 주변 사람들에게 철저한 비밀의 베일에 싸여있었기 때문이다. 그것은 이땅에 오신 예수님을 보호하기 위한 하나님의 뜻에 따른 방편이기도 했다. 그러므로 어릴 때부터 한 집에서 생활해 온 예수님의 친동생들마저 그의 메시아 신분에 대한 이해가 전혀 없었다. 그 부모인 요셉과 마리아는 때가 찰 때까지 그에 관해 일절 언급하지 않았기 때문이다. 그러던 중 세례 요한의 선포와 더불어 예수께서 요단강과 갈릴리로 다니면서 하나님의 나라와 천국 복음을 선포하게 되었다. 그는 많은 병자를 치유하시면서 자기를 하나님의 아들이자 만왕의 왕인 메시아라는 사실을 선포했다. 그러자 그 사실을 알게 된 그 동생들과 친척들은 크게 당황하지 않을 수 없었다.

그들은 아직 예수 그리스도의 메시아 신분에 대한 분명한 깨달음이 있기 전이어서 예수님의 그와 같은 행동과 주장이 매우 위태로운 파격적인 일이라 판단했기 때문이다. 그리하여 그들은 예수님이 제정신이 아니라 미친 것이란 판단을 내리게 되었다. 그리하여 그들은 예수님을 붙들어 집으로 데려가기 위해 그를 찾아와 만나고자 했다. 그는 가장 가까운 집안사람들로부터 외면당하고 있었다.

2. 예수님의 대응 (막 3:22-27)

한편 예수님에 관한 소문은 이미 예루살렘을 비롯한 가나안 땅 전역에 파다하게 퍼져 있었다. 결국 그를 거부하고 모함하기 위해 예루살렘으로부터 서기관들이 갈릴리 지역으로 내려왔다. 그들은 아마도 개인적인 관심 때문이 아니라 예루살렘 당국으로부터 특별히 공적인 파송을 받은 것으로 보인다. 당시 예루살렘의 책임 있는 종교지도자들은 예수님을 하나님의 아들 메시아로 인정하기를 거부하고 있는 상태였다.

갈릴리에 도착한 그 서기관들은 예수님이 계신 곳으로 찾아갔다. 그들은 많은 무리가 모인 자리에서 예수님을 사탄의 지배를 받는 바알세불(Beelzebul)의 악령에 들린 자로 선언했다. 즉 그가 귀신의 왕인 사탄의 세력을 힘입어 각종 귀신을 쫓아내고 있다는 것이었다. 그 서기관들은 귀신들이 예수님에 의해 쫓겨 나가는 현상은 인정하되 그것을 하나님께서 행하시는 일로 인정하지 않았다. 그들은 예수님과 그의 사역에 대한 부정적인 태도를 온 백성들이 듣도록 선포했다.

그들로부터 어처구니없는 말을 들은 예수께서는 그 서기관들을 불러 말씀하셨다. 사탄이 어떻게 사탄, 곧 자기의 세력에 속한 귀신을 쫓아낼 수 있겠느냐고 했다. 최고의 권세를 가진 악의 우두머리가 자기에게 충성하는 졸개를 스스로 쫓아낸다는 것은 상식적으로 말이 되지 않는다는 것이었다.

만일 한 왕국의 내부에서 최고 권력을 가진 자가 스스로 불필요한 분쟁을 일으켜 자기에게 충성하는 부하를 내쫓는다면 그 나라가 지탱될 수 없다고 말했다. 또한 집안에서 가족끼리 서로간 분쟁을 하게 되면 그 집이 온전히 서지 못한다고 했다. 이처럼 사탄이 자기 자신을 대상으로 삼아 스스로 싸우고 분쟁하면 모든 것이 무너져 내리는 패망을 자초하는 것밖에 되지 않는다는 것이었다.

그러므로 사람들이 누군가를 공격하고자 한다면 먼저 강력한 상대를 결박하여 꼼짝하지 못하도록 무력화시킨 후 그 집 안으로 들어가 세간을 강탈하게 된다. 그렇지 않고 상대가 강력하게 버티고 있는 한 그렇게 하기가 쉽지 않다. 이는 예수께서 귀신을 쫓아내며 다양한 사역을 하시는 것은 사탄의 세력을 결박하고 심판하기 위해 그의 졸개들을 무력화시키고 계시는 것이란 사실을 말해주고 있다. 성경을 연구하는 서기관들이 어떻게 그 실상을 보면서 정반대의 주장을 펼치느냐는 것이었다.

3. '성령 훼방 죄'에 대한 경고 (막 3:28-30)

예수께서는 구약성경을 연구하는 자로 내세우면서 실상은 메시아인 자기를 모독하는 서기관들을 향해 중요한 선포를 하셨다. 사람의 모든 죄와 다른 사람을 입술로 비방하는 죄악 등은 용서받을 수 있다고 했다. 즉 일반적인 죄악에 연관된 것들에 대해서는 하나님의 용서 대상이 될 수 있다는 것이었다.

그런데 하나님의 성령을 훼방하는 자는 영원히 용서받지 못하리라고 말씀하셨다. 이는 그런 자들은 무서운 심판을 피할 수 없다는 사실을 의미한다. 즉 하나님의 성령을 훼방하는 죄는 다른 일반적인 죄와 그 근본적인 성격이 다르다는 것이었다.

예수께서 이 말씀을 하신 이유는 하나님을 멸시하는 악한 서기관들이 자기를 더러운 귀신에 들린 자로 몰아붙이고 있었기 때문이다. 그들은 하나님의 아들이신 예수님을 모독하는 참람한 주장을 펼치며 다른 사람들을 선동하고자 했다. 그렇게 되면 신앙이 어린 자들은 큰 혼선을 빚을 수밖에 없게 된다.

예수께서는 그와 같은 성령 훼방죄는 절대로 용서받지 못한다고 하셨다. 우리는 여기서 절대 용서받을 수 없는 성령 훼방죄에 관한 구체적인 내용을 생각해 보아야 한다. 당시는 아직 예수님의 십자가 사건과 부활 및 승천 사건이 있기 전이었다. 이는 오순절 성령 강림이 이루어지지 않은 때였음을 말해주고 있다. 즉 예수님이 하나님의 아들이자 만왕의 왕이라는 성령의 증거가 있었으나 아직 교회 가운데 구속사를 통한 공적인 성령 강림이 이루어지지 않은 상태였다.

그와 같은 형편에서 하나님의 아들이신 예수님을 모독하는 예루살렘의 서기관들은 성령과 귀신을 분간하지 못하는 심각한 문제에 직면해 있었다. 그들은 오히려 만왕의 왕으로 오신 예수님과 함께 계시는 성령 하나님을 더러운 귀신과 동일시하는 용서받지 못할 끔찍한 범죄에 빠져 있었다. 그것은 절대로 있을 수 없는 일이었으나 그들은 예수님 앞에서 그와 같은 무서운 죄악을 저질렀다.

이에 대해서는 오늘날 우리 역시 성령 훼방죄에 연관된 그 문제를 주의 깊게 이해해야 한다. 성령을 귀신과 동일시하는 죄의 모습은 다양한 방법으로 나타나고 있다. 성경 본문에서 성령의 사역을 귀신 즉 바알세불의 사역으로 간주한 것은, 역으로 말하자면 귀신의 사역을 성령의 사역과 동일시하는 심각한 오류에 빠지는 것과 마찬가지다. 그것은 귀신과 성령을 동일시하는 것과 다르지 않다. 따라서 누구도 귀신이 한 일을 두고 성령이 하셨다고 말하거나 주장해서는 절대로 안 된다.

이에 대해서는 지상 교회에 속한 모든 성도가 신중하게 접근하여 생각해 보아야 할 문제이다. 성령이 하시지 않는 일을 인간적인 관점에서 그럴싸해 보이면 마치 성령께서 행하신 것처럼 단정짓고 선전하는 일은 결코 있어서는 안 된다. 인간들이 귀신의 행위를 두고 자기 마음대로 성령의 사역이라 주장하는 일은 절대로 하지 말아야 한다. 그것은 소극적인 측면에서 보아 성령을 훼방하는 죄를 짓는 것과 다르지 않기 때문이다.

4. 예수님의 어머니와 동생들, 그리고 참 어머니와 참 형제들
(막 3:31-35)

예수께서 하나님을 모독하는 사악한 서기관들을 향해 심판에 연관된 교훈을 주고 계실 때 예수님의 어머니 마리아와 그의 동생들이 나사렛으로부터 갈릴리 바다 부근에 도착하게 되었다. 그들은 아들이자 형인 예수님에 대해 깊은 염려를 하고 있었던 것이 분명하다. 하지만 어머니 마리아와 동생들이 염려하는 내용과 의미는 전혀 달랐다.

마리아는 자기 아들 예수님이 메시아 곧 만왕의 왕이란 사실을 잉태하던 때와 출생할 시점부터 확실히 알고 있었다. 그에 반해 그의 동생들은 아직 그에 대한 깨달음이 없었다. 따라서 어머니에게는 메시아로 오신 아들을 보호하고자 하는 인간적인 연민이 있었을 것이며 동생들은 부정적인 생각을 하고 있었을 것이다.

하지만 겉으로 보기에 그들은 한 가족이었으므로 사람들의 눈에는 동일하게 비쳤을 따름이다. 그들은 예수님이 계시는 집 안으로 들어가지 않고 밖에서 다른 사람을 시켜 예수님을 밖으로 불러내고자 했다. 그 사람은 집 안으로 들어가 여러 명이 예수님을 둘러싸고 앉아있는 자리에서 집 바깥에 그의 모친과 동생들과 누이들이 기다리고 있다는 사실을 전했다.

그 말을 들으신 예수께서는 즉시 밖으로 나가시지 않고 도리어 그곳에 모인 사람들을 향해, '누가 내 모친이며 동생들이냐?'고 반문하셨다. 자기와 함께 둘러앉아 있는 그들이 곧 자기의 진정한 모친과 형제 곧 참 가족이라고 하셨다. 누구든지 하나님의 뜻에 온전히 순종하며 살아가는 사람이 진정한 형제요 자매요 모친이라는 것이었다. 이는 바깥에서 자기를 기다리는 혈통적 가족이 아니라 하나님의 뜻에 따르는 이들이 신령한 참 가족이라는 의미를 지니고 있다.

예수님의 말씀 가운데는 육신의 가족이라 할지라도 하나님의 뜻대로 행하는 자가 아니라면 혈통적 가족 관계가 존재할 뿐 참된 영적 가족이 아니라는 의미를 내포하고 있다. 중요한 사실은 인간들의 육신적 혈통이 아니라 영원한 영적인 가족이다. 예수께서는 나중 베드로와의 대화 가운데서 이에 대한 더욱 분명한 언급을 하셨다.

> "베드로가 여짜오되 보옵소서 우리가 우리의 것을 다 버리고 주를 좇았나이다 이르시되 내가 진실로 너희에게 이르노니 하나님의 나라를 위하여 집이나 아내나 형제나 부모나 자녀를 버린 자는 금세에 있어 여러 배를 받고 내세에 영생을 받지 못할 자가 없느니라 하시니라"(눅 18:28-30)

우리는 이 말씀을 주의 깊게 이해할 수 있어야 한다. 예수께서는 여기서 혈통적인 가족을 완전히 버리라고 요구하신 것이 아니라 어느 것이 더 소중한지 깨달아야 한다고 말씀하셨다. 그리고 그 가운데는 만일 가족 중에 예수님을 배척하거나 욕되게 하는 자가 있다면 그에 얽매이지 말아야 한다는 사실을 말해주고 있다. 때에 따라서는 집이나 아내나 형제나 부모나 자녀를 버릴 수 있다고 하신 말씀은 인륜을 무시하라는 뜻이 아니라 하나님 중심의 삶이 얼마나 중요한가를 말해주고 있다.

우리는 오래전 아브라함이 하나님의 명령을 좇아 갈대아 우르의 본토 친척 아비 집을 떠나 약속의 땅으로 향해 간 사실을 기억하고 있다. 이는 믿음의 조상 아브라함에게만 해당이 되는 말씀이 아니라 그의 후손인 모든 언약의 자손들이 소유해야 할 소중한 신앙 정신이기도 하다. 따라서 오늘날 지상 교회에 속한 모든 성도가 이에 대한 올바른 깨달음을 소유하는 것은 매우 중요하다. 예수께서 하신 말씀은 그와 조화되는 의미를 지니고 있기 때문이다.

제8장

하나님 나라를 비유로 교훈하시는 예수님

(막 4:1-34)

1. 씨뿌리는 비유의 의미와 해설 (막 4:1-20)

(1) 씨뿌리는 비유의 내용 (막 4:1-9)

예수께서 바닷가로 나가서 백성들을 가르치기 시작하자 많은 무리가 그곳으로 몰려들었다. 그들 가운데는 메시아이신 예수님으로부터 진리의 교훈을 듣기 위해 모인 사람들뿐 아니라 그에 대한 개인적인 호기심을 가진 자들도 상당수 있었을 것이 분명하다. 나아가 그가 각종 질병에 걸린 자들을 고쳐주시고 귀신을 쫓아내는 기이한 광경을 보기 위해 모여든 사람들도 있었을 것이다.

큰 인파 가운데서 예수님 앞으로 더 가까이 나아가고자 하는 사람들로 인해 예수님은 한 자리에 서 계시기 어려울 지경이 되었다. 그러자 그는 바다에 뜬 작은 배 위에 올라가 사람들과 간격을 두셨다. 예수님은 바다 위에 계시고 모여든 사람들은 육지 위에 있었으므로 그의 몸에 직접 부딪히거나 그들로 인해 밀리게 될 우려가 없었다.

그런 중에 예수께서는 육지에 서 있는 백성들을 향해 중요한 교훈을 주셨다. 특히 여러 가지 비유를 들어 말씀하셨다. 그런 중에 '씨뿌리는 자의 비유'를 통해 하나님의 진리를 전하고자 하셨다. 이제 백성들은 예수님으로부터 거리가 약간 떨어진 위치에서 그의 말씀을 귀담아들을 수 있게 되었다.

예수님은 먼저 씨앗을 뿌리기 위해 밭으로 나간 농부에 관한 형편을 언급하셨다. 그가 동일한 종자(種子)를 뿌렸으나 떨어진 장소와 위치에 따라 제각각 다른 결과를 가져왔다고 했다. 우리가 생각해야 할 바는 농부가 일부러 어떤 씨앗은 좋은 토양에 뿌리고 다른 어떤 씨앗은 아무 데나 뿌린 것이 아니란 사실이다. 중요한 점은 동일한 좋은 씨앗이지만 그 씨앗이 떨어지는 장소에 따라 전혀 다른 결과를 가져왔다는 것이다.

예수께서는 그 씨앗이 떨어진 장소를 네 가지 경우로 말씀하셨다. 그것은 '길가'와 '흙이 얇은 돌밭'과 '가시떨기가 무성한 곳' 그리고 '양질의 좋은 땅'이었다. 동일한 씨앗이 어디에 떨어지느냐에 따라 전혀 다른 결과를 가져왔다. 우리가 반드시 기억해야 할 바는 네 가지의 경우를 보게 되지만 실상은 두 가지로 이해할 수 있다는 점이다.

앞에서 언급된 길가와 흙이 얇은 돌짝 밭과 가시떨기로 뒤덮인 땅에 뿌려진 씨앗은 열매를 맺지 못한 채 죽어버렸다. 길가에 떨어진 씨앗은 새들이 와서 먹어버렸으며 돌짝 밭에 떨어진 씨앗은 잠시 싹이 났으나 흙이 깊지 못해 뜨거운 햇빛에 노출되어 뿌리가 없어 타서 말라 죽어버렸다. 그리고 가시떨기 위에 떨어진 씨앗은 가시들이 무성하게 자라나 씨앗의 기운을 막아 결실하지 못하게 만들었다.

그러므로 오직 좋은 땅에 떨어진 씨앗들만 무성하게 자라 풍성한 열매를 맺을 수 있게 되었다. 하나의 씨앗이 삼십 배, 육십 배, 백 배의 열매를 맺었다는 것이다. 여기서 삼십 배, 육십 배, 백 배의 결실이란 산

술적인 수를 비교해 말하는 것을 넘어선 의미를 지니고 있다.[11] 그것은
집단적 상황 혹은 공동체적 의미를 내포하고 있다.

우리가 여기서 주의를 기울여 생각해 보아야 할 바는 한 알의 씨앗이
백 개의 열매를 맺는다고 해도 그것은 그리 대단한 숫자가 아니란 사실
이다. 하물며 서른 개의 열매를 맺는다는 것은 농부의 계산법과 크게
차이가 난다. 이를 보건대 그 열매의 숫자 자체를 의미화할 필요가 없
으리라는 것이다.

따라서 이 비유에는 개체인 하나하나의 씨앗이 맺은 열매의 숫자를
서로간 비교하려는 것을 넘어선 보다 소중한 의미가 존재하고 있다. 중
요한 사실은 잘못된 장소에 뿌려진 많은 씨앗이 죽었음에도 불구하고
농부가 뿌린 씨앗이 그 농장에서 풍성한 열매를 맺게 되었다는 점이다.
예수께서는 거기 모인 백성들을 향해 자기가 전한 비유의 의미를 잘 깨
달아야 함을 말씀하셨다. 이에 대해서는 오늘날 지상 교회에 속한 성도
들 역시 마찬가지다.

(2) 비유로 말씀하시는 이유(막 4:10-12)

예수께서 언약의 백성들을 향해 씨뿌리는 비유를 말씀하셨으나 듣는
청중들은 그에 대한 의미를 정확하게 파악하기 어려웠다. 물론 비유로
말씀하신 것은 모든 사람이 아니라 들을 귀 있는 자들을 위한 목적이
있기에 그러했다. 문제는 그 자리에 있던 예수님의 제자들조차도 그 비
유에 관한 정확한 이해를 하지 못했다는 사실이다. 이는 예수님으로부
터 그에 대한 구체적인 해석이 없이는 보통 사람들이 그 의미를 정확하

---

11) 이 말씀을 두고 삼십 배보다는 육십 배가 낫고 육십 배보다는 백 배의 결실이
낫다는 식으로 해석하는 것은 바람직하지 않다. 중요한 점은 그 씨앗이 좋은
토양에 떨어져 열매를 맺는 것이다. 이는 하나님의 말씀이 성도의 마음 밭에
떨어져 풍부한 열매를 맺는 것에 연관되어 있다.

게 알 수 없다는 사실을 말해주고 있다.

그러므로 예수께서 그 자리를 떠나 다른 곳으로 이동해 따로 계실 때 열두 제자들을 비롯한 관심 있는 사람들이 모여 그 비유가 가지는 의미에 관한 질문을 했다. 비유에 나타나는 형식상의 내용과 더불어 그 비유가 말하고자 하는 본질적인 의미가 존재하리라는 사실을 알고 있었기 때문이다. 문제는 겉으로 드러나는 비유의 형식보다 그것이 담고 있는 의미가 더욱 중요했다는 점이다.

예수께서는 그들의 질문이 지극히 타당하다는 사실을 말씀하셨다. 그는 먼저 씨뿌리는 비유가 하나님 나라에 관한 것이란 점을 언급하셨다. 즉 그 비유는 하나님 나라를 깨닫게 하기 위한 중요한 방편으로 주어졌다는 것이다. 또한 그것은 반드시 알아야 할 자들에게 허락된 비밀이라고 하셨다. 이는 그것이 매우 값진 것이며 그에 대한 깨달음을 가지는 것은 엄청난 특권에 해당한다는 사실을 시사하고 있다.

그러므로 비유의 형식만 듣고 그 속뜻을 모르는 자들은 하나님 나라의 속성에 대해 알 수 없다. 이 말은 주님의 참된 제자가 아닌 자들에게는 그 비밀이 공개되지 않는다는 사실에 연관되어 있다. 따라서 그런 자들은 예수님의 모든 행적을 눈으로 보면서도 그 실상을 알 수 없으며 귀로 듣지만 그 의미를 깨닫지 못한다.

예수께서는 비유로 말씀하신 이유가 하나님의 은혜를 입지 못한 자들에게는 죄사함을 얻지 못하도록 하려는 의도가 담겨있음을 밝히셨다 (막 4:12). 우리가 여기서 유념해야 할 바는 주님께서 진리를 깨닫지 못하게 하여 죄 사함을 허락지 않는 자들을 무리하게 언약의 범주 안으로 끌어들이려 해서는 안 된다는 사실이다.

하나님의 자녀들이 타락한 세상을 향해 복음을 선포하는 것은 하나님의 잃어버린 양들을 찾기 위한 소중한 방편이 된다. 따라서 예수께서는 자기가 비유로 말씀하시는 것이 하나님의 자녀들에게는 은혜의 방편이 되지만 그렇지 않은 자들에게는 도리어 심판의 성격을 지니게 된다는 사실을 말씀하셨다. 따라서 비유와 그 본질을 올바르게 깨닫는 것은 매우 중요한 의미를 지니고 있다.

(3) 씨뿌리는 비유에 대한 해설(막 4:13-20)

예수께서는 자기가 전한 비유를 깨닫는 것의 중요성에 관하여 말씀하셨다. 씨뿌리는 비유를 알지 못한다면 다른 모든 비유를 올바르게 깨달을 수 없다는 것이다. 이는 예수님의 모든 비유는 전체적으로 하나의 거대한 틀을 형성하고 있음을 말해주고 있다.

앞의 비유에서 예수께서 언급한 씨는 곧 하나님의 말씀을 의미하며 씨를 뿌리는 농부는 하나님의 말씀을 전파하는 사역자를 지칭하고 있다. 중요한 사실은 농부가 뿌리는 씨앗 자체는 양질의 좋은 품질이라는 점이다. 이처럼 하나님의 말씀을 전하여 뿌릴 때 그 자체는 참된 진리를 담은 좋은 내용이다.

씨뿌리는 비유와 연관하여 생각해 볼 때 하나님의 말씀이 길가에 뿌려졌다는 것은 어떤 사람이 말씀을 귀로 듣지만, 사탄이 와서 저들의 귀에 전해진 말씀을 곧장 빼앗아버리는 것이라고 했다. 그리고 돌밭에 뿌려졌다는 것은 하나님의 말씀을 들을 때 감정적으로 일시적인 기쁨으로 받아들이지만, 그것이 사람의 심령 가운데 뿌리를 내리지 못하는 경우를 말해주고 있다. 그들은 잠시 기쁜 상태를 유지하다가 그 말씀으로 인해 심한 환난이나 핍박이 일어나게 되면 곧 넘어지는 자들이라고 했다.

그리고 가시떨기에 말씀이 뿌려졌다는 것은 어떤 사람이 하나님의 말씀을 듣지만 세상의 염려와 재물로 인한 유혹과 다양한 욕심으로 말미암아 그 말씀이 뿌리내리는 것을 가로막아 결실치 못하는 경우를 말하고 있다. 그러나 좋은 땅에 뿌려졌다는 것은 하나님의 말씀을 듣고 진심으로 받아들여 삼십 배, 육십 배, 백 배의 결실을 맺는 경우를 의미하고 있다. 물론 그 좋은 토양의 밭은 스스로 그렇게 된 것이 아니라 농부로 말미암은 것이며 성도들의 좋은 마음 밭 역시 하나님의 은혜로 말미암아 조성된 것이다.

우리가 여기서 기억해야 할 바는 씨가 좋지 않아서 제대로 결실하지 못하는 것이 아니라 그 밭과 토양의 상태로 인해 그렇게 된다는 사실이다. 이처럼 하나님의 말씀 자체는 완벽하므로 아무런 문제가 없으나 그것을 받아들이는 인간들의 마음 밭은 문제가 될 수 있다. 하나님께서 예비해주신 좋은 마음 밭에 하나님의 거룩한 말씀이 뿌려질 때 선한 결실을 맺을 수 있게 되는 것이다.

2. 등경 위의 등불, 씨앗의 열매와 추수, 겨자씨 한 알에 관한 비유(막 4:21-34)

(1) 등경 위의 등불 비유(막 4:21-23)

예수께서는 씨뿌리는 비유에 이어 또 다른 다양한 비유들을 말씀하셨다. 그것은 등경 위의 등불에 관한 비유, 뿌려진 씨앗과 추수에 연관된 비유, 겨자씨 한 알에 관한 비유 등이다. 그와 더불어 실제에 연결된 직접적인 교훈을 주시기도 했다.

먼저 주신 등경 위의 등불 비유는, 사람이 등불을 켜서 자기 앞으로 가져오는 것에 관한 내용이다. 사람이 등불을 켜서 가져오는 데는 분명한 이유가 있다. 곡식을 되는 말로써 그 등불을 덮어두기 위해 그렇게 한 것은 아니다. 또한 평상 아래 숨겨두기 위해서도 아니다. 만일 그와 같이 한다면 등불이 아무런 역할을 하지 못한다. 따라서 사람이 등불을 켜서 가져오는 이유는 그것을 등경 위에 두고 사면을 밝히고자 하기 때문이다.

예수께서는 자기를 '세상의 빛'이라 선포하셨다(요 9:5). 따라서 그를 따르는 모든 성도들과 그들로 구성된 지상 교회는 그 빛을 반영함으로써 세상을 향한 빛이 된다. 즉 교회는 참 빛이신 예수님을 중심에 둔 거룩한 용기(容器)의 역할을 하게 되는 것이다. 마태복음에는 그에 관한 의미가 더욱 구체적으로 묘사되고 있다.

> "너희는 세상의 빛이라 산 위에 있는 동네가 숨겨지지 못할 것이요 사람이 등불을 켜서 말 아래에 두지 아니하고 등경 위에 두나니 이러므로 집 안 모든 사람에게 비치느니라" (마 5:14, 15)

세상 가운데서 빛의 역할을 하는 하나님의 백성 곧 교회가 이땅에 존재하는 것은 그 빛을 세상의 한쪽 구석에 묻어두기 위해서가 아니다. 오히려 어두운 세상을 환하게 밝히고자 하는 중요한 목적을 지니고 있다. 그것을 통해 참 빛이 되시는 주님이 온 세상을 환하게 비쳐 모든 것을 드러나게 하시는 것이다.

그러므로 예수께서는 등경 위의 등불에 관한 비유를 말씀하시면서 감추어진 것은 드러나기 마련이고 비밀은 알려지기 마련이라고 하셨다. 이는 빛이신 예수님으로 인해 세상의 모든 실상이 그대로 드러나게 된다는 사실을 말해주고 있다. 그 빛으로 인해 악한 것들이 알려지게 될 것이며 주님께 속한 자들도 드러나게 된다는 것이다. 하나님의 말씀을 들을 수 있는 참된 귀를 소유한 자들은 그 교훈을 올바르게 받아들여야 한다.

(2) 지혜로운 자의 판단과 언행(막 4:24, 25)

예수께서는 앞의 비유와 더불어 참 빛을 소유한 성도들은 빛 가운데서 모든 것을 듣고 판단해야 한다는 사실을 언급하셨다. 개인의 주관적인 이성이나 경험에 근거하여 아무렇게나 듣고 잘못된 해석을 내려서는 안 된다는 것이다. 하나님께서 진정으로 원하시는 것이 과연 무엇인지 깊이 생각하는 가운데 모든 실상에 관한 주님의 교훈을 귀담아듣고 그 의미를 받아들여야 한다.

하나님을 알지 못하는 자들은 항상 개인적인 이성과 경험을 모든 판단의 근거로 삼게 된다. 그와 같은 경향성은 신앙을 가진 어린 자들 가운데서도 여전히 존재하고 있다. 따라서 성숙한 성도들은 개인적인 경험에 근거한 주관적인 주장이 아니라 하나님으로부터 계시된 말씀을 통해 주의를 기울여 모든 실상을 판단해야 한다.

그러므로 주님께서는 분별력없이 듣고 임의로 모든 것을 판단하고 헤아리게 되면 그도 그와 동일한 판단을 받거나 그보다 훨씬 더 어려운 처우를 받게 되리라는 사실을 말씀하셨다. 이는 하나님으로부터 계시된 말씀을 근거로 모든 것을 판단해야 한다는 점을 의미하고 있다. 우리는 이를 통해 하나님의 말씀과 성령의 도우심이 없이 주관적으로 판단하는 모든 것은 올바른 견해가 될 수 없다는 교훈을 얻게 된다.

그러므로 하나님의 자녀들은 그에 대해 매우 조심스러운 자세를 취해야 한다. 그로 말미암아 가진 자는 더 많이 소유하게 될 것이지만 가진 것이 없는 자는 그 있는 것마저 빼앗기게 되리라고 말씀하셨다. 이는 하나님의 진리와 복음에 연관된 것으로서 진리를 소유한 자들은 하나님의 은혜와 더불어 영원한 상속을 받게 되는 데 반해 그렇지 않는 자들은 그들이 세상에서 쟁취한 것들마저 전부 잃어버릴 것이란 의미를 지니고 있다. 교회에 속한 모든 성도들은 이에 대한 분명한 이해를 하지 않으면 안 된다.

(3) 하나님 나라와 땅에 뿌려진 씨앗 비유(막 4:26-29)

예수께서는 그 비유에 이어 하나님 나라는 사람이 땅에 씨앗을 뿌리는 것과 같다는 비유의 말씀을 주셨다. 사람이 밭에 씨를 뿌리고 난 후 날마다 잠을 자고 일상적인 생활을 하는 동안 씨앗은 지속적으로 자라나게 된다. 심겨진 씨앗이 싹을 틔우고 나무로 자라 꽃이 피고 많은 열매를 맺게 되지만 인간들은 그 구체적인 실상을 속속들이 알지 못한다.

이는 인간이 밭에 씨앗을 뿌린 후 그 성장과 더불어 꽃과 열매를 눈으로 직접 보게 되지만 그것을 실제로 키우시는 분은 오직 하나님이라는 사실을 말해주고 있다. 날마다 햇빛을 비추고 바람을 일으키시며 때에 따라 하늘에서 비를 내려주심으로써 식물이 자라나도록 하시기 때문이다. 즉 형식적인 일은 인간이 할지라도 그것을 실제로 자라나게 하시는 원천적인 힘은 하나님께 달려있는 것이다.

그러므로 씨앗을 뿌린 자는 하나님께서 친히 관여하시는 식물의 모든 성장 과정을 가까이서 지켜보게 된다. 뿌려진 씨앗으로부터 싹이 트며 그 다음에는 꽃이 피고 이삭이 되며 그것이 튼실한 곡식으로 자라난다. 나중 열매가 익으면 낫으로 추수를 하여 거두어 들이게 된다. 그 모든 것은 하나님께서 친히 은총을 베풀어 역사하기 때문에 진행되는 일이다.

우리가 여기서 반드시 기억해야 할 점은 씨앗을 뿌리는 자는 인간이지만 그것이 자라나게 하고 열매를 맺게 하시는 분은 하나님이라는 사실이다. 그런데 그 곡식을 취하여 누리는 것은 씨앗을 뿌린 사람에게 허락된 은총이다. 이는 하나님께서 섭리 가운데 인간들을 먹이신다는 사실을 말해주고 있다.

예수께서는 이 비유를 통해 하나님의 나라 역시 그와 같다는 사실을 말씀하고 계신다. 하나님께 속한 언약의 백성들이 그의 말씀을 좇아 자기에게 맡겨진 바 역할을 감당하면 궁극적으로는 하나님께서 모든 일을 진행해 가신다. 나아가 그 모든 것을 통해 그들이 놀라운 은총을 누리도록 해주시는 것이다.

사도 바울은 이에 연관된 매우 중요한 교훈을 주는 가운데 자기를 향해 직접적인 적용을 하고 있다. 그것은 복음을 전파하는 일과 지상 교

회의 성장에 연관된 내용이다. 그는 고린도 교회에 보내는 첫번째 서신
에서 그 사실을 명확히 기록하고 있다.

> "나는 심었고 아볼로는 물을 주었으되 오직 하나님께서 자라나게 하셨나
> 니 그런즉 심는 이나 물 주는 이는 아무 것도 아니로되 오직 자라게 하시
> 는 이는 하나님뿐이니라 심는 이와 물 주는 이는 한가지이나 각각 자기
> 가 일한 대로 자기의 상을 받으리라"(고전 3:6-8)

바울은 여기서 하나님의 복음을 선포하며 교회를 세우는 일에 자기
와 아볼로가 직접 참여했으되 그것은 대단한 일이 아니라고 말했다. 즉
그 본질적인 성장은 오직 하나님께 달려 있다는 것이다. 그럴지라도 이
땅에 살아가는 직분자로서 그 일을 성실하게 감당하는 소명은 중요한
일이 아닐 수 없다.

바울은 나중 때가 이르면 하나님으로부터 그에 대한 칭찬을 받게 되
리라는 사실을 강조하고 있다. 이는 마가복음 본문 가운데서 추수 때가
이른다고 하신 말씀이 하나님의 심판과 밀접하게 연관되어 있음을 보
여준다(막 4:29). 이에 관해서는 모든 시대 모든 성도들이 받아들여 자기
의 소명에 적용하지 않으면 안 된다.

(4) 하나님 나라와 겨자씨 한 알의 비유 및 예수님의 해석(막 4:30-34)

예수께서는 하나님 나라를 설명하기 위해 또 다른 비유를 들어 말씀
하셨다. 하나님 나라는 마치 겨자씨 한 알과 같아서 너무 작아 사람들
눈에는 대수롭지 않게 보인다고 하셨다. 사람들은 겨자씨를 보고 대단
하게 여기거나 감탄스러워하지 않는다. 하나님 나라도 그와 같다는 것
이다.

겨자씨는 식물의 씨앗들 가운데서도 가장 작은 것에 해당되며 땅에

심겨질 때도 보잘것없어 보인다. 하지만 거기서 싹이 트고 점차 자라나게 되면 다른 나무들보다 더 크게 성장하며 튼실한 큰 가지들이 많이 생겨나게 된다. 따라서 사람들이 씨앗만 보고 그 나무를 평가하는 것은 올바른 태도가 될 수 없다.

그런데 중요한 사실은 크게 자라는 그 나무의 규모 자체로서 의미가 발생하지 않는다는 점이다. 오히려 그 나무와 풍성한 가지들이 공중의 새들에게 제공하는 커다란 역할이 소중하다. 나무가 크게 자라나서 가지들이 많고 잎이 무성하게 되면 많은 새들이 몰려와 그 나무 그늘에 깃들어 쉬기도 하며 삶의 터전을 마련하기도 한다.

예수께서는 하나님 나라도 그와 같다고 말씀하셨다. 어리석은 인간들은 그 나라의 기초가 되시는 예수 그리스도를 대수롭지 않게 본다. 도리어 그를 심하게 멸시하기까지 한다. 그러나 그로 말미암아 세워지는 하나님 나라는 사람들의 상상을 초월하는 정도로 엄청난 규모로 성장할 것이며, 하나님께 속한 많은 성도들이 그가 세우신 나라에 들어와 그곳에서 쉬기도 하며 삶의 터전을 마련하게 된다.

예수께서는 이처럼 천국과 복음을 설명하시기 위해 많은 비유를 들어 말씀하셨다. 그가 무리 앞에서 다양한 예를 들어 비유로 설명하심으로써 진리를 들을 수 있는 귀를 가진 자들에게 소중한 깨달음을 주시고자 했다. 하지만 하나님과 무관한 자들에게는 도리어 함부로 접근하여 알아듣지 못하도록 하셨다.

그러므로 예수께서는 제자들에게 그 비유의 본질적 의미를 별도로 해석해 주셨다. 따라서 창세 전에 선택받은 하나님의 백성들은 당연히 그 비유를 통해 본질적인 의미를 깨달아야만 했다. 오늘날 우리 역시 하나님을 믿고 따르는 성도로서 마땅히 그 비유가 가지는 진정한 의미를 올바르게 이해할 수 있어야 한다. 그것이 이땅에 살아가는 성도들에게 허락된 참된 복이 되는 것이다.

제9장

특별한 권세를 행하시는 메시아

(막 4:35-41; 5:1-20)

1. 호수의 풍랑과 예수님의 특별한 권세 (막 4:35-41)

(1) 갈릴리 바다의 거센 파도(막 4:35-37)

예수께서 배에 올라 땅 위에 서 있던 백성들을 향해 하나님 나라에 관해 비유로 가르치시던 그 날이 서서히 저물어갔다. 그때 예수께서는 제자들에게 갈릴리 바다 건너편으로 가자고 말씀하셨다. 그리하여 예수님과 그의 제자들은 무리를 떠나 배를 타고 이동했다. 예수께서 타고 계시던 그 배에는 제자들이 함께 탔으며, 다른 배들도 그 뒤를 따라 호수를 건너가고자 했다.

그들 가운데는 어부(漁夫) 출신이 많아 어둑어둑한 시간임에도 불구하고 아무런 어려움이 없었다. 그런데 배가 바다 가운데 이르자 갑자기 예기치 못한 큰 광풍이 일어나 거센 파도를 쳤다. 그들은 출항하기 전에 날씨를 보았겠지만 그들의 기상 예측이 크게 어긋났다. 결국 큰 파도로 인해 삽시간에 배에 물이 가득 차게 되었다. 그들은 물을 퍼내려

고 모든 힘을 기울였으나 속수무책(束手無策)이었다. 그로 말미암아 배에
탄 제자들은 크게 당황하지 않을 수 없었다.

우리가 여기서 반드시 기억해야 할 바는 그와 같은 자연 현상이 우연
히 일어난 것으로 볼 수 없다는 사실이다. 하나님의 섭리와 경륜 가운
데 그 일이 발생하게 된 것으로 받아들여야 하기 때문이다. 즉 제자들
에게 특별한 교훈을 주시기 위해 하나님께서 큰 풍랑이 일어나도록 하
셨던 것이다.

하지만 제자들은 하나님으로 말미암아 그 광풍과 큰 파도가 발생했
다는 사실을 전혀 인식하지 못하고 있었다. 중요한 점은 당시 제자들이
하나님의 섭리와 경륜을 깨닫는 여부와 갑자기 닥친 자연 현상은 서로
간 직접적 연관이 없다는 사실이다. 즉 제자들의 의도와 상관 없이 하
나님께서 그 일을 주도해 가신다는 사실이 중요하다.

우리는 이와 같은 특별한 자연 현상이 오늘날에도 종종 일어난다는
사실을 잊어서는 안 된다. 어떤 극한 위기로 치닫는 자연적인 위기가
발생할 때 그것이 단순 자연 현상이 아니라 하나님으로 말미암은 것일
수 있다는 사실을 기억해야 한다. 물론 우리가 주의해야 할 바는 모든
자연 현상이 하나님의 직접적인 의도에 따른 것인가 하는 문제는 별도
로 생각해 보아야 한다는 점이다. 그 가운데는 직접적인 관여의 결과
일 수도 있으며 전체적인 일반 현상 가운데 발생한 것일 수도 있기 때
문이다.

(2) 예수님의 권세(막 4:38, 39)

갈릴리 바다 한가운데서 큰 풍랑이 일어나 제자들이 극한 불안감에
빠져 있을 때 예수께서는 배의 '고물' 곧 뒷편에서 베개를 벤 채 주무
시고 계셨다. 모든 제자들이 불안에 떨고 있는 동안에도 예수님은 아무
일 없는 듯 평온한 모습을 그대로 유지하고 있었던 것이다. 그 광경을

지켜본 제자들은 그동안 숱하게 많은 기적을 일으키신 초월성을 지닌 예수님의 능력에 의존하지 않을 수 없었다.

그러므로 제자들은 주무시는 예수님을 흔들어 깨우며 도움을 요청했다. 이제 그들이 거대한 파도에 휩쓸려 죽게 되었다고 말했다. 그러니 모든 형편을 돌아보아 저들의 생명을 구해달라는 간청을 했다. 제자들은 예수님이 함께 계시는 동안에는 자연 현상으로 인한 어떤 위기가 닥칠지라도 안전하다는 사실을 감지하지 못하고 있었다. 그들이 예수님을 깨우지 않아도 그들의 생명에는 아무런 문제가 발생하지 않는다. 따라서 눈앞에 전개되는 위기의 현실로 인해 불안해할 필요가 없었던 것이다.

하지만 그곳에 있던 제자들은 심한 풍랑으로 인해 극한 두려움에 빠지게 되었다. 이는 예수님에 대한 그들의 믿음이 아직 연약했음을 말해 주고 있다. 그런 상황에서 예수께서는 제자들에게 자연을 제어하는 자신의 놀라운 권능을 보여주셨다. 잠에서 깨어난 그는 미친 듯이 불어대는 광풍을 꾸짖으시는 동시에 큰 파도를 일으키는 바다를 향해 잠잠하여 고요하라는 명령을 내리셨다.

그러자 세차게 불던 바람이 멈추고 풍랑은 즉시 잠잠하게 되었다. 예수께서는 그 권능을 행하심으로써 제자들에게 자신의 신적인 존재를 더욱 분명하게 드러내셨다. 즉 큰 바람이나 거센 파도를 조용하게 하시는 주님의 초월적인 능력을 보여주셨다. 이제 그 제자들은 아무리 심한 광풍과 파도라 할지라도 그것을 두려워할 것이 아니라 천상의 권능을 가지신 예수님에 대한 믿음을 가져야만 했던 것이다

(3) 예수님의 '자기 선언'과 제자들(막 4:40, 41)

예수께서는 세찬 바람과 무섭게 치닫던 풍랑을 말씀으로 잠재우신 후 그로 말미암아 불안에 떨던 제자들을 크게 나무라셨다. 어찌하여 갑

작스럽게 발생한 자연 현상을 두고 그토록 무서워하느냐는 것이다. 그리고 저들을 향해 메시아인 자기에 대한 전적인 믿음이 부족함을 탓하며 책망하셨다.

그의 말씀을 들은 제자들은 풍랑으로 인한 두려움보다 예수님의 신적인 존재에 대하여 더 큰 두려움을 가지게 되었다. 예수님이 과연 누구이기에 무서운 바람과 큰 파도를 치던 바다조차 그에게 순종하느냐는 것이었다. 그동안 예수께서 행하신 숱하게 많은 기적들을 보고도 그들은 그렇게 민감한 반응을 보이지 않았다.

각종 병든 자들을 치료하고 귀신을 쫓아내실 때도 제자들은 놀라긴 했으나 그로 인해 두려움에 빠지지는 않았다. 그와 같은 일들은 저들과 직접적인 상관이 없고 그로 인해 불안에 떨 사건은 아니었기 때문이다. 그런 형편 중에 예수께서는 광풍과 파도를 잠재움으로써 저들의 생명에 직접 영향을 받게 될 만한 특별한 사건을 통해 제자들에게 중요한 교훈을 주시고자 했던 것이다.

예수께서 거센 바람과 큰 풍랑을 잠재우심으로써 놀라운 기적을 보여주셨을 때 제자들은 그에 대한 더욱 확고한 믿음을 가지게 되었다. 그 믿음은 일반적인 것이 아니라 메시아의 존재에 연관된 믿음이었다. 따라서 그들이 예수님에 대한 두려움을 가졌던 것은 단순히 불안한 마음 때문이 아니라 하나님의 아들인 메시아에 연관되어 있었으며 기쁨을 동반하고 있는 두려움이었다. 당시 그 제자들이 체험하고 깨달은 바는 오늘날 우리가 소유해야 할 소중한 믿음이기도 하다.

2. 거라사 지방에서 일어난 사건 (막 5:1-20)

(1) 거라사 지방의 귀신들린 자(막 5:1-5)

예기치 못한 상황에서 갑작스럽게 만나게 된 세찬 바람과 심한 풍랑을 경험한 제자들은 예수님의 특별한 사역으로 인해 그가 하나님의 아들 메시아란 사실을 한층 명확히 깨닫게 되었다. 그들은 그 특별한 여정을 거쳐 갈릴리 바다 건너 거라사인의 지방에 도착했다. 제자들은 예수님을 그냥 따라갔을지라도 예수님은 분명한 의도와 목적을 가지고 있었을 것이 틀림없다.

예수님과 그의 제자들이 배에서 내리자 마치 기다렸다는 듯이 더러운 귀신들린 자 하나가 무덤 주변에서 뛰쳐나와 예수님 앞에 섰다. 사실은 바로 그 일을 위해 예수께서 그곳으로 가신 것으로 이해해야 한다. 그 귀신들린 자는 자기를 지배하고 있는 귀신으로 인해 사람들이 사는 마을에 살지 못하고 무덤 사이에서 거처하고 있었다.

귀신들린 그는 워낙 힘이 세서 쇠사슬로 그를 잡아맬 수 있는 사람조차 없을 정도가 되었다. 그동안 여러 차례 쇠고랑과 사슬로 결박했으나 그는 그것을 깨뜨리고 끊어버렸다. 이제 그를 완력으로 제어할 만한 사람이 없었다. 그로 인해 그 귀신들린 자는 많은 주민에게 두려움의 대상이 되었다.

그는 밤낮 인적이 드문 무덤 사이를 배회하며 그곳에서 잠을 자며 온 산을 헤매고 다녔다. 그는 스스로 자기의 몸을 돌로 찍어 상처를 내며 다른 사람들마저 불안하게 만들었다. 그리하여 항상 온몸이 피투성이가 된 상태에서 큰 소리를 지르며 돌아다녔다. 바로 그 사람이 예수님 앞으로 나오게 되었던 것이다.

(2) 하나님의 아들 메시아를 한눈에 알아보는 귀신들린 자(막 5:6-8)

더러운 귀신들린 그 사람은 멀리서 예수님을 보고 달려왔다. 그는 물론 예수님이 반가워서 뛰어온 것이 아니라 큰 두려움으로 인해 그렇게 했다. 예수님 앞으로 나온 그는 고개를 조아렸다. 그가 보통 사람이 아니라 하나님의 아들이라는 사실을 알고 있었기 때문이다. 이는 그 사람

자신이 예수님을 알아보았다기보다 그를 지배하고 있던 귀신이 예수님의 존재를 알고 있음을 의미한다.

그러므로 그는 처음 보는 예수님을 향해 '지극히 높으신 하나님의 아들'이라며 큰 소리로 부르짖었다. 그 자리에 있던 제자들조차도 그에 대한 인식이 부족하고 거기 모인 많은 사람들은 예수님을 하나님의 아들이 아니라 보통 사람으로 생각했을 따름이다. 그들 중 대다수는 예수님이 숱하게 많은 기적을 일으키는 사람 정도로 이해했을 뿐 하나님의 아들이라는 사실을 믿지 않았다.

그런 가운데 더러운 귀신들린 사람이 예수님을 '지극히 높은 하나님의 아들'이라 부르며 자기와 무슨 상관이 있으냐며 애걸하듯이 말했다. 즉 하나님의 이름으로 맹세하여 자기를 괴롭히지 말아 달라는 것이었다. 물론 그 귀신은 예수께서 자기의 요구를 들어주지 않으리라는 사실을 잘 알고 있었다.

예수께서는 그 말을 듣고 사악한 사탄의 졸개인 귀신을 그냥 두시려 하지 않았다. 따라서 그 사람을 괴롭히는 귀신을 향해 그로부터 나오라는 명령을 내리고자 하셨다. 그러자 한 사람을 심하게 괴롭히던 귀신들이 예수님을 향해 자기에 대해서는 괴롭히지 말아 달라는 극한 이기심을 표출했다.

(3) '군대 귀신'에 대한 심판과 돼지 떼의 궤멸(막 5:9-13)

예수께서는 자신의 신적인 존재와 그 능력을 알고 있던 귀신이 자기를 향해 괴롭히지 말아 달라고 하는 말을 듣고 즉시 그에 반응하셨다. 먼저 그 귀신을 향해 이름이 무엇인지 물어보셨다. 예수님이 그 귀신에 대하여 몰라서가 아니라 그의 존재를 확인하기 위한 일종의 인정심문(人定審問)과도 같았다.

예수님으로부터 질문을 들은 귀신은 자기의 이름을 '군대'라고 했다. 이는 귀신이 하나가 아니라 떼거리를 이룬 무리였기 때문이다. 그러면서 자기를 그 지방에서 내쫓지 말도록 간절히 요구했다. 이 말은 귀신들이 예수님으로부터 임하는 무서운 심판을 두려워하고 있음을 보여주고 있다.

그러나 예수께서 더러운 귀신의 요구를 들어주실 리 만무했다. 그때 마침 주변의 산에서 먹을 것을 찾아 돌아다니는 큰 무리의 돼지 떼가 있었다.[12] 이는 당시 이스라엘 백성이 정결을 요구하는 율법을 버리고 부정에 가득 찬 분위기를 그대로 보여주고 있다. 하여튼 그것을 본 귀신들은 자신들을 그 돼지 떼에 보내 그 속으로 들어가게 해 달라고 했다.

그러자 예수께서는 단순한 형식에 지나지 않는 그 일을 즉시 시도하셨다. 거의 2천 마리나 되는 부정한 돼지 떼에게 그 귀신들을 들여보내자 돼지들이 귀신이 들려 난리를 일으키게 되었다. 그로 말미암아 돼지 떼가 함께 비탈길로 내리 달려 갈릴리 바다 속으로 들어가 몰사했다. 그리하여 그동안 더러운 귀신들려 고생하던 사람은 그로부터 해방되어 원래의 모습을 회복하게 되었다.

우리가 이와 더불어 기억해야 할 중요한 사실은 왜 예수께서 그 더러

12) 그 돼지 떼의 주인은 한 사람이 아니라 여러 사람이었을 가능성이 크다. 모세 율법은 돼지를 부정한 짐승으로 간주했으므로 유대인으로서 그 짐승을 사육하는 것이 원칙적으로 금지되었다. 그럼에도 불구하고 배도에 빠진 다수의 유대인들은 돼지를 키워 당시 팔레스틴 지역에 살던 로마인들과 헬라인과 아람인 등 이방인을 대상으로 하여 장사를 했을 것이다. 즉 다수의 유대인들이 부정한 짐승인 돼지를 사육한 것은 경제적인 목적 때문이었음이 분명하다. 아마도 그들 가운데 다수는 그와 같은 자신의 행동을 합리화시켰을 것이다. 그들은 또한 유대인으로서 자기는 부정한 돼지고기를 먹지 않으므로 율법에 저촉되지 않는다고 변명했을지도 모른다. 나아가 돼지를 사육하여 이방인들에게 팔아 돈을 벌어 당시 열악한 형편에 처해있던 이스라엘 민족을 위해 경제적인 유익을 가지고 온다면 그것이 나쁠 것이 없다고 주장했을지도 모른다. 악한 자들은 항상 자기의 악행을 합리화시키고 변명하는 것에 익숙해 있기 때문이다.

운 군대 귀신을 그 큰 돼지 떼에 들여보냈는가 하는 점이다. 즉 한 사람에게 들어간 그 귀신의 떼거리를 한 마리 돼지에게 들어가게 하면 더욱 간단하게 정리될 일이 아니었을까? 만일 그렇게 하셨다면 돼지 한 마리만 물에 빠져 죽으면 끝날 일이었다.

하지만 예수께서는 그 더러운 귀신들을 이천 마리나 되는 부정한 돼지 떼에게 들여보내 떼죽음을 당하도록 하셨다. 이는 사회적인 큰 물의를 일으킬 만한 엄청난 일이 아닐 수 없었다. 그럼에도 불구하고 예수께서 굳이 그렇게 하신 것은 그 사건을 통해 하나님의 아들이신 자기의 존재와 사악한 사탄과 귀신을 비롯한 모든 부정한 존재를 분명히 드러내시기 위해서였다. 전체적인 관점에서 보아 그것은 언약의 백성들을 위한 예수님의 사랑에 근거하는 것으로 이해할 수 있다.

(4) 귀신들린 자의 치유를 보고 놀란 사람들의 의외의 요구(막 5:14-17)

귀신들린 그 사람이 예수님에 의해 치유를 받게 된 사실과 그를 지배하고 있던 귀신들이 돼지 떼에 들어가 갈릴리 바다에서 몰사한 것은 큰 사건이 아닐 수 없었다. 우리가 여기서 기억해야 할 바는 그 돼지 떼가 야생 돼지가 아니라 특정한 주인의 재산이었다는 사실이다. 한 사람의 귀신들린 자가 낫게 된 반면 그로 말미암아 재산상의 큰 손실을 입은 사람은 갑작스런 피해로 인해 큰 충격을 받을 수밖에 없었다. 그에 대해서는 동네 사람들도 마찬가지였다.

그런데 중요한 사실은 그로 말미암아 직접적인 불평을 하거나 원망하는 자가 아무도 없었다는 점이다.[13] 돼지를 치던 일군들이 놀라서 마

---

13) 어쩌면 남의 재산인 돼지 떼를 몰살시킨 예수님을 윤리적으로 접근해 그 행위를 부당한 것으로 여겨 뒤에서 주관적인 정의감을 표출한 자들이 있었을지도 모른다. 그런 자들은 하나님으로 말미암은 그 사건의 본질보다 비본질적인 현상에 치중하게 된다. 하지만 중요한 사실은 모든 것을 초월한 하나님의 절대적인 사역이다.

을로 내려가 그 전후 사정을 사람들에게 알렸다. 그러자 더러운 귀신들
렸다가 나은 그 사람을 보기 위해 많은 사람들이 몰려들었다. 그들이
와서 그동안 귀신이 들려 사람들을 괴롭혀 온 그 사나운 자가 옷을 갖
추어 입고 온전한 정신으로 앉아 있는 것과 그 놀라운 일을 행하신 예
수님을 보고 기뻐하기는커녕 도리어 크게 두려워하게 되었다.

그런 중에 귀신들렸던 사람이 자신에게 발생한 모든 사실을 자초지
종(自初至終) 설명했다. 그리고 자기를 지배하던 더러운 귀신들이 돼지
떼에 들어감으로 인해 전부 바다에 빠져 몰살하게 된 사실을 말했다.
그것은 주민들이 그 현장과 실제적인 상황을 직접 목격하면서도 받아
들이기 쉽지 않았다. 중요한 사실은 불과 얼마 전까지 그들이 처했던
상황이 정반대로 뒤집어지게 되었다는 점이다.

더러운 귀신들렸던 자는 예수님으로 인해 치유를 받아 구원에 참여
하는 은혜를 누렸으나 그동안 멀쩡한 모습으로 살아온 사람들은 아직
도 하나님의 아들이신 예수님에 대한 분명한 깨달음이 없었다. 따라서
그곳 주민들은 예수님을 향해 그 지역에 머물기를 원했던 것이 아니라
도리어 그곳을 떠나주기를 간청했다.

아마도 그들에게는 사회적 물의와 함께 더 큰 재산상의 손실을 보지
않고자 하는 간절한 마음이 있었을 것이다. 나아가 다수의 유대인들은
예수께서 돼지 떼를 몰살시키신 것이 부정한 짐승을 키우는 데 대한 하
나님의 심판으로 받아들였을 것으로 보인다. 그것은 저들에게 여간 두
려운 일이 아닐 수 없었을 것이 분명하다.

(5) 하나님의 큰일을 전파하는 귀신 들렸던 자(막 5:18-20)

이처럼 거라사 지방에 살던 거민들은 더러운 귀신들린 자의 치유와
그 귀신들로 인해 돼지 떼가 갈릴리 바다 속에 뛰어들어 몰살한 사건으
로 말미암아 예수님을 향해 그곳에서 떠나주시도록 간청하지 않을 수

없었다. 그와 달리 귀신들려 고생하던 당사자는 치유를 받아 예수님께 그곳에 함께 머물러 주시기를 간구했다. 예수님에 대한 관심과 태도가 이전과는 확연히 달라지게 된 것이다.

그런데 예수께서는 귀신들렸던 자의 요청을 멀리하고 그곳을 떠나셨다. 그렇다고 해서 그곳을 떠나주기를 간청하는 주민들의 말을 들어주어 그곳을 떠나신 것도 아니었다. 예수님은 여러 곳에서 감당해야 할 일들이 많았기 때문에 사람들이 그곳에 머물기를 원하든 떠나기를 원하든 상관없이 그렇게 하셨다. 중요한 사실은 과거에 귀신들렸던 그 사람이 그렇지 않았던 일반 백성들보다 훨씬 훌륭한 믿음의 사람이 되었다는 점이다.

그러므로 예수께서는 그 귀신들렸던 자를 향해 이제 집으로 돌아가 자기가 그에게 행한 모든 일을 사람들에게 알리라고 하셨다. 그리고 하나님의 아들이신 자기가 저를 불쌍히 여긴 사실을 그 친지들에게 고하도록 했다. 하나님의 아들이신 예수님이 어떤 권능을 가진 분인지 전파하라는 것이었다.

그 사람은 예수께서 명하신 일에 대하여 순종했다. 그는 여러 곳에서 하나님의 아들이신 예수님을 증거하는 일을 감당했다. 그는 거라사 주변의 데가볼리 지역에서 메시아로 오신 하나님의 아들 예수님과 그가 자기에게 행하신 모든 일을 전파했다. 그러자 많은 사람들이 그 이야기를 듣고 신기하게 여기게 되었다. 그들 가운데 일부는 예수님을 믿음으로 받아들였을 것이며 또 다른 일부는 그를 단순히 기적을 행하는 자로 여기기도 했을 것이다.

제10장

회당장 야이로의 딸과 혈루증 앓는 여인
(막 5:21-43)

1. 죽게 된 딸의 치유를 간청하는 회당장 (막 5:21-24)

예수께서는 갈릴리 바다 건너편 땅에서 사역을 마치고 다시금 이쪽 편으로 돌아오시게 되었다. 그러자 또다시 많은 사람들이 그가 계시는 곳으로 몰려들었다. 그가 바닷가에 있을 때 여기저기서 그의 소문을 듣게 된 자들이 모여 큰 무리를 이루게 되었다.

그 가운데 갑작스러운 특별한 사건이 일어났다. 유대인의 한 회당을 담당하고 있는 회당장인 야이로라는 인물이 예수님 앞에 나아왔기 때문이다. 그는 예수님의 발 앞에 무릎을 꿇고 엎드려 간청했다. 그것은 놀라운 일이 아닐 수 없었다. 하지만 그는 자기의 어린 딸이 질병으로 인해 죽게 될 형편에 놓이게 되자 예수님을 찾아와 급히 자기 집으로 가서 딸에게 안수하여 살려달라고 간청했던 것이다.

당시 사회적 분위기로 보아 그것은 결코 예사로운 일이 아니었다. 유대인 회당장의 신분은 종교적으로 보아 매우 큰 권위를 가진 인물이었다. 그들이 가지는 자부심과 자존심은 하늘을 찌를 듯 당당했다. 그런 회당장 신분을 가진 자가 예수님 앞에서 무릎을 꿇은 채 간곡한 태도로 애걸한다는 것은 이해하기 어려운 일이었다. 더군다나 그는 많은 사람들이 보고 있는 공공장소에서 그렇게 했다.

회당장 야이로가 유대주의자들이 경계하는 예수님 앞에서 그와 같은 행동을 할 수 있었던 데는 나름대로 매우 심각한 문제가 있었기 때문이다. 그는 우선 예수님이 하나님으로부터 보냄을 받은 특별한 인물로서 놀라운 기적들을 일으키고 있다는 사실을 잘 알고 있었다. 그리고 이제 겨우 열두 살밖에 되지 않는 자기의 예쁜 딸이 죽어가는 것을 마냥 두고 볼 수만은 없었다. 그리하여 그는 자기의 신분과 지위로 인한 모든 자존심을 내려놓고 예수님의 발 앞에 무릎을 꿇었던 것이다.

회당장 야이로는 자기의 그와 같은 행동으로 인해 얼마나 큰 문책과 비난을 받을지 알 수 없었다. 유대교에 빠진 자들은 그것을 쉽게 용납하지 않을 것이 분명하다. 하지만 당시 그는 그런 것을 전혀 아랑곳하지 않았다. 모든 형편을 지켜보시던 예수께서는 야이로의 간청을 수락하시고 그와 함께 딸이 병져 누워있는 그 집으로 가시게 되었다. 그러자 함께 예수님을 따라가던 자들은 그를 에워싸듯이 한 채 걸어갔다.

우리는 여기서 매우 중요한 한 가지 의미를 생각해 보게 된다. 회당장 야이로가 죽어가는 자기 딸로 말미암아 안타까워하는 것을 통해 인간으로서 가지는 최고의 사랑을 엿볼 수 있다. 상식적인 모든 부모들은 자기 자식이 고통 중에 죽어가는 것을 보면 기꺼이 자기의 목숨을 내어놓기를 주저하지 않는다. 사랑하는 자식을 살릴 수 있다면 무슨 일이라도 마다하지 않는 것이 부모의 심정이다.

그런데 우리는 여호와 하나님과 예수 그리스도를 통해 발생한 그와 정반대의 경우를 알고 있다. 하나님께서는 자기가 가장 사랑하시는 독생자 예수를 십자가에 내어주심으로써 못 박혀 죽게 하셨다. 더구나 하나님을 욕되게 하고 거부하는 사악한 인간들을 위해 그렇게 하셨다. 그 일은 창세 전부터 하나님의 언약 가운데 존재하는 자기 백성들을 위해 특별히 베풀어지는 은혜였다.

우리는 여기서 죄에 빠져 사악하게 변한 인간들을 위해 사랑하는 자기 아들을 기꺼이 죽음에 내어주신 하나님의 놀라운 사랑을 떠올려 보게 된다. 하나님께서 우리를 위해 베푸신 사랑은 이 세상 어디에도 존재하지 않는 특별하고 놀라운 사랑이다. 따라서 모든 성도들은 그와 같은 큰 사랑을 입은 자로서 하나님의 은혜를 기억하며 오직 그를 위해 살아가야 하는 것이다.

2. 열두 해를 혈루증 앓는 여인 : 노중(路中)에서 발생한 사건
(막 5:25-34)

(1) 혈루증 앓는 여인의 믿음과 치유(막 5:25-29)

열두 해를 혈루증(haemorrhage)을 앓으며 심한 고생을 해온 한 여인이 있었다. 남모르게 하혈(下血)을 하며 큰 고통을 당하는 그 여인은 자기 질병을 다른 사람들에게 쉽게 말할 수도 없는 형편이었을 것이 틀림없다. 따라서 그 끔찍한 질병에서 해방되는 것이 그에게는 최고의 소원이었을 것이다.

여인으로서 그 질병을 치료받기 위해 여러 의사들을 찾아다니며 자신의 환부(患部)를 언급한다는 것 자체가 고통스러운 일이었다. 따라서 무슨 한이 있어도 그 질병을 고치고자 하는 마음이 간절했으나 고생과 괴로움만 더해갔을 뿐 별다른 차도가 없었다. 그 여인은 아무런 효험이 없는 형편에서 여러 의사들을 찾아다녔으나 아까운 재산만 탕진했을 뿐이다.

질병이 낫지 않고 오랜 세월이 흘러간다는 것은 그 병이 점점 고질화(痼疾化)되어 갔음을 말해주고 있다. 이제 그 여인에게는 아무런 희망이 없는 상태처럼 되어 힘든 나날을 보낼 수밖에 없었다. 그런 중에 예수님이 갈릴리 지역에 나타나 많은 사람들의 다양한 질병들을 고쳐주신다는 소문을 듣게 되었다.

그리하여 그 여인에게는 이제 예수님만이 자기를 질병의 고통에서 해방시킬 수 있는 유일한 소망이 될 수 있었다. 그런 중에 그는 예수님이 계시는 곳에 대한 소문을 듣고 찾아가 무리 가운데 섞여 그 가까이 접근해 나아갔다. 그는 자기의 질병을 치유받기를 간절히 원했다. 그 여인은 예수님이 단순히 질병을 고치실 뿐 아니라 구약성경에서 예언되어 온 하나님의 아들 그리스도란 사실을 깨닫고 있었을 것으로 보인다. 예수님에 대한 그의 믿음이 그 점을 어느 정도 보여주고 있다.

그러므로 그는 예수님께 가까이 가서 자기 손만 가볍게 갖다 대도 질병의 고통으로부터 벗어나게 되리라는 믿음을 가지고 있었다. 그 여인은 예수님의 능력을 절대적으로 믿고 있었던 것이 분명하다. 그리하여 그 여인은 무리 가운데 섞여 힘겹게 예수님의 뒤로 가서 그의 옷에 살짝 손을 댔다. 그 손은 스쳐 지나가며 닿은 것이 아니라 의도를 가지고 갖다 댄 것이었다.

여기서 그의 옷에 손을 댔다는 것은 옷자락뿐 아니라 예수님에게 자기 손을 댄 사실을 말해주고 있다. 즉 그는 예수님의 겉옷에 손을 대고자 한 것이 아니라 옷을 입은 그의 몸에 손을 대고자 했던 것이다. 그가 그렇게 했던 까닭은 예수님에게는 굳이 자기가 가진 질병의 증세를 구체적으로 설명하거나 환부를 보이지 않아도 모든 치유가 가능하다는 사실을 믿고 있었기 때문이다.

그리고 그 여인은 자기가 직접 예수님의 얼굴을 마주 보며 애걸복걸하지 않아도 그의 무한한 능력이 모든 질병을 치유할 수 있다는 사실을 믿고 있었다. 그런 믿음을 가진 그 여인이 옷을 입은 예수님의 몸에 손을 대자 그 자리에서 즉시 병이 낫게 되었다. 십수 년 동안 혈루증으로 인해 심한 고생을 하던 그 여인이 용한 어떤 의사도 고치지 못한 중한 질병을 예수님으로 말미암아 간단하게 치유받게 된 것이다.

(2) 예수님의 선포(막 5:30-34)

열두 해 동안 혈루증을 앓으며 고생하던 그 여인은 자기가 예수님의 몸에 손을 대도 아무도 모를 것이란 생각을 하고 있었다. 많은 사람들이 서로 붐비는 중에 그의 옷깃에 닿거나 몸에 손을 대는 사람들은 수없이 많았기 때문이다. 물론 이 말이 그 여인에게 예수님에 대한 믿음이 없음을 말하는 것은 아니다. 예수님의 초월적인 권능에 대해서는 분명한 믿음을 가지고 있었다.

하지만 예수께서는 수많은 사람들 가운데 몸을 부딪치며 지나가는 중에도 믿음과 더불어 의도적으로 자기에게 다가오는 자들을 알고 계셨다. 따라서 중한 질병에 걸린 어떤 사람이 치유를 받기 위해 자기 몸에 손을 댄 사실을 분명히 아셨다. 따라서 주변을 둘러보시며 자기의 몸에 손을 댄 자가 누구냐고 말씀하셨다.

함께 가던 제자들은 예수님의 말씀을 듣고 의아하다는 생각을 했다. 큰 무리가 예수님을 에워싸고 서로 밀치는 광경을 보면서 그런 말씀을 하시는 것이 이해하기 어려웠다. 그의 몸에 손이 닿은 사람들은 수도 없이 많은 가운데 나온 그와 같은 질문이 이상했던 것이다. 하지만 예수님의 말씀은 단순히 자기 몸에 손이 스치거나 닿은 사람들이 아니라 의도를 가지고 손을 댄 사람이 있었음을 말해주고 있다.

예수께서 그 말씀을 하시면서 가까이 서 있던 혈루증을 앓아온 그 여인을 주목하셨다. 그러자 그 여인은 자기가 한 일로 인해 두려움에 떨게 되었다. 예수님의 허락도 없이 그렇게 한 자신의 행동을 잘못된 것으로 여겼기 때문이다. 그로 말미암아 자기를 괴롭히던 질병은 완전히 사라졌으나 놀라운 권능을 가진 예수님으로 인해 더 큰 징벌을 받게 될지 모른다는 생각을 했을지도 모른다.

그리하여 예수님 앞에 꿇어 엎드려 자기에게 연관된 모든 것을 이실직고(以實直告)했다. 거기에는 자기가 질병 자체와 치료를 받기 위해 애썼던 그 동안의 모든 과정들이 포함되었을 것으로 보인다. 그리고 중요한 사실은 자기가 예수님에 대한 믿음이 있음을 고백했을 것이 분명하다.

그 여인이 하는 모든 말을 들은 예수께서는 놀라운 선포를 하셨다. "딸아 네 믿음이 너를 구원하였으니 평안히 가라 네 병에서 놓여 건강 할찌어다"(막 5:34). 이 말씀 가운데는 하나님께서 저에게 믿음과 더불어 죄와 질병으로부터 해방을 허락하신 것에 연관된 의미가 내포되어 있다.[14]

이는 고통스러운 질병에서 해방된 그 여인이 믿음으로 인해 죄에서 구원받게 되었음을 선포하는 의미를 지니고 있다. 여기서 '구원'은 질병으로부터 해방되어 찾은 '건강'과 더불어 영생이 허락된 의미를 지닌 것으로 이해할 수 있다. 즉 그 여인은 이 세상에서 당하는 질병으로부터 해방된 일시적인 것보다 훨씬 큰 영생을 소유하게 되었던 것이다.

3. 회당장의 딸이 죽음 (막 5:35-43)

(1) 회당장의 딸이 죽었다는 전갈과 믿음을 요구하시는 주님(막 5:35, 36)

예수께서는 제자들과 함께 죽음에 직면한 회당장 야이로의 딸이 병

---

14) 본문 가운데서 "네 믿음이 너를 구원하였으니 평안히 가라"(막 5:34)고 하신 예수님의 이 말씀은 누가복음의 다른 경우에도 동일하게 나타나고 있다. "네 믿음이 너를 구원하였으니 평안히 가라"(눅 7:50). 누가의 이 기록은 예수께서 공사역을 마쳐갈 때 즈음 예수님께 향유를 부은 여인을 향해 하신 말씀이다: "너는 내 머리에 감람유도 붓지 아니하였으되 저는 향유를 내 발에 부었느니라 이러므로 내가 네게 말하노니 저의 많은 죄가 사하여졌도다 이는 저의 사랑함이 많음이라 사함을 받은 일이 적은 자는 적게 사랑하느니라 이에 여자에게 이르시되 네 죄 사함을 얻었느니라 하시니 함께 앉은 자들이 속으로 말하되 이가 누구이기에 죄도 사하는가 하더라 예수께서 여자에게 이르시되 네 믿음이 너를 구원하였으니 평안히 가라 하시니라"(눅 7:46-50). 따라서 마가복음에 기록된 열두 해 동안 혈루증으로 인해 고통받다가 치유받은 그 여인을 향해 하신 '구원'은 죄사함과 연관되는 것으로 이해하는 것이 자연스럽다.

져 누워있는 집으로 가는 중에 혈루증으로 인해 열두 해 동안 고통당하
던 여인을 고쳐주시고 그에게 구원을 선포하셨다. 그 와중에 야이로의
집 하인이 예수님과 함께 있던 야이로에게 나아왔다. 그의 딸이 결국
죽었다는 안타까운 소식을 전하기 위해서였다.

야이로의 입장에서는 심한 슬픔과 더불어 여간 아쉽지 않았을 것으
로 보인다. 고통스러운 질병에 걸린 여인을 고친 예수님을 보며 일순간
큰 희망을 가지게 되었을 것이 분명하다. 따라서 조금만 서둘렀어도 예
수께서 죽음에 직면한 자기 딸을 살릴 수 있었을 텐데 하는 마음을 가
졌을 수도 있다. 일반적으로는 전혀 예측할 수 없었던 갑작스런 사건으
로 인해 시간이 지체된 것으로 판단할 수 있기 때문이다.

그러니 그 소녀가 이미 사망한 상태에서 더 이상 예수님을 회당장의
집으로 모실 이유가 없으므로 그에게 수고를 끼칠 필요가 없다는 말을
했다. 그런데 그들의 대화 가운데 예수님을 원망하는 마음이 전혀 없었
다. 왜 빨리 서두르지 않았느냐며 그의 행동과 형편에 대해 달리 문제
를 제기하며 따지는 자들이 보이지 않았다.

그런 가운데 예수께서는 곁에서 저들이 나누는 대화를 들으시고 회
당장을 향해 말씀하셨다. "두려워하지 말고 믿기만 하라"(막 5:36). 우리
는 이 말씀을 매우 깊은 주의를 기울여 생각해야 한다. 회당장 야이로
는 예수께서 죽은 자기의 딸을 다시 살려줄 터이니 믿기만 하라는 의미
로 받아들이지 않았다. 물론 그 말씀의 핵심에는 예수님이 어떤 분인지
알고 믿어야 한다는 의미가 내재되어 있었다. 죽은 아이가 다시 사는
것보다 예수님이 하나님의 아들이라는 사실을 올바르게 깨닫는 것이
더욱 소중했던 것이다.

(2) 죽은 소녀를 살리심 : 슬픔과 기쁨, 비웃음과 믿음(막 5:37-43)

예수께서 회당장 야이로의 집 앞에 도착해 안으로 들어가실 때 모든

제자들을 다 데리고 가시지 않았다. 그는 다른 제자들이 따라 들어가는 것을 허락하시지 않고 베드로와 야고보와 요한만 데리고 들어가셨다. 그것은 전적인 예수님의 뜻에 의한 것이었다. 그럼에도 불구하고 다른 제자들이 그에 대한 불평과 원망하는 마음을 가지지 않았다.

초상집이 된 회당장의 집에 들어가니 사람들이 큰 슬픔에 빠져 소란스러운 가운데 울며 통곡하고 있었다. 그들은 어린아이의 죽음을 안타까워하며 깊은 슬픔에 처해 있었던 것이다. 그 아이의 아버지인 회당장 야이로가 딸을 살려달라는 간청을 하기 위해 예수님을 찾아 집을 떠났으나 죽음 앞에서는 모든 것이 아무런 의미가 없게 되어버렸다.

그런 중에 초상집 안으로 들어가신 예수께서는 죽은 아이의 시신을 보시며 그 아이가 죽은 것이 아니라 잠들었을 뿐이라고 말씀하셨다. 그것은 보통 사람들이 듣기에는 비웃음거리가 될 수밖에 없었다. 이미 죽어 숨이 끊어지고 심장이 멎은 것을 확인한 상태에서 잔다고 하는 것은 상식적으로 있을 수 없는 일이었기 때문이다.

물론 예수께서 그 모든 상황을 꿰뚫어 보고 분위기를 파악하고 계셨다. 부모의 안타까워하는 심정과 많은 이웃들의 진심어린 슬픔의 마음도 이해할 수 있었다. 그리고 뒤에서 비아냥거리며 비웃는 자들의 생각도 훤히 알고 계셨을 것이 분명하다.

그런 중에 죽은 아이가 죽은 것이 아니라 잠들어 있다고 하시면서 그 부모인 야이로 부부와 함께 간 제자들을 데리고 시신이 뉘어있는 방에 따로 남으셨다. 방 밖에서 그 광경을 지켜보는 자들의 생각은 저마다 달랐을 것이 분명하다. 하지만 그 아이가 다시 살아나게 되리라고 생각하는 자는 별로 없었을 것으로 보인다.

그렇지만 예수께서는 방 안에서 생명이 없는 죽은 아이의 손을 잡고 '달리다굼' 곧 '소녀야 내가 네게 말하노니 일어나라'고 명하셨다. 우리가 여기서 주의를 기울여 생각해 보아야 할 점은 죽은 아이는 이미 귀의 듣는 기능이 정지되어 예수님의 말씀을 들을 수 없었다는 사실이

다. 그런데 그의 귀가 열려 주님의 명령을 들을 수 있었다. 그것은 전적
인 하나님의 능력으로 말미암은 것이었다.

이 점에 관해서는 오늘날 우리 또한 깊은 주의를 기울여 생각해 보아
야 한다. 원래 죄에 빠진 모든 인간들은 하나님의 말씀을 들을 귀가 없
다. 아무리 진리를 외쳐도 그것을 듣지 못한다. 하지만 오직 하나님의
능력에 의해 마비된 귀가 열리게 되는 것이다.

이처럼 죽은 야이로의 딸이 하나님의 은혜로 귀가 열리고 예수께서
명하시는 말씀을 들어 순종했다. 그리하여 죽었던 소녀는 곧장 자리에
서 일어나 걷게 되었다. 그 여자 아이는 죽지 않고 잠자는 상태에 있다
가 일어난 것이 아니라 죽음에서 살아났다. 오늘날 참된 교회에 속한
모든 성도들 역시 죽은 상태에서 주님의 은혜로 말미암아 그의 음성을
듣고 살아나 생명을 얻게 된 것이다.

야이로의 딸이 죽었다가 살아난 것을 보고 거기 모인 모든 사람들은
크게 놀라지 않을 수 없었다. 인간의 일반적인 상식으로는 도저히 상상
할 수 없는 불가능한 일이 눈앞에서 벌어졌기 때문이다. 그런데 예수께
서는 거기 모인 사람들을 향해 그 일을 아무에게도 말하지 말라는 철저
한 당부를 하셨다.

예수께서 그 사건에 대한 강한 경계를 하신 것은 어리석은 자들이 하
나님의 아들이신 예수님 자신보다 그로 말미암아 발생한 사건 자체에
관심을 치중할까 염려하셨기 때문이다. 예수께서 행하신 모든 기적과
그로 인한 각종 사건들보다 본질적으로 중요한 것은 예수님 자신이다.

죽은 아이가 살아났을 때 예수께서는 그 아이에게 먹을 것을 갖다 주
어 활동하도록 해주라고 말씀하셨다. 그 아이와 부모는 그 후부터 한평
생 하나님의 아들 예수 그리스도에 대한 중요한 증인으로 살았을 것이
분명하다. 물론 그 자리에서 모든 광경을 직접 지켜본 자들 역시 그러
했을 것이다. 한편 그 사건에 관한 모든 내용을 소문으로 들은 사람들
은 그 실상을 받아들이기 쉽지 않았을 것으로 보인다.

우리가 여기서 주의 깊게 생각해 보아야 할 점은 죽은 야이로의 딸이 살아난 것이 그 죽었던 아이 자신의 믿음 때문이 아니었다는 분명한 사실이다. 어린 소녀였을 뿐 아니라 죽은 자에게 자기가 살게 되리라는 믿음을 가지고 있을 리 만무하기 때문이다. 하지만 그가 죽음에서 살아나게 된 것은 전적인 하나님의 섭리와 은혜로 인한 것이다.

그런데 아무도 겪을 수 없는 놀라운 경험을 한 그 소녀도 이 세상에서 일정 기간 살다가 죽었다. 결국 세상에 살다가 죽을 그를 예수께서 굳이 다시 살리신 이유는 무엇이었을까? 과연 그 당사자와 부모에게 위로를 베풀기 위해서였을까?

예수께서 죽었던 야이로의 딸을 살리신 데는 그의 특별한 뜻이 담겨있었다. 먼저 회당장 야이로가 예수님 앞으로 나아와 무릎을 꿇은 것을 통해 당시 유대주의자들에게 매우 중요한 메시지를 주셨다. 유대인 회당의 중요한 구속사적 의미는 이땅에 오실 메시아에게 순복해야 하는 것에 밀접하게 연관되어 있다는 점이다.

그와 더불어 하나님의 아들이신 예수님께서 죽음을 이기는 권세를 가지고 있다는 사실을 선포하신 것이다. 우리는 이를 통해 회당장 야이로의 딸을 살리신 수혜자(受惠者)는 그 당사자와 부모뿐 아니라 신약시대에 살아가는 모든 성도들이란 사실을 깨달아야 한다. 즉 예수께서 죽은 소녀를 살리신 것으로 인해 그 당사자와 그의 부모를 위로하고 그 이웃에게 놀라운 광경을 직접 보여주셨으나, 그를 생명의 공급자이자 또한 박탈자가 되시는 메시아로 믿는 모든 성도들이 그 주된 혜택을 입게 된 것이다.

제11장

배척당하는 예수님과 헤롯 분봉왕에 의해 죽은 세례 요한의 소환

(막 6:1-29)

1. 예수님과 나사렛 (막 6:1-3ⓐ)

예수께서는 갈릴리 호수 부근에서 사역하시다가 고향 나사렛 동네로 가셨다. 예수님이 출생한 곳은 베들레헴이었지만 아기 때는 헤롯 대왕의 정부에 의한 영아살해정책(嬰兒殺害政策)을 피해 잠시 애굽에 거하시기도 했다. 그리고 나중 나사렛에서 유년기와 청년기를 보내게 되셨다.

예수께서 공사역을 시작하신 후 고향 나사렛을 방문하실 때 그의 제자들도 그와 함께 갔다. 당시 나사렛은 예루살렘을 비롯한 대도시는 물론 가나안 땅에 흩어져 있는 도시들과는 큰 차이가 났다. 주변 여러 지역에 비해서도 가난하고 낙후된 조그만 시골 마을에 지나지 않았다.

나사렛에 도착하신 예수님은 안식일이 되어 유대인 회당에서 하나님의 말씀을 가르치시게 되었다. 그것은 예수님 자신은 물론 누군가의 개인적인 판단이 아니라 공적인 결의에 의한 것으로 이해해야 한다. 나사렛 사람들은 어릴 적부터 예수님과 함께 살아왔으므로 그가 규례에 따른 정식 교육을 받지 않은 점에 대해 잘 알고 있었을 것이 분명하다. 그는 회당에서 율법을 가르치는 교사로서 정식 교육을 받지 않았던 것이다.

그럼에도 불구하고 당시 나사렛의 유대인 회당에서 예수님에게 안식일날 공적으로 가르칠 수 있도록 허락한 것은 가버나움 회당과 마찬가지로 세례 요한의 증언에 연관된 것으로 보인다. 회당 종사자들과 유대인들이 그를 메시아로 인정하지는 않았으나 유대인 사회에서 공적인 인정을 받던 세례 요한이 그를 하나님의 특별한 선지자로 인정했기 때문이었을 것이다.

그런데 예수께서 회당에서 율법을 가르치시는 내용을 듣게 된 사람들은 깜짝 놀랐다. 목수의 아들로서 크게 교육받지 않은 것으로 알고 있던 예수가 요단강에서 세례 요한으로부터 특별한 선지자로 인정받은 것에 대한 소문을 듣고도 반신반의(半信半疑)했을 따름이었다. 그와 가까운 사람들일수록 더욱 그러했다.

그와 같은 형편에서 나사렛 사람들은 예수님이 가르치는 모든 내용이 범상치 않다는 사실을 깨닫게 되었다. 그러자 그가 어디서 그와 같은 능력을 얻게 되었는지 궁금하지 않을 수 없었다. 예수님의 지혜로운 가르침과 그가 베푸는 다양한 기적들과 권능이 어디서부터 오게 되었는지 의심스러웠던 것이다.

그들의 마음에는 이해하기 쉽지 않은 문제로 가득 찼다. 그는 저들의 이웃으로 평범한 삶을 살아가는 목수 요셉의 아들이자 보통의 가정 주부인 마리아의 아들이었기 때문이다. 또한 예수님의 동생들인 야고보와 요셉과 유다와 시몬을 비롯하여 그의 여동생들도 그들과 더불어 이웃으로 살아가고 있는 형편이었다.

2. 고향에서 배척당하신 예수님 (막 6:3ⓑ-6)

나사렛 사람들은 결국 예수님을 배척했다. 그들은 예수님이 그 자리에서 자기가 메시아라는 직접적인 주장을 했기 때문에 배척한 것 같지

않다. 우리가 알고 있는 분명한 사실은 예수님은 어릴 때부터 성인이
될 때까지 선하고 착한 인물이었다.

그렇다면 예수님이 그들 앞에서 구약율법을 잘 가르치고 보통 사람
들의 상상을 초월하는 기적을 일으키는 것을 보며 오히려 호감을 가질
만했다. 더구나 윤리적으로 크게 모범을 보인 경우라면 더욱 그렇다.
하지만 그들은 예수님을 받아들이지 않고 배척하게 되었다. 그렇다면
나사렛 주민들이 왜 그렇게 했을까?

우리가 여기서 생각해 볼 수 있는 점은 당시 나사렛 사람들 가운데
다수는 유대주의자들이었다. 앞에서 언급한 대로 유대인 회당에서 예
수님에게 율법을 가르칠 수 있는 행위를 허용한 것은 세례 요한에 대한
공적인 신뢰 때문이었다. 그러나 일반 유대인들은 백성들을 가르치는
교사로서 적법한 자격을 갖추지 않고 그렇게 하는 것을 용납하기가 쉽
지 않았다.

당시 나사렛 인근에 사는 백성들 가운데 유대인 사회에서 예수님보
다 소위 학벌이 높은 자들이 상당수 있었을 것이 분명하다. 그런 배경
을 가진 자들은 예수님을 자기보다 나은 자로 인정하기 어려울 수밖에
없다. 그것은 예수님에 대한 일종의 시기와 질투에 연관되어 있었을 것
이다.

고향 나사렛에서 배척을 당하신 예수께서는 제자들에게 그에 연관된
교훈의 말씀을 주셨다. 선지자가 자기 고향과 친척과 자기 집 밖에서는
존경을 받게 된다는 점에 관한 내용이었다. 그러나 어릴 때부터 함께
살면서 옛날의 형편을 기억하는 자들은 자기에게 고착된 기억으로 인
해 과거에 얽매여 선지자의 실상을 이해하지 못한다.

예수께서는 나사렛에 함께 살아온 이웃 사람들의 배척으로 인해 그
곳에서 특별한 권능을 행하실 수 없었다. 그런 자들은 자기가 하나님의
사역을 훼방하는 악행을 저지르고 있다는 사실을 전혀 인식하지 못했
다. 그로 인해 예수께서는 소수의 몇몇 병든 자들을 치유해 주셨을 따

름이다. 그런 중에도 그는 자기를 찾아오는 고통에 빠져있던 자들을 외면하지 않으셨던 것이다.

예수께서는 자기를 메시아로 받아들이지 않고 믿지 않은 자들을 보며 도리어 이상하게 여기셨다. 그동안 구약성경에 기록된 율법을 철저히 믿으며 그 가운데 장차 오실 메시아를 기대하던 자들이 자기의 모든 사역을 보고도 믿지 않았기 때문이다. 결국 예수께서는 나사렛으로부터 나가 여러 촌에 두루 다니며 하나님의 말씀을 선포하며 가르치셨다. 나사렛 사람들이 거부한 그 말씀을 다른 지역의 많은 사람들이 믿고 받아들였던 것이다.

우리는 여기서 이와 연관되는 교훈을 생각해 보게 된다. 어리석은 자들은 가까운 이웃의 소중함과 진가(眞價)를 잘 모르는 경향이 있다. 이는 교회와 가족관계에서도 드러난다. 정신 연령이 어린 자들은 함께 살아가는 가까운 이웃의 좋은 점보다 그렇지 못한 점을 마음에 담아 두고 살아가기 때문에 그런 문제가 발생한다.

그 대신 모르는 사람에 대하여 더 큰 기대 가치를 두는 것은 자기 눈에 보이지 않는 그의 결점에 대하여 아는 바가 별로 없기 때문에 그렇다고 할 수 있다. 지혜로운 자들은 그에 관한 올바른 개념을 소유해야 한다. 그래야만 이웃을 진정으로 존중하는 겸손한 마음을 가질 수 있다. 따라서 성숙한 성도들은 항상 말씀을 근거로 한 객관적인 판단 기준을 잊지 말아야 한다.

3. 열두 제자들에게 부여된 특별한 사명과 권세 (막 6:7-11)

예수께서는 또한 열두 제자들을 불러 두 명씩 짝을 지어 복음을 전파하도록 여러 지역으로 보내셨다. 그는 제자들에게 더러운 귀신들을 제어하는 권세를 주셨다. 그리고는 여러 동네로 여행하는 동안 지팡이 외에는 양식이나 주머니나 전대의 돈이나 아무것도 가지고 가지 말라

고 하셨다. 그리고 신만 신고 두 벌 옷도 가지고 가지 말라는 요구를
하셨다.

이는 빈 몸으로 가라는 의미를 지니고 있다. 그런데 여기서 우리의
관심을 끄는 대목은 '지팡이'는 가지고 가라고 하신 말씀이다. 이는 다
른 것들은 가져가지 못하게 하는 반면 지팡이는 반드시 가지고 가야 한
다는 사실을 말해주고 있다. 여기서 우리가 주의 깊게 생각해 보아야
할 점은 이에 관한 마태복음과 누가복음의 병행 구절에서는 지팡이를
가지고 가지 말라는 요구를 하고 있다는 점이다.

'지팡이'에 해당되는 헬라어 '$\rho\alpha\beta\delta\sigma\nu$'(라브돈)의 용례는 다양하게
사용된다. 그 단어에 해당되는 라틴어 'baculus'(바쿨루스)는 성직자들
이 가지고 다니는 특별한 지팡이로서 일종의 권위의 상징이 된다. 따라
서 마가복음 6:8에서 '지팡이'를 가져가라고 한 것은 권위와 연관된
지팡이인 데 반해, 마태복음 10:10과 누가복음 9:3에서 언급된 '지팡
이'는 우리가 일반적으로 생각하는 지팡이로 이해할 수 있다.

그런데 칼빈은 그의 주석에서 이 부분을 설명하며 마태와 누가가 언
급한 지팡이는 짐이 되는 무거운 막대기를 의미하는 데 반해, 마가는
가지고 다니기 편리한 가벼운 지팡이를 뜻하는 것으로 해석하고 있
다.[15] 그러나 그의 주장은 다소 무리한 것으로 보인다. 무거운 지팡이
는 가져가서는 안 되는 반면, 가벼운 지팡이는 가져가야 한다는 말은
자연스럽지 않다.

우리는 여기서 마가복음에 기록된 지팡이를 제자들이 왜 가져가야만
했는지 좀 더 깊이 생각해 볼 필요가 있다. 그 지팡이가 일반적인 도구
인 지팡이라면 그것도 가지고 가지 말라고 해야 하는 것이 자연스럽다.
양식이나 돈이나 신과 옷은 구하기가 비교적 어려운 데 반해 지팡이는
아무데서나 구할 수 있기 때문이다. 그런데 아무것도 가지고 가지 말라

---

15) Jonn Calvin, 칼빈 성경주석, 공관복음 마태복음 10:9, 참조.

고 하신 주님께서 굳이 지팡이는 가지고 가야 한다고 말씀하셨다.

여기서 지팡이(staff)는 사람들이 짚고 다니는 막대기의 기능을 넘어 측량을 위한 잣대로서 지팡이의 의미를 지니고 있다. 아직 삼십대의 젊은 청년들이 몸을 가누기 위해 반드시 지팡이를 가지고 다녀야 한다는 것은 지나친 생각일 수 있다. 하지만 잣대의 기능과 더불어 권위를 상징하는 지팡이를 들고 다님으로써 모든 제자들이 동일한 메시지를 전해야 한다는 의미를 함유한 것으로 생각할 수 있다. 또한 그 지팡이는 방향을 제시하는 중요한 도구로서 왕이 가졌던 '홀'(the sceptre)의 역할을 하는 도구로서 상징적인 의미를 지니기도 한다.[16]

그리고 주님께서는 제자들이 어디서든지 누군가의 집에 들어가거든 떠날 때까지 그 집에 머물라고 말씀하셨다. 제자들을 영접한다는 것은 곧 예수 그리스도를 영접하는 의미를 지니며 그것은 하나님과 그의 뜻을 받아들이는 것과 같다. 즉 그들이 제자들을 집으로 영접하여 함께 식사를 나누며 잠자리를 제공하는 것은 그들 자체가 좋아서가 아니라 주님 때문이었던 것이다.

그와 달리 누구든지 그들을 영접하지 않고 그들의 말을 듣지도 않거든 그곳에 머물지 말고 바로 나가라고 했다. 그리고 떠날 때 그들의 발 아래 먼지를 떨어버리고 나가라는 말씀을 하셨다. 이는 그들과 제자들과 아무런 관계가 없으며 주님과 여호와 하나님과도 관련이 없다는 사실을 증거로 남겨 선포하라는 의미를 지니고 있다.

그와 같은 제자들의 판단과 행위는 인간적인 사사로운 감정에 근거하지 말아야 한다. 그래서 그들이 주님께서 허락하시는 특별한 '지팡이'(staff)를 들고 다니며 객관적 기준에 따라 그렇게 해야만 했던 것이다. 이는 물론 상징적인 의미를 내포하고 있는 것으로 받아들여야 한다.

하나님의 복음을 선포하게 되면 반드시 그에 선하게 반응하여 받아

---

16) 우리가 생각해야 할 바는 동일한 장소 동일한 형편에서 언급된 내용이 복합적인 의미를 가질 수 있다는 사실이다.

들이는 자들이 있는가 하면 그것을 배척하는 자들이 있다. 주님의 제자들 역시 그들에 대하여 감정적으로 대응하는 것이 아니라 객관성 있는 대응을 하며 분명한 입장을 보여야만 한다. 신약시대 지상 교회에 속한 모든 성도들 역시 주님과 그 제자들을 본받는 자들로서 원리적인 측면에서 그와 동일한 자세를 유지해야만 한다.

우리가 또한 이와 더불어 생각해 보아야 할 점은 장차 예수님을 배반할 가룟 유다에 관한 문제이다. 당시 불신자인 그의 정체성이 드러나지 않았지만 그는 예수님의 진정한 제자가 아니었다. 어느 제자가 그와 함께 갔는지는 알 수 없으나 유다 역시 누군가와 짝을 이루어 나간 것만은 틀림없다.

분명한 점은 가룟 유다가 복음을 올바르게 깨닫지 못하고 있었을지라도 참 제자들과 함께 있는 동안에 엉터리 주장을 펼치지 않았으리라는 사실이다. 외형상으로 볼 때 그는 주님의 제자였으므로 자기도 미처 깨닫지 못하고 있는 부분을 인간적인 지식으로 다른 사람들을 향해 복음을 선포했다. 그는 자기도 본질에 충실하지 못한 상태에서 복음을 전파하는 일에 참여했던 것이다. 나아가 가룟 유다 역시 다른 제자들과 마찬가지로 권위와 잣대를 상징하는 지팡이를 들고 다양한 기적을 행했을 것이 분명하다.

우리는 여기서 매우 중요한 점을 엿보게 된다. 그것은 때로 하나님에 대한 진정한 고백이 없는 자들을 통해 하나님의 복음이 전해질 수 있다는 사실이다. 물론 그것은 하나님의 특별한 섭리와 경륜에 의해 이루어지게 된다. 오늘날 우리 시대에도 하나님을 제대로 알지 못한 채 목사나 선교사라는 타이틀을 가진 자들을 통해 진리를 깨닫게 되는 자들이 상당수 있다는 사실을 기억해야 한다.

세상에는 회개를 배경으로 한 참된 고백이 없는 상태에서 기독교적 언어와 행위에 능란한 자들이 얼마든지 많을 수 있다. 그들은 영원한 구원에서 제외될지라도 그들을 통해 다른 사람들에게 복음이 전파되기도 한다. 하나님의 놀라운 섭리와 경륜이 그 가운데 작용하고 있는 것이다.

4. 회개의 선포와 축귀(逐鬼) 및 질병 치유 (막 6:12, 13)

예수님의 명령에 의해 여러 지역으로 흩어진 제자들은 사람들을 향해 회개하라고 외쳤다. 우리는 여기서 복음의 출발이 '회개'라는 사실을 기억하게 된다. 이는 하나님 앞에서 자신이 저지른 죄와 밀접하게 연관되는 개념을 지니고 있다.

누구든지 하나님을 올바르게 알기 위해서는 자신의 죄를 직시하고 하나님 앞에서 회개해야만 한다. 회개하지 않은 상태에서 하나님을 온전히 아는 것은 가능하지 않다. 물론 그 모든 것은 하나님의 전적인 은혜로 말미암아 언약의 자손들에게 특별히 허락된 선물이다.

제자들은 회개의 선포와 더불어 귀신들린 사람들로부터 더러운 귀신을 쫓아냈다. 이는 사탄과 그의 졸개인 귀신보다 우주 만물을 창조하신 여호와 하나님의 권능이 비교할 수 없이 크다는 사실에 대한 선언적 의미를 동반하고 있다. 하나님의 형상을 닮은 인간들을 지배하는 귀신을 하나님의 능력 아래 있는 제자들이 쫓아내게 되었다.

그리고 각양 질병에 걸린 자들을 치유해 주었다. 제자들은 그들에게 기름을 발라 고치도록 해 주었던 것이다. 여기서 기름을 발랐다는 사실은 그것이 직접적인 치유의 방편이 된 것을 의미하지 않는다. 즉 외상을 입은 경우라면 기름이 질환에 어떤 작용을 한 것으로 이해할 수 있을지 모르지만 내부 장기에 연관된 질병이라면 그렇게 말하기 어렵다.

그럼에도 불구하고 기름을 발라 병자들을 고쳤다고 한 것은 그 기름이 특별한 구별의 기능을 한 사실을 말해주고 있다. 하나님의 이름으로 질병을 고치는 것으로서 그들이 하나님께 속했다는 사실을 선언하는 의미를 지니고 있었던 것이다. 즉 그 기름은 병자의 환처에 기름을 바른 것이라기보다 그 환자에게 기름을 바른 것으로 이해하는 것이 자연스럽다.

이는 또한 복음 선포가 정신적인 관념이나 이론이 아니라 실제라는 사실을 보여주고 있다. 사람들이 회개하라는 제자들의 외침을 듣고 마음속으로 회개했다는 것만으로 만족스러운 것이 아니다. 귀신을 쫓아내고 병자들에게 기름을 발라 고치는 것을 통해 복음을 받아들이는 회개의 순종이 실제적인 상황이라는 사실을 보여주고 있는 것이다.

5. 헤롯 분봉왕이 받은 충격과 예수님에 대한 유언비어 (막 6:14, 15)

예수님의 제자들의 활발한 복음 전파 사역은 가나안 땅 전 지역으로 급속히 퍼져나갔다. 그것을 통해 하나님의 아들인 예수 그리스도의 이름이 만천하에 선포되었던 것이다. 도시든 시골이든 특별한 신분이나 지위고하(地位高下)를 막론하고 모든 사람들이 그 소문을 들을 수밖에 없었다.

예수님의 이름은 결국 헤롯 분봉왕의 귀에도 들어가게 되었다. 그는 예수님이 행하시는 모든 사역에 관한 소문을 듣고 세례 요한이 죽었다가 살아난 것으로 생각하기에 이르렀다. 이는 그가 예수님의 모든 능력을 보고 죽음에서 환생한 세례 요한이 행하는 것으로 받아들였음을 말해준다.

헤롯 왕은 예수님과 세례 요한에 의해 실제 발생한 사건을 구체적으로 알고 있었던 것이 아니라 소문에 의해 재구성된 상상을 하고 있었다. 그는 세례 요한을 부당한 불법적인 방법으로 처형한 자기의 잘못에 대한 일반적인 죄책감을 가질 수밖에 없었다. 따라서 많은 기적을 행하는 예수님의 소문이 그에게는 불안하게 다가왔던 것이다.

그리고 어떤 사람들은 예수님을 오래전에 죽은 엘리야가 환생한 것으로 여기기도 했다. 또 다른 어떤 이들은 옛날 선지자들 가운데 한 사람과 같다고 말하는 자들도 있었다. 그 모든 주장은 참된 믿음이 없는 자들 가운데 떠도는 종교적인 유언비어(流言蜚語)에 지나지 않았다. 이로 말미암아 유대인들 사이에는 상당한 혼란이 야기되었다. 이는 곧 예수님의 의도와는 상관 없이 제자들의 사역이 점차 사회문제화 되어간 사실을 말해주고 있다.

6. 세례 요한을 처형한 일에 대한 회상 (막 6:16-29)

(1) 헤롯 분봉왕의 갈등(막 6:16-20)

예수님에 대한 믿음이 없거나 저항하는 자들 가운데 다수는 부정적인 견해를 피력하며 개인의 주장을 펼쳤으나 헤롯 분봉왕에게는 그 정황이 사뭇 달랐다. 그는 자기가 목 베어 죽인 세례 요한으로 인해 예수님을 크게 두려워하는 지경에 이르렀다. 그것은 신앙적인 경외심이 아니라 자신의 악행으로 인한 공포감이었다.

따라서 헤롯 왕은 놀라운 기적을 행하시는 예수님의 소문을 듣고 그가 죽은 세례 요한이 환생했다는 생각에 사로잡혔다. 그와 같은 망상은 얼토당토않은 것이었으나 당사자인 헤롯에게는 여간 심각한 일이 아니었다. 그전에 헤롯이 자기 동생 빌립의 아내 헤로디아를 부당하게 취하여 자기 아내로 만들었을 때 세례 요한은 그에 대하여 냉철한 비판을 했었다.

그것은 헤롯을 비롯한 여러 사람의 마음을 불편하게 했으나 그 가운데 신분 변화를 가져와 새로운 권력자의 삶을 누리고자 한 헤로디아에게는 여간 불편한 일이 아니었다. 물론 헤롯과 헤로디아의 그런 악한 처사를 두고 비판하는 자들이 상당수 있었을 것이다. 그와 같은 상황에서 헤롯은 일종의 공포정치를 펼치며 요한을 체포해 감옥에 가두었다.

당시 종교인들 가운데 가장 영향력이 있던 인물인 세례 요한은 최고 권력자인 헤롯 분봉왕을 더욱 강하게 비난하기를 서슴지 않았다. 그는 헤롯이 자기 동생의 아내를 취한 것이 옳지 않다고 비판하며 백성들에게 그 사실을 퍼뜨리고 다녔다. 요한의 그런 행동에 더욱 예민하게 반응했던 자는 헤로디아였다. 그리하여 그녀는 요한을 원수로 여겨 죽이고자 마음먹었다.

하지만 헤롯이 눈엣가시와 같은 세례 요한을 쉽게 죽이지 못했던 까닭은 많은 백성들뿐 아니라 그 자신도 그를 의롭고 거룩한 자로 여기고 있었기 때문이다. 그와 같은 정황 중에 헤롯은 요한의 생명을 함부로 다룰 수 없었다. 단지 그를 감옥에 가둔 채 간수들로 하여금 그곳을 철저히 지키도록 했을 따름이다. 헤롯은 세례 요한의 질책을 받으면서 크게 번뇌하며 힘들어했으나 그의 말이 틀리지 않다는 사실을 잘 알고 있었던 것이다.

(2) 세례 요한을 처형한 헤롯 분봉왕(막 6:21-29)

그와 같은 상황에서 특별한 날이 다가왔다. 헤롯 왕의 생일이 되어 높은 지위에 있던 정부의 관리들과 천부장들과 갈릴리 지역의 귀인들이 한자리에 모이게 되었다. 그들은 헤롯의 생일을 축하하기 위해 모여든 유명 인사들이었다.

그날 행사 가운데 헤로디아의 딸이 춤을 추며 그 자리에 있던 많은 사람들에게 즐거움을 끼쳤다. 모든 사람들이 소녀의 춤사위를 보며 기쁨에 취했던 것이다. 그 광경을 지켜본 헤롯은 즐거운 마음이 넘쳐 헤로디아가 데리고 온 그 딸 아이에게 귀중한 선물을 하고자 했다.

그리하여 그 아이를 향해 무엇이든지 저가 원하는 것이 있으면 말해보라고 했다. 정치적으로 최고 권한을 가진 자기가 무엇이든지 주리라는 것이었다. 그는 만일 원한다면 나라의 절반까지라도 주겠다는 말을 했다. 그것은 여러 고위층 인사들이 모인 공식적인 자리에서 맹세와 더불어 한 약속이기 때문에 쉽게 어길 수 없는 성격을 지니고 있었다.

헤롯의 말을 들은 헤로디아의 딸은 곧장 나가서 그 어미에게 물어보았다. 왕이 말하는 바를 듣고 무엇을 구해야 할지 결정해 달라는 것이었다. 어린 나이일지라도 자기가 원하는 것을 구할 수 있었을 테지만 그렇게 하지 않았다. 헤롯의 입장에서도 아직 나이가 어리므로 그에 걸맞는 적절한 요구를 할 것으로 생각했을 것이 분명하다.

그러나 그 상황은 전혀 다른 방향으로 전개되어갔다. 헤로디아가 자기 딸을 향해 왕에게 세례 요한을 죽여 그의 머리를 달라는 요구를 하도록 했기 때문이다. 어미의 말을 들은 딸은 곧장 새 아버지가 되어있는 헤롯 왕 앞으로 나아가 세례 요한의 머리를 쟁반에 얹어 자기에게 주기를 원한다고 했다.

헤롯 왕은 딸이 자기에게 그와 같은 요구를 할 줄 전혀 예상하지 못했다. 그 요구를 들은 헤롯은 상당한 충격을 받았을 것이 분명하다. 나아가 그 자리에 함께 있던 고관대작들과 귀인들도 마찬가지였을 것이다. 그 상황은 즐거운 왕의 생일잔치 자리를 일순간에 어수선한 분위기로 몰아갔을 것이 틀림없다.

그렇지만 그 상황을 되돌리기에는 역부족이었다. 일순간 큰 고민에 빠질 수밖에 없었으나 자기가 맹세하며 딸에게 약속한 사실과 거기 있던 사람들 때문이었다. 당시 왕의 입으로 내뱉은 말은 곧 법이었으며 그곳에 있던 모든 사람들은 그 일시적인 법에 대한 증인 역할을 하고 있었다. 따라서 그것을 번복하거나 거절할 수는 없었다.

그러므로 왕은 병사 하나를 보내 세례 요한의 머리를 잘라 가져오라는 명령을 내렸다. 왕의 궁전에서는 많은 음식과 더불어 축제 분위기가 고조되어 있을 때 하나님의 사람 세례 요한은 감옥 안에서 고통을 당하고 있었다. 그 고통도 모자라 이제는 왕이 세례 요한을 사형에 처하고 그의 목을 잘라 가져 오라고 명했던 것이다.

　왕의 명령을 들은 병사는 지체하지 않고 감옥으로 가서 요한을 죽이고 그의 목을 베어 쟁반에 얹어 헤로디아의 딸인 여자 아이에게 전달했다. 피투성이로 범벅이 된 죽은 사람의 목잘린 얼굴을 받아든 아이는 그것을 자기 어미 헤로디아에게 가져다주었다. 아직 나이가 어린 아이에게는 그것이 눈으로 보기에 끔찍한 광경이었으나 그렇게 했다.

　그 모든 일은 헤롯의 생일잔치가 열리는 현장에서 행해진 일이었다. 아마도 쟁반 위에 올려진 세례 요한의 머리는 잔치가 끝날 때까지 그 자리를 지켰을 것으로 보인다. 이는 결국 타락한 인간들이 누리는 즐거움과 그들이 맞는 끔찍한 참상은 그리 멀지 않다는 사실을 말해 주고 있다. 우리는 여기서 하나님을 거역하는 인간들의 죄에 가득 찬 사악한 본성을 여실히 보게 된다.

　인간의 사악한 모습은 헤롯의 생일 잔치가 끝나는 것과 더불어 마무리 되었다. 목이 잘린 세례 요한의 머리도 그 역할이 끝나게 되었다. 그리하여 요한의 제자들이 와서 바깥에 있던 스승의 시체와 목이 잘린 그의 머리를 수습하여 가져다가 장사지냈다.

　세례 요한은 어느 이처럼 비참한 죽임을 당했으나 그것을 통해 그의 의가 그대로 드러났다. 그에 반해 그를 잔인하게 죽인 자들은 그렇게 함으로써 저들의 저주를 그대로 쌓게 되었다. 하나님의 뜻에 순종하는 요한의 제자들과 언약의 자녀들은 그에 대한 깨달음을 가지고 있었을 것이다. 그러나 헤롯의 편에 선 자들은 그리 개운한 경험은 아니었지만 저들에게 임하는 저주를 마치 승리인 양 받아들였을 것이 틀림없다.

　헤롯 분봉왕은 예수께서 다양한 기적을 베푸신다는 소식을 듣고 일시적이나마 그가 죽은 세례 요한이 환생한 것이라 여겼다. 그에 대한 자기의 행동이 정당하지 않았다는 사실을 알고 마음에 큰 부담이 되었기 때문이다. 하지만 그와 같은 상황이 헤롯에게 나타나는 저주의 표징이 되었으며 헤롯을 따르는 모든 무리 역시 그와 동일한 형편에 처하게 되었던 것이다.

제12장

오병이어의 기적과 예수님의 초월적 사역

(막 6:30-56)

1. 제자들의 보고 및 휴식 (막 6:30-32)

예수님의 열두 제자들은 여러 지역을 다니면서 하나님의 복음을 선포한 후 예수께서 계시는 곳으로 돌아왔다. 그 동안 예수께서는 자신의 고유한 사역을 하셨을 것이 틀림없다. 제자들은 예수님과 다른 제자들이 함께 모인 자리에서 제각각 행하고 경험한 일들과 가르친 사실에 관한 내용을 낱낱이 보고했다.

그들은 여러 곳에 다니면서 동일한 말씀을 전했으나 저들이 맞닥뜨린 각 형편들은 달랐을 것이다. 다양한 병자들을 만나기도 하고 각종 귀신들린 자들에게서 귀신을 쫓아내는 사역도 감당했을 것이다. 제자들은 각기 달리 경험한 내용들을 말하며 예수 그리스도와 더불어 감사하며 하나님께 경배를 돌렸다.

한편 그들은 별별 다양한 신분을 가진 사람들을 만나며 상당한 어려움을 겪기도 했을 것으로 보인다. 유대주의에 빠져 배도의 길을 걷는 바리새인들과 서기관들은 그들의 복음전파 사역을 적극적으로 방해했을 것이 분명하다. 그런 가운데서도 제자들은 하나님의 은혜 가운데 모든 일들을 잘 수행할 수 있었다.

우리가 여기서 기억해야 할 바는 제자들이 여러 지역에서 행한 기적들은 하나님께서 친히 저들을 통해 행하신 일이라는 사실이다. 즉 그 모든 것은 치유(治癒)와 축귀(逐鬼) 사역의 원천이 되시는 예수 그리스도로 말미암아 이루어진 일이었다. 그들은 육체적으로 다른 곳에 흩어져 있었으나 예수님의 사역에 직접 연결되어 있었기 때문이다. 제자들은 그에 관한 실상을 잘 깨닫고 있었다.

제자들로부터 모든 보고를 받은 예수께서는 그들의 수고를 격려하시며 이제 한적한 곳으로 가서 잠시 쉬도록 하자는 말씀을 하셨다. 그들의 주변에는 왕래하는 사람들이 많아서 식사를 할 겨를조차 없을 정도였기 때문이다. 그리하여 예수님과 제자들은 배를 타고 한적한 곳으로 자리를 옮겨가게 되었다.

2. 예수님과 제자들에게 몰리는 인파를 향한 교훈 (막 6:33, 34)

예수님과 그의 제자들은 조용한 장소를 찾아 배를 타고 갈릴리 호수 주변의 다른 지역으로 가시고자 했다. 당시 갈릴리 바다 주변에서 배들은 일반적인 교통 수단이었다. 사람들이 한 마을에서 다른 곳으로 이동하기 위해서는 걸어서 갈 수도 있었으며 배를 타고 움직일 수도 있었다.

예수님과 그 일행이 배를 타고 다른 곳으로 가는 것을 본 사람들은 육로로 걸어서 그들을 따라갔다. 여러 지역에서 살아가는 백성들 가운데는 예수님과 제자들이 가고자 하는 목적지에 그들보다 먼저 도착한 자들이 많았다. 예수님과 제자들은 그들을 피해 쉬고자 했으나 쉽지 않은 형편이었다.

많은 사람들이 큰 무리를 이루어 자기를 따라오는 것을 본 예수께서는 그들을 불쌍하게 여기셨다. 그들은 목자 없는 양 같아서 뚜렷한 삶의 목적과 의미를 상실한 채 우왕좌왕하고 있었다. 그들이 예수님을 적극적으로 따른 것은 그가 메시아라는 사실을 확실히 깨달았기 때문이 아니라 군중심리에 의한 행동이었던 것으로 보인다.

온전한 삶을 유지하기 위한 갈피를 잡지 못하고 허망하게 살아가는 자들을 향해 예수께서는 여러 가지 말씀으로 진리를 가르치셨다. 참된 진리를 알지 못하면 세상 가운데 허망하게 살아갈 수밖에 없다. 삶의 동력을 상실한 사람들 가운데는 예수님의 가르침을 귀담아듣는 자들이 많았다.

한편 스스로 언약의 자손이라 생각하면서 삶의 방향을 잃고 헤매는 자들은 목자 없는 양이 사나운 늑대의 먹잇감이 될 우려가 있듯이 거짓 교사들의 먹잇감이 될 위험에 노출되어 있었다. 사악한 배도자들은 항상 어리석은 백성을 집어삼키기 위해 온갖 교묘한 술수를 다 쓰게 된다. 예수께서는 그런 처지에 놓인 백성들을 불쌍히 여겨 메시아인 자신에 연관된 참된 진리를 가르치셨던 것이다.

3. 오병이어의 기적 (막 6:35-44)

(1) 저물 때까지 빈들에 모여있는 백성들(막 6:35-40)

그와 같은 형편에서 날이 서서히 저물어가고 있었다. 제자들은 많은 사람들이 먹을 음식이 없어 배가 고플 때가 되었다는 사실을 잘 알고 있었다. 그런 중에도 예수님의 말씀을 더 듣고자 하는 자들이 많았다. 그와 같은 형편에서 제자들은 예수님을 향해 그곳은 빈들이고 날이 저물어가려 하니 무리를 주변의 촌과 마을로 보내 제각기 음식을 사 먹게 하면 좋겠다는 말을 했다.

사실 그 많은 사람들이 동네에 들어간다고 해도 그들이 먹을 만한 양의 음식을 구할 수 없을 것이 뻔했다. 뿐만 아니라 그들 가운데 다수는 주머니에 음식을 사먹을 만한 돈이 없었을 것이 분명하다. 따라서 제자들이 한 말은 이 정도에서 마무리하고 모든 사람들을 집으로 돌려 보내는 것이 좋을 것이란 의사표현에 지나지 않았다.

제자들은 나름 건전한 생각으로 그렇게 권유했으나 예수께서는 전혀 다른 반응을 보이셨다. 그는 제자들의 말을 듣고 '너희가 저들에게 먹을 것을 주라'고 말씀하셨다. 당시 형편으로 보아 그것은 사실 불가능한 일이었다. 하지만 예수께서 제자들에게 그처럼 무리한 요구를 하셨던 것이다.

예수님의 말씀을 들은 제자들 가운데 그 문제에 대하여 예수님과 직접 대화하던 빌립은 거기 모인 만 명 정도의 큰 무리를 다 먹일 정도로 음식을 사려면 이백 데나리온이라는 거금이 필요하다는 말을 했다(요 6:7). 당시 한 데나리온은 건강한 노동자의 일당에 해당되는 액수였다. 오늘날 우리 시대 건강한 노동자의 일당을 십만 원으로 잡는다면 이천만 원 정도 되는 거액이다.[17]

물론 제자들에게는 그 큰 돈이 있을 리 만무했다. 설령 돈이 있다고 할지라도 갑자기 그 많은 사람들을 한꺼번에 먹일 만한 대량의 음식을 구하는 것 자체가 불가능했다. 그 사실을 잘 알고 있던 제자들은 크게 당황하지 않을 수 없었다. 물론 예수께서는 그 모든 정황을 정확하게 파악하고 계셨다.

---

17) 당시 건강한 노동자의 하루 일당인 일 데나리온(denarion)을 현재 우리나라 노동자의 일당을 '십만 원' 정도로 계산할 때 이백 데나리온은 이천 만 원 가량 된다. 또다시 그것을 그 자리에 모여있던 만 명 가까운 사람들에게 액수를 나눈다면 일인당 음식 가격은 약 이천 원 정도가 된다.

그런 중에 예수께서는 제자들을 향해 '너희에게 떡이 몇 개나 있느냐?'고 물으시며 확인해 보라고 하셨다. 그 말씀을 들은 제자들 가운데 안드레가 거기 있는 한 소년에게 보리 떡 다섯 개와 물고기 두 마리가 있다는 답변을 했다. 그것은 한 아이가 가지고 있던 도시락이었다(요 6:9).

그 이야기를 들으신 예수님은 제자들에게 명령하여 모든 사람으로 하여금 무리지어 푸른 잔디 위에 앉히라고 했다. 그리하여 혹 백 명씩 혹은 오십 명씩 수십 명 단위로 둘러앉게 되었다. 그들 앞에는 먹을 음식이 전혀 없었으므로 그 자리에서 음식을 먹게 되리라고 생각하는 자는 아무도 없었을 것이 분명하다. 중요한 사실은 대다수 사람들은 제자들의 요구에 따라 움직였다는 점이다.

(2) 천상으로부터 임한 특별한 음식(막 6:41-44)

예수님과 제자들이 활동할 당시 보리떡과 물고기는 평범한 사람들이 먹는 일반적인 음식이었다. 예수께서는 한 소년의 도시락이었던 떡 다섯 개와 물고기 두 마리를 들고 하늘을 우러러보며 축사하시고 떡을 떼어 제자들에게 나누어주셨다. 여기서 하늘을 우러러보셨다는 말은 단순히 하늘(sky)를 쳐다보신 것이 아니라 천상의 나라(heaven)를 향해 축사하신 것을 의미한다.

예수께서는 제자들로 하여금 그 떡과 물고기를 받아 수십 명씩 둘러앉은 사람들 앞에 놓게 하시고 모든 사람들이 나누어 먹게끔 했다. 그 사람들은 전혀 예기치 못했던 그 특별한 음식을 배불리 먹을 수 있었다. 그리고 먹고 남은 떡과 물고기를 다시 거두었는데 그 양이 열두 바구니에 가득 차게 되었다.

우리가 여기서 반드시 기억해야 할 원론적인 것은 예수님이 생명의 양식을 무한히 공급하실 수 있는 분이라는 사실이다. 만 명 정도의 무리를 배부르게 먹이셨다는 것은 현재 지구에 살고 있는 팔십 억 정도의 인구에게도 동일한 방식으로 먹일 수 있는 분이란 것을 선언하는 의미를 지니고 있다. 그 음식은 사람들이 일반적으로 먹는 것과 다르지 않은 동일한 성질을 지니고 있었다.

하지만 우리는 그 음식이 지상의 음식이지만 천상으로부터 허락된 것이라는 사실을 기억해야 한다. 이는 과거 이스라엘 자손이 사십 년 동안 시내 광야에 있을 때 특별한 은혜 가운데 먹은 만나와 메추라기와 동일한 성격을 지니고 있었다. 이를 통해 천상의 나라 곧 하나님께서 계시는 곳에는 양식이 부족하지 않을 뿐 더러 주님으로 말미암아 생명의 양식이 무한히 공급된다는 사실을 알게 된다.

성경은 오병이어의 기적이 행해지던 그때 모인 사람들의 수가 성인 남자가 오천 명 가량 된다고 했다. 이는 아이들과 부녀자들을 모두 계수할 경우 만 명 정도 되는 것으로 짐작할 수 있다. 그런데 그들 모두가 구약성경의 예언을 통해 예수님을 메시아로 받아들인 것이 아니었다. 그 가운데는 불신자들도 상당수 있었을 것이 분명하다.

그럼에도 불구하고 주님께서 주신 그 음식은 신불신(信不信)을 막론하고 모두에게 제공되었다. 우리는 이 세상에서 인간들이 먹는 모든 양식은 주님으로부터 허락되는 일반은총에 해당된다는 사실을 기억해야 한다. 예수께서 특별히 천상의 나라를 향해 축사하신 후 허락하신 그 음식은 매우 특별한 교훈을 주고 있다. 이땅에서 날마다 일용할 양식을 먹고 살아가면서도 그 진정한 교훈을 깨닫지 못한다면 안타까운 일이 아닐 수 없다.

| 생각해 볼 수 있는 당시의 상황과 교훈 |

예수께서 오병이어의 기적을 행하시던 그 광야에는 거의 만 명 정도의 사람들이 모여있었다. 그런데 과연 그 큰 무리 중에 먹을 만한 음식이 물고기 두 마리와 보리 떡 두 개만 있었을까? 즉 그 가운데 다른 먹을 수 있는 음식이 전혀 없었을까? 우리가 알고 있는 것처럼 당시 그 음식은 특별히 고급스럽지 않은 평범한 먹거리였다. 일반적인 상황을 염두에 둔다면 거기 모인 사람들 가운데는 도시락을 준비해 온 자들이 더 많이 있었을 것으로 보는 것이 자연스럽다.

우리가 특별히 생각해 볼 수 있는 점은 그들 가운데는 양고기, 쇠고기, 비둘기고기, 닭고기 등을 도시락으로 싸 온 자들도 없지 않으리란 사실이다. 혹 그 가운데는 당시 유대인 율법에 비추어볼 때 부정한 것이었으나 고급 음식으로 간주 되었을 돼지고기를 싸 온 사람들이 있었을지도 모른다. 앞에서 거라사인들의 지방에서 이천 마리나 되는 돼지를 방목한 것은 식용이 그 이유였을 것이 분명하다(막 5:11-14, 참조).

물론 일반 유대인들은 그 부정한 음식을 전혀 입에 대지 않았을 것이며 생활 형편이 좋은 로마인이나 헬라인을 비롯한 이방인들이 그 고기를 즐겨 먹었을 것이다. 이는 돼지고기가 다른 고기에 비해 고급(高級)으로 분류되었을 가능성이 크다는 점을 시사하고 있다. 따라서 배도에 빠져 타락한 유대인들 가운데는 하나님의 율법을 무시하고 돼지고기를 즐기는 자들이 있었을 가능성도 없지 않다.

따라서 주님께서 보리떡과 물고기를 통해 오병이어의 기적을 일으켜 사람들로 하여금 먹게 하셨을 때 뒤 켠 한쪽 자리에서는 따로 몰려 다른 고기를 먹는 자들이 있었을 가능성이 다분하다. 그들은 제자들의 지도에 따르지 않고 별도의 자리를 잡고 앉았을 것이다. 그 사람들은 아마도 저들이 싸 온 더 맛있는 음식을 먹으며 예수께서 특별히 공급하신 평범한 보리떡과 물고기를 먹지 않았을 수도 있다.

이렇게 당시의 정황을 짐작해 보게 되듯이, 우리 시대에도 주님의 몸 된 교회 안에서 따로 한자리를 만들어 두고 앉아 주님께서 제공하신 신령한 음식이 아니라 자기가 준비한 세속적인 음식을 맛있는 것으로 여겨 즐겨 먹는 자가 있다면 여간 불행한 일이 아니다. 자기의 입맛에 맞는 것을 골라서 섭취할 것이 아니라 주님께서 주시는 신령한 생명의 양식을 먹어야만 하기 때문이다.

우리는 또한 여기서 매우 소중한 현실적 교훈을 얻을 수 있어야 한다. 타락한 세상에서 개인적으로 너무 많은 것을 소유하면 위로부터 허락되는 신령한 것들에 대한 갈망이 줄어들 수밖에 없게 된다. 물론 인간들은 자기가 소유한 것에 대한 양을 스스로 조절하기 쉽지 않다. 그것이 물질이든 건강이든 지식이든 명예든 마찬가지다. 따라서 성숙한 성도들은 그에 관한 올바른 해석을 하는 가운데 주님께서 허락하시는 신령한 것들을 간절히 소망하며 살아가야 하는 것이다.

4. 바다 위를 걸어가시는 예수님 (막 6:45-52)

예수께서는 그 후 자기에게 몰려든 무리를 집으로 돌려보내는 동안, 제자들을 재촉하여 배를 타고 건너편 벳새다로 가게 하셨다. 자기는 그 무리와 작별한 후 홀로 기도하기 위해 산으로 올라가셨다. 그가 하나님께 기도하는 것은 일반 인간들의 기도와 달랐다. 그것은 성부와 성자 하나님 사이에 이루어지는 완벽한 교통이었다.

날이 완전히 저물어 제자들을 태운 배가 바다 한 가운데 있을 때 예수께서는 제자들과 멀리 떨어져 혼자 육지에 계셨다. 그러던 중 바람이 심하게 불자 제자들은 매우 힘겹게 노를 저어 가고 있었다. 그런 중에 시간이 흘러 밤 사경[18] 즈음인 매우 이른 새벽에 예수께서 바다 위를 걸어 파도치는 바다에 떠있는 배 가까이 가셨다.

제자들은 어떤 사람이 바다 위를 걸어서 배로 오는 광경을 보고 깜짝

---

18) 오늘날의 시간으로 계산할 때 로마인들은 밤시간을 오후 6시부터 그 이튿날 오전 6시까지 12시간을 네 등분으로 구별하였다. 따라서 밤 사경이란 새벽 3-6시경으로 이해할 수 있다.

놀라지 않을 수 없었다. 그들은 사람처럼 보이는 것이 유령인 줄 생각하고 큰 소리를 지르게 되었다. 그러자 배 안은 삽시간에 어수선한 분위기로 변했다. 그 형체가 점점 가까이 다가와 뚜렷한 모습이 시야에 들어오자 제자들은 그가 예수님이란 사실을 알고 또다시 놀랐다. 자연적인 이치로 볼 때 사람이 바다 위를 걸어온다는 것은 불가능한 일이었기 때문이다.

예수께서는 크게 놀라 두려움에 빠져 있는 제자들을 향해 '안심하라 내니 두려워 말라'고 말씀하셨다. 큰 파도가 치는 바다 위를 마른 땅바닥을 걷듯이 걸어오시는 예수님의 모습을 보고 놀라는 것은 당연한 일이라 할 수 있다. 제자들은 그동안 예수께서 행하시는 다양한 기적들을 숱하게 많이 보아왔으나 처음 겪는 새로운 기적 앞에서는 또다시 두려움에 빠졌던 것이다.

바다 위를 걸어오신 예수께서 배 위에 올라타시자 즉시 파도가 그치고 잠잠하게 되었다. 그런 중에도 제자들은 놀란 가슴을 진정시키지 못했다. 불과 몇 시간 전에 오병이어의 놀라운 기적을 행하는 것을 직접 보고 경험한 그들이었으나 그 사실을 잠시 잊어버린 채 마음이 둔하게 되어 있었던 것이다.

예수님의 제자들은 믿음이 있었음에도 불구하고 때때로 그가 행하신 기적과 사역을 잊어버리기 일쑤였다. 그와 같은 양상은 그 후 지상에 살아가는 모든 교인들에게 되풀이되어 나타나게 된다. 오늘날 우리 역시 예수님의 많은 이적들을 그대로 믿고 있음에도 불구하고 마음을 다 잡지 않으면 금새 잊어버리기를 되풀이한다.

예수께서 그날 이른 새벽 그와 같은 놀라운 기적을 보여주신 것은 그의 섭리와 경륜에 따른 것이었다. 제자들은 그 가운데서 하나님의 아들이신 예수님을 더욱 확실히 보게 되었다. 하지만 그들은 수없이 많은 그의 기적들을 직접 목격하고 체험하기를 되풀이했으면서도 또다시 믿음 없는 모습을 보였다. 나중 오순절 성령께서 오시고 나서야 더욱 확

고한 믿음을 소유하게 되었다. 이처럼 현대 교회에 속한 성도들도 하나
님의 아들이신 예수 그리스도에 대한 굳건한 믿음을 가져야만 한다.

5. 예수님께 몰려드는 병자들 (막 6:53-56)

예수님과 제자들은 이른 아침에 게네사렛 곧 긴네렛 땅에 이르렀다.
그곳은 갈릴리 호수 북서 해안 내륙에 위치한 넓게 펼쳐진 평원이다.
아마도 지난밤에 일었던 큰 풍랑으로 인해 특별한 목적지를 정해 두지
않은 채 그곳에 도착한 것으로 보인다.

그들이 배에서 내리자 거기서도 예수님을 알아보는 자들이 많이 있
었다. 그에 대한 사실이 알려지자 사람들은 동네방네 소문을 내게 되었
다. 그리하여 예수님이 계신 곳으로 또다시 수많은 사람들이 몰려들었
으며 그 가운데는 중한 병자들과 자리에서 일어날 수 없는 병자들을 침
상 채로 메고 오는 자들도 상당수 있었다.

이처럼 예수님이 계시는 곳에는 항상 사람들이 들끓었으며 도시나
시골을 막론하고 인파가 몰려들었다. 그들 가운데는 시장 어귀에 병든
자를 침상에 눕혀둔 채 예수님께 나아와 그 옷깃에라도 손을 닿게 해
주시기를 간구하는 자들도 있었다. 그렇게 하여 질병을 치유받은 자들
이 많았기 때문에 사람들은 그것을 따라 행했던 것이다.

우리가 여기서 반드시 기억해야 할 바는 예수께서 많은 병자들을 고
쳐 주신 것은 그 자체를 궁극적인 목표로 삼은 것이 아니란 사실이다.
그는 그 과정을 통해 영원한 천국에는 질병이 존재하지 않으며 자기가
그 천국의 왕이란 사실을 선포하시고자 했다. 따라서 질병을 치유받는
당사자나 그 가족이나 친구뿐 아니라 거기 모인 모든 사람들이 진정한
수혜자가 될 수 있었다.

즉 병을 고침받는 자들이 최고의 혜택을 받은 것이 아니라 그 과정을
지켜보며 하나님 나라의 주인이신 예수 그리스도를 알아보는 자들이

진정으로 혜택을 받은 자들이다. 지상 교회는 이에 관한 올바른 이해를
해야만 한다. 우리 시대에도 하나님으로 말미암아 세상에서 어떤 실제
적인 혜택을 입느냐 하는 것이 아니라 예수 그리스도를 올바르게 깨닫
는 것이 궁극적으로 중요한 의미를 가지게 된다.

제13장

바리새인과 서기관들의 왜곡된 신앙과
예수님의 책망
(막 7:1-23)

1. 예루살렘에서 내려온 바리새인과 서기관들 (막 7:1)

계시된 하나님의 말씀을 좇아 신앙생활을 하지 않는 어리석은 자들은 주관적이며 관념적인 신앙에 빠지기 쉽다. 그렇게 되면 자기의 신앙이 무조건 옳은 것인 양 착각할 수밖에 없게 된다. 그런 자들은 자신의 종교적인 경험과 이성을 배경으로 하여 확립된 신앙을 근거로 삼아 스스로 자기의 신앙을 고집할 따름이다.

하나님께서 요구하시는 신앙은 그로부터 벗어나는 것이다. 따라서 참되고 올바른 믿음은 개인의 종교적인 경험과 이성이 아니라 계시된 말씀을 통한 객관성 있는 진리가 기초를 다지고 있어야 한다. 이를 위해서는 성경에 기록된 여러 선지자들과 사도들을 비롯한 믿음의 선배들이 남긴 본질적인 교훈에 관심을 기울이고 있어야 한다. 그것을 위해 역사를 주관하며 인도해 오신 하나님의 구속 역사와 더불어 현재 건전한 신앙을 이어가고 있는 선한 이웃들의 정당한 관여를 받아들이게 된다.

신앙이 어린 자들이나 잘못된 사고를 하는 자들은 그릇된 신앙을 가친 채 항상 자기와 유사한 사상을 소유한 자들을 찾아 주변을 두리번거린다. 그렇게 되면 참된 신앙을 벗어난 상태에서 서로간 종교적 힘을 규합하고자 하는 심각한 오류에 빠지게 된다. 그와 같은 태도는 믿음의 공동체 가운데서 가장 위험한 역할을 하게 만들 우려가 따른다.

예수님 당시에도 그런 사악한 자들은 엄청나게 많이 있었다. 당시 왜곡된 자부심에 가득 차 있던 거짓 신앙인들 중에는 나름대로 종교적인 권위를 내세우던 바리새인과 서기관들이 많았다. 물론 사두개인이나 제사장들도 그러했으며 거짓을 일삼는 산헤드린 공회에 속한 정치인들도 마찬가지였다.

그와 같은 상황이 전개되는 때에 바리새인들과 서기관 몇 사람이 예루살렘으로부터 갈릴리 지역으로 내려왔다. 그들은 단순한 개인적인 관심으로 인해 멀리 갈릴리 지방까지 내려온 것이 아니었다. 전체적인 정황을 살펴볼 때 그들은 아마도 공적으로 보냄을 받은 자들이었을 것으로 보인다. 즉 예수님과 그의 제자들을 책잡기 위해 산헤드린 공회로부터 공적 임무를 부여받아 갈릴리 지역으로 왔던 것으로 판단된다.

2. 바리새인들과 서기관들의 본질을 벗어난 신앙 (막 7:2-5)

성경에 기록된 내용과 복음을 오해한 유대주의자들은 자기의 신앙이 매우 훌륭한 것으로 착각하고 있었다. 그들은 스스로 세워둔 집단적인 신앙 규준에 따라 그에 따르면 좋은 신앙인으로 인정하는 데 반해 그로부터 벗어나면 정죄하기를 즐겼다. 그렇게 함으로써 자기가 옳다는 것을 확인해 가고자 했기 때문이다.

그들이 만들어 확립한 왜곡된 규준 가운데 하나는 음식을 먹을 때 손을 씻어야 하는 것에 연관된 문제였다. 그들은 구약성경의 정결례에 관한 의식을 염두에 두고 일상 생활 가운데 그것을 확장하여 해석하고 있었던 것이다. 따라서 그런 사고를 하는 자들은 식사를 할 때 반드시 손을 씻고 음식을 집어 먹음으로써 정결을 내세우며 자신의 신앙에 대한 헛된 자부심을 가지고 있었다.

하지만 그들은 저들의 실제적인 삶의 구석구석에 가득 찬 추하고 부정한 것들에 대해서는 관심을 두지 않았다. 따라서 그 사람들은 스스로 자기를 의로운 자라 착각한 채 종교적인 자부심을 가지고 있었다. 그러다보니 자기와 생각이 다르거나 종교적인 행동이 다르면 자신의 기준에서 정죄하기를 좋아했던 것이다.

그런 중에 예루살렘에서 내려온 바리새인과 서기관들은 예수님의 제자들이 손을 씻지 않은 채 음식을 집어 먹는 것을 현장에서 목격하게 되었다. 그 사람들은 그와 같은 저들의 행위를 두고 부정한 것으로 간주했다. 그들의 생각에는 이제 예수님을 따르는 제자들이 제대로 걸려들었다고 속으로 쾌재를 불렀을 것으로 보인다.

바리새인과 서기관들의 관점에서 볼 때 신실한 유대인이라면 결코 그럴 수 없는 일이었다. 그들은 철저하게 손을 깨끗이 씻지 않으면 음식을 집어 먹지 않았으며, 많은 사람들이 모이는 시장을 비롯한 밖에서 집으로 돌아오면 반드시 물로 손을 씻었다. 그리고 나서 손으로 음식을 집어 먹었다. 뿐만 아니라 음식을 담는 놋그릇과 단지와 잔을 깨끗이 씻는 것을 잊지 않았다. 그들은 그렇게 하는 것이 하나님 앞에서 정결하게 사는 방편인 양 여겼던 것이다.

그런 형식적인 종교 생활을 통해 신앙의 자부심을 가지고 있던 바리새인과 서기관들이 손을 씻지 않은 채 음식을 집어 먹는 예수님의 제자들을 보고 심각한 문제를 제기하게 되었다. 그들은 제자들이 아니라 저들의 스승이 되시는 예수님을 향해 따져 물었다. 예수님이 제자들에게 그런 식으로 가르친 것인 양 판단하고 있었기 때문이다. 따라서 예수님의 제자들은 왜 권위 있는 장로들이 후대에 물려준 신앙적인 전통

을 무시하고 손을 씻지 않은 채 부정한 손으로 음식을 집어 먹느냐고
비난했다.

잘못된 신앙을 소유한 바리새인과 서기관들은 저들의 근본적인 오류
에도 불구하고 기고만장해 있었다. 그들에게는 왜곡된 정의감이 넘쳐
났으며 반드시 예수님의 제자들이 취한 그 행동에 대한 종교적인 책임
을 물을 기세였다. 그런데 그들은 제자들이 그렇게 했음에도 불구하고
제자들에게 직접 문제를 제기한 것이 아니라 저들의 스승인 예수님을
그 타킷으로 삼고 있었던 것이다.

3. 예수님의 특별한 교훈 (막 7:6-23)

(1) 거짓 존경의 말을 내뱉는 자들에 대한 이사야를 통한 책망(막 7:6-8)

예루살렘에서 갈릴리 지역에 내려온 바리새인들과 서기관들이 손을
씻지 않고 음식을 먹는 제자들에 대하여 문제를 제기하는 것을 들은 예
수께서는 그들이 듣기에 매우 충격적인 반응을 보이셨다. 바리새인들
의 생각에는 예수님이 그에 관한 변명을 하거나 잘못되었으니 앞으로
주의를 주겠다는 식의 답변을 기대했으나 그렇게 반응하지 않으셨기
때문이다. 예루살렘으로부터 내려온 종교지도자들이 그런 정도의 기대
를 하는 것은 당연한 일이었다.

그런데 예수께서는 문제제기를 하는 자들을 오히려 외식하는 위선자
로 간주하여 말씀하셨다. 제자들의 행위에 대한 반성은커녕, 도리어 스
스로 율법을 충실히 지키며 정결한 삶을 산다고 당당하게 주장하는 자
들을 향해 하나님과 사람을 속이는 위선자로 선포하셨다. 그 말씀 자체
가 저들에게는 충격적이었으며 심한 분노를 일으켰을 것이 틀림없다.

또한 예수께서 그와 더불어 확실한 증거가 되는 구약성경 이사야서
에 기록된 내용을 인용하여 말씀하셨다. 선지자 이사야가 이미 오래전

에 그들처럼 외식하는 자들에 대한 예언을 했다는 것이다. 올바른 신앙을 가진 자라면 반드시 하나님의 말씀에 기록된 그 의미를 받아들여야만 한다.

> "이 백성이 입술로는 나를 존경하되 마음은 내게서 멀도다 사람의 계명으로 교훈을 삼아 가르치니 나를 헛되이 경배하는도다"(막 7:6, 7); "주께서 가라사대 이 백성이 입으로는 나를 가까이하며 입술로는 나를 존경하나 그 마음은 내게서 멀리 떠났나니 그들이 나를 경외함은 사람의 계명으로 가르침을 받았을 뿐이라 그러므로 내가 이 백성 중에 기이한 일 곧 기이하고 가장 기이한 일을 다시 행하리니 그들 중의 지혜자의 지혜가 없어지고 명철자의 총명이 가리워지리라"(사 29:13, 14)

예수께서는 잘못된 신앙을 가지고 종교적 지도자 노릇을 하는 바리새인들과 서기관들을 향해 그들이 하나님의 계명을 버리고 사람들이 만들어낸 전통을 지키며 왜곡된 긍지를 가지고 있는 태도에 관한 지적을 하셨다. 그들은 인간들의 취향에 맞는 전통을 만들어 둔 채 그들이 믿는다고 주장하는 하나님의 계명을 멸시하고 있다는 것이다.

만일 그들이 여호와 하나님을 진정으로 경외하는 가운데 그를 믿는다면 이사야 선지자가 예언한 위의 말씀과 더불어 뒤따라오는 말씀을 깊이 깨달아 그 의미를 알고 있어야만 했다. 입술로 하나님을 존경한다고 하면서 실제로는 인간들의 종교 전통을 따르는 자들이라면 그와 같은 태도를 버리고 하나님께서 행하실 일에 대한 예언적 말씀에 귀를 기울여야 한다.

하나님께서는 장차 언약의 백성 가운데서 사람들이 전혀 경험하지 못한 그전과 다른 기이한 일을 행하시리라고 말씀하셨다. 그렇게 되면 어리석은 백성들 앞에서 거짓 지혜를 앞세우고 명철한 자로 주장하지만 실제로는 전혀 그렇지 못한 자들의 엉터리 주장이 그대로 드러날 따름이라는 것이다. 그 모든 것들은 곧 하나님의 아들로서 이땅에 오실 예수 그리스도를 통해 이루어질 일이다. 따라서 그들이 진정으로 하나님을 경외한다면 저들의 눈앞에 계시는 메시아를 알아보아야만 했다.

(2) 모세의 가르침을 통한 책망(막 7:9-14)

예수께서는 또한 하나님의 계명을 버리고 인간의 전통을 중시하는 그들을 향해 모세가 전한 '네 부모를 공경하라 하고 또 아비나 어미를 훼방하는 자는 반드시 죽으리라'(막 7:10)는 말씀을 언급하셨다. 우리는 왜 갑자기 여기서 부모를 공경하는 문제에 관한 교훈이 나오게 되었는지 생각해 보아야 한다. 이는 부모를 진심으로 공경하지 않으면서 마치 대단한 마음으로 공경하고 있는 듯이 포장하는 자들을 언급하면서 하나님에 대해서도 그와 같다는 사실을 지적하기 위해서였다.

모세는 부모를 공경하라는 명령과 더불어 아비나 어미를 훼방하는 자는 반드시 죽으리라고 선포했다(출 21:17). 이는 부모를 공경하는 일은 단순히 일반적인 윤리 개념을 넘어선다는 의미를 지니고 있다. 즉 이에 대해서는 선택의 여지가 없으므로 그 계명을 어기는 자들은 반드시 죽임을 당할 수밖에 없게 된다.

그런데 여호와 하나님을 올바르게 섬긴다고 주장하는 바리새인들과 서기관들은 사람들이 쉽게 눈치채지 못하는 묘한 방법으로 하나님을 속이고 신앙이 어린 사람들을 기만하고 있었다. 다른 사람들에게 그럴 듯한 종교인으로 비쳤으나 저들의 실상은 전혀 그렇지 못했던 것이다. 즉 그들은 겉으로는 부모를 공경하는 듯이 자신을 포장하고 있었으나 실제로는 전혀 그렇지 않은 자들처럼 하나님에 대해서도 그와 같다는 것이었다.

사악한 종교주의자들은 부모에게 태만히 행하면서도 항상 그에 대한 나름대로 준비된 핑계거리를 마련해 두고 있었다. 그들은 그 부모

를 향해, 부모님에게 드려야 할 것을 벌써 하나님께 드려버렸다는 식
의 주장을 펼쳤다. 즉 부모님에게 드려야 할 것을 하나님께 이미 바쳤
으므로 이제 부모에게 드릴 것이 없으니 양해해달라고 하면 그만이라
는 것이다.

그런 자들은 자기가 가지고 있는 것을 부모에게 드리지도 않고 하나
님께 바치지도 않은 채 이리저리 핑계대면서 모두를 자기 소유로 삼고
있었다. 뿐만 아니라 어리석은 자들을 향해 하나님께 모든 것을 바치라
고 강요하면서 그 부모에게 드리는 것을 허락지 않았다고 했다. 그런
종교지도자들은 개인적인 욕망을 추구할 뿐 이기적인 마음으로 하나님
을 이용했을 따름이었다.

그들은 스스로 만든 타락한 종교 전통을 앞세워 하나님의 말씀을
폐하면서 그것을 일반화시켜 어리석은 자들을 미혹하고자 했다. 그것
은 절대로 있어서는 안 될 일이었으나 배도에 빠진 악한 자들은 서슴
지 않고 그 악행을 되풀이하고 있었다. 따라서 주님께서는 거기 모인
사람들을 향해 자기가 하는 모든 말을 제대로 듣고 깨달으라는 요구를
하셨다.

이에 대해서는 오늘날 우리 역시 귀담아듣고 마음속 깊이 받아들여
야 한다. 잘못된 종교지도자들이 교회에 대한 충성을 강요하면서 가정
과 일상생활에 소홀히 하도록 해서는 절대로 안 된다. 성숙한 하나님의
자녀들은 교회와 가정 가운데서 균형잡힌 신앙인의 삶을 이어가야 하
는 것이다.

4. 더러워 보이는 것과 진짜 더러운 것 (막 7:15-23)

죄에 빠진 인간들은 개인적인 경험과 이성에 근거한 판단에 따라 더
럽고 깨끗한 것에 관한 구별을 한다. 그것은 지극히 주관적이기 때문에
그 본질적 상황과는 상당한 차이가 날 수 있다. 즉 진짜 더러운 것에 관

한 인식을 하지 못한 채 그것을 괜찮게 받아들이는 경우가 있는가 하면 겉보기에 그다지 깨끗해 보이지 않지만 실상은 전혀 그렇지 않은 경우도 많이 있는 것이다.

그러므로 예수께서는 그것을 설명하시기 위해 무엇이든지 몸 밖에서 몸 안으로 들어가는 것은 사람을 더럽게 하지 못한다는 사실을 언급하셨다. 그에 반해 사람의 내부에서 밖으로 나오는 것이 도리어 사람을 오염시켜 더럽게 된다고 하셨다. 그 점을 언급하신 후 예수께서는 여러 사람들이 모인 그 자리를 떠나셨다.

예수님과 함께 집으로 돌아온 제자들은 예수께서 하신 그 말씀의 진정한 의미가 궁금했다. 그래서 그를 향해 조금 전에 전하신 그 비유가 가지는 진정한 의미에 관한 질문을 하게 되었다. 제자들로부터 질문을 받은 예수께서는 아직도 그에 관한 소중한 깨달음이 없느냐고 말씀하셨다.

그러면서 무엇이든지 사람의 몸 밖에서 입을 통해 몸 안으로 들어가는 것 자체가 사람을 더럽게 하지는 않는다고 하셨다. 즉 사람이 먹는 음식은 마음속으로 들어가는 것이 아니라 위장으로 들어가 소화되어 불필요한 찌꺼기들을 배설하게 된다는 것이다. 이는 사람의 몸으로 들어가는 음식물 자체는 부정한 것이 아니라 깨끗하다고 할 수 있으며 그것이 소화되고 남는 찌꺼기인 배설물은 더럽다는 의미를 지니고 있다.

예수께서는 그와 더불어 사람의 몸 안에서 밖으로 나오는 것이 사람을 더럽게 한다는 점을 강조해 언급하셨다. 즉 사람의 마음에서 정제되지 않은 채 나오는 것들이 사람을 더럽힌다는 것이다. 타락한 인간의 마음에서 나오는 것은 악한 생각 곧 음란과 도적질과 살인과 간음과 탐욕과 악독과 속임과 음탕과 흘기는 눈과 훼방과 교만과 어리석음이라고 했다. 그 모든 것들이 속에서 밖으로 나와 사람을 더럽게 한다는 것이다.

여기서 예수께서 겨냥하고 있는 대상은 바리새인과 서기관들이다.

그들은 이기적인 욕망에 따라 사악한 말들을 끊임없이 쏟아내면서 어린 사람들을 기만했다. 따라서 하나님의 진리를 버리고 거짓을 일삼는 바리새인들과 서기관들은 더러운 것의 원천이 된다. 그들로 말미암아 사람들이 더러운 것으로 오염되기 때문이다.

이에 관한 교훈은 지상 교회에 속한 모든 성도들이 항상 주의를 기울여 받아들여야 한다. 개인의 주관적인 판단에 따라 무책임하게 아무렇게나 내뱉는 말들이 다른 이웃을 치명적으로 상하게 할 우려가 따르기 때문이다. 따라서 하나님을 진정으로 경외하는 성도들은 항상 교회공동체에 속한 이웃의 신앙적인 삶을 염두에 두고 조심스럽게 말하고 행동하지 않으면 안 된다.

그러므로 우리가 기억해야 할 바는, 이기적인 사고와 잘못된 판단과 왜곡된 주장에 근거한 말과 행동이 결국 자신과 교회를 어지럽히며 파괴하는 역할을 하게 된다는 사실이다. 죄에 익숙한 인간들은 편향된 인식으로 인해 자기가 마치 상식적인 존재인 양 여기며 살아가기를 좋아한다. 하지만 객관적인 말씀의 잣대와 진실을 멀리하는 그런 태도는 자신을 '확증 편향적 부당한 신앙 인식' [19]에 매몰시킬 위기를 불러온다. 지상 교회는 이에 대하여 여간 깊은 주의를 기울이지 않으면 안 된다.

---

19) '확증 편향'(myside bias; comfirmation bias)은 자신의 견해와 주장에 유리한 것으로 판단되는 정보만 선택적으로 받아들이면서 그 이외의 것들은 무시하는 사고방식을 의미한다. 이것이 지나치면 '리플리 증후군'(Ripley Syndrome)으로 발전하게 되어 사실과 무관한 근거 없는 허구를 진실이라 믿고 퍼뜨리는 어리석음에 빠지게 된다. 우리가 여기서 주의 깊게 생각해 보아야 할 바는 '나 자신'을 포함한 인간들은 이미 각자 나름대로 빨강, 파랑, 노랑 등 다양한 색깔의 색안경을 끼고 있다는 사실이다. 따라서 다른 사람에 관련된 어떤 문제에 접근할 때는 자신이 낀 색안경으로 그 대상을 편향적으로 보아서는 안 된다. 먼저 다른 대상이 아니라 자기가 끼고 있는 색안경을 면밀히 살펴볼 수 있어야 한다. 그 색상은 자신의 주관적인 감정과 주변인들의 왜곡된 말들의 조합으로 말미암아 착색된 것일 수 있기 때문이다.

제14장

헬라 여성의 믿음과 소외된 자들을 위한 사역

(막 7:24-37)

| 인간들의 전통과 왜곡된 판단 |

죄에 빠진 인간은 본성상 자기중심적인 주관에 치우친 존재일 수밖에 없다. 항상 다른 사람이 아니라 자기의 판단과 해석이 옳다는 생각을 하며 살아간다. 자기가 틀릴 수 있다는 점에 대해서는 거의 인식하지 못하거나 설령 자기의 잘못을 알게 된다고 할지라도 자신에게는 한없이 관대해지는 것이 보통이다. 이는 다른 사람들의 잘못에 대하여 냉혹하게 되는 것과 반대 현상으로 나타난다.

또한 인간들은 항상 다른 사람들과 비교하는 것에 익숙해져 있다. 자신을 독자적으로 돌아보는 것이 아니라 주변인들과 비교하는 가운데 교만한 마음을 가지기도 하고 열등의식에 사로잡히기도 한다. 남들보다 못하다고 판단하면 크게 위축되거나 비열해지기까지 한다. 그와 반대로 남보다 자기가 낫다고 판단하면 잘못된 우월감에 빠지거나 오만한 태도에 익숙해지게 된다.

예수님 당시 이스라엘 백성들 가운데는 그와 같은 양상이 더욱 두드러지게 나타났다. 바리새인들과 서기관들은 왜곡된 종교적인 자부심을 가진 채 의기양양한 모습을 보였다. 나아가 종교적인 일에 종사하는 자들뿐 아니라 정치인들을 비롯한 다양한 형태의 기득권자들은 우월감과 더불어 보통 사람들 위에 군림하는 태도를 보였다.

하지만 사회적인 지위가 낮은 약자들은 주변 환경으로 인해 위축되는 것이 보통이었다. 가난한 사람들과 병약한 자들은 내세울 것이 없는 초라한 존재로밖에 비쳐지지 않았다. 나아가 당시 유대인들은 이방인들을 부정한 자로 간주하는 것을 당연하게 여겼다. 특히 이방인으로서 유대인들 가운데 살아가는 자들은 더욱 그러했다.

그런데 예수께서는 그와 같은 인간들의 다양한 외적인 형편을 그다지 중요하게 보시지 않았다. 오히려 일반적이지 않은 정반대의 해석을 하는 경우가 많았다. 그는 사람들로부터 부러움의 대상이 되는 기득권자들을 도리어 불쌍한 자로 간주했으며 사회로부터 소외된 자들에게 참된 복을 허락하시기도 했다.

이와 같은 양상은 우리 시대 교회 가운데도 그대로 나타날 수 있는 성격을 지니고 있다. 세상에서 성공하고 출세한 자들이 그것 자체를 교회 안에서 자랑거리로 삼을 수 없다. 건강하고 부유한 삶을 다른 이웃보다 우월한 것으로 인식하거나 자랑거리로 생각해서도 안 된다. 또한 전혀 그렇지 못한 형편에 놓인 자들이 교회 안에서 잘못된 열등의식을 가지거나 가지도록 해서도 안 된다.

천상의 나라에 소망을 둔 성도들에게는 이 세상에서의 형편 자체로는 특별한 의미를 지니지 않는다. 중요한 것은 세속적인 삶의 양상이 아니라 영원한 천상의 나라에 소망을 둔 본질적인 삶이다. 따라서 교회에서는 이 세상의 기득권을 가진 자들의 조건이 하나님의 말씀이 교훈하는 의미를 능가해서는 안 된다. 지상 교회는 항상 이에 대한 올바른 깨달음을 가지고 그 의미를 실천할 수 있어야 한다.

1. 두로지역 이방 여인의 딸에게서 귀신을 쫓아내신 예수님
(막 7:24-30)

(1) 이스라엘의 종교지도자들보다 나은 두로의 부정한 이방 여인의 간구(막 7:24-26)

예수께서는 예루살렘으로부터 온 바리새인과 서기관들을 만나 책망과 더불어 중요한 교훈을 주신 후 갈릴리 지역을 떠나 두로 지역을 향해 가셨다. 그곳에 도착하여 어느 집에 들어가 아무도 모르게 좀 쉬시기를 원했다. 하지만 그의 기대와 달리 사람들의 눈을 피하기는 어려웠다.

그리하여 많은 사람들이 그가 계시는 곳으로 몰려들었다. 그 가운데는 예수님의 소문을 듣고 더러운 귀신들린 어린 딸의 치유를 위해 그 앞으로 나아온 한 여인이 있었다. 그 여인은 예수님을 향해 자기 딸이 악한 귀신이 들려 고통을 받고 있다는 사실을 고하며 그 귀신을 쫓아내주시도록 간구했다.

그런데 딸을 위해 간절한 마음을 가진 그 여인은 유대인 배경을 가진 것이 아니라 이방인 출신이었다. 즉 그는 헬라인으로서 수로보니게(Syrian Phoenicia) 족속에 속한 인물이었다. 여기서 수로보니게란 수리아와 페니키아의 합성어로 팔레스틴의 북부 수리아 국경 부근 지역에 사는 페니키아 즉 베니게 사람을 일컫는다.

그 수로보니게 여인은 일반적인 관점에서 본다면 천박한 사람이 아니라 이방 종족에 속한 인물이었을 따름이다. 도리어 당시 헬라인들은 유대인들보다 더 큰 자부심을 가진 경우가 많았다. 하지만 유대인들의 관점에서 본다면 이방인 출신의 그 여인은 부정한 부류에 지나지 않았다. 그 여성은 유대인들이 자기를 그와 같은 시각으로 바라본다는 사실을 잘 알고 있었으며, 유대인인 예수님 앞에 무릎을 꿇고 자기 딸의 치유를 위해 간구한다는 것은 당시로는 매우 특이한 일이었다.

(2) 예수님의 시험적 반응(막 7:27)

예수께서는 수로보니게 여인이 간절한 마음으로 자기에게 간구하고 있다는 사실을 잘 알고 계셨다. 그가 신앙을 위장한 것이 아니라 예수님 자신에 대한 진정한 믿음이 존재한다는 점을 알고 있었던 것이다. 이방 출신의 여인으로서 많은 사람들이 지켜보는 가운데 그와 같은 행동을 한다는 것은 분명한 결단이 없이는 결코 취할 수 없는 행동이었다.

하지만 예수님은 그 여인의 간구를 들은 후 즉시 그 요구를 수용하는 듯한 반응을 보이지 않으셨다. 그는 도리어 여인을 향해 부정적인 말씀을 하셨다. 겉으로 드러나는 표현상으로는 언약의 자손인 유대인들과 그렇지 않은 이방인들을 동일 선상에 둘 수 없다는 것이었다.

그리하여 예수께서는 그 여인을 향해 비유를 들어 말씀하셨다. 물론 거기 모인 많은 사람들이 예수께서 하시는 그 말씀을 들을 수 있었다. 그 비유의 내용은 사람이 자기 자녀에게 먼저 배불리 먹게 하는 것이 당연하지 않느냐고 하셨다. 그리고는 자녀가 먹는 음식을 취하여 개들에게 던져 줄 수 없다는 언급을 하셨다.

예수께서 비유를 들어 말씀하신 내용은 수로보니게 여인에게는 모욕적인 것이 아닐 수 없었다. 유대인들에 대해서는 마치 자식인 양 표현하면서 이방인에 속한 자신은 마치 천박한 짐승인 개처럼 취급하셨기 때문이다. 더군다나 개는 단순한 가축일 뿐 아니라 유대인들에게는 부정한 동물에 지나지 않았다. 이방인 출신의 그 여인은 자신의 간구로 인해 예수님으로부터 먼저 그와 같은 얘기를 들어야만 했던 것이다.

(3) 헬라인 출신 수로보니게 여인이 보인 반응(막 7:28)

예수님의 비유는 자기 자식을 위해 그에게 간청했던 수로보니게 여인에게는 엄청난 수모가 될 수밖에 없었다. 일반적인 경우라면 욕설을 퍼붓고 화를 내며 되돌아가 버릴 만한 상황이었다. 여러 사람들이 보는 앞에서 부정한 개 취급을 받음으로써 자존심을 크게 상할 수 있었기 때문이다.

하지만 그 여인은 그에 대하여 전혀 아랑곳하지 않은 듯 의외의 반응을 보였다. 예수님이 자기를 개처럼 취급하는 말씀을 듣고 오히려 그의 말씀이 옳다고 답변했다. 더구나 그는 예수님을 '주님'(Lord)으로 고백하면서 자신의 신앙을 드러내 보였던 것이다.

그리하여 예수님을 향해 음식상 아래 있는 개들도 아이들이 먹다가 떨어진 음식 부스러기를 먹지 않느냐고 말했다. 개가 그 음식을 먹을 자격이 있어서가 아니라 그 자리에 함께 있으면서 아이들이 흘린 음식을 얻어먹게 된다는 점을 말했던 것이다. 이를 통해 유대인들은 하나님의 언약의 자녀들인데 반해 자기는 전혀 그렇지 않은 부정한 이방인에 지나지 않는다는 사실을 받아들여 인정했다.

이 말 가운데는 자기가 부정한 이방인이어서 감히 주님의 은혜를 입을 만한 자격이 없다는 사실에 대한 인정이 포함되어 있었다. 하지만 자식들의 음식상 아래 있으면서 그 부스러기를 얻어먹는 개처럼, 이방인인 자기에게도 주님으로부터 허락된 은혜를 조금이라도 베풀어 달라고 간청했다. 거기에는 주님의 존재를 확실히 깨닫고 있는 그 여인의 고백적인 마음이 드러나고 있다.

(4) 예수님의 응답(막 7:29, 30)

예수께서는 그 이방 여인의 답변을 듣고 나서 그의 소원을 들어주시고자 했다. 앞에서 언급한 것처럼 예수께서는 자기를 찾아와 간구하는 그의 신앙을 그 전에 이미 알고 계셨다. 그럼에도 불구하고 굳이 그렇게 시험하신 것은 그 여인뿐 아니라 주변에 모여 있는 유대인들에게 메시지를 주시고자 하는 의도가 담겨 있었다.

유대인들이 부정하다고 여기는 이방 여인도 자신을 메시아로 알고 받아들이는 터에 언약의 자손이라 일컫는 자들이 그 사실을 거부하고 있었다. 더구나 그 여인은 자기를 부정한 개로 여기는데도 예수님 앞에서 아무런 거리낌 없이 그의 말씀을 거부하지 않고 받아들였다. 그런 가운데 예수께서는 오만에 가득 찬 이스라엘 자손들 앞에서 그 이방 여인의 신앙을 드러내 보이고자 하셨던 것이다.

이는 유대인들이 이방인이라며 멸시하는 그 여인이 예루살렘에 거주하는 산헤드린 공회원들이나 제사장을 비롯한 종교인들보다 근본적으로 낮다는 사실을 말해주고 있다. 이제 사람들의 차별은 구약시대에 존재했던 민족이나 신분적 개념에 근거하지 않게 되었다. 사람들의 본질적인 신분은 예수 그리스도를 하나님의 아들 메시아로 믿고 받아들이는 여부에 달려 있었기 때문이다.

따라서 많은 사람들이 부정한 이방인으로 알던 그 여인을 예수께서는 자기에게 속한 사람으로 받아들이셨다. 그 여인이 고백적 의미와 더불어 간구한 문제를 해결해 주셨던 것이다. 그리하여 저가 믿은 바대로 그의 딸을 괴롭히던 귀신이 나갔다고 하셨다. 이는 주님께서 그 귀신을 쫓아내신 사실을 말해주고 있다. 예수님의 말씀을 믿음으로 받아들인 그 여인이 집에 돌아가서 보니 귀신이 쫓겨난 상태에서 자기 딸이 침상에 누워있었다.

우리는 여기서 중요한 사실을 하나 더 생각해 보아야 한다. 그것은 그 이방 여인의 딸에게서 귀신이 쫓겨난 것은 귀신으로 인해 고통당하던 당사자인 그 딸의 신앙고백에 의한 것이 아니었기 때문이다. 오히려 그 어미의 믿음과 고백에 의해 딸에게 들린 귀신이 쫓겨나고 치유와 더불어 자유를 얻게 되었던 것이다.

이를 통해 하나님의 언약이 유대인을 넘어 이방인들에게도 적용된다는 사실이 선포되었다. 우리는 이로 말미암아 각 사람들의 신앙이 독자적으로 존재하는 것을 넘어 언약의 공동체적 성격을 지닌다는 사실을 알게 된다. 유대인 출신이든 이방인 출신이든 하나님의 은혜와 그리스도에 대한 믿음으로 말미암아 세워진 하나님의 백성들은 과거에 중시되던 종족과 신분에 상관없이 하나의 언약 공동체에 속하게 되는 것이다.

2. 갈릴리에서 귀먹고 말이 어눌한 자를 고치신 예수님 (막 7:31-37)

(1) 귀먹고 어눌한 자를 위한 간구(막 7:31-32)

예수께서는 두로 지역으로부터 나와서 시돈과 데가볼리 지경을 거쳐 갈릴리 호숫가에 이르렀다. 그가 그곳에 도착한 소식은 금새 주변으로 퍼져나갔다. 일반 백성들에게 그 사실을 숨길 수 없었다. 예수님과 함께 먼길을 떠났던 제자들이 갈릴리 지역에 도착한 것을 본 사람들은 예수님이 오신 사실을 자연스럽게 알게 되었다.

그리하여 예수님과 그의 제자들이 갈릴리에 도착하자 또다시 많은 사람들이 그에게 몰려들었다. 절실한 마음으로 예수님을 급히 만나고 싶어하는 자들은 그와 그의 능력을 필요로 하는 자들이었다. 특히 몸이 불편한 사람들이나 질병에 걸려 고통당하는 자들은 마치 기다렸다는 듯이 그에게 나아왔다.

당시 예루살렘의 고위 공직자들과 유능한 군인들이나 로마의 고급 기술자들이 예수님에 대하여 적대적이거나 무관심한 것과 크게 대조적이다. 건강하고 배부른 사람들이 예수님을 간절히 찾지 않는 것을 감안하면 그들의 어려움이 오히려 그들을 참된 복으로 이끄는 중요한 견인

차(牽引車) 역할을 하게 되었다. 성숙한 성도들은 항상 이에 연관된 원리를 염두에 두고 있어야 한다.

그와 같은 형편 중에 귀가 먹어 다른 사람들의 말을 듣지 못하고 말이 어눌해 대화가 원활치 못한 한 사람이 예수님 앞으로 나오게 되었다. 그 병약한 사람은 스스로 결단하여 예수님 앞으로 나온 것이 아니라 다른 사람들의 도움을 받아 그에게 왔다. 그를 데리고 온 사람들은 아마도 그의 가족이거나 가까운 친구들일 수 있다.

귀가 심하게 먹고 말이 어눌한 그 사람은 언약에 속해 있다고 할지라도 스스로 자신의 마음을 자유롭게 표현할 수 없었다. 나아가 엄청난 기적을 일으키는 예수님에 연관된 다양한 소문이 크게 돌았을지라도 그는 그 구체적인 얘기를 충분히 듣기 어려웠다. 그런 중에 사람들이 그를 예수님 앞으로 데리고 와서 안수해 주시도록 간구했던 것이다.

(2) 상식을 초월한 예수님의 행동(막 7:33)

예수께서는 그 병약한 사람을 보시고 그를 고쳐 주시고자 했다. 분명한 점은 그 당사자에게서 훌륭한 믿음이 드러났기 때문에 그렇게 하신 것은 아니라는 사실이다. 나아가 그를 데리고 온 그 사람들의 믿음을 보시고 그 병약한 자를 고쳐 주시고자 마음먹은 것으로 단정지을 수도 없다.

중요한 사실은 예수께서 스스로 그렇게 하시고자 작정하셨다는 점이다. 거기에는 물론 예수님의 놀라운 뜻이 담겨 있었던 것이 분명하다. 그가 아무런 의도없이 그렇게 하시고자 작정한 것으로 볼 수는 없기 때문이다.

그와 같은 상황에서 예수께서는 거기 모인 무리를 떠나 그 당사자를 따로 데리고 나가셨다. 그런데 그는 일반적인 관점에서 본다면 이해하기 어려운 특이한 행동을 동반하셨다. 손가락을 그의 양 귀에 넣고 나서 자기 손에 침을 뱉아 그 사람의 혀에 갖다 대셨다. 그 광경을 멀찍이 서 본 사람이 있었는지 아니면 아무도 보지 못했는지에 대해서는 알 수 없다.

하지만 그 사람은 자기에게 행해지고 있는 모든 일을 직접 경험했기 때문에 모든 상황을 잘 알고 있었을 것이 틀림없다. 또한 다른 사람들이 그 광경을 보게 되었다면 부정적인 생각과 더불어 상당한 저항을 했을지도 모른다. 그리고 일반적인 경우라면 병약한 그 당사자도 그리 유쾌하지 않았을 것이다.

예수께서 그의 귀를 고쳐 듣게 해주시고 입으로 말을 잘하게 해주실 마음이 있다면 굳이 그런 비위생적인 방법을 사용하지 않아도 되었다.[20] 즉 말씀만으로 충분히 그렇게 하실 수 있었던 것이다. 그런데 예수께서는 보통 사람들이 이해하기 어려운 특이한 방법을 사용하셨다. 그럼에도 불구하고 그 당사자는 그에 대한 불만을 가지지 않았으며 마음이 전혀 상하지 않았다. 이는 비록 그가 잘 듣지 못하고 말을 잘하지 못한다고 할지라도 예수님을 진정으로 신뢰하고 있었음을 보여주고 있다.

(3) 완전한 치유(막 7:34, 35)

예수께서는 듣고 말하는 것에 대하여 매우 둔한 그 병약한 사람의 양 귀 안에 손가락을 집어넣고 손에 침을 뱉아 그의 혀에 갖다 대신 후 하늘을 우러러보며 탄식하셨다. 여기서 하늘이란 그냥 허공이 아니라 천상의 나라를 의미하며 주님께서는 그곳을 우러러 바라보셨던 것이다.

원래 하나님께서 창조하신 이 세상과 그 안에 살아간 처음 인간들은

---

20) 예수께서는 바로 얼마 전 수로보니게 족속인 헬라 여인의 귀신들린 딸을 고치시면서, 그 아이의 얼굴도 모르고 그의 집에도 가시지 않은 채 멀리서 말씀만으로 더러운 귀신을 쫓아내고 그를 치유해 주셨다(막 7:29, 30, 참조).

그와 같은 부족한 모습이 아니었다. 인간은 하나님의 형상을 닮아 완벽한 모습을 하고 있었다. 그런데 자기 앞에 서 있는 그 병약한 사람은 전혀 그렇지 않은 상태에서 심하게 고생해온 터였다. 그는 건강상의 문제 자체로 인해 많은 고통을 당했으며 그로 말미암아 다른 사람들에 의해 심한 멸시를 받았을 것이다.

예수께서 그 병약한 자로 인해 천상의 나라를 우러러보며 탄식하신 것은 그런 이유 때문이었다. 그리고 나서 그는 그 병약한 자를 향해 '에바다'(Ephphatha)라고 외치셨다. 그 말은 아람어로 '열리라'는 의미를 지니고 있다. 즉 그의 막혔던 말문이 열리라는 뜻을 헬라어로 음역한 것이다. 들을 귀가 막히고 말문이 굳어 있는 상태에서 귀와 입이 열리도록 명령을 내렸던 것이다.

예수님의 명령이 떨어지자 즉시 그의 귀가 열리고 굳어진 혀가 곧 풀리게 되었다. 여기서 우리가 주의를 기울여 이해해야 할 바는 앞에서 예수께서 그의 귀에 손가락을 넣고 그의 혀에 자신의 침을 바른 손을 갖다 댄 것 자체에 어떤 효험이 있었던 것이 아니란 사실이다. 거기에는 어떤 심리적인 효과나 치료를 위한 성분이 있지 않았다. 예수께서는 그의 뜻에 따라 특별한 행위를 하셨으며 그의 명령에 의해 그 사람의 건강이 완벽하게 회복되었다.

(4) 치유의 목적(막 7:36-37)

예수께서는 그 병약한 그 사람을 치유하신 후 그곳에 함께 있던 사람들을 향해 그 사실을 아무에게도 말하지 말라는 경계를 했다. 외부에 소문을 내지 않도록 특별히 당부했던 것이다. 그런데 주님께서 경계하면 할수록 그들은 그에 관한 사실을 점차 더 많은 사람들에게 전했다.

그에 관한 실상을 전해 듣게 된 사람들은 크게 놀라지 않을 수 없었다. 그들은 예수님이 그 병약했던 자에게 행하신 모든 일에 관하여 궁정적인 생각을 하며 잘했다는 칭찬의 말을 아끼지 않았다. 귀머거리로 하여금 듣게 하고 벙어리로 하여금 말하게 하는 것은 당연히 좋은 일이라 할 수밖에 없었을 것이다.

우리는 여기서 예수님이 행하신 그 모든 일과 의미를 주의 깊게 생각해 볼 필요가 있다. 우선 한 사람의 병약한 자가 치유받은 사실 자체가 가장 중요한 의미를 가지는 것이 아니란 사실을 기억해야 한다. 예수님의 사역은 그 당사자뿐 아니라 그 광경을 직접 목격한 사람들과 그 소문을 들은 사람들을 위한 것이기도 하다. 물론 그 사건은 수천 년이 지난 오늘날 우리를 위한 사건이기도 하다.

그리고 예수께서 잘 듣지 못하던 사람으로 하여금 듣게 하고 말을 잘하지 못하던 사람으로 하여금 말하게 하신 것은 그 사실 자체로 끝나는 일이 아니었다. 그는 이제 다른 사람들처럼 자유롭게 듣고 말하게 되었으므로 생활의 불편함이 완전히 사라졌다. 그런데 그에게는 그 이상의 중요한 과제가 맡겨지게 되었다.

우리가 분명히 알아야 할 무엇보다 소중하고 중요한 점은 그가 예수 그리스도를 통해 하나님의 말씀을 듣고 그 들은 말씀을 다른 사람들에게 전파하는 일을 행하게 되었다는 사실이다. 그는 예수님에 대한 믿음을 소유하게 된 자로서 그의 특별한 은혜를 입은 만큼 하나님의 아들로서 메시아인 그를 많은 사람들에게 선포했을 것이 분명하다.

당시에는 귀가 좋아 잘 듣고 말을 잘하던 사람들이 도리어 예수님의 말씀을 듣지 않고 거부한 경우가 많았다. 특히 예루살렘에 근거지를 둔 바리새인과 서기관들을 비롯한 종교인들은 더욱 심했다. 그와 달리 듣지 못하고 말하지 못하던 사람이 예수님으로 말미암아 듣고 보게 되면서 하나님의 말씀을 온전히 깨달아 만방에 복음을 선포하는 특권을 누리게 되었던 것이다.

제15장

생명의 주관자 예수 그리스도

(막 8:1-26)

1. 식량 공급자이자 생명 보존자이신 예수님 (막 8:1-9)

예수님과 제자들이 함께 있는 곳에 큰 무리가 모여 있었으나 그들에게 먹을 음식이 없었다. 당시에는 굶주리는 사람들이 많이 있었다. 도시의 부자들과 기득권층에 속한 자들은 그렇지 않았을지라도 시골 지역에 사는 백성들은 더욱 그러했다.

자기에게 나온 자들이 굶주린 것을 아신 예수께서는 제자들을 불러 말씀하셨다. 그들 가운데 다수가 이미 사흘 동안 자기와 함께 있었는데 음식을 먹지 못해 측은한 마음이 들어 안타깝게 여기신다고 했다. 그 상태에서 집으로 돌려보내면 도중에 그들이 기진맥진하게 될지 모른다는 염려를 하셨다.

또한 그들 가운데는 먼 지방에서 온 자들도 있었다. 가까이 사는 자들이라 할지라도 집에 돌아가면 먹을 만한 음식이 없을지도 모를 상황이었다. 분명한 사실은 그들 가운데 절대 다수는 가난한 사람들이었으며 식량으로 인해 고통을 당하고 있었다는 점이다.

예수님의 말씀을 들은 제자들은 사람들이 살지 않는 광야에서 떡을 구해 그들을 배불리 먹일 수 없다는 입장을 보였다. 그들은 일반적인 방법을 동원해 그렇게 하는 것은 불가능한 일이란 사실을 잘 알고 있었다. 물론 제자들은 예수께서 어떤 방법을 취해 배고픈 그들을 먹이실지에 대해 관심을 가지지 않을 수 없었다.

그들은 그 전에 이미 예수께서 행하시는 오병이어의 기적을 직접 체험한 바였다. 그렇다고 또다시 그와 같은 기적을 일으켜 달라고 먼저 말하기가 쉽지 않았던 것으로 보인다. 하나님의 아들이신 예수 그리스도의 판단에 앞서 그렇게 요구하는 것이 합당치 않다고 여겼을 것이기 때문이다.

그런 중에 예수께서는 제자들을 향해 그들에게 떡이 몇 개나 있는지 물어보셨다. 그러자 제자들은 떡 일곱 개가 있다고 대답했다. 그러자 예수께서는 거기 모인 사람들을 땅에 둘러앉히도록 명령을 내리셨다. 예수님의 말씀을 들은 제자들과 그룹을 지어 자리에 앉은 백성들은, 오병이어의 기적에 연관된 직간접의 앞선 경험으로 인해 특별한 음식을 기대했을 것이 틀림없다.

예수께서는 많은 사람들이 보는 앞에서 떡 일곱 개를 손에 들고 축사하시고 생선 두어 마리를 들고 축복하셨다.[21] 그리고 나서는 그것을 떼어 먼저 제자들에게 나눠주셨다. 그리고 제자들은 그 떡을 둘러 앉은 무리 앞에 가져다 놓았다.[22] 그리하여 그 자리에 있던 많은 사람들이 기적적인 방법으로 제공된 그 떡과 생선을 배불리 먹게 되었다.

---

21) 앞에서는 보리떡 다섯 개와 물고기 두 마리였던데 비해 이번에는 떡 일곱 개와 물고기 몇 마리였다. 그리고 앞에서는 성인 남성 오천 명이었으나 이번에는 사천 명이었다.

22) 우리는 예수께서 제공하신 기적과 은혜의 떡을 먼저 제자들이 받고 그것을 또다시 여러 사람들에게 나누어준 과정을 잘 생각해 볼 필요가 있다. 그것은 나중 교회 가운데 행해지는 성찬을 나누는 것과 연관된 것으로 이해할 수 있기 때문이다.

그때 그 자리에 있던 사천 명 가량의 무리가 배불리 먹고 일곱 광주리나 되는 남은 음식을 거두었다. 예수께서는 그들이 음식을 배불리 먹고 힘을 얻게 되자 저희를 집으로 돌려보냈다. 우리가 생각하기에는 이제 배가 부르고 여유를 찾았으니 또다시 그들에게 말씀과 더불어 중요한 교훈을 전하실 수 있을 것 같은데 그렇게 하시지 않았다.

우리는 여기서 몇 가지 의미를 생각해 보게 된다. 그것은 먼저 오병이어와 같이 오천 명이 훨씬 넘는 사람들을 기적적으로 먹이신 사건이 단회적 사건에 그친 것이 아니었다는 사실이다. 즉 기적적인 식량 공급이 단 한 번의 사건이 아님을 통해 그 사건의 중요성을 말해주고 있다. 이는 예수께서는 언제든지 자기를 따르는 백성들을 배불리 먹일 수 있다는 점에 대한 선언적 의미를 지니고 있다.

따라서 예수님의 기적적인 식량 공급은 언제든지 가능하다. 그런데 다른 한편으로 보면 그 사역을 지속적으로 행하지 않았다는 사실을 알게 된다. 당시 어리석은 사람들 가운데는 예수님을 단순히 육체적 배를 채워주는 좋은 사람 정도로 생각했을 수도 있다. 하지만 예수님의 주된 목적은 배고픔을 해결해 주시는 것 자체를 넘어 하나님의 아들이신 자기의 존재를 보여주시고 그 실상을 선포하고자 하는 것이었다.

2. 표적을 구하는 자들에 대한 탄식 (막 8:10-12)

예수께서는 사천 명이 넘는 큰 무리에게 자신이 식량을 공급하는 자임을 실제와 더불어 선언적으로 보여주신 후 배를 타고 갈릴리 바다 서편에 위치한 달마누다(Dalmanutha)[23] 지방으로 건너가셨다. 거기서도

---

23) 마가복음의 본문과 병행이 되는 구절인 마태복음 15:39에는 마가단(Magadan)으로 표기되어 있으며, 영어성경 흠정역(KJV)에는 이 지역을 막달라(Magdala)로 기록하고 있다. 그곳은 더러운 귀신에 들렸다가 치유받은 후 예수님을 따르던 여제자 막달라 마리아의 고향이기도 하다(마 27:56; 막15:40; 눅8:2; 요19:25).

예수님은 조용한 시간을 보내실 수 없었다. 그곳에서 예수님을 보게 된 바리새인들은 가만히 있지 않고 그를 향해 심한 비난을 퍼부었다. 그것은 어리석은 자들에게 보이는 악한 선전효과를 동반하고 있었다.

따라서 그들은 그동안 예수께서 행하신 모든 기적을 멸시하는 듯한 태도를 보이며 다른 방법으로 그를 시험하고자 했다. 그들이 예수님께 요구한 것은 지상에서 발생하는 기적을 넘어 하늘로부터 임하는 표적을 행해 보라는 것이었다. 이제까지 그가 행하신 모든 기적은 지상에서 일어났지만 천상의 나라에서 임한 성격을 지니고 있었다. 그럼에도 불구하고 악한 바리새인들이 예수님께 그와 같은 요구를 한 것은 억지에 지나지 않았다.

배도자들의 사악한 태도를 보신 예수께서는 마음속으로 크게 탄식하셨다. 어찌하여 이 세대가 왜곡된 판단과 악한 목적에 따라 자기를 시험하여 다른 표적을 구하느냐는 것이다. 악한 자들은 예수께서 어떤 기적을 행하신다고 해도 온갖 핑계를 갖다 대며 그것을 거부하며 문제시할 것이 분명했다.

그러므로 예수께서는 그들을 향해 악한 마음으로 표적을 구하는 저들의 요구에 응하지 않을 것이라고 하셨다. 그들 앞에서 저들이 원하는 표적을 베풀지 않겠다는 것이다. 하나님의 아들이신 메시아는 자신의 고유한 뜻에 의해 기적을 행하실 뿐 인간들의 단순한 시험에 응하기 위해 그렇게 하시지 않는다.

다양한 질병에 걸린 많은 병자들을 고치고 귀신을 쫓아내며 특이한 방법으로 백성들에게 음식을 먹이시는 예수님의 모든 기적은 천상의 실체에 대한 그림자와 같은 성격을 지니고 있다. 그것은 단순한 상징이 아니라 이땅에서 실현되는 현실적 작용을 하게 되었다. 그 모든 것은 앞으로 있게 될 십자가 사역과 부활 및 승천에 연관된 궁극적인 표적을 향하는 것으로 이해할 수 있다.

3. 하나님으로부터 허락되는 식량 (막 8:13-21)

예수께서는 또다시 제자들과 함께 배를 타고 다른 곳으로 이동하셨다. 그런데 제자들이 식사를 위해 먹을 떡을 가져오는 것을 잊어버렸다. 그들이 미처 음식을 준비하지 못했던 것이다. 도중에 확인해 보니 그들에게는 떡이 하나밖에 없어 턱없이 부족한 상태였다.

그와 같은 상황을 파악하신 예수께서 제자들을 향해 특별한 언급을 하셨다. 바리새인들의 누룩과 헤롯의 누룩을 주의하라는 것이다. 여기서 바리새인들의 누룩이란 위선으로 가득한 종교적인 요소와 연관되어 있으며 헤롯의 누룩이란 언약을 떠난 정치적인 것과 연관된 것으로 이해할 수 있다.

그러나 당시 거기 있던 제자들은 그에 대한 이해를 명확하게 하지 못했다. 따라서 서로간 대화를 나누며 예수께서 말씀하시고자 한 뜻이 무엇인지 생각을 나누었다. 그들은 전반적으로 예수님의 그 말씀이 먹을 음식이 없기 때문에 하신 것으로 받아들였다. 하지만 예수님의 뜻은 그것이 아니었다.

그러므로 예수께서는 저들의 모든 생각을 훤히 꿰뚫어 보시고 자신의 말이 그런 뜻이 아님을 언급하시며 질책하셨다. 어찌하여 자신이 한 말을 먹을 음식이 없는 것에 연관지어 서로 수군거리느냐는 것이다. 이제까지 여러 기적들을 행하여 굶주리는 수천 명의 사람들을 일시에 먹이시는 것을 보았으면서 아직도 그 실상을 제대로 깨닫지 못할 정도로 마음이 둔하냐고 말씀하셨다.

제자들은 예수님이 행하신 기적의 현장에서 직접 모든 혜택을 입었음에도 불구하고 그 실제적인 의미를 깨닫지 못하고 있었다. 따라서 예수께서는 저들을 향해 눈이 있어도 그 실상을 보지 못하며 귀가 있어도 진정한 교훈을 깨닫지 못하느냐고 하셨다. 또한 그에 관한 모든 것을 기억조차 하지 못하는 지경이 되었느냐고 책망하셨다.

　　그러면서 다시금 저들을 위해 지나간 기적의 상황을 상기시키셨다. 떡 다섯 개를 가지고 오천 명이 넘는 사람들에게 나누어주어 배불리 먹게하고 남은 조각을 몇 바구니에 거두었느냐고 물어보셨다. 그러자 제자들은 열두 바구니에 차게 거두었다고 답변했다. 또한 떡 일곱 개를 사천 명이 넘는 무리에게 나누어주어 먹게 한 후 그 남은 것을 모으니 몇 바구니가 되었는지 물어보셨다. 그러자 그들은 일곱 바구니를 거두게 되었음을 말했다.

　　두 차례에 걸쳐 각기 수천 명의 사람들이 모인 광야에서 기적적인 방법으로 음식을 먹이신 예수님의 행적과 그 결과에 대한 제자들의 답변을 들으신 예수께서는 아직도 그에 대한 아무런 깨달음이 없느냐고 하셨다. 예수님의 모든 말씀을 듣고 난 제자들은 후에 그에 대한 참된 깨달음을 가지게 되었던 것으로 보인다.

　　하지만 본문 가운데는 예수께서 그 깨달음에 연관된 구체적인 설명을 하지 않으신 채 대화를 마무리 지으셨다. 아마도 그 가운데는 이땅에서 먹고 살아가는 음식 문제로 인해 걱정하지 말라는 의미가 담겨 있었을 것이 분명하다. 주님께서는 자기에게 속한 백성들에게 '일용할 양식'을 공급하시는 분이다(마 6:11; 눅11:3, 참조). 따라서 그들이 관심을 기울여야 할 점은 메시아 사역에 연관된 하나님의 일에 온전히 참여하는 것이었다.

　　그런데 당시 바리새인들을 비롯한 종교적인 직무를 감당하던 자들은 주님의 사역을 받아들이기는커녕 오히려 방해하기에 급급했다. 그리고 헤롯 정부에 속한 정치지도자들 역시 '하나님의 나라'가 아니라 '세상의 나라'를 세우기 위해 모든 노력을 기울였다. 따라서 주님을 따르는 제자들은 그와 같은 자들의 주장과 행태를 경계하는 가운데 하나님의 말씀에 온전히 순종해야만 했다. 그것이 저들에게 요구되는 가장 소중한 일이었기 때문이다.

4. 소경의 눈을 뜨게 하심 (막 8:22-26)

예수님과 제자들은 배를 타고 호수 건너편 벳새다 지역에 도착했다. 거기서도 많은 사람들이 그 사실을 알고 몰려들었다. 그리하여 사람들이 앞을 보지 못하는 소경 한 사람을 데리고 예수님 앞으로 나아왔다. 그들은 그에게 안수하여 치유해 주실 것을 간구했다.

예수께서는 그들의 간구를 들으시고 그 소경의 손을 잡고 마을 밖으로 데려가셨다. 그는 거기서 소경의 눈에 침을 뱉으신 후 그에게 안수하셨다. 그리고는 눈앞에 무엇이 보이느냐고 물어보셨다.

그 사람은 예수님을 우러러보며 눈앞에 사람들이 보인다고 말했다. 나무 같은 것들이 걸어가는 것을 볼 수 있다는 것이었다. 그에게는 빛을 통해 사람을 비롯한 물체를 보게 되는 것이 처음이었으므로 매우 놀라웠을 것이 틀림없다. 그가 본 모든 것들은 우리와 달리 경험이 없는 세계였을 것이다.

그런 중에 예수께서는 또다시 그의 눈에 안수하셨다. 한 사람의 눈에 두 번에 걸친 안수를 하셨던 것이다. 아마도 첫번째 안수와 두번 째 안수 사이에는 어떤 차이가 있었을 것으로 보인다. 첫번째는 눈에 침을 뱉으신 후 눈에 안수하셨으며 두 번째는 앞을 볼 수 있게 된 상황에서 다시금 안수하셨다.

아마도 첫번째 안수 이후에 물체를 희미하게 보던 그가 두 번째 안수를 통해 예수님의 얼굴을 주목하여 보게 되었다. 그로 말미암아 완전히 치유되어 만물을 밝히 볼 수 있었다. 한 번의 안수로 충분했겠지만 예수께서 굳이 두 번의 안수를 하신 데는 그럴 만한 이유가 있었을 것이다.

어쩌면 첫번째 안수가 사물을 볼 수 있는 단순한 시각적 현상에 연관된 것이었다면 두 번째 안수는 사물의 인식에 연관된 것이 아닐까 생각해 보게 된다. 예수께서는 소경이었다가 눈을 뜨게 된 그 사람에게 마을로 들어가지 말고 자기 집으로 돌아가라고 말씀하셨다. 그가 시각을 통해 길을 올바르게 찾아갈 수 있었던 것은 두 번째 안수와 연관된 것으로 이해할 수 있다.

우리는 여기서 중요한 교훈을 얻게 된다. 그것은 영적인 소경이었다가 주님의 사역과 은혜로 인해 영적인 눈을 뜨게 된 우리는 영적인 측면에서 경험이 없는 세계를 보게 되었다는 사실과 연관되어 있다. 그와 같은 상황 가운데서 하나님의 자녀들은 하나님께서 친히 계시하신 말씀과 더불어 영적인 인식을 허락하심으로써 마땅히 걸어가야 할 길을 갈 수 있게 된 것이다.

제16장

인자(人子, the Son of Man)와 제자들 : 십자가 사역과 부활 및 재림 약속

(막 8:27-9:1)

1. 예수님에 대한 오해 (막 8:27, 28)

구약성경에 약속된 하나님의 아들이 인간의 몸을 입고 이땅에 오셨으나 많은 사람들은 그 실상을 알지 못했다. 보통 사람들은 자기의 외모와 비슷하게 생긴 메시아를 보며 그냥 보통 인간이라 생각했을 따름이다. 그가 행하는 초월적인 다양한 이적을 보고 놀라면서도 인간들은 그를 하나님의 아들이신 그리스도로 받아들이지 않았다.

어떤 사람들은 그가 병자를 고치고 귀신을 쫓아내는 것을 보며 대단한 능력을 가진 좋은 사람 정도로 생각했다. 또한 당시 사악한 종교인들은 그를 질시하며 고통에 빠뜨리고자 했다. 그리고 정치인들을 비롯한 다수의 사람들은 그가 가난하고 소외된 자들의 친구가 되는 것을 보며 사회운동가로 오해하기도 했다. 나아가 그를 로마제국에 항거하는 독립운동가로 여기는 자들도 없지 않았다.

그와 같은 형편 가운데 예수께서는 제자들과 함께 가나안 땅 북부의

헬몬산 남쪽에 위치한 가이사랴 빌립보로 가셨다.[24] 그 지명은 예수님
에 연관하여 많은 것을 떠오르게 한다. 오래전 헤롯 대왕은 공권력을
동원해 갓 출생한 아기 예수를 죽이려 했으며, 로마 황제 아우구스투스
는 그런 헤롯을 신뢰했다. 그리하여 황제는 헬몬산의 남쪽 아름다운 도
시를 헤롯왕에게 특별히 하사하게 되었다.

그때로부터 약 삼십 년이 흐른 후 예수님이 공사역을 행하시자 그들
의 뒤를 잇는 유다 왕국과 로마제국은 예수님을 능멸하고 죽이고자 했
다. 그와 같은 형편에서 예수께서는 가이사랴 빌립보에서 길을 가는 도
중에 제자들에게 질문을 하셨다. 사람들이 '자기'를 누구라 생각하는
지 물어보셨던 것이다(막 8:27).[25] 그러자 제자들은 백성들이 그에 대하
여 다양한 생각을 하고 있다는 사실을 말씀드렸다.

어떤 사람은 그를 근래 처형당한 세례 요한이 환생했다고 주장하는
가 하면 또 다른 어떤 사람들은 그를 엘리야라고 생각한다고 했다. 그
리고 또 다른 사람들 가운데는 그를 구약시대의 여러 선지자들 가운데
한 사람이라 판단한다고 했다. 우리는 앞서 헤롯 분봉왕이 세례 요한을
처형하고 난 후 예수님의 소식을 듣고 그가 환생한 세례 요한일 것이라
생각을 한 사실을 기억하고 있다(마 14:2; 막 6:14). 이처럼 당시 이스라엘
백성은 제각각 다양한 방식으로 예수님을 이해했던 것이다.

---

24) '헬몬산'은 갈릴리 호수 북쪽에 멀리 떨어져 위치한 해발 2,815m의 높은 산
이다. 로마 황제 아우구스투스는 헤롯 대왕에게 그 아름다운 도시를 하사했
으며, 나중 빌립 2세가 황제를 기념하여 그 도시 이름을 '가이사랴 빌립보'라
칭했다. 예수께서 제자들을 데리고 특별히 그 지역으로 가신 데는 그곳의 역
사적 배경과 어느 정도 연관된 의도가 있었던 것으로 짐작해 볼 수 있다.

25) 마가복음에는 예수께서 "사람들이 '나'를 누구라 하느냐"(막 8:27)라고 기록
하고 있는 데 비해 마태복음에는 "사람들이 '인자'를 누구라 하느냐"(마
16:13)라고 기록되어 있다. 마태복음의 '인자'(人子)란 구약성경에서 약속되
어 온 '그 사람의 아들'(the Son of Man)이라는 의미를 지니고 있다. 따라서 마
가복음에서 '나'라는 말 가운데는 '인간의 몸을 입고 온 이땅에 온 나'라는
뜻으로 '인자'의 의미가 내포된 것으로 이해할 수 있다. 즉 마가복음의 '나'
와 마태복음의 '인자'는 완벽한 조화를 이루고 있는 것이다.

2. 주님에 대한 베드로의 고백 (막 8:29, 30)

제자들로부터 백성들이 자기를 다양한 관점에서 판단한다는 말을 들으신 예수께서는, 제자들을 향해 그렇다면 "너희는 나를 누구라 하느냐"(막 8:29; 마 16:15)고 물어보셨다. 그동안 예수님을 따라 다니며 보통 사람들이 경험하지 못한 특별한 일들까지 보고 체험한 제자들의 판단은 다른 백성들과 달라야 했다. 많은 백성들이 예수님의 기적을 부분적으로 경험했으나 제자들은 한밤중에 바다 위를 걸어오시는 예수님을 목격했으며 그가 풍랑을 꾸짖어 파도를 잠재우는 것을 직접 보았던 것이다.

그리하여 베드로는 주님이 그리스도라는 사실을 고백했다(막 8:29). 그런데 마태복음에는 좀더 구체적으로 기록되어 있다. "주는 그리스도시요 살아계신 하나님의 아들이시니이다"(마 16:16)라는 고백을 하고 있기 때문이다. 마가복음에도 동일한 의미를 내포하고 있지만 마태복음에는 그가 '하나님의 아들'로서 그리스도임을 분명히 말하고 있다. 이는 앞에서 언급한 '인자'(人子) 곧 '그 사람의 아들'(the Son of Man)과 '신자'(神子) 곧 '그 하나님의 아들'(the Son of God)이 완벽하게 조화되는 개념을 드러내 보여주고 있다.

마태복음에는 베드로의 고백을 들은 예수께서 "바요나 시몬아 네가 복이 있도다 이를 네게 알게 한 이는 혈육이 아니요 하늘에 계신 내 아버지시니라"(마 16:17)는 말씀이 기록되어 있다. 주님에 대한 올바른 고백은 인간들에게 최상의 복이 된다. 그런데 그 놀라운 고백은 인간들이 스스로 획득한 지식이나 지혜로 말미암은 것이 아니다. 그것은 전적으로 천상의 나라에 계신 성부 하나님의 도우심에 따른 것이다. 따라서 우리가 분명히 깨달아야 할 바는 베드로의 고백이 개인적인 것에 국한되는 의미가 아니라 모든 제자들을 대표하는 성격을 지니고 있다는 사실이다.

또한 예수께서는 그와 더불어 매우 중요한 말씀을 하셨다. '반석'(the rock)이란 의미를 지닌 베드로(Peter) 위에 '자신' 곧 '주님의 교회'를 세우겠다는 작정을 선포하셨기 때문이다(마 16:18). 그 교회는 세상의 모든 세력을 완벽하게 정복할 것이므로 음부의 권세가 결코 이기지 못한다고 말씀하셨다. 이는 장차 이 세상 가운데 세워질 지상 교회의 절대적인 권능을 말해주고 있다.

그리고 교회의 기초가 될 베드로에게 '천국 열쇠'를 주시겠다는 약속을 하셨다(마 16:19). 그 열쇠는 '천상의 나라'(the kingdom of heaven)의 문을 여닫는 기능을 하게 된다. 따라서 그가 땅에서 무엇이든지 매면 하늘에서도 매일 것이요 그가 땅에서 무엇이든지 풀면 하늘에서도 풀릴 것이라고 했다(마 16:19). 이는 물론 베드로 개인이 아니라 주님께서 세우실 교회의 공적인 권능에 연관되어 있다.

예수께서는 그 말씀을 하신 후에 그 내용을 아무에게도 말하지 말라고 경계하셨다. 당시 예수 그리스도에 대해 잘못 알고 있는 자들에게 그 사실을 전하면 오해가 증폭되어 더욱 혼란스럽게 될 우려가 있을 뿐 아니라 아직 그 시기가 이르지 않았기 때문이다. 당시 메시아를 오해하는 자들은 그가 이 세상에서 자신의 왕국을 세우고 병든 자를 고치며 귀신을 쫓아내고 가난한 자들과 소외된 자를 도와주는 것을 궁극적인 목적으로 삼을 것으로 생각했다. 예수님을 근본적으로 오해하는 그런 자들을 경계하라는 것이었다.

3. 그리스도의 고난과 승리에 대한 예언 (막 8:31)

예수께서는 제자들을 향해 장차 자기에게 일어나게 될 일에 관한 말씀을 하셨다. 하나님의 아들로서 이땅에 오신 '인자'가 장차 큰 고난을 받게 된다는 것이다. 그것은 이미 구약성경을 통해 줄곧 예언되어 온 바였다(사 53:3-5). 예수님의 제자들뿐 아니라 당시 많은 사람들이, 절대적인 권능을 가진 메시아가 온 세계를 장악하여 통치할 것이라 기대하고 있는 터에 그 말씀은 엄청난 충격이었다.

이미 예수님의 무한한 능력은 공개적으로 충분히 입증된 상황이었다. 지금 그 앞에 서 있는 제자들은 모든 기적들을 가까이서 지켜보며 직접 체험한 바였다. 따라서 그가 이 세상을 통치할 충분한 권능을 가지신 분이란 사실에 대해서는 아무런 의심의 여지가 없었다.

그런데 예수께서는 구약에 예언된 대로 '인자' 곧 '그 사람의 아들'(the Son of Man)이자 '그 하나님의 아들'(the Son of God)로 오신 자기가 큰 고통을 당하게 되리라고 선언하셨다. 급기야는 이스라엘의 종교지도자들인 장로들과 대제사장들과 서기관들에 의해 버림받게 된다고 했다. 그들은 구약성경에 약속된 메시아가 이땅에 오셨음에도 불구하고 그를 완전히 버린다는 것이다. 이는 이스라엘 민족 가운데 최고 권위를 가진 종교인들이 그를 메시아로 인정하지 않는다는 사실을 말해주고 있다.

예수께서는 자기가 결국 저들에 의해 사형에 처해지게 된다는 사실을 언급하셨다. 이는 당시 이스라엘의 종교지도자들과 로마제국의 정치지도자들의 합작에 의해 그렇게 된다. 즉 언약의 자손이라 주장하면서 배도에 빠진 자들과 세속 권력자들이 힘을 합하여 그를 십자가에 못 박아 죽일 것에 관한 예언적인 말씀이다.

그러나 죽임을 당한 '그 인자'(人子)는 사흘 만에 다시 살아나게 된다고 하셨다. 하나님의 아들인 그는 생명의 근원자로서 영원한 죽음에 머물 수 없는 존재이다. 따라서 그가 죽었다가 다시 살아남으로써 자기를 의지하는 백성들에게 영원하고 참된 생명을 공급하시게 된다. 예수께서 비로소 제자들에게 장차 자기에게 일어날 구체적인 구속 사역에 연관된 내용을 전하셨던 것이다.

4. 인간적인 충성심에 근거한 베드로의 잘못된 간구 (막 8:32)

예수님의 말씀을 들은 제자들은 충격을 받지 않을 수 없었다. 그가 심한 고난을 받고 사악한 배도자들에 의해 버린 바 되어 죽임을 당한다는 예언 때문이었다. 하지만 그들은 예수께서 고난을 받고 죽는다는 내용만 귀담아들었을 뿐 그가 죽음을 이기고 다시 살아나신다고 하신 말씀은 흘려들었을 따름이다.

그러므로 예수님의 제자들 가운데 대표자 격인 베드로가 앞으로 나섰다. 그는 얼마 전 예수님이 하나님의 아들 메시아란 사실을 고백한 인물이었다. 당시 예수께서는 그에 관한 고백을 하는 베드로에게 그가 참된 복을 소유한 자란 사실을 선포하셨다.

그런 고백을 한 베드로가 이번에는 예수님을 붙들고 간청하며 그리하지 말라는 당부를 했다. 즉 그에게 고난과 죽음이 임하지 않게 하라는 것이었다. 이는 절대성을 지닌 초월적 권능을 지닌 그를 향해 저들에게 기적을 베풀어 강력하게 진압하라는 의미를 지니고 있다. 베드로를 비롯한 제자들이 생각하기에는 예수께서 마음만 먹으면 그들을 제압하는 것은 식은 죽 먹기라는 것이었다.

따라서 예수님께 그와 같은 끔찍한 일이 발생하지 말아야 한다고 했다(마 16:22). 베드로가 그렇게 생각하고 말한 것은 우선 자기들의 스승이자 메시아인 그에게 그런 끔찍한 일이 생기지 말아야 한다는 일종의 연민이 내포되어 있었을 것으로 보인다. 또한 다른 한편으로는 예수님이 죽게 되면 가장 측근에 있던 제자들의 입지에 불리한 상황이 닥칠 것이라는 불안한 예측 때문이었을 것이다.

하지만 그들에게는 매우 심각한 문제가 존재하고 있었다. 이는 베드로를 비롯한 모든 제자들이 예수님의 고난과 죽음 뒤에 부활이 따른다는 말씀을 들었음에도 불구하고 그의 죽음을 마음에 두었을 뿐 그의 부활을 실제로 받아들이지 않았기 때문이다. 또한 제자들은 성경에 기록된 그와 연관된 예언을 기억하지 않았던 것이 더욱 심각한 문제였던 것이다. 베드로의 충언이 비록 진심이었을지라도 하나님의 뜻을 멀리한 것은 온당치 못한 자세가 아닐 수 없었다.

5. 베드로를 향한 예수님의 책망 (막 8:33)

베드로가 앞으로 예수께서 악한 종교인들로부터 버림받아 죽임을 당하는 일이 발생하지 않도록 특별히 간청했을 때 주님께서는 도리어 크게 분노하셨다. 베드로가 어느 정도 예수님을 위해 그와 같은 말을 했을지라도 그것을 전혀 기쁘게 받아들이시지 않았다. 오히려 심하게 진노하시면서 그에 응답하셨다.

따라서 제자들을 돌아보시며 베드로를 향해 크게 꾸짖으셨다. 베드로가 예수님을 위한 것처럼 말했지만 실상은 예수님 자신을 넘어지게 하는 자라는 것이다. 그리하여 '사탄아 내 뒤로 물러가라'(마 16:23; 막 8:33)고 말씀하셨다. 여기서 베드로를 향해 그와 같이 말씀하셨을 때 베드로가 곧 사탄이라는 의미는 아니다.[26] 오히려 그가 자기 판단대로 말하는 것은 사탄의 유혹을 받아 그렇게 한 것이었음을 말해주고 있다.

예수께서는 그와 더불어 베드로가 하나님의 일을 생각지 않고 도리어 사람의 일을 생각하고 있다며 강하게 질책하셨다. 당시 베드로가 그렇게 말한 것은 자신과 제자들이 이땅에서 기대해 온 장래에 대한 염려의 비중이 더 컸기 때문이었다. 예수께서는 구약의 예언대로 자신의 고난과 십자가 사역을 통해 구원 역사를 이루고자 하신 데 반해 베드로를 비롯한 제자들은 이 세상의 현실적인 성공에 더 많은 관심을 기울이고

---

26) 우리는 여기서 배신자 가룟 유다를 떠올리게 된다. 그는 원래부터 사탄에게 속한 자였다. 베드로가 사탄의 유혹을 받아 일시적으로 잘못된 판단을 한 데 반해, 가룟 유다는 처음부터 하나님과 예수 그리스도와 무관한 사탄에 속한 인물이었다. 따라서 베드로를 향한 예수님의 말씀을 잘 분별하여 이해할 수 있어야 한다.

있었던 것이다.

이에 대해서는 신약시대 교회에 속한 모든 성도들이 마음속 깊이 새겨야 한다. 인간들의 이성과 경험에 근거한 논리로 하나님의 뜻을 아무렇게나 판단해서는 안 된다. 중요한 것은 성경에 계시된 하나님의 고유한 의도에 따라 진행되는 구원에 연관된 모든 일들을 지켜보며 그 은혜에 참여해야 한다는 사실이다.

이와 더불어 우리가 반드시 기억해야 할 바는 하나님께서 '나'를 향해 '사탄아, 내 뒤로 물러가라'고 말씀하시지 않는지 주의 깊은 관심을 기울여야 한다는 사실이다. '나' 스스로는 잘한다고 판단하는데 실상은 사탄의 유혹에 빠져 주님의 일을 방해하지 않는지 자신을 살펴보아야 하는 것이다. 자칫 잘못하면 자기도 모르는 사이 사탄의 유혹에 빠져 하나님의 일을 훼방하는 자리에 서게 될 우려가 있기 때문이다.

6. 주님을 따를 자의 조건과 영생의 선물 (막 8:34-37)

(1) "자기 십자가를 지라"(막 8:34)

예수께서는 거기 있던 무리와 제자들을 불러 가까이 모이게 하셨다. 그 자리에서 그는 자기의 제자가 될 수 있는 기본적인 자격과 조건이 있다는 사실을 언급하셨다. 주님께서 제시하신 요구에 응하지 않는다면 어느 누구도 그의 진정한 제자가 될 수 없다는 것이다.

그는 먼저 누구든지 자기를 따라 오려는 자가 있다면 자기를 부인하라는 말씀을 하셨다. 죄에 빠진 인간들의 모든 생각은 타락한 세상에서 형성된 욕망으로 가득 차 있다. 그런 상태에서는 설령 하나님을 열성적으로 섬기고 예수님을 진심으로 따른다고 할지라도 그것은 온전한 신앙이라 말할 수 없다.

그러므로 세상에서 익힌 인간적인 그런 사고와 마음을 부인해야만 한다. 이는 단순히 인간들이 자기 자신에게 의존하지 않는 소극적인 의미를 넘어 적극적으로 강한 거부 의사를 밝혀야 함을 말해주고 있다. 그래야만 참된 선을 소유한 완벽한 하나님의 아들이신 주님을 따를 수 있게 된다는 것이다.

그와 더불어 예수께서는 제자들을 향해 자기 십자가를 지고 자기를 좇아야 한다는 사실을 말씀하셨다. 여기서 '십자가를 진다'는 말은 단순한 종교적인 고행을 의미하지 않는다. 즉 어렵고 힘들게 십자가를 등에 지고 자기를 따라오라는 뜻이 아니다.

이 말은 자기를 따르려고 하는 자라면 반드시 십자가 위에 자신이 못 박혀 죽어야 한다는 사실에 연관되어 있다. 예수님 당시 로마제국에서 시행되는 십자가 형벌은 죽음과 연관된 공개처형을 의미하고 있다. 그것은 몇몇 소수가 모인 가운데 사람들이 알지 못하게 비밀리에 행해지는 일이 아니었다. 누군가 십자가 위에서 처형되면 많은 사람들이 현장에서 그 광경을 지켜보게 된다.

예수님의 말씀 가운데는 나중 그가 친히 십자가 처형을 당하시게 되는데 그를 따르고자 하는 제자들도 그러해야 한다는 사실을 말해주고 있다. 나중 사도 바울은 하나님으로부터 받은 계시를 통해 그에 연관된 언급을 했다. 갈라디아 교회에 보내는 편지에서 자기는 예수 그리스도와 함께 십자가에 못 박혀 죽었다는 것이다.

> "내가 그리스도와 함께 십자가에 못 박혔나니 그런즉 이제는 내가 사는 것이 아니요 오직 내 안에 그리스도께서 사시는 것이라 이제 내가 육체 가운데 사는 것은 나를 사랑하사 나를 위하여 자기 자신을 버리신 하나님의 아들을 믿는 믿음 안에서 사는 것이라"(갈 2:20)

이처럼 십자가를 진다는 말은 예수께서 십자가에 못 박혀 돌아가셨

듯이 그를 따르는 모든 제자들도 마땅히 그리해야 한다는 사실을 말해
주고 있다. 이는 그렇게 함으로써 타락한 이 세상에서 자기의 인간적인
욕망을 추구하는 삶이 아니라 그리스도와 더불어 그의 뜻 가운데 살아
가게 되는 것이다.

우리가 주의해야 할 바는 이 말씀이 종교적인 상징이나 관념에 머무
는 것이 아니란 점이다. 신약시대 주님의 몸된 교회에 속한 모든 성도
들은 예수 그리스도와 함께 실제적 의미 가운데 자기 십자가를 져야만
한다. 자기는 죽고 주님과 더불어 다시 살아난 상태에서 하나님을 온전
히 섬기게 되는 것이다. 이 말씀의 의미는 지상 교회에 속한 모든 성도
들에게 구체적으로 적용되지 않으면 안 된다.

(2) 천하보다 귀한 생명(막 8:35-37)

예수께서는 또한 자기를 따르고자 하는 제자들에게 십자가를 통해 옛
생명을 버리라고 하신 후 참 생명에 관한 말씀을 하셨다. 미련한 인간들
은 스스로 자기 생명을 책임지려는 어리석은 생각을 하고 있다. 하지만
그것은 불가능한 일일 따름이며 개인적인 노력이 그렇게 할 수 없다.

그러므로 생명의 소중함에 관한 말씀을 하셨다. "누구든지 제 목숨
을 구원코자 하면 잃을 것이요 누구든지 나와 복음을 위하여 제 목숨을
잃으면 구원하리라"(막 8:35). 이 말은 앞에서 언급된 대로 자기의 생명
을 십자가에 내어주고 이 세상에 대해서 죽게 되면 영원히 살게 된다는
구체적인 실상을 선포하고 있다.

사람의 생명은 소중하기 때문에 그보다 더 귀한 것은 세상에 존재하
지 않는다. 사람이 만일 온 천하를 얻고도 제 목숨을 잃게 되면 아무런
유익이 없다. 자기의 생명과 바꿀 만한 값어치 있는 것은 존재할 수 없
기 때문이다. 따라서 자기의 참 생명을 얻기 위해서는 이땅에서의 한시
적인 생명을 내어주어야 한다. 즉 그 한시적인 생명을 포기함으로써 영

원한 참 생명을 소유할 수 있게 된다.

7. 왕권을 가진 주님의 재림에 대한 약속 (막 8:38; 9:1)

(1) 예수 그리스도의 영광의 재림(막 8:38)

예수께서는 십자가 사역을 완성하고 부활 승천하신 후 천상의 나라로 올라가시게 된다. 당시 제자들은 예수님의 말씀을 듣고 그의 고난과 죽음에만 주된 관심을 가졌을 뿐 그 뒤에 따라오는 부활과 승천이 더욱 중요한 의미를 가진다는 생각을 하지 못했다. 하지만 예수께서는 그에 관한 분명한 말씀을 하셨다.

그리하여 그는 승천하신 후 '인자' 곧 '그 사람의 아들'로서 이땅에 재림하시게 된다고 하셨다. 이 세상에 초림하신 예수님은 고난받는 종으로서 외견상 초라한 모습을 보이셨으나 두 번째 다시 오실 예수님은 하나님의 영광을 그대로 드러내 보이시게 된다. 그가 하늘의 천사들을 대동하고 이땅에 오셔서 모든 인간들을 심판하시게 되는 것이다(마 16:27; 막 8:38).

그러므로 누구든지 하나님을 배반하여 참람한 우상을 섬기면서 음란한 중에 있거나 죄악이 가득한 세상에서 주님과 주님의 말씀을 부끄러워한다면 다시 오실 '인자'도 그런 자를 부끄러워하실 것이라고 했다. 즉 주님께서는 그와 같은 자를 아는체하시지 않고 영원한 멸망에 빠지도록 하시겠다는 것이다. 이는 악한 자들의 영원한 멸망에 대한 선언이다.

(2) 왕권을 지닌 인자와 하나님 나라의 권능(막 9:1)

AD70년 예루살렘 성전이 파괴되고 유다 왕국이 완전히 멸망한 것은 구속사 가운데 매우 중요한 의미를 지니고 있다. 그것은 구약의 언약이 완성되고 보편교회를 통한 하나님 나라의 권능이 시작되는 것과 연관되어 있기 때문이다. 즉 성전 파괴와 유다의 패망은 새로운 시작을 보여주는 신호탄 역할을 하게 된다.

예수께서는 당시 거기 모여있던 사람들 가운데 죽기 전에 하나님의 나라가 권능으로 임하는 것을 보게 될 자들도 있다는 사실을 언급하셨다. 이는 그 자리에 있던 자들 가운데 예수님의 재림 때까지 생존하는 자들이 있으리라는 것을 의미하지 않는다. 이 말은 앞서 예수께서 올바른 고백을 한 베드로를 향해 '내가 이 반석 위에 나의 교회를 세우리라'고 하신 말씀과 연관지어 이해해야 한다.

당시 예수께서는 자신의 교회를 이미 세워두셨다고 하신 것이 아니라 장차 그 교회를 세우시겠다고 말씀하셨다. 따라서 우리는 이를 당시의 상황에서 보아 미래적 사건과 연관지어 생각해야 한다. 그리고 주님께서는 자기가 세우시는 교회는 적대 세력과 처절한 전투를 벌이는 신앙공동체가 된다는 사실을 언급하고 계신다.

그러므로 그 교회는 장차 하나님의 능력에 저항하는 음부의 권세를 쳐부수고 승리하게 된다. 나아가 주님께서는 제자들을 대표하는 베드로에게 천국 열쇠를 주시겠다는 약속을 하셨다. 그것은 물론 손에 잡히는 물건으로서 가시적인 열쇠가 아니라 영적인 열쇠의 성격을 지니고 있다.

우리가 여기서 분명히 기억해야 할 바는 지상 교회가 항상 그 열쇠를 소유하고 있다는 사실이다. 그 열쇠가 없는 기독교적 종교단체라면 주님께서 말씀하시는 참된 교회라 할 수 없다. 사도성을 이어받은 지상 교회는 그 신령한 열쇠를 가지고 땅에서 매기도 하고 풀기도 한다. 따라서 그 열쇠로 땅에서 매면 하늘에서도 매이게 되며 땅에서 풀면 하늘에서도 풀리게 되는 것이다.

그러므로 주님께서 왕권을 행사하시는 '하나님 나라'가 이 세상에 권능으로 임한다는 것은 예루살렘 성전에 연관된 언약적 의미가 사도 교회 시대[27]를 넘어 구약의 모든 약속이 성취됨을 말해주고 있다. 따라서 이는 그 열쇠를 소유하게 된 보편교회와 연관된 것으로 이해할 수 있다. 그 놀라운 사건은 AD70년 예루살렘 성전 파괴 사건과 유다 왕국의 멸망에 밀접하게 연관되어 있다. 따라서 당시 예수님의 말씀을 듣던 사람들 가운데는 '인자'가 지상 교회의 왕권을 가지고 오시는 예루살렘 성전과 언약의 성취에 연관된 그 사건을 보게 될 자들도 있다고 말씀하셨던 것이다.

---

27) 예수님의 십자가 사역과 더불어 그가 부활 승천하신 후에도 예루살렘 성전의 언약적 의미는 살아있었다. 그러므로 사도 베드로를 비롯한 제자들과 예루살렘 공의회는 성전을 중심으로 하여 모든 사역을 감당했으며, 사도바울이 그 성전을 방문해 정결례를 행하기도 했던 것이다(행 2:46; 3:1; 5:42; 21:24-26; 24:18, 참조).

제17장

변화산 사건과 귀신을 쫓아내신 예수님

(막 9:2-29)

1. 변화산 사건 (막 9:2-9)

(1) 영화로운 예수님 앞으로 나아온 모세와 엘리야, 그리고 세 명의 제자들(막 9:2-6)

앞선 사역으로부터 엿새가 지난 후 예수께서는 베드로와 야고보와 요한을 따로 데리고 높은 산으로 올라가셨다. 그 산 이름은 원래 따로 있었겠지만[28] 이번 사건 이후로 변화산이란 의미를 지니게 되었다. 따라서 오늘날 우리도 당시의 의미와 더불어 그 산을 '변화산'으로 지칭하고 있다.

예수께서 열두 제자들 가운데 특별히 세 사람을 선택해 데리고 가셨던 데는 그럴 만한 주님의 뜻이 있었을 것이다. 어쩌면 열두 제자 모두

---

28) 다수의 학자들은 갈릴리 호수 서남쪽으로 20km 정도 떨어진 해발 588m의 다볼산(Mt.Tabor)을 변화산으로 보고 있다.

를 데려가면 분주함으로 인해 그 진지함이 약화될 우려 때문이었을지도 모른다. 또한 제자들 가운데 배도자 가룟 유다 같은 인물에게는 그러한 놀라운 광경을 보여주지 않으리라는 뜻이 담겨있을 수도 있다. 분명한 사실은 세 명의 제자들만 그 산으로 올라가게 되었다는 점이다.[29]

예수께서 그 산 위에 올라가시자 세 명의 제자들이 보는 앞에서 홀연히 변화되었다. 이는 그동안 보통 사람들이 입던 옷을 입고 함께 다니며 생활하던 것과는 전혀 다른 모습으로 변하셨다는 점을 말해주고 있다. 지금까지의 예수님은 보통 사람들과 다르지 않은 수수한 외형을 보이고 계셨다.

그런데 변화산 위에서 보이신 예수님은 전혀 다른 모습이었다.[30] 그가 입은 옷은 이제까지 보지 못한 빛나는 광채가 났다. 즉 사람들이 아무리 깨끗하게 옷을 빨래한다고 할지라도 그렇게 희게 할 수 없을 정도로 아름다웠던 것이다. 이는 그와 같은 놀라운 변화가 사람으로 말미암은 것이 아니라 하나님께서 친히 그렇게 행하신 것이란 사실을 말해주고 있다.

갑작스럽게 변한 예수님의 모습으로 인해 제자들이 깜짝 놀란 상태에 있을 때 전혀 예기치 못한 일이 발생했다. 모세와 엘리야가 천상으로부터 내려와 그 자리에 나타났기 때문이다. 이땅에 메시아가 오실 것에 대한 구약시대의 가장 중요한 증인인 그들이 예수님과 더불어 대화를 나누었다. 제자들은 한 번도 모세와 엘리야의 얼굴을 본 적이 없었으나 하나님의 신비한 은혜로 인해 단번에 그들을 알아볼 수 있

---

29) 전체적인 문맥을 볼 때 예수님의 선택을 받아 그와 함께 변화산에 오른 제자들이 그로 인해 특별히 교만하거나 자랑스러워하지 않았으며, 나머지 제자들도 그로 말미암아 불평하거나 질시하지 않았다. 그들은 주님의 판단에 모든 것을 맡기고 있었던 것이다.

30) 우리는 여기서 십자가에 달려 돌아가셨다가 부활하신 후의 예수님의 모습을 떠올리게 된다. 삼 년 동안 그와 함께 다녔던 제자들은 부활하신 주님을 가까이서 만나 대화하면서도 변화된 그를 제대로 알아보지 못했다.

었다.

우리가 여기서 확실하게 깨달아야 할 사실은 그 광경이 단순한 환상이 아니었다는 점이다. 그것은 실제적인 사건이었으며 그 대화의 구체적인 내용을 우리가 알 수는 없으나 특별한 내용을 두고 서로간 대화를 주고받았다. 전체적인 맥락 속에서 본다면 구약의 율법을 계시받은 중요한 인물인 모세와 모든 선지자들을 대표하는 성격을 지닌 엘리야와 더불어 주님의 십자가 사역에 관한 내용이 대화의 중심에 놓였을 것으로 여겨진다.

예수께서는 천상에서 내려온 모세와 엘리야의 보좌를 받는 상태에서 그에 관한 모든 것을 직접 자기 제자들에게 보여주시기를 원했다. 그런데 제자들은 갑작스럽게 발생한 사건으로 인해 그와 연관된 소중한 메시지를 그대로 받기 어려웠다. 그리하여 그들은 순간적인 판단에 기초하여 그 상황이 지속되도록 그 산에 머물고 싶다는 의사를 표명했다.

그리하여 그들은 예수님을 향해 그곳에 주님과 모세와 엘리야를 위해 머물 수 있는 거처(居處)인 장막 셋을 짓자고 했다. 물론 그것은 구체적으로 정리된 생각으로 그렇게 요구한 것이 아니라 그 놀라운 상황이 주는 경외감으로 인해 불쑥 그와 같은 말을 하게 되었다. 그들은 영화로운 광채를 입으신 예수님의 원래의 모습과 천상의 나라에서 내려온 모세와 엘리야를 보고 크게 당황스러워 했던 것이다.

(2) 천상의 나라에서 선포되는 증언(막 9:7-9)

그런 놀라운 상황이 전개될 때 하늘에서 느닷없이 구름이 몰려와 그들 위를 덮었다. 그 구름은 자연적으로 발생한 것이 아니라 하나님께서 의도적으로 보내신 것이었다. 즉 변화산 위에 몰려온 구름은 보통 구름과 전혀 다르지 않았으나 하나님께서 경륜 가운데 특별히 그렇게 하신 것이다.

그러므로 그 구름 가운데서 큰 소리가 났다. "이는 내 사랑하는 아들이니 너희는 저의 말을 들으라"(막 9:7). 여기서 구름 가운데서 음성이 들렸다는 말은 실상 천상의 나라에서 선포된 하나님의 말씀이었음이 분명하다. 이는 제자들이 처한 특별한 형편 중에 메시아와 연관된 사실을 다시금 저들에게 확인하는 의미를 지니고 있다. 제자들은 그 내용을 그들이 사용하는 일반적인 언어로 직접 듣게 되었다. 그 음성은 천상에서 이땅에 전해진 하나님의 직접 증언이었다.

전혀 예상치 못했던 그 소리를 들은 제자들은 깜짝 놀라 주변을 살펴보았으나 아무도 보이지 않았다. 그 말씀은 천상에서 선포되었으므로 주변에서 말하는 사람이 없는 것은 지극히 당연한 일이었다. 그들이 정신을 가다듬고 둘러 보니 그 자리에는 예수님과 자기들만 있었다. 이는 제자들이 예수님의 말씀에 순종해야 하는 당위성은 저들의 인간적인 판단에 기초한 것이 아니라 천상에 계시는 하나님의 명령에 의한 것이란 사실을 말해주고 있다.

변화산에서 있었던 모든 일이 끝나고 예수님과 세 명의 제자들은 산에서 내려오게 되었다. 예수께서는 하산(下山)하시면서, 자기가 천상의 나라로부터 내려온 모세와 엘리야를 만나 대화를 나눈 사실을 아무에게도 말하지 말라는 당부를 하셨다. 인자(人子)가 악한 인간들에 의해 죽임을 당했다가 죽은 자들 가운데서 다시 살아날 때까지는 저들이 목격한 것을 다른 사람들에게 소문내지 말라는 것이다.

어차피 모든 것은 세상에 알려질 터인데 예수께서 그와 같이 요구한 까닭은 천상에 연관된 하나님의 사역에 대한 이해가 없는 자들이 그것을 엉뚱하게 받아들여 오해할 우려가 있기 때문이다. 천상의 나라와 복음의 실상을 알지 못하는 자들은 그로 말미암아 왜곡된 주장을 펼치며 갖가지 문제를 일으킬 수 있었다. 그렇게 되면 하나님의 자녀들에게 신앙의 유익이 아니라 도리어 손해를 끼칠 우려가 있었던 것이다.

2. 예수님의 십자가 사역에 대한 제자들의 궁금증과 예수님의 답변 (막 9:10-13)

예수께서는 산에서 내려오시는 중에 '인자가 죽은 자 가운데서 다시 살아나리라'고 언급하셨다. 하지만 당시 제자들은 그 의미를 충분히 이해하지 못했다. 그때 주어진 말씀은 인자로 오신 예수님 자신이 죽임을 당했다가 다시 살아나게 되신다는 것에 관한 선언적 의미를 지니고 있었다.

하지만 제자들은 그 말씀을 듣고 도리어 상당한 혼선을 빚게 되었다. 그들은 아마도 예수님의 그 말씀을 상징적인 의미 정도로 받아들였을 지도 모른다. 그로 인해 제자들은 그 말씀이 구체적으로 무엇을 의미하는지 서로간 개인의 견해를 피력하며 대화를 나누었다.

결국 제자들은 예수님을 향해 그에 연관된 문제에 관한 질문을 하기에 이르렀다. 그들은 구약성경을 연구하는 서기관들이 왜 메시아 사역이 실행되기 전에 먼저 엘리야가 와야 하리라고 주장하는지 물어보았다. 물론 서기관들은 예수님을 메시아로 받아들이지 않았으나 그와 관련된 구약성경을 근거로 하고 있었다. 선지자 말라기는 그에 연관된 분명한 기록을 남기고 있다.

> "보라 여호와의 크고 두려운 날이 이르기 전에 내가 선지 엘리야를 너희에게 보내리니 그가 아비의 마음을 자녀에게로 돌이키게 하고 자녀들의 마음을 그들의 아비에게로 돌이키게 하리라 돌이키지 아니하면 두렵건대 내가 와서 저주로 그 땅을 칠까 하노라 하시니라" (말4:5, 6)

제자들은 잠시 전 변화산에서 천상으로부터 내려온 엘리야를 직접 목격한 상태였다. 그가 모세와 함께 내려와 예수님과 대화를 나눈 후 다시 천상의 나라로 올라갔다. 제자들의 입장에서는 그 모든 상황이 이해하기 쉽지 않은 상태였다. 제자들은 그런 중에 엘리야가 변화산에 내려왔으니 그것을 그가 메시아에 앞서 온 것으로 받아들이면 되겠느냐는 의미를 내포한 것으로 이해할 수 있다.

하지만 예수님의 답변은 그와 전혀 달랐다. 엘리야가 먼저 와서 모든 것의 회복을 위한 사역을 하게 되겠지만, 인자가 와서 심한 고난을 받고 멸시를 당하리라는 사실을 구약의 언약과 더불어 말씀하셨다. 선지자 이사야는 장차 오실 메시아가 당하게 될 고통에 연관된 중요한 예언을 했다.

> "그는 실로 우리의 질고를 지고 우리의 슬픔을 당하였거늘 우리는 생각하기를 그는 징벌을 받아서 하나님에게 맞으며 고난을 당한다 하였노라 그가 찔림은 우리의 허물을 인함이요 그가 상함은 우리의 죄악을 인함이라 그가 징계를 받음으로 우리가 평화를 누리고 그가 채찍에 맞음으로 우리가 나음을 입었도다"(사 53:4, 5)

예수께서는 이와 더불어 메시아가 당하게 될 고통에 관한 구약의 예언을 말씀하셨다. 그리고 그 메시아가 바로 자기라는 사실을 밝히셨다. 따라서 그가 악한 자들에 의해 심한 고통과 멸시를 당하게 되며 결국은 그들의 손에 의해 죽임을 당했다가 다시 살아나리라고 하셨던 것이다.

그 일의 성취를 위해 이땅에 오신 메시아를 앞서 선포한 세례 요한이 곧 엘리야와 같은 예언자의 직분을 감당했다고 하셨다. 그러나 악한 자들은 메시아의 오심을 예비하기 위해 먼저 온 세례 요한을 아무렇게나 대하고 급기야는 그를 죽이게 되었다. 그 사실 또한 구약성경에 예언된 바대로 이루어져 갔다.

그러므로 예수께서는 세례 요한을 죽인 악한 자들이 결국 자기까지 죽이게 되리라는 것이었다. 하지만 하나님의 아들이신 인자(人子)인 자기는 사망을 이기고 죽은 자들 가운데서 다시 살아나게 되신다고 말씀하셨다. 물론 당시에는 예수님의 제자들이 정황상 그 모든 말씀을 받아들였을 것으로 보인다.

3. 그리스도와 믿음 없는 세대 (막 9:14-29)

(1) 서기관들의 왜곡된 주장(막 9:14-16)

예루살렘에 근거를 둔 채 배도에 빠진 서기관들은 예수님과 그의 사역을 헐뜯기에 여념이 없었다. 그들은 기회만 되면 예수님의 말씀에 대한 꼬투리를 잡고 질병 치유를 비롯한 그의 사역에 딴지를 걸고자 했다. 그들은 하나님의 뜻과 경륜을 멸시한 채 저들의 기득권적 지위를 유지하는 일에만 관심을 가졌을 따름이다.

예수께서 세 명의 제자들과 함께 변화산 위에 올라가 계신 동안 서기관들이 예수님을 찾아 나머지 제자들이 머물고 있는 곳으로 왔다. 그들이 예수님을 만나 무언가 따지고자 했으나 예수님은 세 명의 제자들과 변화산에 올라가셨으므로 그 자리에 계시지 않았다. 따라서 서기관들은 제자들을 비롯한 거기 모인 사람들과 변론했다. 구약성경에 대한 상당한 지식이 있는 것인 양 스스로 착각하고 있던 그들은 예수님이 없는 상황에서 제자들을 상대하는 것이 유리할 것이라 판단했던 것으로 보인다.

제자들은 그와 같은 형편에서 상당한 수세(守勢)에 몰렸을 가능성이 크다. 여러 사람들이 지켜보는 가운데 소위 종교교육을 받아 권위를 자랑하는 서기관들의 억지 주장을 막아내기에 힘겨웠을 것이었기 때문이다. 그런 중에 예수께서 산에서 내려오시게 되었다. 그를 본 사람들이 반가운 마음으로 달려와 그에게 문안하게 되었다.

예수께서는 자기가 없는 동안 제자들과 많은 백성들이 악한 서기관들과 더불어 서로 변론한 사실을 아시게 되었다. 그리하여 그들을 향해 서기관들과 무엇을 변론하느냐고 질문하셨다. 즉, 성경을 오해하며 메시아를 부인하는 그런 자들과 어떤 주제를 두고 대화했는지 물어보셨던 것이다. 왜곡된 신학과 신앙으로 고착된 서기관들이 악한 의도를 가지고 변론한다면 그 대화를 지속하는 것 자체가 아무런 의미가 없었다.

(2) 귀신들린 아이와 그 아비(막 9:17-24)

예수께서 하시는 말씀을 듣고 있던 사람들 가운데 한 사람이 예수님 앞으로 나아와 말했다. 귀신들린 자기 아들의 치유를 위해 그에게 데리고 왔다는 것이다. 귀신이 발동하여 자기 아들을 괴롭히면 그 자리에서 거꾸러져 입에서 거품을 흘리고 이를 갈며 얼굴색이 파리하게 변한다고 했다. 아비의 입장에서 그것을 보고 있기가 너무 힘들어 예수님이 치유해 주기를 바라서 귀신들린 자기 아들을 그에게 데리고 왔다는 것이다.

그런데 그가 귀신들린 아들을 데리고 막상 와서 보니 예수님이 그 자리에 없고 몇몇 제자들만 있었다고 했다. 그래서 제자들에게 그 귀신을 쫓아내 달라고 당부했으나 제자들은 그렇게 하지 못했다는 사실을 예수님께 말씀드렸다. 그러니 예수께서 직접 자기 아들로부터 더러운 귀신을 내쫓고 낫게 해 달라는 것이었다.

그 사람의 간곡한 요구를 들으신 예수님은 제자들을 책망하셨다. '믿음이 없는 세대여 내가 얼마나 너희와 함께 있으며 얼마나 너희를 지켜보아야 하겠느냐'고 말씀하셨던 것이다. 그 가운데는 장차 자기가 악한 자들에 의해 심한 고난을 받아 죽게 되리라는 의미가 어느 정도 내포된 것으로 이해할 수 있다. 그러니 참된 믿음을 가지고 자기가 없을 때도 그 모든 사역이 제자들에 의해 진행되어야 한다고 강조하셨다.

그리고 나서는 자기에게 호소하는 그 사람을 향해 벙어리 귀신들린 아이를 자기에게 데려오라고 말씀하셨다. 그가 아들을 예수님 앞으로 데리고 오자 귀신이 먼저 예수님의 존재를 알아보았다. 즉 아들이 알아보기 전에 귀신이 그를 알아보고 두려움에 떨게 되었다. 이는 그 자리에 함께 있던 많은 사람들이 예수님에 대한 진정한 깨달음이 없을 때 귀신은 그를 알아 보았던 것이다.

더러운 귀신은 예수님을 보자 그 아이로 하여금 심한 경련을 일으키도록 했다. 그러자 그가 땅에 엎드러져 뒹굴었으며 입에서는 거품이 흘러내렸다. 예수께서는 그 아비를 향해 언제부터 아이가 그렇게 되었는지 물어보셨다. 그는 아이가 어릴 때부터 귀신에 의해 고통받아온 사실을 말씀드렸다.

또한 귀신이 자주 그 아이를 죽이려고 물과 불 속으로 끌어들이기까지 한 사실을 고했다. 그러면서 할 수만 있다면 자기 아들과 아비인 자기를 불쌍히 여겨 도와달라는 간청을 했다. 그의 말을 들은 예수께서는 자기에게 불가능한 일은 아무것도 없다는 사실을 말씀하셨다. 그리고 믿는 자에게는 능치 못할 일이 없다고 하셨다(막 9:23).

그러자 그 아비는 예수님을 향해 자기가 믿는다고 고백하면서도 믿음이 부족한 것을 도와달라며 소리질러 외쳤다. 그런데 믿음에 관한 그 고백적 외침은 귀신들린 당사자인 아들이 아니라 그의 아비였다는 사실을 기억해야 할 필요가 있다. 이는 그 아비와 자식이 언약적으로 연결된 관계에 놓여있음을 드러내 보여주고 있기 때문이다.

(3) 귀신을 쫓아내신 예수님(막 9:25-27)

예수님 앞에 서 있던 아이가 귀신의 발악으로 인해 땅바닥에 쓰러져 입에서 거품을 흘리며 뒹굴게 되자 많은 사람들이 그곳으로 몰려들었다. 그 일어나는 광경을 가까이서 보기 위해서였다. 물론 그들 가운데 다수는 예수님이 그 아이에게 들린 귀신을 쫓아내고 그를 어떻게 치유하시는지 보기를 원했다.

그와 같은 상황이 진행되는 중에 예수님은 그 아이를 괴롭히는 귀신을 꾸짖으셨다. 귀먹은 벙어리 귀신을 향해 그 아이로부터 즉시 나오라고 명하셨던 것이다. 그리고 다시는 그 아이의 몸으로 들어가지 말라는 엄중한 명령을 내리셨다.

예수님의 말씀을 들은 귀신은 아이의 입을 통해 큰 소리를 지르며 저로 하여금 심한 경련을 일으키게 했다. 그와 더불어 귀신이 마지막 발작을 하며 그 아이의 몸에서 빠져나갔다. 이는 귀신이 예수님을 하나님의 아들 메시아로 알아보았다는 사실을 말해준다. 귀신은 예수님을 자신의 주님으로 신앙한 것은 아니었으나 지식적으로 알고 있었던 것이다.

예수님의 명령에 의해 더러운 귀신이 쫓겨나게 되자 그 아이는 마치 죽은 듯이 그 자리에 쓰러진 채 누워 있었다. 주변에 모여있던 많은 사람들은 옴짝달싹하지 않는 그 아이가 죽은 것으로 판단했다.[31] 귀신들렸던 아이의 몸에서 귀신이 쫓겨나자 그가 죽은 것 같이 되었다는 사실은 많은 것을 시사하고 있다.

이 말은 이제까지 그 아이가 생활해 오면서 더러운 귀신의 힘에 장악당하고 있었다는 점에 연관되어 있다. 벙어리 귀신이 들린 상태에서는 그 귀신의 지배를 받아 사악한 세력에 휘둘릴 수밖에 없었다. 귀신이 떠난 후에 그 아이가 죽은 것처럼 보였다는 것은 그 점을 여실히 보여주고 있다.

예수께서는 주변의 많은 사람들이 죽은 것으로 판단한 그 아이의 손

---

31) 당시 귀신이 쫓겨나자 그로 인해 고생하던 아이가 옴짝달싹하지 않은 채 누워있었다. 사람들은 그 광경을 지켜보며 그가 죽은 것으로 여겼을 수 있다. 한편 우리가 생각해 볼 수 있는 점은 그 아이가 실제로 죽었을 가능성이 있다는 사실이다. 즉 그곳에 모여있던 사람들이 그 아이의 호흡과 심장이 멎은 것을 확인하며 그렇게 판단했을지도 모른다. 분명한 점은 죽은 것으로 간주된 그 아이의 손을 주님께서 잡아 일으키시자 자리에서 일어나게 되었다는 사실이다. 만일 그러했다면, 주님께서 주변에 모인 사람들에게 자기가 '생명의 주인'이라는 사실을 선포하는 의미를 지니고 있다.

을 잡아 일으켜 세우셨다. 그로 인해 귀신의 지배로부터 자유롭게 된 아이는 예수님으로 말미암아 새로운 힘을 얻게 되었다. 그는 이제부터 귀신이 아니라 예수님을 의존하여 그를 힘입어 살아가게 된 것이다. 이는 그가 이제 더러운 귀신으로부터 해방되어 예수님의 힘을 의존한 새 사람이 되었음을 말해주고 있다.

(4) 제자들의 반응과 예수님의 답변(막 9:28, 29)

그 일이 있은 후 예수님과 제자들은 그곳을 떠나 머물고 있던 집으로 돌아왔다. 그때 제자들이 예수님께 조용히 질문했다. 예수님은 그 귀신을 쉽게 쫓아내셨는데 왜 자기들은 그렇게 할 수 없느냐는 것이었다. 앞서 벙어리 귀신들린 아이의 아비가 제자들에게 귀신을 쫓아내 줄 것을 요구했으나 그렇게 하지 못했기 때문이다.

예수께서 더러운 귀신을 쫓아내시는 동안 제자들은 그 자리에 있으면서 줄곧 자신들이 그렇게 하지 못한 점이 마음에 걸렸을 것으로 보인다. 그러므로 집으로 돌아오자마자 그에 관해 물어보았다. 제자들은 예수님과 함께 귀신에 맞서 싸우는 위치에 있었으므로 승리를 거두어 귀신을 쫓아낼 수 있어야만 했다.

하지만 제자들은 그렇게 하지 못했다. 귀신에게 이길 만한 세력을 지니고 있다면 귀신이 쫓겨나가야만 했다. 그런데 제자들의 다양한 노력에도 불구하고 쫓아낼 수 없었다. 한편이 승리를 한다면 다른 한편은 패배하는 것이 원칙이다. 그럼에도 불구하고 저들이 귀신을 쫓아내지 못했으므로 그 이유를 물어보았던 것이다.

제자들의 질문을 들은 예수께서는 기도 외에는 그렇게 할 수 없다는 사실을 말씀하셨다. 이 말은 귀신의 세력을 억누르고 승리할 수 있는 방편은 하나님께 간구하는 일이라는 것이었다. 이는 제자들이 악하고 더러운 귀신에 맞서 싸울지라도 실제로 싸우시는 분은 하나님이라는 사실을 말해주고 있다.

　이에 관한 원리는 신약시대 교회와 성도들 가운데서도 그대로 적용된다. 따라서 우리가 여기서 얻을 수 있는 중요한 교훈은 앞서 싸우는 자는 하나님의 백성이지만 실제적인 승리는 하나님의 능력에 달려 있다는 사실이다. 즉 하나님께 온전히 의지하고 그에게 도움을 간구할 때 하나님께서 궁극적인 승리를 거둘 수 있도록 이끌어주시는 것이다.

제18장

영생을 소유한 제자들의 삶과 신앙

(막 9:30-50)

1. 비밀의 말씀 (막 9:30-32)

예수님과 그의 제자들은 앞서 사역하던 지방에서 모든 일을 마친 후 갈릴리 지역 가운데로 지나가게 되었다. 그때 예수께서는 자기의 이동 경로와 목적지에 대해 아무도 모르기를 바라셨다. 예수님이 가시는 곳마다 큰 무리가 몰려들어 그들로 말미암아 분주한 일들을 겪으셔야만 했기 때문이다.

그는 다양한 질병으로 고통당하는 자들을 치유하셨으며 귀신들린 자들에게서 귀신을 쫓아내셨다. 또한 굶주린 사람들을 보며 천상의 교훈을 주시기 위해 기적적인 방법으로 음식을 제공하기도 했다. 뿐만 아니라 예루살렘으로부터 내려온 서기관들을 비롯한 배도자들의 행동에 대응해야 할 때가 많았다. 그런 중에 백성들에게 메시아로서 하나님의 진리를 선포하셨다.

이처럼 예수께서 가시는 곳에는 많은 사람이 몰려들었으며 그렇게

되면 쉴 만한 시간조차 내기 어려웠다. 그러므로 이번에 이동하시면서
주변 사람들에게 자신의 행보를 알리기를 원치 않으셨다. 그대신 제자
들을 가르치시며 대화하는 중에 중요한 교훈을 주시고자 했다.

예수께서는 제자들에게 장차 있게 될 자신의 십자가 사역에 연관된
말씀을 하셨다. 인자(人子)로 오신 자기가 사악한 자들의 손에 넘겨져 죽
임을 당하게 되리라는 것이었다. 그리고 죽은 지 사흘 만에 다시 살아
나게 될 것이라고 하셨다. 제자들은 그에 관한 내용을 어느 정도 알고
있었으나 구체적인 의미를 깨닫지 못하고 있는 상태였다.

제자들에게 있어서 그에 관한 예수님의 말씀은 받아들이기 어려웠을
뿐 아니라 여간 심각한 문제가 아니었다. 제자들은 예수님의 권능을 수
없이 목격하고 직접 그에 참여해온 터였다. 메시아인 예수님은 마음만
먹으면 언제든지 어떤 불치병에 걸린 중환자라 할지라도 고치실 수 있
는 분임이 여러 차례 확인된 바였다.

뿐만 아니라 더러운 귀신들을 쫓아내는 일을 수없이 많이 행하셨다.
오병이어의 기적을 통해 만 명 정도가 되는 엄청난 수의 백성들을 기적
적으로 먹이시기도 했다. 그것도 한 차례만 있었던 사건이 아니었다.
나아가 갈릴리 바다 가운데서 심한 바람으로 인해 몰려온 파도를 꾸짖
어 잠재우기도 하셨다.

이처럼 사람들이 상상조차 할 수 없는 놀라운 권능을 가지신 예수님
이 악한 자들에 의해 고난을 받고 죽임을 당한다는 것은 받아들이기 어
려웠다. 그가 마음만 먹으면 한마디 말씀만으로도 저들을 물리칠 수 있
는 분임이 확실하다. 그런데 주님께서 자기는 사람들에 의해 고난을 당
하고 죽게 되리라고 말씀하셨다.

물론 그는 죽은 지 사흘 만에 다시 살아나리라고 하셨으나 그 말씀은
제자들의 귀에 들어오지 않았다. 그가 죽게 되리라는 말씀만 충격적으
로 다가왔을 따름이다. 어쩌면 다시 살아날 것이라면 굳이 죽임을 당할
필요가 있느냐는 식의 합리적인 생각을 했을지도 모른다.

나아가 제자들의 입장에서는 예수님이 죽는다면 각자의 신상에 상당한 문제가 발생할 것으로 여겼을 것이 분명하다. 메시아로 오신 그가 온 세계를 제패하면 저들에게도 중요한 역할이 맡겨질 것이 분명했다. 즉 예수님이 '왕'이 되면 그의 제자들은 그가 통치하는 나라에서 제각기 중요한 직책을 맡게 되리라 믿고 있었다. 그런데 예수님이 죽게 되면 저들의 모든 기대는 허사가 될 수밖에 없다.

그렇지만 예수께서 말씀하신 의미를 구체적으로 깨닫지 못한 제자들은 그에게 감히 더 이상 구체적인 질문을 하지 못했다. 예수께서는 절대로 실언(失言)을 하실 분이 아니란 사실을 제자들이 잘 알고 있었다. 그러니 여러 형편상 그를 향해 구체적으로 질문하는 것조차 두려워했던 것이다.

2. 세상의 지위에 관한 쟁론 (막 9:33-37)

예수께서는 갈릴리 호수 북쪽에 위치한 가버나움에 도착하셨다. 그는 아마 제자들과 함께 베드로의 집에 머물렀을 것으로 보인다. 그 집은 부담감 없이 마음 놓고 쉴 수 있는 곳이었기 때문이다. 예수께서는 거기서 제자들을 향해 물어보셨다. 오는 도중에 서로 토론하며 나눈 얘기의 내용에 관한 것이었다. 하지만 제자들은 아무 답변도 하지 못한 채 잠잠했을 따름이다.

갈릴리 지역의 길을 걸어오는 중에 제자들은 서로 논쟁을 하게 되었다. 그 주제는 그들 가운데 누가 더 크냐고 하는 문제였다. 그들의 쟁론 중에는 주님으로부터 더 크게 인정받는 자가 누구냐 하는 의미가 담겨 있다. 즉 제자들은 제각각 입장을 내세우며 자기를 최고인 양 여기고 있었던 것이다.

여기서 제자들의 입술에 오르내린 가장 주된 것은 모두가 자기를 가장 큰 자로 내세우고자 했으리란 사실이다. 저마다 자기의 개인적인 능력과 역량을 자랑했을 것으로 보인다. 문제는 다른 제자들과 형제들을 자기보다 낫다고 여기는 자가 없었다는 점이다. 그들은 전체적인 상황을 오해하고 있었다.

이에 대해서는 오늘날 우리 역시 그와 크게 다르지 않을 수 있다. 어리석은 자들은 다른 사람 앞에서 자기의 우월성을 내세우기를 좋아한다. 실상과 상관없이 자기 판단에는 그렇다는 어쭙잖은 주관적인 생각이 작동하기 때문이다. 하지만 하나님 보시기에는 전혀 다를 수 있다는 점을 기억하지 않으면 안 된다.

제자들 사이에 오간 대화의 모든 상황을 파악하고 계신 주님께서는 그들을 불러 말씀하셨다. 복음의 원리는 저들이 생각하는 것과 같지 않다는 것이다. 즉 누구든지 높은 자리를 차지하고자 한다면 여러 사람들 가운데 말단이 되리라고 말씀하셨다. 이와 달리 다른 형제를 자기보다 낫다고 여긴다면 높아지리라는 것이었다. 이는 진정으로 겸손한 자를 하나님께서 높여 주실 것이란 점에 연관되어 있다.

그 말씀을 하시면서 예수께서는 어린아이 하나를 데려오셨다. 어린아이는 단순히 나이가 어릴 뿐 아니라 힘과 능력이 부족하고 높은 수준의 지식도 없다. 누군가의 도움을 받지 않으면 스스로 행동하기도 어렵고 모든 것을 장성한 사람의 보호 가운데 살아가야 한다. 예수님은 그 아이를 안으시면서 제자들을 향해 말씀하셨다.

누구든지 주님이신 '자기의 이름으로' 그런 어린아이 하나를 영접하면 그것이 곧 자기를 영접하는 것과 같다고 하셨다. 그리고 주님이신 예수님을 영접하는 것은 그를 보내신 하나님을 영접하는 것과 마찬가지라고 말씀하셨다. 여기서 영접한다는 말을 일반 윤리적인 관점에서 이해하여 그에 머물면 안 된다.

중요한 것은 어린아이를 영접할 때 '주님의 이름으로' 영접해야 한다는 사실이다. 이는 언약의 백성으로 그를 소중하게 받아들여야 한다는 점을 말해주고 있다. 즉 언약에 속한 모든 백성은 나이가 어리거나 능력이 부족하여 누군가의 도움과 보호를 요구하는 자라 할지라도 주님의 이름으로 저를 받아들이라는 것이다.

참된 성도들은 아무리 연약한 자라 할지라도 언약 가운데서 저를 주님의 이름으로 영접하게 된다. 그것은 곧 예수 그리스도와 그를 이땅에 보내신 하나님과 관련되어 있다. 하지만 미련한 자들은 예루살렘의 유능하고 힘있는 서기관들을 비롯한 지도자들을 영접하기를 좋아한다. 그것을 통해 자기를 높이려는 어리석은 생각을 하기 때문이다.

하지만 언약 가운데서 '주님의 이름으로' 그런 자들을 영접하는 것이 아니라면 주님과 상관없는 행위일 따름이며 하나님과 무관한 일이 될 수밖에 없다. 그것은 비록 인간적인 만족을 가져다줄지 모르지만 하나님께는 도리어 욕이 될 수도 있다. 따라서 중요한 점은 하나님께서 언약 가운데 자녀로 삼으신 자들을 '주님의 이름으로' 영접하는 것이다. 그것이 곧 하나님을 진정으로 위하는 것이 되기 때문이다.

이에 대해서는 세상에 살아가는 모든 성도들에게 해당되는 교훈으로 받아들여야 한다. 하나님의 자녀들은 누군가로부터 섬김을 받고자 하는 대신 이웃을 진정으로 섬기는 자세를 유지해야 한다. 힘과 능력이 없고 지식이 부족하여 보잘것없어 보이는 어린아이들조차도 아무렇게나 대해서는 안 된다. 하나님 앞에서는 그와 같은 외적인 것을 조건으로 삼아 사람을 평가해서는 안 되기 때문이다.

예수께서는 또한 이에 연관된 교훈을 주시면서 자기가 이땅에 오시게 된 목적을 분명히 밝히셨다. 인간의 몸을 입으신 주님조차도 다른 사람들로부터 섬김을 받고자 하지 않는다는 것이었다: "인자가 온 것은 섬김을 받으려 함이 아니라 도리어 섬기려 하고 자기 목숨을 많은 사람의 대속물로 주려 함이니라"(마 20:28; 막 10:45). 주님께서 그에 연관된 근본적인 본을 보이신 만큼 그를 따르는 모든 성도들은 마땅히 그것을 기억하는 가운데 겸손한 신앙인의 삶을 살아갈 수 있어야 한다.

3. 복음과 그리스도 (막 9:38-40)

그런 중에 요한이 예수님께 또 다른 질문을 했다. 그것은 예수님과 제자인 자기들을 따르지 않는 자가 '예수님의 이름으로' 귀신을 쫓아낸 사실에 연관된 내용이었다. 이는 제자들이 스스로 귀신을 쫓아내지 못해 예수님으로부터 책망을 들은 것과는 크게 대비되는 개념을 지니고 있다.

요한은 제자들과 서로 직접적인 교제가 없는 어떤 사람이 주님의 이름으로 귀신을 쫓아낸다는 사실을 예수님께 고했다. 그리고 그런 자가 제자들을 따르지 않기 때문에 그와 같은 기적을 행하지 못하도록 금지시킨 사실을 언급했다. 그는 자기와 다른 제자들이 그에 잘 대처한 것이라 여기고 예수님께 말씀드렸으나 예수님의 답변은 기대와 전혀 달랐다.

예수께서는 요한과 제자들을 향해 그들의 행위를 금하지 말라는 명령을 내리셨다. '예수님의 이름'을 의지하여 능력을 행하는 자들 가운데 자기를 비방할 자가 없다는 것이었다. 이는 메시아를 진정으로 깨닫게 된 자가 그와 같이 행한다면 그 역시 자기에게 속한 언약의 자손이라는 점을 말하고 있다.

예수님과 제자들을 반대하거나 저항하는 자가 아니라면 언약의 백성에 속한 자임이 틀림없다. 이는 예루살렘에 근거를 두고 살아가는 종교인으로서 예수님을 메시아로 받아들이지 않고 하나님의 일을 훼방하는 서기관들과 제사장들, 바리새인들과 사두개인들은 하나님께 저항하는 배도자들이란 사실을 시사하고 있다. 그런 자들은 절대로 '예수 그리스도의 이름으로' 무엇을 행하지 않는다.

그에 반해 겉으로 드러나는 형식상 제자들과 한 무리 그룹에 속해 있지 않으나 하나님의 아들이신 예수님을 믿고 그의 이름으로 행하는 자들은 하나님의 편에 서 있는 자들이다. 이 말씀 가운데는 역사 가운데

존재하는 모든 성도들과 오늘날 우리 역시 그들에게 속한 자라는 의미
가 내포되어 있다. 즉 그들이 그 이후 시대의 성도들의 얼굴을 알지 못
할지라도 주님의 백성이라는 사실을 확증하고 있다.

우리는 또한 제자들에게 직접 속하지 않는 자들이 귀신을 쫓아내는
능력을 소유하고 있다는 것은 저들 개인의 탁월한 능력을 치켜세우는
것이 아니란 점을 기억해야 한다. '그리스도의 이름으로' 그와 같은 기
적을 행한다는 것은 모든 능력이 주님에 의한 것이란 사실을 말해주고
있다. 즉 누구든지 예수 그리스도를 하나님의 아들로 알고 진심으로 그
를 의지하여 특별한 사역을 할 때 그것은 개인의 능력이 아니라 하나님
의 권능에 의한 것이다.

4. 주님께서 주시는 상과 저주 (막 9:41, 42)

하나님의 언약에 속한 백성들의 삶은 항상 분명한 정체성을 유지해
야 한다. 따라서 진리를 소유한 성도들은 성령의 인도하심에 순종하며
살아가게 된다. 그에 대한 올바른 분별력이 없으면 영원한 가치관에 근
거를 둔 신앙적인 행보를 이어가기 어렵다.

성숙한 성도들은 마땅히 그에 관한 인식을 하고 있어야 한다. 그리하
여 누구든지 제자들을 비롯한 하나님의 자녀들을 보고 '그리스도에게
속한 자'라는 이유로 물 한 그릇을 주게 된다면 결단코 상을 잃지 않을
것이라고 했다. 물 한 그릇은 그리 대단한 것이라 할 수 없다. 그럼에도
불구하고 그 가운데 드러나는 본질적 의미는 매우 크다.

여기서 중요한 점은 그것이 다른 사람을 위한 일반적인 선행에 관한
것이 아니란 사실이다. 우리가 반드시 알아야 할 점은 그 상대가 '그리
스도에게 속한 자'이기 때문에 취하는 성도의 자세이다. 대수롭지 않
게 보일지라도 거기에서 소중한 의미가 발생하는 것은, 물 한 그릇을
주어 마시게 하는 자나 그것을 받아 마시는 자 사이에 예수 그리스도로

말미암아 생성된 동질성이 존재하기 때문이다.

이에 대해서는 지상에 존재하는 모든 교회와 성도들이 매우 중요한 교훈으로 받아들여야 한다. 누군가에게 호의를 베풀 때 신앙의 동질성과 더불어 그렇게 하는 것은 소중한 의미를 동반하게 된다. 따라서 본문에 언급된 예수님의 교훈은 일반적인 것이 아니라 '그리스도의 이름'에 연관되어 있다.

한편 예수께서는 누구든지 자기를 메시아로 알고 믿는 어린 자들 가운데 하나를 실족케 하면 큰 맷돌을 그 목에 달아 바다에 던지우는 것이 차라리 낫다고 말씀하셨다. 이는 어떤 경우에도 신앙이 어린 하나님의 자녀를 넘어지게 해서는 안 된다는 점을 말해주고 있다. 본문 가운데서 어린 자를 잘못 인도하는 자에게 큰 맷돌을 목에 달아 바닷속에 던지우는 것이 낫다고 한 것은 저로 하여금 신앙이 어린 자들을 미혹하여 더이상 나쁜 길로 인도하지 못하도록 막아야 한다는 사실을 의미한다.

우리는 이 말씀을 특별한 관심을 기울여 받아들여야 한다. 올바른 신앙을 가진 성도들은 예수 그리스도로 말미암아 형성된 동질의 정체성을 소유하고 있으므로 서로간 주님의 관점에서 대할 수 있어야 한다. 나아가 신앙이 어린 자들이 넘어지지 않도록 최선의 노력을 기울이지 않으면 안 된다.

5. 영생과 지옥을 눈앞에 둔 성도들의 삶 (막 9:43-49)

예수께서는 제자들을 향해 매우 과격해 보이는 말씀을 하셨다. 만일 누구든지 손이 범죄케 하거든 스스로 자기 손을 찍어버리라고 하셨다. 이는 단순히 상처를 낸다는 것이 아니라 범죄한 그 손을 잘라버리라는 의미를 지니고 있다. 그렇게 하는 것이 손을 그냥 두는 것보다 낫다고 했다. 범죄한 손을 그냥 둔 채 두 손을 가지고 꺼지지 않는 지옥불에 들어가는 것보다 이 세상에서 한 손을 찍어내 불구자가 되어 참된 삶을 살아가는 것이 낫다는 것이다.

그리고 만일 믿는 자의 발이 저로 하여금 범죄케 하거든 발을 찍어내 버리라고 하셨다. 절뚝발이로 영생에 들어가는 것이 두 발을 가진 멀쩡한 몸으로 지옥불에 던져지는 것보다 훨씬 낫다는 것이다. 또한 그의 눈이 범죄케 하거든 빼어버리라고 요구하셨다. 두 눈을 가지고 지옥에 가는 것보다 한 눈으로 하나님 나라에 들어가는 것이 낫기 때문이다.

잠시 동안 이 세상에 살아가면서 얼마나 건강한 몸을 가졌는가 하는 것이 절대적 의미를 가지지 못한다. 육체적으로 불편한 상태가 되었다고 할지라도 영생을 얻는 것이 궁극적으로 중요한 값어치를 가지게 된다. 따라서 하나님을 아는 성도들은 어느 것이 궁극적인 가치를 가지는 것인지에 대한 올바른 깨달음을 소유할 수 있어야 한다.

인간이 죽은 이후에 겪게 될 영원한 천국과 지옥은 정반대의 속성을 지니고 있다. 하나님께서 계시는 천국은 아무런 염려가 없이 기쁨과 감사가 넘치는 영역이다. 그곳은 타락한 인간으로서는 그 정도를 상상조차 할 수 없을 만큼 완벽하고 아름다운 곳이다.

그에 반해 지옥은 인간들의 상상을 초월하는 엄청난 고통이 존재하는 영역이다. 거기는 뜨거운 불이 꺼지지 않으며 구더기도 죽지 않는다. 하나님의 심판을 받아 그곳으로 간 자들은 마치 불로써 소금을 치듯 하는 무서운 곳이다. 따라서 이 세상에서 상당한 불편을 겪을지라도 그것을 감내하고 천상을 바라보며 살아가는 것이 참된 지혜이다.

예수께서 제자들을 향해 이렇게 말씀하신 것은 죄를 확실히 단절하라는 의미를 지니고 있다. 범죄한 손발을 잘라내거나 범죄한 눈을 빼버리더라도 더러운 범죄와는 단절을 꾀하라는 것이다. 그렇게 하는 것이 진정한 지혜이며 하나님의 말씀에 온전히 순종하는 것이 되기 때문이다.

그런데 우리가 여기서 생각해 볼 수 있는 것은 범죄한 손과 발을 찍어내 버리거나 눈알을 빼기 전에 하나님 앞에서 진정으로 회개하고 돌이키라는 말씀을 왜 하지 않으셨는가 하는 점이다. 이는 제자들에게 실제로 그렇게 하라는 의미라기보다 하나님 앞에서 범죄하는 행위가 얼마나 무서운 것인가 하는 점에 대한 교훈을 주고 있다.

만일 우리가 주님께서 요구하신 이 말씀을 그대로 받아들여 시행한다면 우리는 전부 한쪽 손과 발이 없는 불구자가 되어 있을 것이 틀림없다. 그리고 눈알을 빼냈기 때문에 한쪽 눈만 가지고 있을 것이다. 사실 한쪽 손, 발과 눈이라도 남아있다면 그것만으로도 하나님의 놀라운 은총에 해당된다. 우리의 범죄행위로 본다면 양 손과 양 발이 잘리고 양쪽 눈이 전부 빠지고 없을 것이기 때문이다.

그러므로 우리는 전부 손 발 눈으로 인해 움직일 수조차 없는 불구자가 되어 있는 자신과 이웃을 볼 수 있어야 한다. 양 손과 양 발, 그리고 양쪽 눈이 빠져 없어져야 할 우리가 멀쩡한 모습으로 살아가는 것은 하나님의 은총으로 인한 것이 아닐 수 없다. 나아가 우리는 하나님의 놀라운 은총을 입고 있으면서도 그에 대한 인식이 전혀 없는 상태로 살아가는 자신의 악한 모습을 되돌아볼 수 있어야 한다. 그리하여 죄악으로 가득찬 자신의 모습을 보고 하나님 앞에서 처절한 죄인으로서 겸손하게 살아가야 하는 것이다.

6. 교회가 소유한 '소금' (막 9:50)

하나님의 몸된 교회 가운데는 반드시 소금이 존재해야 한다. 그것은 단순한 현상이나 상징적인 의미가 아니라 구체적인 성격을 지닌 실체로 존재해야 한다. 물론 그것은 손에 잡히는 물질적인 것이 아니라 비가시적인 영적이며 정신적인 성격을 지니고 있다.

그러므로 예수께서는 저희 가운데 소금을 두라는 명령을 내리고 계신다(막 9:50). 그와 더불어 서로 화목하라는 말씀을 하셨다. 우리가 여기서 주의를 기울여야 할 바는 주님께서 말씀하시는 소금이 존재하지 않은 상태에서 이루어지는 화목은 바람직하지 않다는 사실이다.

우리는 또한 여기서 소금이 과연 무엇인가 하는 점을 주의 깊게 생각해 보아야 한다. 예수께서 말씀하시는 소금이란 타락한 세상에는 없으며 교회와 성도들에게만 존재하는 것으로서 예수 그리스도로 말미암은 하나님의 복음에 연관된 것으로 이해해야 한다.

예수께서는 산상수훈에서 제자들이 곧 소금이라는 사실을 언급하셨다. "너희는 세상의 소금이니 소금이 만일 그 맛을 잃으면 무엇으로 짜게 하리요 후에는 아무 쓸데 없어 다만 밖에 버리워 사람에게 밟힐 뿐이니라"(마 5:13). 우리는 이 말씀을 통해 세상의 것과는 다른 참된 복인 주님의 복음이 곧 소금의 역할을 하는 것으로 이해할 수 있다.

따라서 지상 교회는 주님께서 말씀하신 소금의 맛을 잃지 말아야 한다. 즉 복음의 본질과 더불어 복음이 실제적인 맛을 낼 수 있어야 한다. 그 소금은 절대로 변하지 않는 성격을 지니고 있다. 하지만 마태복음에서 소금이 맛을 잃으면 밖에 버려진다고 한 것은 소금 자체가 아니라 지상 교회가 소금의 맛을 잃고 복음의 맛을 내지 못한다면 교회라는 이름을 가진 종교조직체가 되어 하나님으로부터 버림받게 된다는 의미를 지니고 있다.

제19장

가정의 본질과 하나님 나라에 관한 문제
(막 10:1-31)

1. 이혼에 연관된 예수님의 교훈 (막 10:1-12)

(1) 전례대로 가르치심 (막 10:1)

예수께서는 변화산 사건과 그 이후에 이어진 모든 사역을 마치고 그곳을 떠나셨다. 예수님과 제자들은 갈릴리 남부의 유대 지경을 지나 요단강 건너편으로 갔다. 그러자 거기서도 그의 말씀을 듣고자 하는 많은 사람들이 몰려들자 예수님은 이전에 하시던 대로 가르침을 베푸셨다.

예수께서 가르치시는 말씀은 전혀 새로운 것이 아니었다. 그것은 이미 창세 전부터 있어 온 하나님의 작정과 구약성경에 예언된 내용의 성취에 연관된 가르침이었다. 따라서 구약에 기록된 말씀을 충분히 받아들이는 신실한 언약의 백성이라면 그의 가르침에 아무런 거부감을 가지지 않았다.

예수님의 모든 가르침은 기본적으로 구약성경을 배경으로 하고 있었다. 하나님께서 여러 선지자들을 통해 예언하셨듯이 가장 중요한 일은 죄에 빠진 이 세상에 메시아가 오시는 일이었다. 어리석은 자들은 성경에서 윤리적인 교훈을 받는 데 치중할지라도 하나님의 언약을 믿는 자들은 그렇지 않았다.

배도가 넘쳐나던 예수님 당시에는 성경을 벗어난 다양한 주장들이 난무했다. 하나님의 율법을 떠난 서기관과 제사장 등 타락한 종교지도자들은 백성들에게 하나님의 뜻을 전하기보다 개인의 위상을 높이며 욕망을 추구하는 데 혈안이 되어 있었다. 따라서 사람들은 제각각 자기의 판단에 따라 잘못된 신앙을 구축하는 경우가 많았다.

예수께서는 그런 환경 가운데서 구약성경을 배경으로 한 진리의 교훈을 전했다. 그 가운데 가장 소중한 것은 예수님 자신이 하나님께서 보내고자 약속하신 메시아라는 사실이었다. 그것을 입증하기 위해 인간들로서는 도저히 행할 수 없는 다양한 기적들을 통해 하나님의 아들인 자신을 드러내 보여주셨다.

그와 더불어 천상의 나라에 연관된 실제적인 많은 교훈들을 주셨다. 천상으로부터 내려오신 분이기 때문에 그 실상을 정확하게 전하고자 하셨다. 즉 구약성경에서 선지자들이 예언한 내용과 그것이 성취된 현실, 그리고 영원한 나라에 관한 모든 내용을 백성들에게 가르치셨던 것이다.

이에 대해서는 오늘날 우리 역시 주의 깊게 받아들여야 한다. 하나님의 몸된 교회에서 가르쳐질 내용은 성경적인 관점에서 볼 때 전혀 새로운 것들이 아니다. 모든 진리는 성경에 기록된 구약의 예언과 예수 그리스도를 통한 신약의 성취에 연관되어 있다.

따라서 지상 교회 가운데서 새로운 것을 가르치려고 하는 것은 매우 위험할 수 있다. 성경을 벗어난 새로운 것을 가르칠 까닭이 없다. 단지 성도들이 시대적 환경의 변화로 인해 진리를 지켜 보호할 수 있도록 타락한 시대에 저항하는 적용과 더불어 성경을 기초로 한 교훈이 요구될 따름이다.

(2) 이혼에 관한 바리새인들의 질문과 예수님의 답변(막 10:2-9)

바리새인들이 악한 마음을 품고 예수님 앞으로 나아왔다. 그들은 예수님으로부터 진리를 배우려는 마음 없이 그의 말씀과 행동 가운데서 신학적 꼬투리를 잡아 문제를 삼고자 했다. 그것이 그들의 유일한 목적이었다. 따라서 그들은 예수님을 시험하고자 질문을 던졌다.

그 질문의 내용은, 사람이 자기 아내를 내어버리는 것이 옳으냐 하는 점이었다. 그것은 이혼에 연관된 문제였다. 당시에는 오늘날처럼 소위 합의이혼(合意離婚)이 흔하지 않았다. 남편이 판단하여 자기 아내와 살기를 거부하면 일방적으로 내보내는 것이 보통이었다.

바리새인들의 질문을 받은 예수께서는 그에 관한 즉답을 하시는 대신, 모세 율법에는 어떻게 기록하고 있는지 저들에게 물어보셨다. 그 질문을 받은 바리새인들은 이혼 증서를 써주고 아내를 버리는 것은 적법한 것으로 본다고 했다. 그 답변을 들으신 예수께서는 모세 율법이 그렇게 기록한 것은 저들의 마음이 완악하기 때문이라고 말씀하셨다.

이 말은 이혼 자체가 원리적으로 적법하게 허락될 수 있는 것이 아니라는 의미를 지니고 있다. 율법이 그렇게 언급한 것은 완악한 인간들로 인해 주어진 것이라고 했다. 원래 인간에게는 이혼이라는 것이 애당초 존재하지 않았다. 하나님께서는 처음부터 남자와 여자를 만드셨다(막 10:6).[32] 따라서 그들이 장성하게 되면 부모를 떠나 혼인하게 된다.

---

32) 우리 시대에는 불신자들뿐 아니라 기독교와 스스로 하나님을 믿는다고 주장하는 자들 가운데서도 이를 부정하는 자들이 많이 있다. 소위 '유신 진화론'을 받아들이는 자들은 하나님께서 처음부터 남자와 여자를 만드셨다는 사실을 거부하고 있다. 그와 연관하여 우리가 경계해야 할 점은 동성애와 동성 결혼에 관한 문제이다. 우리는 그런 행위 자체가 근본적으로 하나님의 뜻을 거스르는 죄악이라는 사실을 기억해야 한다.

그렇게 되면 부부가 된 남녀는 둘이 한 몸을 이루어 살아간다(막 10:7, 8).[33] 그것은 원칙적으로 언약의 본질상 하나라는 의미이다. 따라서 한 몸이 된 상태에서는 다시 둘로 나눌 수 없다. 이처럼 하나님께 속한 성도들은 언약 가운데 하나님의 섭리와 경륜에 의해 하나가 되는 것이다. 따라서 하나님께서 남녀 둘을 짝지어 하나 되게 하신 것을 인간들이 임의로 나누지 못한다는 것이었다.

(3) 이혼과 간음(막 10:10-12)

예수께서 바리새인들을 향해 이혼에 연관된 말씀을 하신 후 집으로 돌아오시게 되었다. 그러자 제자들이 다시금 그에 연관된 질문을 했다. 물론 그들은 예수님을 시험하고자 한 것이 아니라 그에 대해 좀더 구체적인 의미를 알고 싶었기 때문이다.

그러므로 예수께서는 저들을 향해 매우 중요한 말씀을 하셨다. 누구든지 자기 아내를 버리고 다른 데 장가드는 자는 본처(本妻)에 대한 간음 행위라는 것이다. 또한 아내가 그 남편을 버리고 다른 데로 시집가면 그것 또한 간음이라고 말씀하셨다.

성경은 이혼을 허락지 않는다. 설령 세상의 법을 근거로 삼아 이혼을 한다고 해도 원래의 혼인 관계는 소멸되지 않는다. 하나님을 믿는 성도의 경우에는 그 의미가 더욱 구체적으로 드러나야만 한다. 성도의 혼인은 하나님의 말씀과 더불어 언약 가운데 진행된다. 따라서 혼인은 원칙적으로 교회의 일이라 할 수 있다.

---

33) 현대 타락한 인간들은 남자와 남자, 여자와 여자 사이의 추한 성적인 관계뿐 아니라 소위 동성 결혼을 합법적으로 받아들이는 나라들이 많다. 나아가 기독교인이라고 하는 자들 가운데서도 상당수 신학자들과 목회자, 일반 교인들이 그것을 받아들이고 있다. 하지만 그것은 하나님의 창조질서에 어긋나는 악한 행위라는 사실을 기억하지 않으면 안 된다. 성경이 그에 대하여 분명한 언급을 하고 있기 때문이다.

그러므로 혼인을 주례하는 목사는 당회의 의사에 따라 그에 관련된 직무를 감당하게 된다. 주례자는 혼례 자리에서 하나님의 말씀과 더불어 그에 연관된 언약을 확인한다. 그리고 하나님께서 짝지어 주신 남녀가 부부가 되었음을 '주님의 이름으로' 선포하게 된다.

따라서 그 혼례식에 참여하는 모든 성도들은 언약과 더불어 맺어진 혼인과 새로운 부부에 대한 현장 증인으로서 지위를 가진다. 그리하여 주례자인 목사는 하나님의 말씀을 근거로 '하나님께서 부부로 짝지어 주신 것을 사람이 나누지 못할찌니라'(막 10:9)는 선언을 하게 되는 것이다. 이는 그 당사자나 가족이나 친구나 어느 누구도 그 관계를 파기할 수 없음을 말해주고 있다.

만일 그와 같은 일이 발생한다면 그것은 하나님의 언약을 어기고 그에 저항하는 행위가 된다. 따라서 우리가 알 수 있는 사실은 하나님 앞에서의 혼인은 남녀간 분리불가(分離不可)한 일이라는 점이다. 악한 인간의 본성은 이기적인 판단과 주장으로 인해 스스로 자기 가정을 파탄에 이르도록 방치하는 경우가 많다.

우리는 부모와 자식 사이에는 인위적으로 가를 수 없는 절대불변의 관계가 존재한다는 사실을 잘 알고 있다. 혈통적인 형제 자매의 관계 역시 마찬가지다. 어떤 일이 있다고 할지라도 그 관계 자체를 무효화시키지 못한다. 하나님의 언약과 더불어 맺어진 혼인 관계도 그와 같다. 따라서 어느 누구도 하나님 앞에서 맺어진 부부관계를 인간적인 판단으로 혼인 자체를 무효화시키지 못한다.

2. 하나님 나라에 적합한 자 (막 10:13-16)

사람들 가운데는 어린아이를 예수님 앞으로 데리고 나아오는 경우가 많이 있었다. 그들은 예수께서 자기 자녀에게 안수해 주시기를 원했다. 사람들은 초월적인 능력을 가진 예수님으로부터 아이들이 축복을 받아 성공하여 건강한 모습으로 살아가기를 원했을 것이다. 그것은 물론 어린아이의 의도가 아니라 어른들의 욕망에 근거했다.

그런 식으로 사람들이 어린아이를 데리고 예수님 앞으로 나오는 것을 본 제자들은 그들을 꾸짖었다. 당시의 상황을 감안할 때 그 아이들은 오늘날 우리가 생각하는 포동포동하게 살찐 좋은 옷을 입은 예쁘고 귀여운 모습이 아니었을 것이 분명하다. 그들은 오히려 씻지 않아 불결하고 영양실조가 걸렸거나 얼굴에 헌 데가 가득한 아이들이었을 수 있다.

제자들은 그런 아이들이 거룩한 하나님의 아들인 예수님과 어울리지 않는다는 생각을 하고 있었다. 나아가 저들의 판단에는 그렇지 않아도 엄청나게 바쁜 가운데 예수님이 저들을 맞을 까닭이 없다고 여겼을 것이 분명하다. 따라서 말도 제대로 알아듣지 못하는 무지한 아이들을 데리고 와서 어떻게 하겠느냐며 그 부모들을 질책했던 것이다.

어린아이들에 대한 제자들의 잘못된 행태를 보신 예수께서는 도리어 제자들을 크게 꾸짖으셨다. 그들이 자기 앞으로 나아오는 것을 금하지 말고 용납하라는 것이다. 거기에는 겉모습을 보고 사람을 함부로 판단해서는 안 된다는 의미가 담겨있다. 그와 더불어 하나님 나라가 어린아이와 같은 자들의 것이라는 사실을 말씀하셨다.

그러면서 누구든지 하나님 나라를 어린아이와 같이 받들지 않고는 결단코 그 안으로 들어갈 수 없다고 하셨다. 어른들은 아무런 능력이 없어 비천해 보이는 어린아이를 무시하지만 하나님께서는 순박한 자들에 대해 그렇게 하지 않는다는 것이다. 이는 앞에서 그럴듯한 의상을 차려입고 권위를 내세우며 예수님을 시험하던 바리새인들의 외모와 크게 대비되고 있다.

이처럼 하나님 나라는 세상에서 잘나고 유능하고 유식한 자들이 들어갈 수 있는 곳이 아니다. 그런 자들은 스스로 그에 관해 오해하는 경우가 많다. 즉 자기가 정말 유능하고 유식한 잘난 인물인 양 스스로 착각하게 된다. 그들은 인간이 전적으로 부패하여 철저히 무능한 존재라는 사실을 모르고 있기 때문이다.

예수께서 천국이 어린아이와 같은 자들의 소유라고 말씀하신 것은 이 세상의 지식과 지혜가 영원한 천국에 들어갈 수 있는 근거나 조건이 될 수 없음을 선포하는 의미를 지니고 있다. 자기에게 아무런 자랑거리가 없고 세상에서 얻은 능력과 지식과 지혜가 부족할지라도 하나님께서 부르신 자들이 영원한 천국을 소유하게 된다. 이는 성도들이 가져야 할 가장 기본적인 신앙 자세이다.

그러므로 예수께서는 언약 가운데 존재하는 그 어린아이들을 안고 저들에게 안수하고 축복하셨다. 그 광경을 지켜본 많은 사람들은 예수님의 교훈을 깨닫고 받아들였을 것이다. 이에 대해서는 오늘날 우리 역시 동일한 깨달음을 가져야 한다. 세상에서 얻은 모든 능력과 지식 자체는 하나님 나라를 얻는 일에 중요한 역할을 하지 못한다. 그것은 오직 주님께서 자기를 자랑하지 않는 겸손한 자들에게 베푸시는 특별한 은혜에 근거할 따름이다.

3. 영생의 조건 (막 10:17-22)

(1) 영생과 율법의 계명(막 10:17-20)

예수께서 그 후 길을 걸어가실 때 어떤 사람이 달려와 그 앞에 무릎을 꿇었다. 이는 그에게 매우 다급한 문제가 있다는 사실을 말해주고 있다. 그것은 그에게 절실한 영생을 얻을 수 있는 조건에 관한 것이었다. 한편 생각하면 영생의 문제를 두고 그런 절박한 마음을 가진다는 것은 높이 살 만한 일일 수도 있다.

예수님 앞에 무릎을 꿇은 그 사람은 질문을 했다. "선한 선생님이여 내가 무엇을 하여야 영생을 얻으리이까"(막 10:17). 그 질문을 들으신 예수께서는 그에 대한 답변을 하시기 전에 그가 말한 용어에 관한 근본적인 문제를 지적하셨다. "네가 어찌하여 나를 선하다 일컫느냐 하나님 한 분 외에는 선한 이가 없느니라"(막 10:18).

예수께서 말씀하신 이 내용은 매우 중요한 의미를 지니고 있다. 영생을 얻기 위한 조건이 궁금했다는 것은 그 절박함을 보여주고 있으나 그의 근본적인 사고에 문제가 있음을 말해주기 때문이다. 물론 다른 사람들은 그의 속 생각을 알 수 없었으나 오직 주님께서는 그것을 꿰뚫어 보고 계셨다. 이는 질문하는 그 사람이 먼저 깨달아야 할 점이 있다는 사실을 말해주고 있다.

예수님은 그 사람을 향해 저가 아직 하나님의 아들이신 자신의 신분을 올바르게 깨닫지 못하고 있음을 지적하셨다. 그 사람은 예수님을 일반적인 관점에서 좋은 일을 행하시는 훌륭한 종교인으로 이해하고 있었다. 그러니 그가 예수님을 '선한 선생님'으로 칭하며 자신의 진솔한 마음을 드러내 보이게 되었던 것이다.

그런데 예수께서 선한 존재는 하나님 한 분밖에 없다고 말씀하신 것은 타락한 이 세상에는 어떤 사람이라 할지라도 근원적으로 선하거나 의롭지 않다는 사실을 말해 주고 있다. 그런데 예수님은 하나님의 아들이신 자신이 완벽하게 의로운 존재임을 드러내 보여주셨다. 즉 그 사람은 예수님을 일반적인 관점에서 '선한 선생'으로 칭했으나 예수께서는 자기가 본질적으로 선한 존재임을 선언하셨다.

그와 더불어 예수께서는 그에게 구약의 율법의 가르침을 제시하시면서, '살인하지 말라, 간음하지 말라, 도적질하지 말라, 거짓 증거하지 말라, 속여 취하지 말라, 네 부모를 공경하라'(막 10:19)고 한 내용을 알지 않느냐고 말씀하셨다. 그 율법을 온전히 지키면 영생이 허락되지 않겠느냐는 것이다. 하지만 그 사람은 자기가 어려서부터 그 율법을 다 지켜 왔다는 사실을 언급했다.

(2) 이웃을 위한 소유의 정당한 분배(막 10:21-22)

놀랍게도 그 사람은 그 율법을 다 지킨다고 해도 그것 자체로 인해 영생에 이를 수 없다는 사실을 깨닫고 있었다. 그것은 물론 하나님의 놀라운 은혜로 말미암은 것이었다. 따라서 예수께서는 그의 신앙 자세를 아시고 그것을 소중하게 받아들이시게 되었다.

그와 더불어 설령 구약의 율법을 다 지킨다고 해도 그에게 한가지 부족한 것이 있다는 사실을 언급하셨다. 그것은 그가 소유한 재물에 연관된 것이었다. 영생을 얻고자 하는 그를 향해, 이제 집으로 돌아가서 저가 소유한 모든 것들을 팔아 가난한 자들에게 나누어주라고 요구하셨던 것이다. 그렇게 하면 그에게 참된 보화가 주어지리라고 말씀하셨다.

우리는 여기서 예수님의 말씀을 주의 깊게 이해할 수 있어야 한다. 하나님의 자녀들이 소유한 모든 것은 하나님으로부터 얻은 것이다. 그것은 재물뿐 아니라 지식과 건강 등 무형의 재산 역시 마찬가지이다. 그런데 각 사람이 소유한 분량은 천차만별(千差萬別)이다. 우리는 그 소유가 많고 적음 자체를 두고 '영원한 복'이라 말하지 않는다.

중요한 점은 더 많은 것을 소유한 사람은 그것이 자기 자신을 위한 것이 아니라 이웃을 위한 의미가 내포되어 있음을 깨닫는 것이다. 따라서 더 많이 가진 자들은 그렇지 못한 사람들과 함께 나눌 준비를 하고 있어야만 한다. 그래서 부유한 사람, 지식이 많은 사람, 건강한 사람은 그렇지 못한 이웃을 기억하는 가운데 그들과 더불어 살아가게 된다.

그런데 예수님 앞에 나아와 무릎을 꿇고 영생의 조건을 묻던 그 사람은 예수님의 말씀을 듣고 큰 부담을 느꼈다. 그는 부자였으므로 자기 재산을 다 팔아 가난한 자들에게 나누어 준다는 것이 쉽지 않은 문제였기 때문이다. 그리하여 그 말씀으로 인해 슬픈 기색을 띠고 근심하는 마음으로 돌아가게 되었다.

우리가 여기서 잘 이해해야 할 바는 그 부자가 한꺼번에 재산을 다

팔아 가난한 자들에게 나누어 주고 이제부터 그는 가난한 자가 되어 살아가야 한다는 의미가 아니란 사실이다. 이제부터 살아가면서 주변을 살펴보아 가난하고 어려운 사람이 있으면 자기의 재물로써 그들을 돌보아 주어야 한다. 물론 그것은 단순히 자신의 소유인 재물을 가지고 가난한 이웃을 도와주는 것이 아니라 하나님께서 그 가난한 이웃을 위해 자기에게 많은 재물을 맡겨두셨다는 사실을 기억해야 한다.

4. 하나님 나라의 관문(關門) (막 10:23-31)

(1) 재물에 연관된 문제(막 10:23-28)

예수께서는 제자들을 향해, 재물이 많은 자는 하나님의 나라에 들어가기가 매우 어렵다는 점을 언급하셨다. 제자들은 그 말씀을 듣고 놀라지 않을 수 없었다. 부자가 되면 안정된 삶을 누릴 수 있고 이웃을 위해 좋은 일을 많이 할 수도 있다는 사실을 잘 알고 있었기 때문이다.

그런데도 예수님은 그보다 한 발짝 나아간 비유의 말씀을 주셨다. 낙타가 바늘귀를 통해 지나가는 것이 부자가 하나님의 나라에 들어가는 것보다 쉽다는 것이다.[34] 그것은 사실 불가능한 일이다. 만일 그렇다면 부자가 하나님 나라에 들어가는 것이 불가능한 것으로 들릴 수 있었다. 물론 그것이 어렵기 때문에 부자들에게는 더욱 많은 지혜가 요구되는

---

34) '낙타'와 '바늘귀'에 대한 억지 해석들이 있다. 그것은 '낙타'와 '바늘귀'에 관한 해석에 연관되어 있다. '낙타'는 아람어로 가믈라(gamla)인데 아람어로 밧줄이 가므타(gamta)여서 비슷한 두 용어 사이에 혼선이 발생했다는 것이다. 즉 낙타가 바늘귀로 들어가는 것이 아니라 굵은 밧줄이 바늘귀로 들어가는 것으로 이해해야 한다는 것이다. 그리고 '바늘귀'란 우리가 일반적으로 생각하는 바늘귀가 아니라고 해석하는 자들이 있다. 그런 주장을 펼치는 자들은 예루살렘 성벽에 바늘귀 문(eye of the needle gate)이라고 하는 쪽문이 있었다고 한다. 그 문은 좁고 작았기 때문에 덩치 큰 낙타가 들어갈 수 없다는 것이다. 하지만 이와 같은 주장들은 근거 없는 막연한 상상에 지나지 않는다.

것으로 받아들일 수도 있다.

그러므로 제자들은 놀라서 서로 수근거렸다. 그렇다면 과연 누가 구원을 얻을 수 있느냐는 것이었다. 어려운 이웃을 위해 물질을 나누며 도움을 줄 수 있는 능력이 결여된 가난한 사람들은 선행을 행하기 어렵다. 그리고 부자들은 선행은 할 수 있지만 부자라는 이유로 말미암아 천국에 들어갈 수 없다. 그렇다면 과연 누가 천국에 들어갈 수 있다는 말인가!

제자들의 속마음을 꿰뚫어 보고 계신 예수께서는, 사람은 할 수 없으나 하나님께는 그렇지 않다고 말씀하셨다. 하나님께서는 불가능해 보이는 그 일을 행하실 수 있다는 것이다. 그 말씀을 들은 제자들 가운데 베드로는 재빠르게 나서서 말했다. 거기 있는 제자들은 모든 것을 버리고 주님을 따르고 있다는 것이다.

베드로의 그 말은 잘못되거나 과장된 표현이 아니었다. 베드로를 비롯한 여러 제자들은 갈릴리 호수에서 물고기를 잡는 어부였으나 저들의 모든 것을 버리고 주님을 따르게 되었다. 마태 같은 제자는 원래 세무직 공무원이었으나 자기의 직장마저 버리고 예수님을 따랐다. 다른 제자들 역시 마찬가지였다. 그러니 베드로는 거기 있는 제자들은 자신의 모든 것을 버리고 주님을 따르고 있으니 구원받을 만하다고 했던 것이다.

(2) 가족과 생계에 연관된 문제(막 10:29, 30)

예수께서는 베드로가 한 말을 듣고 그것이 모든 것을 충족시키는 것이 아니라고 말씀하셨다. 처음 영생에 관심을 가지고 자기를 찾아온 그 사람에게는 재물을 팔아 가난한 사람들에게 나누어 주라고 하셨다. 저의 모든 재물은 그 자신을 위한 것일 뿐 아니라 이웃을 위한 것이기도 하다는 의미였다.

그런데 베드로는, 제자들은 소유한 재산뿐 아니라 직장을 비롯한 모든 것을 다 버렸다는 사실을 언급했다. 이는 베드로 자신뿐 아니라 모든 제자들이 그렇게 하여 주님을 따르고 있다는 것이었다. 그만하면 영원한 천국에 들어가 영생을 누릴 수 있다고 여겼던 것이다.

하지만 주님께서는 제자들을 향해 그 이상의 것을 요구하셨다. 예수님 자신과 복음을 위해 저들이 소유한 물질뿐 아니라 집이나 형제나 자매나 어미나 아비나 자식이나 전토를 버려야 한다고 하셨기 때문이다(막 10:29).35) 재산은 물론 가족과 생계의 근거가 되는 집과 논밭도 버릴 것을 요구하셨던 것이다. 이는 주님과 복음보다 더 중한 것은 존재하지 않으며 그와 비교할 만한 대상이 없다는 사실을 말해주고 있다.

하나님의 말씀에 순종하여 버리게 되면 하나님께서 이 세상에서도 그전보다 백배가 넘는 비교할 수 없을 만큼 충분히 채워주실 것이라고 하셨다. 이 말은 버릴 것을 버려야만 참된 것을 더 풍족하게 얻게 된다는 사실을 의미한다. 물론 이 말은 부모를 버리면 백배가 넘는 부모를 주며 형제자매를 버리면 백배가 넘는 사람을 더 주겠다고 하는 의미가 아니다. 그것은 인간들이 자기 욕망을 위해 안간힘을 쓰면서 가족과 재물을 지키는 것보다 하나님의 선물로서 안정된 형편 가운데 살아가는 것이 백배 낫다는 상징적인 의미를 지니고 있다.

우리가 여기서 생각해 보아야 할 점은, 예수께서 친히 동일한 자리에서 모세 율법에 기록된 '네 부모를 공경하라'(막 10:19)는 말씀을 인용하며 교훈을 주셨다는 사실이다. 그에 반해 뒤이어 특별한 상황이 이르면 부모마저 버리라는 요구를 하고 계신다. 이는 얼른 보면 모순처럼 들릴 수도 있다. 하지만 우리는 이 점에 대한 분명한 깨달음을 가져야 한다.

---

35) 본문 가운데서 예수님을 위해 형제나 자매나 어미나 아비나 자식까지 버려야 한다는 말씀을 하시면서, '남편'이나 '아내'도 그렇게 해야 한다고 언급하지 않은 것은 매우 중요한 의미를 지니고 있다. 만일 거기서 남편과 아내를 포함하게 되면, 어리석은 자들은 주님께서 마치 이혼을 허용하는 양 오해를 하게 되었을지도 모른다.

이 말씀이 주는 기본적인 교훈은 부모 형제 자식이라 할지라도 하나님의 말씀과 복음을 벗어난 편에 서 있을 경우 막연히 저를 편들며 지지하지 말라는 의미를 내포하고 있다. 그렇게 하는 것은 참된 사랑이 아니라 도리어 저를 고통의 자리로 몰아넣는 것과 마찬가지다. 설령 부부간이라 할지라도 하나님 앞에서 온당하게 행하면 서로 격려해야 하지만 잘못된 처신을 하고 있다면 지혜롭게 권면할 수 있어야 한다.[36] 그것이 진정으로 가족을 사랑하는 방편이 되기 때문이다.

이를 위해서는 기록된 말씀에 대한 객관적인 잣대가 마음속에 잘 자리 잡고 있어야만 한다. 그렇지 않으면 어지러운 세상 가운데 살아가면서 판단력이 흐려지게 된다. 그것은 실제적인 핍박의 원인을 제공할 수밖에 없다. 어리석은 자들은 그 실상을 제대로 파악하지 못한 채 자신의 감정에 근거한 그릇된 판단과 행위를 자기만족을 위한 도구로 삼으려 한다.

중요한 점은, 잠시 지나가는 이 세상에서 부유하고 만족스러운 삶을 추구하는 것을 목표로 삼지 말아야 한다는 사실이다. 욕망에 근거한 모든 것들은 인생을 마감할 때 완전히 사라지게 된다. 장차 주님께서 재림하시면 그 모든 것들은 아무런 의미가 없게 되어 버린다. 우리에게 가장 소중한 것은 주님께서 예비하신 하나님 나라에서 영원토록 그를 찬양하며 기쁨으로 살아가는 삶이다.

(3) 세상과 다른 하나님 나라에서의 지위(막 10:31)

인간들의 평가와 하나님의 평가는 전혀 다르다. 세상에서 성공하여 대단한 인물로 평가받는다고 할지라도 그것은 궁극적인 의미가 없다.

---

36) 우리는 사도행전 5:1-11의 '아나니아와 삽비라'를 기억해야 한다. 그들 부부가 잘못된 것을 서로 받아들여 인정하며 용인하다가 하나님의 심판을 받게 된 두려운 사건이 성경에 기록된 사실을 잘 알고 있다.

그에 반해 이 세상에서 내세울 만한 것이 전혀 없을지라도 하나님 보시 기에는 다를 수 있다. 우리가 염두에 두어야 할 점은 하나님의 교회에 속한 성도들에 관한 문제이다.

지상 교회 안에는 외형적으로 성공하거나 잘난 사람들이 있는가 하면 전혀 그렇지 않은 자들도 있다. 그것은 시대에 따라 다양한 양상을 보인다. 지상 교회가 극한 핍박을 받는 시대라면 하나님을 올바르게 섬기는 자들은 고통을 당할 수밖에 없다. 따라서 교회에 속한 성도로서 부유하거나 부족하게 살아가는 것은 하나님의 경륜에 따른 것으로 이해해야 한다.

그러므로 우리는 하나님의 자녀로서 성공하여 부자가 되는 것이 잘못된 것이라 말할 수 없다. 또한 부족한 상태로 살아가는 것이 바람직하다고 생각해서도 안 된다. 일반적인 경우라면 성실하게 살아가는 성도들이 더 부유한 삶을 살 수 있으며 게으르고 성실하지 않기 때문에 가난하게 살아갈 수도 있다.

세속국가에 속한 일반 시민들도 보통 환경에서는 가난한 사람들이 부자들에게 감사한 마음을 가지게 된다. 부유한 사람들이 더 많은 세금을 부담함으로써 가난한 자들의 환경마저 좋게 만들어 살 수 있다. 이는 국가가 주도하는 많은 사업과 환경 개선을 위해서는 부유한 자들의 역할이 더 크기 때문이다.

우리는 이와 더불어 교회 내의 부자와 가난한 자에 대한 올바른 입장을 가져야 한다. 교회 교육과 선교를 하면서 상당한 물질이 필요할 경우 경제적으로 여유로운 성도들이 더 많은 부담을 하게 된다. 가난하고 어려운 성도들이 그 혜택을 입고 있는 것이다. 재정에 연관된 부유한 성도들의 역할이 크기 때문이다.

그럼에도 불구하고 교회는 빈부 차이를 두고 사람을 평가해서는 안 된다. 이는 '사람을 외모로 판단하지 말라'(신 16:19; 요 7:24)는 성경의 교훈과 통하는 개념이다. 앞에서 언급된 어린아이에 관한 문제 역시 동일한 교훈을 주고 있다. 중요한 점은 사람들의 판단과 주님의 판단이 같지 않다는 사실이다. 그래서 예수께서는 '먼저 된 자로서 나중 되고 나중 된 자로서 먼저 될 자가 많으니라'(막 10:31)고 말씀하셨던 것이다.

제20장

예루살렘을 향해 올라가시는 예수님

(막 10:32-52)

1. 예수님과 예루살렘 (막 10:32-34)

예루살렘은 하나님의 특별한 도성이다. 그곳은 아브라함과 이삭에 직접적인 연관이 있으며 다윗과 솔로몬도 그에 연관되어 있다. 아브라함은 예루살렘의 옛 지명의 산인 모리아 산에서 사랑하는 독자 이삭을 하나님께 산 제물로 바쳤다. 그것은 아브라함의 자발적인 행위가 아니라 하나님의 요구에 의한 순종행위였다.

그리고 다윗과 솔로몬은 모리아 산이 있던 바로 그 자리에 모세가 하나님의 뜻에 따라 건립한 성막(tabernacle)을 고정시켜 돌로 된 성전(the temple)을 세웠다. 그곳에서 제사장들은 율법에 따라 하나님 앞에 제물을 바쳤다. 그것은 장차 이땅에 오셔서 영원한 제물이 될 하나님의 어린 양 메시아가 바쳐질 것에 대한 예언적 성격을 지니고 있었다.

예루살렘과 거룩한 성전의 의미는 예수님 당시에도 그 의미가 그대로 존속되고 있는 상태였다. 이제 하나님의 어린양이신 예수께서는 왕권을 가지고 예루살렘으로 올라가시게 되었다. 과거에도 여러 차례 예루살렘을 방문한 적이 있었으나 이번의 경우는 이전과 그 성격이 확연히 달랐다.

예수께서 하나님의 도성인 그곳으로 가시는 목적은 외견상 보기에는 악한 자들에 의해 고난을 당하시고 십자가 위에서 죽기 위해서였다. 물론 그것은 하나님의 자녀들을 위해 마땅히 겪어야 할 중요한 과정이었다. 하지만 실상은 악한 자들의 손아귀에 놓인 예루살렘 성을 정복하여 접수함으로써 진정한 왕위에 오르기 위한 목적 때문이었다.

그러므로 그는 예견된 고난의 길을 피하지 않고 당당히 나아가셨다. 예수님은 당연히 앞으로 자기에게 닥칠 모든 위기의 상황에 대하여 분명히 알고 계셨다. 예수님의 제자들도 그에 대하여 어느 정도의 인식이 있었던 것으로 보인다. 따라서 제자들을 비롯하여 함께 따라가던 자들은 그의 행보를 보고 놀라서 크게 두려워하는 마음을 가지게 되었다.

그런 중에 예수께서는 열두 제자들을 따로 불러 자기가 당할 일을 더욱 분명히 말씀해주셨다. 이제 예루살렘에 올라가면 하나님의 아들이자 인자(人子)이신 자기가 대제사장들과 서기관들에게 넘겨지게 되리라는 것이었다. 그들이 주도하는 산헤드린 공회가 자기를 죽이기로 결의하고 이방인들의 로마제국 당국에 넘겨 사형에 처하도록 할 것이라고 했다.

또한 그 이방인들이 예수님을 능욕하고 그의 얼굴에 침을 뱉으며 채찍질할 것이라는 점을 언급했다. 그리고 결국은 그 악한 자들이 자기를 죽이리라는 것이었다. 하지만 하나님의 아들인 자기는 결코 다른 인간들처럼 죽음에 머물지 않을 것이며 처형된 지 삼일 만에 다시 살아나리라고 말씀하셨다. 제자들은 그 말씀을 듣고 크게 놀랐으나 실제로 그런 일이 일어날 것으로 생각하지는 않은 것으로 보인다.

2. 제자들의 세속적 욕망과 주님의 관점 (막 10:35-45)

(1) 야고보와 요한의 세속적 야망(막 10:35-37)

예수께서는 이처럼 자기가 예루살렘에 올라가 사악한 자들에 의해 심한 능욕을 받게 되리라는 점을 분명히 말씀하셨다. 그리고 모진 고난과 더불어 끝내 죽임을 당하리라는 사실을 언급하셨다. 이를 통해 당시의 상황이 비상사태에 처해 있었음을 알 수 있다. 그런 터에 제자들은 그에 연관된 본질에서 완전히 벗어나 자신의 개인적인 욕망과 출세에만 관심을 기울이고 있었다.

그리하여 세베대의 아들 야고보와 요한이 예수님께 나아와 특별한 청탁을 했다. 거기에는 무엇이든지 저들이 구하는 것을 주님이 허락해 달라는 요구가 포함되어 있었다. 즉 그들 자신은 장차 왕위에 오를 예수님을 위해 모든 충성을 바칠 각오가 되어있으니 의심 말고 그 청탁을 들어주시기를 바란다는 것이었다.

요한과 야고보는 저들이 다른 제자들과 달리 예수님으로부터 특별한 총애를 받고 있는 것으로 착각하고 있었다. 회당장 야이로의 딸이 죽었을 때 예수께서 저를 살리시는 자리에 다른 제자들을 제외한 채 베드로와 요한과 야고보를 데리고 그 자리에 들어가셨다(막 5:35-42). 그리고 변화산에 올라가실 때도 그리 하셨다(마 17:1; 막 9:2; 눅 9:28). 그 외에도 예수께서는 특별히 그 두 사람을 따로 데리고 가신 경우가 많이 있었다 (막 13:3; 14:33. 참조).

야고보와 요한의 말을 들으신 예수께서는 그들을 향해 원하는 것이 무엇인지 물어보셨다. 예수님의 반응을 본 그들은, 장차 그가 왕이 되어 영광스러운 권좌에 오르게 될 것을 안다고 했다. 이 말은 그가 곧 세계를 통치하실 최고의 권세자가 된다는 사실을 알고 있다는 의미였다. 이번 여행길에 닥칠 예루살렘에서의 모든 사건을 거쳐 그가 왕위에 오를 것을 확신하고 있다는 것이다.

하지만 그들이 기대하고 원하는 것은 세상에 존재하는 왕국과 왕이 었을 뿐 예수께서 말씀하신 원래의 의도와는 거리가 멀었다. 그들은 하나님께서 섭리와 경륜에 따라 작정하신 신령한 하나님 나라에 대해서는 별 관심이 없었다. 그들은 오직 자신들이 원하는 왕국이 임하기를 바랐을 따름이다.

그러므로 그들은 예수께서 이 세상을 통치하는 왕국을 세우시면 자신들에게 특별한 자리를 달라고 청탁했다. 둘 중 하나는 주님의 오른편 권좌에, 다른 하나는 그 왼편 권좌에 앉게 해달라는 것이었다. 즉 주님을 향해 여러 제자들 가운데 저들을 가장 높은 자리에 앉혀 주시도록 간청했다.

그들은 왕 다음으로 높은 자리에서 왕국을 다스리며 권력을 행사하기를 원했다. 왕이 되실 예수께서 그것을 허락하시면 요한과 야고보가 제자들 가운데서도 서열 최고의 권좌에 앉게 된다. 그들은 그렇게 해서 예수님을 보좌하며 충성을 다하겠다고 말했던 것이다. 그러나 그들의 속내는 주님을 핑계댄 출세욕으로 얼룩져 있었을 따름이다.

(2) 예수님의 책망(막 10:38-40)

이기적인 욕망에 가득 찬 요한과 야고보의 세속적인 성향의 권력에 관한 청탁을 받은 예수께서는 저들을 향해 완곡하게 책망하셨다. 그들은 지금 무엇을 구하고 있는지 그 의미조차 모르고 있다는 것이다(막 10:38). 그 제자들은 무엇이 본질이며 중요한 것인지에 대한 기본적인 깨달음조차 없었던 것이다.

그리하여 예수께서는 저들을 향해 '너희가 나의 마시는 잔을 마시며 나의 받는 세례를 받을 수 있느냐'(막 10:38)고 물어보셨다. 그것은 십자가 사건에 연관된 말씀이었다. 하지만 제자들은 그 말에 대한 의미를 올바르게 이해하지 못한 채 즉시 그에 반응했다. 기꺼이 그렇게 할 수 있다고 답변했던 것이다.

예수께서 하신 그 말씀은 이제 자기가 고난의 쓴 잔을 마시고 죽음의 세례를 받게 될 터인데 저들도 그리하겠느냐는 의미를 지니고 있었다. 하지만 제자들은 예수님을 따라가면 저들에게 높은 권좌의 영광이 주어질 것으로 착각했다. 이는 이른바 훗날 종교개혁 시대 마르틴 루터가 언급한 '십자가 신학'에 연관된 의미를 멀리한 채 자신을 위한 일종의 '영광의 신학'을 추구하겠다는 욕망에 빠져 있음을 보여주고 있다.[37]

그러므로 예수께서는 두 제자의 잘못된 신앙을 지적하시며, 그들이 말한 대로 이제 곧 예수님 자신이 마실 고난의 쓴 잔과 죽음의 세례를 받게 되겠지만 그들에게 원하는 바 권좌를 줄 수 없다는 사실을 언급하셨다. 왕이 되시는 예수님의 좌우편에 앉는 세상의 권세는 그들이 기대하듯 자기가 줄 것이 아니라고 하셨다(막 10:40). 그러나 하나님께서 예비하신 자들은 장차 모든 참된 영광을 얻게 되리라고 말씀하셨다.

(3) 나머지 열 제자의 분노와 예수님의 답변(막 10:41-45)

야고보와 요한이 몰래 예수님께 가서 장차 왕이 되면 높은 자리를 달라고 청탁한 사실을 뒤늦게 알게 된 나머지 제자들은 매우 분하게 여겼다. 그것은 충분히 그럴 만한 사안이었다. 베드로의 경우 항상 예수님의 가장 측근에서 특별한 수행을 해왔는데 아무런 해명 없이 저들로부터 제외당하게 되었다.

나머지 제자들도 저들의 행동에 대하여 가지는 괘씸한 마음은 비슷

---

37) 마르틴 루터는 종교개혁을 시도하며 '십자가 신학'의 중요성을 강조하면서 인간의 공로와 영광을 추구하는 로마 가톨릭의 '영광의 신학'을 강하게 비판했다. 그는 1518년 독일 아우구스티누스 수도원 총회에서 주관한 하이델베르크 논쟁에서 십자가의 고난을 통한 그리스도의 사역과 지상 교회에 속한 성도들의 그에 연관된 기본적인 신앙의 근거를 선포했다.

했다. 항상 예수님과 함께 다니며 생사고락(生死苦樂)을 함께한 동지였는데 야고보와 요한이 그와 같이 의리 없는 배신을 저질렀기 때문이다. 예수께서는 제자들 사이에 일어나고 있는 모든 상황을 소상하게 파악하고 계셨다.

그러므로 예수님은 제자들을 한자리로 불러모아 말씀하셨다. 그것은 하나님을 알지 못하는 이방인들이 세운 왕국에 연관된 것이었다. 그는 먼저 세상의 불신자들이 세운 나라에서는, 통치자로 군림한 권력자들이 백성을 강제로 지배하고 있음을 언급했다. 권세를 가진 고위관료들은 백성들에게 세도를 부린다는 것이다. 그 점에 대해서는 모두가 알고 있는 사실이라고 언급하셨다.

그러나 예수께서 이제 곧 세우시게 될 하나님 나라는 그렇지 않다는 말씀을 하셨다. 오히려 그와는 정반대의 성격을 지닌다고 하셨다. 따라서 제자들 가운데 누구든지 남보다 더 크고 높은 자리를 차지하고자 하는 자들은 도리어 그들을 섬기는 자가 되리라는 것이었다. 즉 누구든지 최고의 지위에 오르고자 하는 자는 모든 사람의 종이 되어 가장 낮은 자리에 처하게 될 것이라고 했다.

그와 더불어 하나님의 아들이자 인자(人子)로서 자기가 타락한 이 세상에 오신 목적은 섬김을 받기 위해서가 아니라는 사실을 분명히 밝히셨다. 그는 오히려 많은 사람을 섬기기 위해 이땅에 오셨다고 했다. 이 말은 자기 목숨을 많은 사람의 대속물(代贖物)로 내어주기 위해서라는 의미를 내포하고 있다. 이는 장차 있게 될 십자가 사역에 연관된 예언적 성격을 지니고 있다.

3. 여리고의 소경 바디매오 (막 10:46-52)

예수님과 그의 제자들은 예루살렘으로 올라가는 도중 여리고에 도착하게 되었다. 그리고 그들이 여리고를 거쳐 뒤따라오는 무리와 함께 그 지역을 떠나 예루살렘을 향해 출발할 때 한 사건이 발생했다. 앞을 보지 못할 뿐 아니라 거지로 살아가는 소경 바디매오가 길가에 앉았다가 나사렛 예수님이 지나간다는 소리를 들었다.

그 사실을 알게 된 바디매오는 큰 소리로 예수님을 향해 외쳤다. 놀랍게도 그는 예수님에 대하여 '다윗의 자손'이라는 중요한 고백적인 표현을 하고 있다. 즉 '다윗의 자손 예수여 나를 불쌍히 여기소서'(막 10:47)라고 외쳤던 것이다. 예수님과 그의 제자들을 비롯한 많은 사람들의 분주한 분위기로 인해 그는 목청이 떠나가도록 예수님을 불렀을 것이 분명하다.

당시 예수님의 얼굴을 두 눈으로 보고 기적적인 그의 많은 사역을 직접 경험한 사람들은 그를 올바르게 알지 못하고 있었다. 그에 반해 앞을 전혀 보지 못하는 소경 바디매오가 예수님의 행적에 관한 소식을 듣고 그가 다윗 왕의 후손으로 이땅에 와서 무너진 그의 왕권을 잇게 될 메시아라는 사실을 알고 있었다. 이는 그가 비록 소경이었으나 구약성경에 기록된 메시아 예언을 들어 알고 있으면서 그때가 이르기를 학수고대(鶴首苦待)하고 있었음을 말해주고 있다.

그에 반해 소경 바디매오가 외치는 것을 본 많은 자들은 그를 심하게 꾸짖었다. 사람들이 그렇게 한 이유와 입장은 제각각 달랐을 것으로 보인다. 그들 가운데는 하찮은 거지 소경이 예수님의 가는 길을 방해하고 있다는 판단을 한 자들이 있었을 수 있다. 또한 예수님을 향해 '다윗의 자손'이라고 외친 것에 대하여 반감을 가진 자들이 없지 않았을 것이다.

소경 바디매오는 주변에서 발생한 그와 같은 형편에 전혀 신경쓰지 않았다. 그는 오히려 더욱 큰 소리로 '다윗의 자손 예수'를 부르면서 자기를 불쌍히 여겨달라고 했다. 그는 자기를 위해 예수님의 도움이 절대로 필요하다는 사실을 깨닫고 있었기 때문이다.

예루살렘을 향해 길을 가시던 예수께서는 자기를 절박하게 부르는 자가 있다는 사실을 알게 되었다. 그래서 제자들을 향해 그 사람을 자기 앞으로 불러오라고 했다. 그러자 제자들은 소경 바디매오에게 가서 안심하고 자리에서 일어나라는 말을 했다. 그가 절박하게 부르짖는 예수께서 저를 불러오라고 하셨다는 것이다.

그 말을 들은 소경은 겉옷을 챙기지도 않은 채 즉시 자리에서 일어나 예수님 앞으로 나아갔다. 앞을 보지 못하는 거지 행색을 하고 있는 그를 본 예수께서는 저를 향해 원하는 것이 무엇이냐고 물어보셨다. 그러자 소경 바디매오는 앞을 보기를 원한다는 말씀을 드렸다. 그의 간구를 들은 예수님은 즉시 그의 눈을 치유해 앞을 볼 수 있게 해주셨다.

예수께서는 그와 더불어 바디매오를 향해 '네 믿음이 너를 구원하였느니라'(막 10:52, thy faith hath made thee whole)고 말씀하셨다. 그리하여 그는 앞을 보게 되어 예수님의 뒤를 따르게 되었다. 우리는 여기서 그가 눈을 뜨게 되었을 뿐 아니라 그에게 하나님의 구원이 허락된 것으로 이해해야 한다.

만일 그렇다면 그가 신체적 눈을 뜨게 된 사건보다 영원한 구원에 참여한 것이 훨씬 중요한 의미를 지니고 있다. 예수님이 '다윗의 자손'으로서 왕권을 잇는 자라고 한 고백이 그의 전인적 구원과 연관되어 있었기 때문이다. 소경 바디매오는 앞을 보지 못하는 거지였으나 눈뜬 부유한 자들이 가지지 못한 예수님에 대한 참된 신앙을 가지고 있었던 것이다.

우리가 여기서 깨달아야 할 바는, 예루살렘에서 종교적인 권세를 가진 대제사장들, 서기관들, 장로들을 비롯해 스스로 귀족이라 여기던 부유한 바리새인들과 사두개인들보다 여리고의 가난한 거지 바디매오가 훨씬 나은 신앙인이었다는 사실이다. 그리고 예수님의 제자들조차 세상의 헛된 야망을 품고 있었던데 반해 소경 바디매오는 전혀 그렇지 않았다.

그는 잘난 체하는 눈뜬 지식인들이 알지 못하던 메시아에 연관된 진리를 명확히 깨닫고 있었다. 그리고 바디매오에게는 이 세상에서의 저급한 욕망이 없었다. 하지만 그와 같은 양상은 과거의 기독교 역사 가운데 줄곧 있어 왔으며 오늘날 우리 시대에도 여전히 이어지고 있다. 주님의 몸된 교회에 속한 성도들은 예루살렘의 잘난 기득권자들이 아니라 많은 사람들로부터 멸시받던 여리고의 거지 소경 바디매오를 본받을 수 있어야 한다.

제21장

예루살렘에 입성하신 만왕의 왕

(막 11:1-19)

1. 예루살렘 수복을 위한 하나님의 예비하심 (막 11:1-6)

예수께서는 이제 자기가 이땅에 오신 최종 목적을 이루시기 위해 예루살렘으로 올라가고 계셨다. 그 성에서 자기가 온 우주 만물의 주인이자 만백성의 왕이라는 사실을 선포하기 위해서였다. 그리고 십자가 사역을 통해 창세전에 택하신 자녀들에게 구원을 베풀고 부활 승천하시고자 하셨다.

예수님과 그의 제자들은 예루살렘에 가까이 이르러 감람산 벳바게와 베다니에 도착하게 되었다. 그때 예수께서는 제자들 가운데 두 명을 맞은편 동네로 보내시고자 했다. 그곳에 가면 아직 아무도 올라 타보지 않은 나귀 새끼가 매여 있는 것을 볼 터이니 그것을 풀어 자기에게로 끌고 오라는 것이었다. 그런데 예수께서는 그 짐승의 주인에게 사전 양해를 구하라는 언급을 하시지 않았다. 오히려 그냥 끌고 오면 된다고 말씀하셨을 따름이다.

일반적인 경우, 그와 같은 행위는 도둑질로서 절도죄가 성립될 수 있었다. 적어도 그것은 정당하지 않은 부도덕한 일이었다. 하지만 예수께서 그렇게 하신 것은 그 나귀 새끼가 '예수님 자신의 소유'라는 의미가 내포되어 있었기 때문이다. 즉 다른 사람의 나귀 새끼를 아무렇게나 끌고 오라는 것이 아니라 자신의 소유인 나귀 새끼를 자기에게 몰고 오라는 것이었다.

그러므로 만일 어떤 사람이 왜 남의 나귀 새끼를 끌고 가느냐고 따져 묻거나 문제 삼는 자가 있다면 그에 대하여 당당히 '주가 쓰시겠다 하라'(막 11:3)는 답변을 하도록 하셨다. 그렇게 하면 아무런 저항없이 그 짐승을 끌고 나올 수 있으리라는 것이었다. 여기서 '주'라는 말 가운데는 당연히 제자들이 생각하는 예수님의 다른 이름으로서 '주님'(the Lord)이라는 의미가 내포되어 있다. 그와 동시에 거기에는 '그 나귀 새끼의 주인'이 곧 예수님이란 사실에 연관되어 있다.

예수님의 지시를 받은 제자들은 그가 시키시는 대로 순종했다. 그들이 동네 안으로 들어가 보니 나귀 새끼 한 마리가 대문 앞에 매여 있었다. 그래서 제자들은 그 동물을 예수님 앞으로 끌고 오기 위해 기둥에 매어 둔 줄을 풀었다. 그때 여러 사람들이 그 광경을 지켜보게 되었다. 하지만 그들은 제자들에게 화를 내거나 따진 것이 아니라 나귀 새끼를 끌고 가서 어디에 쓰려고 하는지 물어보았다.

그러자 제자들은 예수께서 시키신 대로 그들에게 답변했다. '주께서 쓰시겠다'고 말했던 것이다. 그 말을 들은 자들은 아무런 저항없이 나귀 새끼를 순순히 내주었다. 여기에는 예수님이 이 세상 모든 것들의 주인이신 동시에 각 사람이 가진 것들 역시 원천적으로는 그의 소유란 사실을 말해주고 있다.

이번의 일은 구속사(救贖史) 가운데서 매우 특별한 경우이기는 하나 그 의미는 보편적으로 적용되어야 한다. 그를 따르는 제자들을 비롯하여 각 성도들이 소유한 모든 것들은 원천적으로 주님의 것이다. 오늘날 지상 교회에 속한 우리 역시 마찬가지다. 따라서 주님께서 원하시면 언제든지 돌려드릴 준비를 갖추고 있어야만 한다.

2. 나귀 타고 예루살렘에 입성하시는 왕권을 가진 예수님
(막 11:7-11)

예수께서 나귀 새끼를 자기에게 끌고 오게 하신 것은 그가 그 동물을 타고 예루살렘으로 입성하기 위해서였다. 만일 로마 황제가 예루살렘 성에 입성한다면 백마를 타거나 백마가 끄는 화려한 마차를 타고 그렇게 했을 것이다. 그와 달리 예수께서는 나귀 새끼를 타고 겸손한 모습으로 예루살렘으로 들어가셨다.

우리는 여기서 그와 연관된 매우 중요한 사실을 기억해야 한다. 그것은 우선 예수께서 그렇게 하신 것은 구약성경의 예언을 이루시기 위해서였다. 선지자 스가랴는 장차 이땅에 메시아가 왕으로 오신다는 사실을 선포했다. 그리고 그 왕은 공의로운 분으로서 구원을 베푸시지만 겸손해서 나귀 새끼를 타고 오신다는 예언을 했다.

> "시온의 딸아 크게 기뻐할찌어다 예루살렘의 딸아 즐거이 부를찌어다 보라 네 왕이 네게 임하나니 그는 공의로우며 구원을 베풀며 겸손하여서 나귀를 타나니 나귀의 작은 것 곧 나귀 새끼니라"(슥 9:9)

왕의 신분을 가지신 예수께서 어린아이처럼 나귀 새끼를 타고 예루살렘에 입성하시게 되면 어리석은 자들은 그를 막강한 세력을 가진 왕으로 인정하지 않으려 한다. 하지만 천상으로부터 오신 왕이 예루살렘에 입성하시면, 악한 배도자들과 로마제국의 이방인들에게 빼앗긴 그 성을 다시금 수복하시게 된다. 그는 칼과 무기로써 전쟁을 통해 예루살렘을 수복하는 것이 아니라 평화로운 방법으로 그렇게 하신다.

　구약성경에 기록된 예언의 말씀과 더불어 그 실상을 깨달아 아는 백성들은 예수께서 나귀를 타고 예루살렘에 입성하실 때 그를 왕으로 받아들여 예우했다. 그들은 왕이 나귀 새끼를 타고 나아가는 앞길에 자신의 겉옷을 벗어 던지기도 하고 나뭇가지를 꺾어 길 위에 펼쳐두기도 했다. 그것들은 세상의 왕이 사용하는 화려한 양탄자를 대신하는 의미를 지니고 있었다.

　그리고 많은 백성들은 종려나무 가지를 꺾어 손에 들고 흔들면서 앞서거니 뒷서거니 하며 큰 소리로 부르짖었다(요 12:13). 그들은 왕으로 입성하시는 예수님을 향해 '호산나38) 찬송하리로다 주님의 이름으로 오시는이여'(막 11:9)라고 목청껏 외쳤다. 그리고 '찬송하리로다 오는 우리 조상 다윗의 나라여 가장 높은 곳에서 호산나!'(막 11:10)라며 환성을 질렀다. 이는 그들이 구약성경에 약속된 다윗의 아들 메시아로서 이 땅에 오신 왕을 찬양하며 경배하고 있음을 보여주고 있다.

　그리하여 예수께서는 예루살렘 가운데 위치한 성전에 도착하여 그 안으로 들어가셨다. 그곳은 원래 거룩한 집으로서 하나님의 거처의 성격을 지니고 있었다. 하지만 사악한 배도자들이 그 거룩한 곳을 더럽혀 강도의 소굴로 만들어 버렸다. 왕으로 입성하신 예수께서 그 안으로 들어가 모든 형편을 둘러 보셨다. 그러는 중 때가 저물게 되자 예수께서는 쉬시기 위해 제자들을 데리고 성 밖의 베다니로 가셨다.

3. 열매 없는 무화과나무 저주 (막 11:12-14)

　예수님과 제자들은 베다니에서 잠을 자고 난 후 그 이튿날 예루살렘 성으로 들어가기 위해 그곳을 나섰다. 밖으로 나와 예루살렘을 향해 가

---

38) '호산나'(hosanna)라는 말은 '구원해 주시옵소서' 라는 의미를 지니고 있다. 그것은 개별적으로 조용히 사용되기보다, 많은 사람들이 큰 무리를 이루어 하나님을 향해 부르짖는 찬양의 외침으로 사용되는 경우가 많았다.

는 길에 아침 식사를 거른 예수께서는 배가 고픈 시장기를 느끼셨다. 그래서 나무에 열린 열매라도 따먹고자 하셨다. 우리는 여기서 당시 예수께서 왕권을 소유하고 계셨음에도 불구하고 그 일행은 매우 궁핍한 형편에 처해있었음을 알게 된다.

그래서 예수께서는 멀찍이 잎사귀가 무성한 무화과나무를 보시며 그쪽으로 가셨다. 그 나무에 먹을 만한 열매가 달려있을까 하는 생각 때문이었다. 하지만 가까이 가서 보니 잎만 무성했을 뿐 열매가 달려 있지 않았다. 그 이유는 그때가 무화과열매가 맺힐 시기가 아니었기 때문이다.

그런데 예수께서는 그 나무를 향해 선언적인 말씀을 하셨다. 이제부터 영원토록 사람들이 그 나무로부터 열매를 따 먹지 못하리라는 것이었다. 제자들은 그 말을 듣고 의아해 하지 않을 수 없었다. 열매를 맺을 시기가 아니어서 열매 맺지 못한 나무를 향해 더 이상 열매 맺는 나무의 기능을 하지 못하리라고 저주하신 것은 이상한 일이었다.

우리는 여기서 그렇다면 예수께서 왜 그렇게 하셨을까 하는 점을 생각해 볼 수 있어야 한다. 거기에는 모든 나무가 항상 그 주인이 되시는 예수님을 위해 열매를 예비하고 있어야 한다는 의미가 담겨 있다. 일반 사람들을 위해서라면 모르겠으나 주인이신 예수님 자신을 위해서는 어떤 이유나 조건도 통하지 않는다는 것이다.

그리고 그것은 제자들에게 보여주시고자 하는 특별한 교훈에 연관되어 있다. 그들은 길가에 심겨진 나무 한 그루조차 주님의 것이란 사실을 깨달아야 했다. 그 무화과나무가 주인을 위해 열매를 맺지 못하는 것에 대해서는 어떤 이유나 변명도 통하지 않았다. 이는 사실 매우 중요한 원리적 의미를 지니고 있다.

장차 예수님의 제자들은 주님의 십자가 사역과 부활 승천 후 이 세상에 남게 된다. 그들은 언제 어디서나 항상 주님께서 원하시는 열매를 맺어야 한다. 따라서 지상 교회에 속한 모든 성도들은 '언제든지 주님

앞에서 그 열매를 맺을 수 있어야 한다'.[39] 이는 물론 그 이후에 따라
올 주님의 몸된 교회에 속한 성도들에게도 동일하게 적용된다. 하나님
의 자녀로서 이에 대한 원리적인 의미를 깨닫는 것은 매우 중요하다.

4. 성전 청결 사건과 거부하는 세력 (막 11:15-19)

(1) 혁명적 파괴자 예수님(막 11:15, 16)

예수께서는 제자들을 데리고 예루살렘 성으로 들어가셨다. 그가 가
시고자 하는 최종 목표지점은 하나님의 성전이었다. 왕으로 입성하신
그는 자기의 거룩한 집인 예루살렘 성전을 회복하셔서만 했다. 당시 그
곳은 사악한 배도자들에 의해 장악당해 극히 더러워진 상태에 놓여있
었다.

그가 성전 안으로 들어가셨을 때 그곳에는 매매하는 자들이 물건을
파는 일에 열중하고 있었다. 그들 가운데는 돈을 바꾸어주며 환전하는
자들이 있었다. 뿐만 아니라 비둘기와 소와 양을 파는 자들도 있었다(요
2:14). 그 사람들은 매매하는 일을 위해 상판을 펼쳐두고 있었으며 의자
에 앉아 그 일을 하기도 했다.

예수께서는 성전 안에서 돈을 바꾸거나 비둘기와 소와 양을 비롯하
여 물건을 팔고 사는 자들의 상과 의자를 뒤엎으셨다. 또한 성전에서
팔 물건들을 매매 장소로 옮기는 자들의 통행을 막으셨다. 이는 당시에
그와 같은 상업적인 일을 통해 얻는 수입이 상당했으리란 사실을 말해
주고 있다.

---

39) 여기서 언급된, 성도들이 '하나님 앞에서 항상 열매를 맺어야 한다' 는 것은
일반적인 '전도' 와는 달리 이해되어야 한다. 이 말은 지상 교회에 속한 성도
로서 하나님을 진정으로 예배하는 삶과 연관지어 생각해 볼 수 있다. 이는 곧
주님 안에서 이루어지는 이웃에 대한 참된 사랑의 실천과 연결되어야 한다.

우리는 여기서 몇가지 중요한 점을 생각해 보아야 한다. 우선 돈을 바꾸어주고 비둘기와 소와 양을 파는 자들은 일반 잡상인이 아니었다는 점이다. 그들은 예루살렘 성전에서 봉사하며 일하는 레위인들이었다. 매매하는 일에 참여한 자들은 개인적으로 돈을 벌기 위한 목적을 가졌던 것이 아니다. 그들은 예루살렘 성전의 재정 확충을 위해 그 일을 하고 있다는 생각을 했던 것이 분명하다.

당시 돈을 바꾸어주는 환전(換錢)은 매우 중요한 일이었다. 예루살렘 성전을 방문한 로마의 여러 지역에서 온 자들은 로마 화폐인 데나리온(denarius)을 가지고 있었다. 그리고 헬라 지역에서 온 사람들은 헬라 화폐인 드라크마(drachma)를 가지고 있었을 것이 분명하다. 그들이 예루살렘 성전을 방문해 하나님 앞에 돈을 예물로 드리기 위해서는 이방인의 부정한 화폐가 아니라 유대인들의 세겔(shekel)로 바꾸어야만 했다.

하나님의 거룩한 성전에서는 이방인들이 사용하는 로마의 돈 데나리온이나 헬라의 돈 드라크마를 사용할 수 없었다. 반드시 유대인들의 세겔로 바꾸어 하나님께 예물로 바쳐야 했다. 유대인들의 돈이라 할지라도 헌돈이나 낡은 돈이 아니라 깨끗하고 흠없는 돈이라야만 사용할 수 있었다. 따라서 성전 내부에서 확인한 돈이 가장 안전하므로 환전을 담당한 자들은 그것을 위해 그렇게 한다고 생각했을 것이다.

이처럼 비둘기와 소와 양을 파는 직무를 담당한 자들은 나름대로 분명한 명분을 가지고 있었다. 성경은 하나님께 바치는 제물은 흠이 없는 정결한 동물이어야 한다는 사실을 밝히고 있다(레 1:3, 10; 3:6; 9:2, 참조). 만일 먼 곳에서 온 자들이 밖에서 짐승을 구해오다가 흠이 생길 경우 모든 것이 허사가 되어버린다. 또한 멀리 떨어진 지역에서 짐승을 끌고 온다면 도중에 상처가 나게 될 수도 있다.

그리하여 성전에서 매매하는 자들은 하나님께 제사드리기에 적합한 동물들을 미리 준비하여 판매한다고 여겼을 것이 분명하다. 즉 예루살렘 성전에서 종사하며 봉사하는 제사장들과 레위인들은 그와 같은 공적인 매매행위를 통해 일반 백성들의 순결한 성전 제사를 돕는다고 생각하고 있었다. 또한 당시는 예루살렘 성전 증축 공사가 수십년 간 진행되고 있었으므로 그것이 재정적인 도움이 되었을 것이다. 따라서 성전에서 매매를 주관하는 자들은 그와 같은 행위를 일거양득(一擧兩得)이 된다는 명분을 내세웠을 것으로 보인다.

(2) 하나님의 집을 강도의 소굴로 만든 자들의 저항(막 11:17-19)

예수께서는 배도자들의 세력에 맞서 성전을 청결케 하신 후 많은 사람들이 있는 자리에서 그 본질적 의미를 선포하셨다. "내 집은 만민이 기도하는 집이라"(막 11:17; 사 56:7). 구약성경에 예언된 이 말씀의 실제적인 의미 가운데는 하나님의 아들이신 자기가 곧 그 집의 주인이라는 사실에 대하여 선언하는 성격을 지니고 있었다.

거룩하신 하나님께서 거하는 집인 성전은 거룩해야 한다. 따라서 성전에서 수종들며 봉사하는 자들은 그 실상을 기억하는 가운데 순종하지 않으면 안 된다. 그래야만 하나님의 거룩한 성전에서 거룩한 제사장과 레위인들이 정결한 제물로써 거룩한 제사를 지낼 수 있다. 그리하여 하나님이 기뻐하시는 거룩한 제사가 되는 것이다.

그런데 사악한 배도자들은 하나님의 거룩한 성전을 개인의 종교적인 목적을 위한 공간으로 바꾸어버렸다. 주님께서는 그들을 하나님의 집을 강탈한 강도로 묘사하셨다. 따라서 그들을 향해 하나님의 성전을 강도의 소굴로 만들어버렸음을 지적하고 있다.

예수님으로부터 강한 비판을 받은 대제사장들과 서기관들은 그 말을 듣고 분노하게 되었다. 사악한 범죄를 저지른 자들이 하나님을 두려워하며 겸손하게 뉘우치고 회개해야 할 터에 도리어 크게 화를 내고 있었다. 그들 가운데 다수는 그런 악행을 저지르면서도 자신이 마치 하나님을 위하여 봉사하는 충성스러운 자로 착각하고 있었을 것이 분명하다.

즉 그들은 성전에서 매매하는 자들의 상을 뒤엎은 예수님이 도리어 이스라엘 민족과 성전을 위해 일하는 것을 훼방하는 자로 여겼다. 따라서 그들은 예수님을 죽여 없애려는 계략을 세우고자 했다. 또한 그들이 그렇게 하고자 결심한 중요한 이유 가운데 하나는 일반 백성들 가운데 많은 사람들이 저들을 따르지 않고 오히려 예수님의 교훈을 감격스럽게 받아들이고 있었기 때문이다.

그러므로 예루살렘에서 종교적인 권세를 누리고 있던 제사장들과 레위인들, 그리고 서기관들을 비롯한 지도층 인사들은 예수님에게 직접 해를 가하지 못했다. 그를 지지하는 많은 백성들이 신경쓰이지 않을 수 없었던 것이다. 그런 상황이 진행되는 중에 해가 저물어 어두워지자 예루살렘과 성전의 참된 주인이신 예수님은 그곳에 머물지 못하고 잠을 자고 쉬기 위해 제자들과 함께 성 밖으로 나가셨다.

제22장

왕이신 예수님과 산헤드린 공회의 저항

(막 11:20-33; 12:1-12)

1. 저주받은 무화과나무를 통한 예수님의 교훈 (막 11:20-26)

(1) 저주받은 무화과나무(막 11:20, 21)

세상의 모든 것들은 나름대로 용도가 있다. 이는 아무런 의미없이 존재하는 것은 없다는 의미와 통한다. 설령 부정적이고 나쁜 것들 조차도 멀리 내다보면 그것이 원인이 되어 긍정적인 기능을 할 수 있다는 것이다. 우리는 이를 인간의 이성을 넘어 하나님의 섭리와 경륜의 관점에서 이해하게 된다.

이와 더불어 우리가 생각해야 하는 점은 우주와 이 세상 가운데 존재하는 모든 것들이 하나님의 통치와 관여 아래 존재한다는 사실이다. 따라서 주님이 모든 것의 주인이므로 그가 원할 때는 즉시 그의 요구에 순종해야 한다. 예수께서 무화과나무를 향해 열매를 내어놓으라고 하셨을 때 그 나무는 그렇게 해야 하는 것이 마땅했다. 즉 현실적으로는 그에 따르는 것이 가능하지 않았으나 원리적으로는 그래야만 했던 것이다.

그러므로 열매를 원하는 예수님의 요구에 응하지 못한 무화과나무는 저주를 받았다. 앞에서 예수께서 저주하실 때 그 죽음의 현상은 즉시 나타났다. 그러나 그 나무 옆을 지나가는 자들은 일시동안 저주받은 그 나무에 대한 아무런 인식이 없었다. 그에 대해서는 함께 있던 제자들 역시 마찬가지였다. 예수님의 저주와 더불어 즉시 그 나무는 죽었으나 그 외형을 보며 아직 살아있는 것으로 착각했던 것이다.

제자들은 그 이튿날 아침 예수님과 함께 예루살렘을 향한 길목에서 그 무화과나무를 보며 뿌리채 말라 죽었다는 사실을 알게 되었다. 그것을 목격한 제자들 가운데 베드로가 예수님께 그에 관한 말씀을 드렸다. 어제 주님께서 저주했던 그 무화과나무가 말라죽었다는 것이다. 그것은 제자들의 인정여부와 상관없이 이미 그렇게 된 상태였다.

그런데 우리가 여기서 신중히 생각해보아야 할 점은 그 길거리에 무화과나무가 단 한 그루만 심겨져 있었던 것이 아니라 더 많았을 가능성이 크다는 사실이다. 그런데 예수께서 열매를 찾으셨던 한 그루만 저주받아 죽게 되었다. 우리는 여러 그루의 무화과나무 가운데 직접 열매를 요구받은 그 나무만 저주받은 사실을 통해 주님으로부터 특별한 요구를 받은 자들에 관하여 생각해보아야 한다. 물론 이 말씀은 우선적으로 하나님의 요구를 거절한 유대인들에게 연관되어 있었다.

우리는 이와 더불어 무화과나무를 저주하신 주님의 행위는 인간적인 경험으로 볼 때 일반적이거나 자연적이지 않다는 사실을 기억해야 한다. 즉 그 무화과나무가 아직 열매를 맺을 시기가 아닌데 왜 그와 같은 무리한 요구를 하느냐고 저항할 수 있는 자가 없다. 주님이 원하시면 그대로 따라야 할 따름이다. 이에 대해서는 모든 인간들이 마음에 두어야 하며 더욱이 하나님의 자녀들은 그에 대한 의미를 마음속 깊이 새겨두고 살아가야 한다.

(2) 그에 연관된 중요한 교훈(막 11:22-26)

예수께서는 전날 저주를 당한 무화과나무가 뿌리째 말라죽은 것을 보고 놀란 제자들을 향해 '하나님을 믿으라'(막 11:22)는 언급을 하셨다. 이는 하나님께서 친히 그 일을 행하셨다는 의미와 연관되어 있다. 자연적이지 않고 이해하기 어려운 그 일을 행하신 분이 곧 하나님이라는 것이다.

그는 또한 제자들에게 이어 말씀하셨다. 하나님께는 불가능한 일이 아무것도 없다고 했다. 누구든지 하나님을 향한 믿음을 가지고 산을 명령하여 바다에 내던져져 빠지라고 명하면 그대로 될 것이라고 했다. 즉 하나님께서 그렇게 해주실 줄 믿고 마음에 의심하지 않는다면 그대로 된다는 것이다.

그러므로 무엇이든지 하나님께 기도하고 구한다면 그것을 받은 줄로 믿으라는 말씀을 하셨다. 즉 그런 믿음을 가지고 간구하면 그대로 이루어지게 된다는 것이다. 이는 믿음으로 기도하고 아직 그 내용을 응답받지 못한 상황이라 할지라도 이미 받은 것과 마찬가지이며 곧 그렇게 되리라고 하셨던 것이다.

주님의 교훈은 명확하지만, 과연 우리가 실제로 산을 옮겨 주시도록 기도하면 하나님께서 그대로 들어주실까에 대한 생각을 해보아야 한다. 우리는 여기서 예수께서 하신 그 말씀의 의미를 올바르게 이해하지 않으면 안 된다. 어리석은 자들은 개인적인 욕심을 추구하며 그것을 취하고자 혼신의 힘을 다해 기도하기도 한다. 그들은 기도를 개인의 욕망을 추구하기 위한 종교적인 도구로 여기고 있는 것이다.

그러나 성숙한 하나님의 자녀들은 결코 그런 식으로 기도하지 않는다. 하나님께 영광을 돌리며 그의 뜻이 이루어지기를 간구하는 자들은 자신이 아니라 하나님을 위해 기도하게 된다. 예수께서 제자들에게 무엇이든지 원하는 것을 구하라고 하신 말씀은 그와 밀접하게 연관되어 있다. 이는 또한 하나님이 모든 것의 주인이라는 사실을 깨달아야 한다는 의미를 내포하고 있다.

따라서 우리가 주의를 기울여 생각해보아야 할 점은 기도할 때 '믿음으로 기도해야 한다'는 사실이다. 여기서 언급된 '믿음'이란 하나님께서 자기 자녀들에게 은혜로 허락하신 것이다. 또한 '믿음으로 기도해야 한다'는 말 속에는 그것이 하나님의 영광을 위한 방편이 된다는 의미가 포함되어 있음을 기억해야 한다. 하나님의 영광이 배제된 채 개인의 욕망을 위해 기도하는 행위는 근원적으로 잘못된 것이다.

그와 더불어 예수께서는 제자들을 향해 하나님 앞에 서서 기도할 때, 만일 어떤 사람과 등지고 서로 마음 상하는 일이 있거든 용서하라는 말씀을 하셨다. 그래야만 하늘에 계신 성부 하나님께서도 그들의 허물을 용서해 주시리라는 것이었다. 우리는 이 말씀이 언약 가운데 이루어지는 질서와 규례에 연관되어 있다는 사실을 기억해야 한다.

예수께서는 이 말씀을 통해 다른 사람의 모든 죄를 무조건 용서하라고 명하신 것은 아니다. 지금 예수님을 십자가에 못 박아 죽이려는 배도자들을 아무런 조건 없이 용서할 수 없다. 나아가 그는 제자들 상호 간에도 그런 식으로 무조건 용서하라고 말씀하지 않으셨다.

예수님은 자기를 모독하고 예루살렘 성전을 더럽히며 백성들을 악의 구렁텅이로 몰아가는 제사장들을 비롯한 종교지도자들을 그 상태로 용서하시지 않았다. 그리고 제자들 가운데 하나님의 뜻을 거부하는 가룟 유다를 용서하신 것도 아니다. 성경에 말하는 대로 회개하고 용서를 비는 자들에 대해서는 다른 조건없이 용서해야만 한다. 예수께서는 그에 대한 분명한 교훈을 주셨다.

> "너희는 스스로 조심하라 만일 네 형제가 죄를 범하거든 경계하고 회개하거든 용서하라 만일 하루 일곱 번이라도 네게 죄를 얻고 일곱 번 네게 돌아와 내가 회개하노라 하거든 너는 용서하라 하시더라"(눅 17:3, 4)

　모든 성도들은 예수님의 이 말씀에 온전히 순종해야 한다. 누구든지 잘못을 범하고 하나님 앞에 그 죄를 진정으로 회개하고 자신의 악행을 인정하면 용서해 주어야 한다. 어떤 사람이 설령 그 일을 되풀이하여 하루에 일곱 번 죄를 범할지라도 하나님 앞에서 진정한 회개가 동반된 용서를 구한다면 그렇게 해야 한다.[40] 하지만 하나님 앞에서 참된 회개가 없이 행해지는 용서는 아무런 유익이 없다.

　이를 달리 말하자면, 하나님의 자녀로서 다른 사람에게 심각한 잘못을 범했다면 그에 대한 깨달음을 가져야 한다. 그리고 하나님 앞에서 자기의 죄를 철저하게 회개해야 한다. 그와 더불어 그 당사자를 찾아가 자신의 잘못을 빌고 용서받아야 한다. 참 하나님의 자녀들이라면 이 의미를 올바르게 깨닫고 그 말씀에 순종하지 않으면 안 된다.

2. 참 왕이신 예수님과 부당한 세력을 지닌 산헤드린 공회
(막 11:27-33)

(1) 산헤드린 공회의 문제 제기와 예수님의 답변(막 11:27-30)

　죽은 무화과나무를 통해 교훈을 주시던 예수님은 다시 예루살렘 성으로 가셨다. 그가 성전 안에서 거닐고 계실 때 대제사장들과 서기관들과 장로들이 그의 앞으로 나아왔다. 그들은 하나님의 성전을 불법으로 장악한 채 강도의 소굴로 만들어버린 상태에서 참 주인인 하나님의 아들이 온 것을 보며 못마땅하게 생각했다.

　주인 행세를 하고 있던 배도자들은 예수님을 향해 무슨 권세로 그와 같이 행하느냐고 따져 물었다. 그 말 가운데는 저들이 주인인데 왜

---

40) 하루에 일곱 번 죄를 짓는다고 할 때 그것들이 항상 동일한 범죄를 의미한다고 생각할 필요가 없다. 동일한 사람이 특정인에 대하여 유사한 죄를 저지를 수도 있지만 성격이 전혀 다른 유형의 죄를 범할 수도 있는 것이다.

주인처럼 행세하느냐는 의미가 담겨 있었다. 그리하여 예수께서는 자기가 정당한 권세로 그렇게 하고 있다는 사실을 저들에게 알리고자 하셨다.

따라서 예수께서는 도리어 그들을 향해 반문하셨다. 자신의 질문에 대한 올바른 답변을 하면 자기가 무슨 권세로 그렇게 하는지 말씀하시겠다는 것이다. 그러시면서 요한의 세례가 하늘로부터 임한 것인지 사람에게서 난 것인지 저들에게 물어보셨다. 즉 요한이 지닌 영적인 권세가 어디서 났느냐는 것이다.

예수님 당시 세례 요한의 구속사적 지위는 매우 중요했다. 그는 그 시점에 하나님을 경외하는 제사장과 선지자로서 맡겨진 직무를 감당하고 있었다. 따라서 요한은 많은 백성들에 의해 정통성을 갖춘 훌륭한 신앙인으로 받아들여졌다. 그가 이스라엘 백성 앞에서 예수님을 하나님의 아들로 선포하며 요단강 세례를 통해 민족적인 회개를 촉구했던 것이다.

그러므로 당시 제사장들을 비롯한 종교지도자들은 그에 연관된 예수님의 질문에 관한 답변을 하기가 매우 조심스러웠다. 세례 요한의 모든 것을 인정하면 예수님을 하나님의 아들 메시아로 받아들여야만 한다. 반대로 그를 인정하지 않으면 저들 자신의 존재와 백성들로부터 가해질 비난을 감당할 수 없었기 때문이다.

(2) 딜레마(dilemma)에 빠진 산헤드린 공회 지도자들(막 11:31-33)

율법을 벗어나 부당한 방법으로 예루살렘 성전을 장악하고 있던 대제사장들을 비롯한 종교지도자들은 세례 요한에 관한 예수님의 질의에 제대로 답변하지 못했다. 만일 그가 천상의 나라에 연관되어 있다고 말하면 예수님은 저들에게 왜 그의 말을 듣지 않느냐고 다그칠 것이 분명했다.

그와 달리 요한이 이 세상에 속한 자에 지나지 않으며 그가 행한 모든 것이 천상에 연관된 것이 아니라고 하자니 백성들의 눈치가 보였다. 많은 백성들이 요한을 참된 선지자로 여기고 있었으므로 그들을 두려워하지 않을 수 없었다. 즉 요한의 반대편에 서서 그를 비난하면 저들이 도리어 가짜로 판명될 것 같은 분위기였던 것이다. 그들은 결국 요한이 하늘에 속한 자인지 땅에 속한 자인지 모르겠다는 답변을 내어놓았다.

예수께서는 그와 같이 딜레마에 빠진 예루살렘의 종교지도자들을 향해 자신의 입장을 밝히셨다. 그들이 세례 요한의 직책과 그의 권세와 그가 행한 모든 일이 어디로부터 났는지 말하지 않는다면 자기도 저들에게 자신에 관하여 말하지 않으리라는 것이었다.[41] 거기에는 세례 요한의 권세가 자기와 동일한 곳인 천상으로부터 임했다는 사실을 선언하는 의미를 내포하고 있다.

3. 배도자들에 의해 죽임당하는 하나님의 아들과 모퉁이 돌
(막 12:1-12)

(1) 포도원 주인과 그 종들의 악행(막 12:1-9)

예수께서는 또한 비유를 통해 제자들에게 중요한 교훈을 주셨다. 그 내용은 포도원 주인이 농부들을 고용하여 자신의 농장을 세운 것을 배경으로 하고 있다. 그것은 하나님과 그의 아들 예수 그리스도에 관한 역사적 사실을 상징적으로 보여준다.

---

41) 예수께서 하신 이 말씀 가운데는 악한 자들과의 대화를 차단하겠다는 의도가 내포되어 있다. 예수님의 단호한 태도는 장차 제자들이 취해야 할 자세에 대한 교훈적 실상을 보여주고 있다. 따라서 오늘날 우리 역시 하나님의 말씀을 거부하는 이단자들과는 신학과 신앙적 대화를 하지 않는다.

어떤 사람이 포도원을 일구어서 주변에 울타리를 쳤다. 그리고 구덩이를 파서 포도즙 틀을 들여 놓았다. 또한 외부인들이 함부로 포도원을 침범하지 못하도록 경계하는 망대를 세웠다. 모든 것을 구비한 후 그 주인은 자기가 고용한 농부들에게 포도원을 세주고 먼 길을 떠나 외국으로 갔다.

세월이 흘러 포도 열매가 맺힐 때가 이르자 그 주인은 약속된 대로 소출을 받기 위해 자신의 종을 보냈다. 그런데 심각한 문제가 발생하게 되었다. 세를 얻어 포도 농사를 지은 농부들이 소출의 일부를 회수하기 위해 주인이 보낸 종에게 소출을 손에 들려보낸 것이 아니라 도리어 심한 폭력을 가한 후 주인에게 되돌려보냈기 때문이다. 그것은 주인이 보낸 종이 아니라 주인을 직접 능욕한 행동이었다. 그들은 주인과 맺은 계약을 파기하고 그 포도원을 자기의 소유로 만들고자 했다.

자기가 보낸 종이 농부들에 의해 폭행을 당하고 되돌아온 것을 본 포도원 주인은 또 다른 종을 보냈다. 그러자 그 종 역시 세내어 포도를 재배하는 그 농부들로부터 머리를 맞아 심한 상처가 나는 능욕을 당하게 되었다. 그러자 그 주인은 또다시 다른 종을 보내자 악한 농부들은 그를 죽이기에 이르렀다. 그 외에 많은 종들을 되풀이해 보냈으나 악한 농부들은 저들을 욕보이고 폭행을 가했을 뿐 아니라 죽이기까지 했다.

포도원 주인은 배은망덕(背恩忘德)한 농부들을 보면서도 극한 인내심을 보였다. 그런 중에 그는 이제 자기가 사랑하는 아들을 최후로 자신의 포도원에 보내면서 자기 아들에게는 그와 같은 악행과 폭력을 행사하지 않을 것이라 생각했다. 감히 자기 아들은 공경함으로써 함부로 대하지 않을 것으로 여겼기 때문이다. 그래서 그 인내심 강한 주인은 자기 아들을 포도원에 보내 자신의 뜻을 전하도록 했다.

하지만 주인의 아들이 포도원에 이른 것을 본 농부들은 그를 예우하기는커녕 더욱 악한 태도를 보였다. 그들은 주인의 아들이 장차 포도원의 상속자가 될 것이므로 죽여버리자는 논의를 했다. 그리하여 상속자가 죽어 없어지게 되면 그들이 포도원의 소유권을 가지게 될 것으로 판단하게 되었던 것이다.

악한 농부들은 결국 포도원 주인의 상속자인 아들을 죽였다. 그들은 죽은 아들의 시신을 포도원 밖으로 내던져버렸다. 농부들은 주인의 은혜를 저버렸으며 주인과 맺은 계약을 파기하는 극심한 범죄를 저질렀다. 거기에다 주인의 아들을 죽이는 죄와 주인의 포도원을 가로채려는 복합적인 죄를 저지르게 되었다.

이 비유의 말씀을 주신 예수께서는 제자들을 향해, 그와 같은 일이 발생하면 포도원 주인이 어떤 식으로 그에 대응하겠느냐는 질문을 던졌다. 제자들은 포도원 주인이 돌아와서 불법을 저지른 악한 농부들을 진멸하게 되리라고 했다. 그리고는 그 포도원을 다른 사람들에게 줄 수밖에 없을 것이라는 답변을 했다.

이 말은 언약의 자손으로 세워져 약속의 땅 가운데서 선한 관리자의 의무를 다해야 할 유대인 종교지도자들이 그동안 하나님의 보냄을 받은 여러 선지자들을 능멸하고 죽인 사실에 연관되어 있다. 결국 하나님께서 자신의 아들 예수 그리스도를 그들 가운데 보내시지만 악한 자들은 그를 죽여 예루살렘 성 밖 곧 언약의 중심 영역 밖으로 내치게 된다. 악한 유대인 지도자들은 장차 그와 같은 사악한 범죄행위를 저지르게 된다.

그로 말미암아 하나님께서는 언약의 신령한 영역을 유대인들로부터 빼앗아 이방인들에게 맡기시게 된다. 이는 구약시대의 유대인 민족 공동체가 하나님을 버림으로써 그리스도를 통해 세워지는 지상 교회와 밀접하게 연관되어 있다. 언약 가운데 존재해야 할 유대인들은 하나님으로부터 버림받게 되고 하나님의 언약은 이방인들로 구성된 지상 교회를 통해 이루어져 가게 되는 것이다.

(2) '건축자들의 버린 돌과 모퉁이 돌' (막 12:10-12)

예수께서는 제사장들과 서기관들과 장로들이 모인 그 자리에서 자신에 연관된 구약성경에 기록된 예언을 인용해 말씀하셨다. 건축자들이 쓸모없는 것으로 판단하여 버린 돌이 건축물 모퉁이의 머릿돌이 된다는 내용이었다. 일반적인 관점에서 본다면 이 말씀을 받아들여 쉽게 이해하기 어렵다.

건축자들이란 건물을 짓는 전문가들이다. 그들은 다른 보통 사람들과는 다른 전문적인 안목을 지니고 있다. 즉 그들은 건축을 하면서 어느 돌이 요긴하게 사용할 만한 소중한 돌인지 아니면 쓸모없어 버려야 할 돌인지 명확하게 구별할 수 있는 안목을 가진 자들이다. 그들이 쓸데 없다고 판단한다면 그 돌은 불필요한 돌에 지나지 않는다.

그런데 성경에서는 건축 전문가들이 버린 돌이 건물의 기초석인 가장 중요한 머릿돌이 되었다는 사실을 말하고 있다. 시편에는 그에 관한 내용이 기록되어 있다. 언약의 자손들은 항상 그 시편을 묵상하며 민족의 언약적 정체성과 더불어 메시아를 소망하는 노래를 불렀던 것이다.

"주께서 내게 응답하시고 나의 구원이 되셨으니 내가 주께 감사하리이다 건축자의 버린 돌이 집 모퉁이의 머릿돌이 되었나니 이는 여호와의 행하신 것이요 우리 눈에 기이한 바로다 이 날은 여호와의 정하신 것이라 이 날에 우리가 즐거워하고 기뻐하리로다" (시 118:21-24)

시편 기자는 하나님께서 자기의 기도에 응답하신 사실과 그가 참된 구원자가 되신다는 사실을 언급했다. 그로 말미암아 하나님을 향해 깊은 감사의 노래를 부른다는 것이다. 그와 더불어 장차 임할 메시아에 관한 소망을 노래하고 있다.

건축자의 버린 돌이 집 모퉁이의 머릿돌이 된다는 것은 예사로운 일이 아니다. 건축 전문가가 무가치한 것으로 여겨서 버린 돌을 가장 중요한 자리에 두게 되었기 때문이다. 시편 기자는 여호와 하나님께서 그일을 행하셨음을 말했다. 인간들의 눈에는 그와 같은 일이 신기한 일로 비쳐질 수밖에 없다는 사실을 언급했다.

그와 같은 일이 이루어지게 되는 날은 여호와 하나님께서 정하신 것이라고 했다. 그 때문에 하나님의 언약에 속한 백성들은 그로 말미암아 기뻐하고 즐거워하게 된다는 것이다. 이는 장차 도래하게 될 메시아 사역에 연관된 예언적 의미를 지니고 있다.

십자가 사역을 앞둔 예수께서는 성경에 기록된 그 내용을 인용하면서 이제 자기가 그 모퉁이 돌처럼 이스라엘의 사악한 종교인들에 의해 버림을 받게 되리라는 사실을 비유적으로 말씀하셨다. 당시 종교적인 전문가를 자처하던 제사장들과 서기관들이 소중한 돌인 예수님을 몰라보고 바깥에 버리게 되지만 하나님께서 그를 영적인 건축물인 언약 공동체를 위한 모퉁이 돌로 삼으시게 된다는 것이다.

이에 대해서는 나중 예수님의 십자가 처형 사건과 그의 부활 승천이 있은 후, 사도 베드로가 산헤드린 공회 앞에서 공적으로 진술한 내용 가운데 분명히 드러나고 있다. 그는 대제사장들을 비롯한 종교지도자들이 모인 자리에서 그 점을 언급했다. 사도행전에는 그에 관한 계시가 기록되어 있다.

> "너희와 모든 이스라엘 백성들은 알라 너희가 십자가에 못 박고 하나님이 죽은 자 가운데서 살리신 나사렛 예수 그리스도의 이름으로 이 사람이 건강하게 되어 너희 앞에 섰느니라 이 예수는 너희 건축자들의 버린 돌로서 집 모퉁이의 머릿돌이 되었느니라 다른 이로써는 구원을 받을 수 없나니 천하 사람 중에 구원을 받을 만한 다른 이름을 우리에게 주신 일이 없음이라 하였더라" (행 4:10-12)

베드로는 서슬 퍼런 산헤드린 공회 앞에서 담대한 마음으로 하나님의 구원 사역을 선포했다. 그들이 무가치하게 여겨 못 박아 죽인 나사렛 예수의 이름으로 인해 모든 구원이 완성되었다는 것이다. 이는 구약성경에 예언된 대로 그들이 버린 돌이 영적 공동체인 지상 교회의 머릿돌이 되었음을 선언하는 의미를 지니고 있다.

배도에 빠진 종교인들이 십자가에 못 박아 죽인 예수님이 언약의 백성들을 구원하는 유일한 근원이 되신다. 하나님께서는 인간들이 구원받을 수 있는 다른 방편을 허락지 않으셨다. 오직 신령한 건축물의 머릿돌이 되시는 예수 그리스도께 연결된 자들만 하나님의 영원한 구원에 참여하게 된다는 것이다.

예수께서 아직 십자가를 지시기 전에 종교전문가를 자처하는 자들 앞에서 그 말씀을 하셨을 때, 그들은 성경에 기록된 모퉁이 돌을 버린 어리석은 건축자로 지목된 자들이 곧 자신들이란 사실을 알고 분노하게 되었다. 그리하여 예수님과 제자들을 체포하고자 하는 마음이 있었으나 그리하지 못했다. 아직 그의 때가 이르지 않았기 때문이다.

당시 많은 사람들이 예수님을 메시아로 알고 따랐으므로 그들은 즉각적인 행동을 취할 수 없었다. 그리하여 그들은 더 구체적인 작전을 염두에 두고 현장을 떠났다. 예수님 당시의 종교지도자들은 구약성경을 내세우고 아브라함과 모세와 다윗을 비롯한 저들의 조상들의 이름을 들먹였으나 실상은 배도에 빠져 있었다. 그 역사적 구속사 과정에서 메시아의 의미는 더욱 명확하게 드러나고 악한 자들과의 대치 상황은 더욱 극명하게 진행되어 갔다.

지상 교회에 속한 성도들은 이에 대하여 깊은 주의를 기울여 현실을 돌아볼 수 있어야 한다. 오늘날에도 하나님을 내세우고 성경을 언급하면서 교회의 유일한 모퉁이 돌로서 구원의 기초가 되는 예수 그리스도를 부인하는 소위 종교전문가 혹은 종교기술자들이 크게 기승을 부리고 있기 때문이다. 우리는 험한 시대에 살아가면서 성경을 통한 참된 진리를 마음속 깊이 새겨야만 한다.

제23장

악한 자들의 위장된 접근과 함정
(막 12:13-27)

1. 세속국가에 바치는 세금 문제 (막 12:13-17)

(1) 위선자들의 함정 (막 12:13, 14ⓐ)

사악한 배도자들은 메시아로 이땅에 오신 예수님에게서 문제점을 찾아내기 위해 눈을 부릅뜨고 설쳤다. 그리하여 율법주의적 풍조에 익숙한 바리새인들과 로마제국의 편에 선 헤롯당에 속한 자들 중에서 그 일을 감당할 만한 사람들을 골라 그에게 보냈다. 그들의 사명은 예수님의 가르침에 신학적 문제가 있다는 것을 입증해 내는 것이었다.

그 악한 자들은 목적을 달성하기 위해 수단과 방법을 가리지 않았다. 그들은 하나님을 진정으로 경외하는 마음이 없었으므로 거짓말을 하는 것을 아무렇지 않게 여겼다. 따라서 스스로 성별된 자인 양 행세하던 바리새인들은 예수님 앞에 나아와 위선적인 행동을 취하면서 마음에 없는 언사를 사용했다.

예수님을 고통에 빠뜨리기 위해 마음속에 칼자루를 숨긴 자들은 겉으로는 그를 매우 존경하며 높이는 듯이 말했다. 그들은 예수님을 향해 '선생님'으로 칭하기를 주저하지 않았다. 이는 그를 종교적인 율법 교사로 인정하는 의미를 지니고 있었다.

나아가 예수님이 참되고 진실하신 분이라는 점을 언급하며 그가 어떤 사람이라 할지라도 차별하거나 꺼리지 않는다는 사실을 잘 알고 있음을 말했다. 이는 예수님이 사람을 겉으로 드러나는 신분이나 지위고하에 따라 외모로 판단하지 않기 때문이라고 했다. 그가 오직 참된 것으로써 하나님의 도를 가르치는 사실을 알고 있다는 것이다.

그 배도자들이 예수님 앞에서 그와 같은 태도를 취한 것은 결코 그를 믿거나 진정으로 공경하기 때문이 아니었다. 그들은 철저한 위선자로서 예수님의 의심을 받지 않기 위해 거짓 행동을 하고 있었다. 사악한 자들은 그렇게 함으로써 예수님이 마음 놓고 무엇이든지 편하게 말하도록 하여 덫에 걸리게 하고자 했던 것이다. 물론 예수께서는 저들의 속마음을 훤히 꿰뚫어 보고 계셨음이 틀림없다.

(2) 세속국가에 연관된 자세 질문(막 12:14ⓑ-17)

예수님이 긴장을 풀고 편하게 얘기하도록 계획된 분위기를 조성한 후 악한 배도자들은 예수님을 향해 매우 민감한 질문을 던졌다. 그것은 언약의 백성인 유대인으로서 세속국가에 대하여 취해야 할 입장에 연관되어 있었다. 그 내용은 로마제국에 바치는 세금에 대한 문제였다.

그들은 예수님께 로마 황제에게 세금을 바치는 것이 당연한 것인지 그렇게 해서는 안 되는 것인지 물어보았다. 그러니 언약의 백성인 저들이 로마제국에 세금을 바쳐야 할지 말아야 할지 답을 달라는 것이었다. 그들이 이와 같은 질문을 던진 것은 예수님으로부터 참된 답변을 듣고자 한 것이 아니라 도리어 그를 함정에 빠뜨리기 위해서였다.

그들은 예수님 앞에서 겉보기에 그럴듯한 태도를 보이며 위선적인 행동을 하고 있었다. 그들의 불손한 의도를 알고 계시는 예수께서는 저들을 향해 어찌하여 자기를 시험하느냐고 책망하셨다. 그 주변에는 많은 사람들이 모여 있었으므로 그에 대한 입장을 분명히 해둘 필요가 있었던 것이다.

만일 예수께서 유대인들의 편에서 그에 관한 답변을 한다면 그것은 로마제국의 납세 제도에 저항하는 행위가 된다. 그와 달리 로마제국의 입장을 지지하게 되면 유대인들에 대한 배신행위가 될 수 있다. 그야말로 이렇게도 저렇게도 할 수 없는 진퇴양난(進退兩難)의 입장에 처하게 된 것이다.

그런 상황에서 예수께서는 사악한 의도를 가진 저들을 향해 로마제국의 화폐인 데나리온 하나를 가져 오도록 하셨다. 그리고는 그 동전 화폐에 새겨진 화상과 글을 보이며 그것들이 누구의 것인지 물어보았다. 그러자 그들은 동전에 새겨진 얼굴은 로마 황제이며 그 글은 로마제국의 글이라고 대답했다.

그들의 답변을 들으신 예수께서는 로마 황제의 것은 로마 황제에게 바치고 하나님의 것은 하나님께 바치라는 말씀을 하셨다. 여기서 그는 세속국가와 하나님의 나라 사이에는 서로 다른 명백한 구별이 존재한다는 사실을 시사하고 있다. 이처럼 하나님의 성도들은 세속국가에서 시민의 역할을 충실히 감당해야 하며 하나님의 교회에서도 그 책임을 다해야 한다.

그런데 중요한 사실은 그 양자가 뚜렷이 구별되면서도 완전히 분리된 것은 아니라는 점이다. 세상에서 사용되는 화폐가 언약의 영역 안과 밖에서 동일한 가치를 소유하고 있기 때문이다. 따라서 하나님의 백성이 세속국가에서 납세 의무를 다하는 것과 예수 그리스도가 왕이신 그의 몸된 교회에서 연보를 통해 성도의 의무를 감당하는 것 사이에는 본질적인 차별이 존재하는 것이다.

| 목회자의 납세 문제 |

한 국가에 속한 모든 시민들은 정당한 납세 의무를 지닌다. 국가의 보호 아래 노동하고 일한 결과 얻은 수입에 따른 세금을 납부함으로써 국가를 경영하는 일에 참여하게 된다. 그 세금이 국가를 운영하는 자금으로 사용되며, 다음 세대를 위한 교육과 백성들을 안전하게 지켜 보호하기 위한 국방과 치안을 유지하기도 한다.

뿐만 아니라 국가의 여러 가지 기반 시설을 확충하기도 하며 생활이 어려운 백성들이 안전하게 살아가도록 지원하기도 한다. 백성들은 능력의 정도에 따라 더 많은 세금을 내기도 하고 덜 내기도 한다. 결국은 그 모든 세금은 백성들에게 되돌아가게 된다.

예수께서는 로마제국에 대한 납세 문제를 두고 질문한 바리새인들과 헤롯당 요원들에게 답변하면서 가이사 곧 로마제국에 바칠 세금은 저들의 법에 따라 그 의무를 감당해야 한다고 하셨다. 그리고 하나님의 것은 하나님께 바쳐야 한다는 말씀을 했다. 이는 하나님의 언약에 속한 백성들은 세속국가에 대하여 그 의무를 다해야 하며 하나님의 성전을 위해서도 그렇게 해야만 한다는 사실을 말해주고 있다.

오늘날 현대 교회에 속한 우리 역시 이에 대한 분명한 이해를 해야 할 필요가 있다. 과거 지나간 역사서뿐 아니라 현재의 많은 국가들에서도 법적인 '정교분리의 원칙'이 존재한다. 기독교인인 우리의 입장에서 정리한다면, 세속국가는 하나님의 교회를 간섭하지 못하며 교회 또한 국가에 대한 간섭을 하지 않는다.

대한민국 헌법 제20조 2항에는, "국교는 인정되지 아니하며, 종교와 정치는 분리된다"고 명시하고 있다. 이 말은 교회와 국가는 분리되어 있으며 상호 간섭하지 않는다는 의미를 내포하고 있다. 즉 교회는 기본적으로 국가의 간섭을 받아야 할 이유가 없다. 물론 교회 가운데서 형사적인 범죄 사건이 발생할 경우에는 상황이 다르다. 단지 신앙적인 측면에서는 국가와 교회가 분리되는 것이 원칙이라는 의미이다.

우리는 납세 문제와 연관지어 생각할 때, 일반 교인들은 국가에 속한 시민으로서 납세 의무를 감당해야 하는 것이 당연한 것으로 받아들인다. 하지만 교회에서 사역하는 목회자의 경우는 다르다. 교인들이 교회를 위해 연보할 때는 이미 법에 따른 납세를 한 다음에 행해지게 된다. 그 연보를 다시금 교회의 목회자에게 생활비로 지급하게 된다.

교회에 속한 목회자라 할지라도 다른 일반적인 직접세나 간접세 등 모든 세금을 내게 된다. 그러나 목회자의 생활비에서 따로 세금을 내지 않는 것을 원칙으로 받아들여야 한다. 이는 교회의 국가로부터의 독립성이 목회자의 사역을 통해 드러나는 것과 연관되어 있다. 즉 목회자가 국가에 세금을 낸다면 교회가 국가에 예속된 것이란 의미를 지니게 되기 때문이다.

우리가 여기서 주의를 기울여 생각해야 할 바는 목회자의 납세가 단순히 금전적인 지출 문제가 아니란 사실이다. 교회의 목회자는 세속국가의 보장 아래 일반적으로 노동하는 자가 아니다. 목사는 하나님의 말씀에 따라 교회 가운데 하나님의 복음을 선포하는 자로서 세속국가에 속해 있지 않다. 따라서 그 직분은 세속국가의 지시나 간섭을 받지 않는다.

오히려 세속 국가가 만일 하나님의 말씀에 반하는 요구를 한다면 그것을 거부해야 할 권리와 의무를 가진다. 예를 들어 국가가 교회를 향해 진화론을 가르치도록 강요하거나 동성애와 동성결혼을 국가가 합법적인 법 제정을 한다고 해도 목사는 그에 따를 의무가 전혀 없다. 목사의 직분은 세속국가의 그런 요구에 따를 하등의 이유가 없기 때문이다. 이와 같은 근본적인 성격이 목회자의 납세 문제와 연결되어 있는 것이다.

2. 부활을 거부하는 사두개인들의 질문과 예수님의 답변
(막 12:18-27)

(1) 형사취수제(兄死娶嫂制)를 통한 문제 제기(막 12:18-23)

배도에 빠진 사악한 자들은 자신의 종교적인 경험과 이성에 따라 하나님의 아들인 예수님을 시험하기에 급급했다. 앞에서는 바리새인들과 헤롯당이 주축이 되어 예수님을 향해 세속국가에 바치는 세금 문제로 그를 궁지에 몰아가고자 했다. 그런데 이번에는 사두개파 사람들이 예수님 앞에 올무를 놓으려고 했다.

사두개인들은 사람이 죽었다가 다시 살아나는 부활을 믿지 않았다. 그들은 인간이 이 세상에서 살다가 죽으면 그것으로 끝이라는 생각을 했다. 그러면서도 그 사람들은 스스로 언약의 백성이라 주장하며 종교 활동을 했다. 아브라함이나 모세 다윗이 그들의 조상이라는 막연한 믿음을 가지고 있었던 것이다.

하지만 그들은 하나님을 믿는다는 종교적인 신앙을 통해 이 세상에서 복락을 누리며 살아가기를 원했다. 그러나 그 사람들은 현세주의자로서 신의 축복으로 이 세상을 살아가는 것을 근본 목표로 삼았다. 그런 종교적인 사고를 하는 자들이 부활 후의 내세에 관한 언급을 하며 스스로 논리적인 관점을 제시하며 예수님을 시험하고자 했던 것이다.

사두개인들은 구약의 율법에 형사취수제가 존재한다는 사실을 잘 알고 있었다. 형이 혼인해서 아내와 살다가 아들이 없이 죽게 되면 그 동생은 형수를 아내로 받아들여야만 했다. 그리하여 아들을 낳게 되면 그 아이는 동생의 아들이 아니라 죽은 형의 아들이 된다. 신명기에는 그에 연관된 율법이 명시적으로 기록되어 있다.

> "형제가 동거하는데 그 중 하나가 죽고 아들이 없거든 그 죽은 자의 아내
> 는 나가서 타인에게 시집가지 말 것이요 그 남편의 형제가 그에게로 들

어가서 그를 취하여 아내를 삼아 그의 남편의 형제 된 의무를 그에게 다 행할 것이요 그 여인의 낳은 첫 아들로 그 죽은 형제의 후사를 잇게 하여 그 이름을 이스라엘 중에서 끊어지지 않게 할 것이니라"(신 25:5, 6)

형사취수제를 율법에 규정하여 지키도록 한 것은 상속의 문제 때문이었다. 즉 한 집안에 태어난 아들 특히 맏아들은 개인에게 속하기 전에 집안에 속한 인물로 이해되었다. 그를 통해 집안이 상속되어 갔기 때문이다. 언약의 자손에게 있어서 집안 상속은 절대적인 성격을 지니고 있었다. 그에 대한 실제적인 사건은 유다의 아들 오난(Onan)이 형이 죽은 후 그의 형수였던 다말을 취하여 형의 후사를 잇는 일을 거부한 사건이 성경에 기록되어 있다(창 38:1-10).

그런데 부활이 없다는 사두개인들이 형사취수제를 들고 나와 비합리성을 지적하며 예수님을 시험하여 궁지에 몰아넣고자 했다. 따라서 만일 형이 결혼하여 아들이 없는 상태에서 죽으면 그 동생이 형수를 아내로 맞아야 한다는 모세 율법을 언급했다. 그와 같은 제도에 심각한 문제가 있지 않느냐는 것이다.

어느 집에 일곱 형제가 있는데 맏형이 결혼하여 아들 없이 죽게 되어 둘째가 형수를 아내로 맞았으나 또 아들을 얻지 못한 채 죽고, 그런 일이 되풀이되어 막내인 일곱째까지 이어지면 내세에는 어떻게 되느냐고 질문했다. 즉 한 여인이 집안의 일곱 아들의 아내였다가 죽어 부활하게 되면 그 여인은 누구의 아내가 되느냐는 것이다. 사두개인들은 저들이 매우 논리적인 질문을 했기 때문에 예수님이 그에 대한 답변을 하지 못할 것으로 판단하고 있었다.

(2) 근본적인 무지에 대한 지적(막 12:24, 25)

인간들은 항상 자기의 이성과 경험에 따라 모든 것을 해석하기를 좋아한다. 근본적으로 경험을 기초로 하여 살아가는 인간들은 자기의 경험에 의해 형성된 이성으로써 모든 것을 판단하게 된다. 그런 자들은 일반적인 사항뿐 아니라 종교적인 경우에도 동일한 입장을 보이고 있다.

이 세상에 살아가는 모든 인간들은 제각기 살아가는 시대와 특정한 거주 장소에 따라 경험하는 내용이 서로 다르다. 즉 인간은 자신이 처한 환경의 지배를 받을 수밖에 없다. 그로 말미암아 형성되는 이성도 제각각 큰 차이가 나게 되며 그것을 통해 주관적인 합리성을 제시하게 된다.

그러나 하나님의 자녀들은 그와 다르다. 하나님께 속한 백성들은 어느 시대 어디에 살든지 근본적인 가치관과 삶의 본질적 양상이 동일하다. 그것은 인간의 경험과 이성이 아니라 하나님의 말씀에 순종하며 살아가기 때문이다. 하나님의 말씀은 기본적으로 인간들의 환경 자체를 넘어 하나님의 영원한 뜻을 계시하고 있다.

물론 성경이 계시되는 시대와 장소는 나름대로 특색을 가진다. 하지만 그 모든 것은 하나님의 뜻을 드러내게 된다. 하나님을 경외하는 성도들은 각 시대의 다양한 인물들을 통해 계시하신 하나님의 진리를 소유한다. 즉 모든 시대 모든 성도들은 동일한 하나님의 교훈을 제공받게 되는 것이다. 하나님의 자녀들은 이에 대한 보편성을 이해하는 것이 매우 중요하다.

그런데 사두개인들은 주관적인 경험과 논리에 근거하여 성경에서 언급한 형사취수제도가 모순이라 판단하고 있었다. 따라서 그들은 예수님 앞에 그 제도를 들고 나와 나름대로 지혜로운 판단이라 여기며 문제를 제기했다. 그들은 스스로 만들어낸 논리를 통해 자신의 생각이 옳다고 여겼던 것이다.

그러나 예수께서는 형사취수제도와 일곱 형제에 관한 예를 들어 공격하는 사두개인들을 향해 그들이 성경도 모르고 하나님의 능력도 알

지 못하고 있다는 사실을 지적하셨다. 그것은 그들이 외형상 언약의 자
손이라 치장하고 있으나 실상은 불신자라는 점을 말해주고 있다. 하나
님을 모르는 자들이 성경을 부분적으로 인용하며 감히 하나님의 아들
메시아를 시험했던 것이다.

사두개인들은 스스로도 믿지 않는 부활을 언급하며 내세에 발생하게
될 문제에 관한 질문을 던지게 되었다. 하지만 그 사람들은 영원한 천
국에 대하여 근본적인 오해를 하고 있었다. 그들은 이 세상에서의 삶의
연장 선상에서의 내세를 마음에 두고 있었을 따름이다.

하지만 영원한 천국은 인간들의 경험과 이성에 근거하여 해석할 수
있는 영역이 아니다. 죽음 이후에 도래하게 될 천국에서는 사람들이 이
세상에서 경험한 방식의 가정이 획일적으로 지속되지 않는다. 즉 이 세
상에서 한 가정을 이루어 살아간 가족이 다음 세계에서도 영속적으로
이어지는 것이 아니다.

그러므로 예수께서는 사두개인들을 향해 사람이 부활하여 영원히 살
게 되는 천국은 시집가고 장가가는 그런 영역이 아님을 말씀하셨다. 영
원한 천국에서는 천상의 나라에 있는 천사들과 같다는 것이다. 이는 천
사들은 결혼을 하여 가정을 이루고 자녀를 낳아 양육하지 않는다는 사
실에 연관되어 있다.

인간들의 경험에 의하면 가정이 없는 그와 같은 영원한 나라를 이해
하기 어렵다. 이 세상에 살아가는 보통 사람들에게는 가정이 가장 소중
한 영역이며 가정을 통해 삶의 의미와 값어치가 생성되는 것이 일반적
이기 때문이다. 따라서 어린 신앙인들은 천국에서 스스로 최고의 의미
를 둔 가정이 존재하지 않는다면 어떤 의미있는 세계가 펼쳐질지 짐작
하기 어렵다.

그러나 하나님의 자녀들이 이 세상에서의 삶을 마감한 후 허락될 영
원한 천국은 인간들의 경험을 초월한 영역이다. 그곳에서는 인간들의
이성을 통한 세계보다 훨씬 우월한 새로운 세계가 전개된다. 예수께서

는 그에 관한 근본적인 깨달음이 없이 자신의 경험과 이성으로 영원한 나라를 판단하는 사두개인들을 책망하셨던 것이다.

(3) 모세 율법을 통한 죽음 이후 상태의 교훈(막 12:26, 27)

예수께서는 부활을 믿지 않는 형식상의 언약의 자손으로서 실상은 불신자 그룹에 지나지 않는 사두개인들을 향해 말씀하셨다. 그들은 단순히 예수님을 시험하기 위한 목적으로 부활을 언급하고 있으나 실제로는 믿지 않고 있었다. 사악한 자들은 자신의 목적을 이루기 위해서라면 무슨 짓이라도 마다하지 않는 속성을 지니고 있다.

예수께서는 그에 관한 설명을 하시기 위해 구약성경에 기록된 내용을 언급하셨다. 그것은 모세가 기록한 시내산의 가시떨기나무 사건과 연관된 내용이었다. 당시 여호와의 사자로 임하신 성자 하나님께서 자신의 존재를 드러내며 모세를 향해 말씀하셨다.

> "여호와의 사자가 떨기나무 불꽃 가운데서 그에게 나타나시니라 그가 보니 떨기나무에 불이 붙었으나 사라지지 아니하는지라 ... 하나님이 떨기나무 가운데서 그를 불러 가라사대 모세야 모세야 하시매 그가 가로되 내가 여기 있나이다 하나님이 가라사대 이리로 가까이 하지 말라 너의 선 곳은 거룩한 땅이니 네 발에서 신을 벗으라 또 이르시되 나는 네 조상의 하나님이니 아브라함의 하나님, 이삭의 하나님, 야곱의 하나님이니라" (출 3:2-6)

예수께서는 이 가운데서 하나님이 자신을 아브라함과 이삭과 야곱의 하나님이라고 밝히신 사실을 근거로 말씀하셨다. 부활이 없다고 생각하는 사두개인들을 향해 인간은 죽지만 그것으로 끝이 아니라는 사실을 강조하셨다. 만일 그들이 참 언약의 자손들이라면 성경에 기록된 그 중요한 내용을 왜 받아들이지 않느냐는 것이다.

예수님은 이를 통해 하나님은 죽은 자의 하나님이 아니라 산 자의 하나님이라는 사실을 강조하셨다. 사두개인들은 이땅에서의 삶을 마감하고 영원한 천국에 살아있는 자들의 하나님을 믿지 않고 있었기 때문이다. 현세주의자인 그들은 부활을 믿지 않았으므로 믿음의 조상들이 영원한 삶을 누리고 있다는 사실을 거부하고 있었다.

그러므로 그들은 부활 이후 하나님의 영역을 인간들의 경험과 이성에 따른 논리로 해석하려고 했다. 하지만 성도들에게 허락된 삶은 영원하다. 그에 관한 중요한 증거가 하나님으로부터 직접 주어졌다. 자기가 이 세상에서 삶을 마친 아브라함과 이삭과 야곱의 하나님이라는 사실을 통해 그에 대해 증언을 하셨다. 따라서 일시적인 이 세상의 모든 형편보다 영원한 내세가 더욱 중요한 것이다.

(4) 구약에서 보인 가정의 본질적 의미와 신약시대 우리가 취해야 할 자세

우리는 하나님과 그의 몸된 교회에 속한 성도로서 가정에 대해 올바른 이해를 해야만 한다. 가정은 남녀 부부를 짝지어 주신 하나님에 의해 세워진 공동체로서 기본적인 단위이다. 그 가정은 또한 원리적으로 보아 지상 교회에 속해 있어야 한다.

우리가 가정에서 가장 소중하게 이해해야 할 바는 자식에 관한 의미이다. 따라서 부부와 자식은 가정에서 매우 중요한 의미를 지닐 수밖에 없다. 그런데 자식은 부부를 통해 출생하지만, 근본적으로는 부부에게만 속한 자녀의 의미를 넘어 좀 더 넓은 단위인 한 집안의 자녀가 된다. 즉 자식은 부부뿐 아니라 한 집안의 자녀들로서 그 집안을 상속해 가는 역할을 하게 되는 것이다.

구약성경의 형사취수제도는 그에 대한 중요한 메시지를 주고 있다.

형이 결혼해서 먼저 죽게 되면 그 동생이 형수를 아내로 맞아야 하며
그들을 통해 태어난 아들은 형의 자식으로 간주해야 한다. 이는 생물학
적으로 변동이 생기는 것을 의미하지 않으며 언약적 관계에서 그 의미
가 발생하게 된다.

여기서 가장 중요한 사실은 형의 아내였다가 동생의 아내가 된 여성
의 몸을 통해 태어난 자녀가 집안의 상속에 연관된다는 점이다. 이는
남녀간의 개별적인 부부의 의미보다 집안의 의미가 선행된다는 사실을
말해주고 있다. 즉 언약의 자손들은 현실적인 삶의 의미를 넘어 상속을
통한 미래를 염두에 두고 살아가야 한다는 의미를 지니고 있다.

이는 또한 교회론적 관점에서 주의 깊게 생각해 보아야 한다. 즉 자
식은 부부만의 자식이 아니라 이제는 교회의 자식이 되기 때문이다. 교
회에서는 유아세례를 통해 이에 연관된 확증을 하게 된다. 교회에 속한
부부를 통해 출생한 자녀에게 교회가 공적으로 유아세례를 베풂으로써
교회에 속한 자녀가 되는 것이다. 부모 자식이라 할지라도 하나님의 뜻
가운데서 버릴 수 있다고 하신 말씀은 그와 연관되어 있다(막 10:29, 30,
참조).

그리하여 자녀들이 가지는 가장 중요한 의미는 그들이 다음 세대 교
회를 상속해 가는 주체가 된다는 사실이다. 그 자녀들은 가정에 속해
있지만, 그보다 더욱 중요한 것은 교회에 속해 있다는 점이다. 따라서
어른들은 그 자녀들을 하나님의 뜻 가운데 올바르게 교육해야 하며 그
들을 험한 세태 가운데서 하나님을 진정으로 경외하는 참된 성도들로
양육하기 위해 최선의 노력을 기울여야 한다. 이는 각 성도의 몸은 개
인의 소유물이 아니라 교회를 위한 공적인 의미가 있다는 사실에 연관
되어 있다.

우리가 또한 여기서 반드시 기억해야 할 바는 타락한 이 세상에 살아
가는 하나님의 자녀들은 세상의 모든 악한 것들에 관하여 직간접적인
경험을 하고 있다는 사실이다. 이방인으로서 하나님을 알게 된 우리는

세상을 미리 익히고 세상의 값어치를 소중하게 여기는 상태에서 하나님의 복음을 받아들였다. 따라서 이에 대한 올바른 개념과 더불어 말씀의 실천이 이루어지지 않으면 안 된다.

이미 세상에 대해서 죽은 우리는 항상 하나님의 진리를 우선순위에 두어야 한다. 자식을, 세속에 물든 어른들이 원하는 대로 키우려 하면 심각한 문제가 발생할 우려가 따른다. 그들이 성공하고 출세하는 것이 오히려 해가 될 수도 있음을 기억해야 한다. 세상의 것을 풍요롭게 소유함으로써 오만하게 되고 세상을 더욱 탐하여 그것을 자랑으로 삼을 바엔 평범한 인물로 자라 주님의 몸된 교회와 더불어 신실한 성도로 살아가는 것이 백 배, 천 배 낫다.

그리고 형사취수(兄死娶嫂)제도가 구약시대에는 합법적이었으며 그에 따라야 했으나 주님이 오신 후 우리 시대에는 그렇지 않다. 인간들의 역사적 환경 가운데는 불신자 중에서도 그와 같은 제도가 존재한 경우가 있었다. 하지만 오늘날 하나님의 교회에 속한 성도들은 그와 같은 것을 배격해야 한다. 근친결혼의 문제를 받아들일 수 없다. 즉 구약의 교훈을 단순한 문화로 받아들일 것이 아니라 언약적인 관점에서 이해해야 한다.

제24장

변화를 추구하는 종교인들과 예수님의 평가

(막 12:28-44)

1. 한 서기관의 질문과 예수님의 답변 (막 12:28-34)

예수께서 바리새인과 사두개인 등 배도에 빠진 종교인들을 향해 대응하는 것을 지켜본 사람들이 많이 있었다. 그 가운데 성경을 연구하는 서기관 중 한 사람이 모든 변론하는 내용을 듣고 예수님이 성경의 진리를 잘 풀어 해석하는 것을 깨닫게 되었다. 그는 구약성경의 내용에 익숙한 학자로서 예수님의 말씀을 그대로 받아들였다.

그리하여 그 서기관은 예수님을 향해 직접 질문을 했다. 그는 다른 종교지도자들과 달리 예수님께 저항하거나 시험하려는 의도를 가지지 않았다. 그는 순수하게 자기가 궁금해하는 점을 예수님께 물어보았다.

서기관은 성경의 모든 계명들 가운데 가장 중요한 것이 무엇인지 예수님께 질문했다. 그의 말을 들은 예수님은 공적인 관점에서 그에게 말씀하셨다. 즉 한 개인의 질문에 대하여 그 당사자뿐 아니라 전체 언약의 자손들을 향해 답변을 주셨다. 따라서 그는 '이스라엘아 들으라'(막 12:29)라며 공적인 대응을 하셨다.

그리고는 먼저 언약의 자손들이 믿는 하나님은 유일한 주님이라는 사실을 선포하셨다. 이는 여호와 하나님 이외에는 다른 어떤 신도 존재하지 않는다는 의미를 내포하고 있다. 하나님을 알지 못하는 세상 사람들은 제각각 다양한 형태의 신들을 만들어 두고 섬기기를 좋아한다. 하지만 그것들은 인간들의 종교성에서 나온 관념으로서 사탄과 귀신에 의한 정신적 작용에 지나지 않는다.

예수께서는 그에 연관된 언급을 하시면서, 먼저 '네 마음을 다하고 목숨을 다하고 뜻을 다하고 힘을 다하여 주 너의 하나님을 사랑하라'(막 12:30)라고 하셨다. 그리고는 '네 이웃을 네 몸과 같이 사랑하라'(막 12:31)라는 말씀을 하셨다. 그와 더불어 그보다 더 크고 중요한 계명은 없다고 하셨다. 이는 구약의 율법의 집약된 의미가 하나님과 이웃에 대한 참된 사랑이라는 점을 드러내 보여주고 있다.

예수님의 말씀을 들은 서기관은 비록 완벽하게 깨닫지 못했을지라도 그 교훈을 전적으로 수용했다. 따라서 자기도 성경을 읽으면서 그와 동일한 깨달음을 가지게 되었다는 사실을 고백했다. 그는 하나님이 오직 한 분이요 그 외에 다른 어떤 신적인 존재가 없다는 점을 알고 있었다. 또한 그것이 성경에서 보여주는 진리라는 사실을 깨닫고 있었다.

그와 더불어 그 서기관은 예수께서 말씀하신 대로, 마음을 다하고 지혜를 다하고 힘을 다해 하나님을 사랑하는 것과 이웃을 사랑해야 하는 것의 소중함을 알고 있음을 언급했다. 하나님에 대한 전인적인 사랑이 없다면 참된 신앙이라 말할 수 없다는 것이다. 따라서 자기는 언약에 속한 이웃을 자기 몸과 같이 사랑함으로써 하나님의 뜻에 참여하게 된다고 했다. 그렇게 하는 것이 하나님 앞에 동물을 잡아 제물을 바치고 값진 예물을 드리는 것과 비교가 되지 않을 만큼 낫다는 것이다.

우리가 여기서 특별히 주의를 기울여 이해해야 할 바는 '네 이웃을 네 몸과 같이 사랑하라'라고 하신 주님의 말씀이 일반적인 의미가 아니란 사실이다. 즉 주변에 살고 있는 이웃 사람들에게 사랑과 자비를 베풀라는 명령을 한 것이 아니었다. 이 말씀은 언약의 백성과 연관되며 장차 예수 그리스도의 십자가 사역으로 말미암아 세워지게 될 그의 몸 된 교회와 직접 연관된 말씀으로 받아들여야 한다.[42]

예수께서는 그 서기관의 답변을 듣고 그가 성경을 올바르게 깨닫고 있음을 알아보셨다. 그 사람이 주관적이거나 인본주의적인 사고에 빠져 있지 않고 하나님의 인도하심에 따라 지혜로운 반응을 보였기 때문이다. 그리하여 예수께서는 그를 향해 '네가 하나님 나라에서 멀지 않도다'(막 12:34)라고 말씀하셨다.

이 말씀의 의미는 그가 성경의 진리를 알고 그 의미를 깨닫고 있으므로, 이제 하나님의 아들로서 이땅에 메시아로 오신 예수님 자신을 알아보게 되리라는 사실에 연관되어 있다. 즉 구약성경의 모든 내용은 메시아인 자기를 향한 예언의 말씀이라는 것이다. 아마도 그는 그 자리에서 예수님이 하나님의 아들이라는 사실을 받아들였을 것으로 보인다.

예수님과 그 서기관의 대화는 여러 사람이 모인 자리에서 공개적으로 이루어졌다. 하나님의 언약에 속한 백성들은 이미 만왕의 왕으로서 예루살렘에 입성하신 예수님이 하나님의 아들 메시아라는 사실을 깨닫고 있었다. 따라서 그들은 예수님의 가르침을 듣고 그에 토를 달거나 거부하지 않았다.

우리가 또한 주의 깊게 생각해 보아야 할 점은 하나님에 대한 진정한 사랑과 이웃을 사랑하는 것은 단순한 감정에 기초하는 것이 아니란 사실이다. 즉 인간의 감정 자체를 사랑으로 착각해서는 안 된다. 특히 인간의 경험에 기초한 종교적인 감성은 더욱 그렇다.

인간 역사 가운데는 이방 종교에 빠진 자들이 거짓 신에 대한 적극적

---

42) 우리는 이 말씀을, 앞부분에 기록된 예수님의 교훈과 더불어 생각해야 한다. 그는 제자들을 향해 '복음을 위하여 집이나 형제나 자매나 어미나 아비나 자식까지도 버리라'라고 요구하셨다(막 10:29). 따라서 예수께서 '네 이웃을 네 몸과 같이 사랑하라'(막 12:31)라고 하신 말씀을 부분적으로 떼어 이해할 것이 아니라 전체적인 문맥 가운데서 그 의미를 받아들여야 한다.

인 사랑을 드러내며, 저들 나름대로 자기와 가까운 이웃을 사랑한 경우
가 많이 있었다. 또한 배도자들이나 이단에 속한 자들이 적극적인 종교
감정을 통해 하나님을 사랑하고 이웃을 사랑한다고 착각하는 경우가
숱하게 많이 있었다. 그들은 감정에 따라 그것을 사랑이라 여겼을지 모
르지만, 실상은 하나님을 모독하고 이웃을 주관적으로 대하는 행위에
지나지 않는다.

그러므로 우리는 하나님을 향한 참된 사랑과 언약의 이웃을 위한 진
정한 사랑을 베풀 수 있어야 한다. 그것은 성경의 교훈에 따른 본질에
연관되어야 하며 그것을 기초로 하여 드러나는 순결한 감정이어야 한
다. 우리 시대에는 그것이 성령의 도우심과 계시로 주어진 진리에 근거
하여 주님의 몸된 교회 가운데 나타나게 된다. 즉 예수께서 피로 값 주
고 사신 교회공동체와 더불어 하나님과 이웃에 대한 참된 사랑이 드러
나는 것이다.

2. 서기관들의 입장에 대한 예수님의 설명 (막 12:35-37)

예수께서는 한 서기관의 질문에 대해 답변을 하신 후 예루살렘 성전
안으로 들어가셨다. 그곳은 거룩한 하나님의 성전인 동시에 그 의미상
성자 하나님인 예수 그리스도의 집이기도 하다. 그는 거기서 언약의 백
성들과 대화를 나누며 중요한 교훈을 주셨다.

예수님은 먼저 그 자리에 모인 사람들을 향해 질문하는 식으로 대화
를 이어가셨다. 그리하여 성경을 전문으로 연구하는 서기관들이 무엇
때문에 그리스도를 '다윗의 자손'이라 일컫고 있는지 물어보셨다. 물
론 그들은 구약성경에 기록된 예언을 통해 이땅에 오실 메시아가 '다
윗 왕의 자손'으로 오신다는 사실을 인식하고 있었다.

여기서 예수님은 '다윗의 자손'을 언급하며 복합적인 개념을 드러
내 보이신 것으로 보인다. 하나는 구약성경에는 그리스도가 다윗의 자

손으로 이땅에 오실 것이 예언되어 있다는 점을 강조하는 의미를 지니고 있다. 그는 패망한 유다 왕국 가운데 다윗의 왕통을 잇는 새로운 왕으로 오시게 되는 것이다.

그리고 이미 예수님 자신이 수많은 언약 백성의 입술을 통해 '다윗의 자손'이란 사실이 선포된 상태임을 상기시키고자 하셨다(마 1:1; 9:27; 12:23; 15:22; 20:30; 21:9, 15; 막 10:47, 48; 12:35; 눅 18:38, 39, 참조). 백성들이 그를 다윗의 자손으로 깨닫게 된 것은 성경의 증거와 성령 하나님의 도우심에 의한 것이었다. 예수께서는 그 사실을 다시금 확증하시기 위해 구약성경 시편에 기록된 말씀을 직접 인용하셨다.

> "여호와께서 내 주에게 말씀하시기를 내가 네 원수로 네 발등상 되게 하기까지 너는 내 우편에 앉으라 하셨도다 여호와께서 시온에서부터 주의 권능의 홀을 내어 보내시리니 주는 원수 중에서 다스리소서"(시 110:1, 2)

예수께서 이 시편을 인용하신 것은 다윗이 기록한 이 말씀이 장차 원수들을 제압하고 승리를 거두실 메시아에 관한 내용을 담고 있기 때문이었다. 다윗의 자손으로 이땅에 오시는 그는 천상의 나라에서 하나님 우편에 앉으실 성자 하나님이다. 그가 여호와의 권능의 홀을 지닌 만왕의 왕으로 이땅에 오시게 된 것이다.

예수께서는 다윗이 위의 본문 가운데서 장차 오실 그리스도를 주님이라 칭한 것은 그가 자기보다 높은 지위에 있기 때문이라는 사실을 언급하셨다. 그러니 예수님은 단순히 다윗의 혈통적인 자손에 머무는 것이 아니라 언약적 가문을 통해 지극히 높으신 하나님의 아들로서 이땅에 강림하시게 된 것이다. 즉 인간의 몸을 입고 세상에 오신 예수 그리스도는 다윗과 비교가 되지 않는 높으신 분이란 사실을 말해주고 있다.

거기 모여 있던 언약의 백성들은 예수님의 말씀을 듣고 크게 즐거워

했다. 그것은 구약성경에 예언된 모든 약속들이 그대로 이루어져 궁극적인 승리를 눈앞에 두고 있었기 때문이다. 그리고 그 메시아가 저들 가운데 계시는 예수님이란 사실이 저들에게 최상의 기쁨과 만족을 제공하게 되었다.

3. 경계해야 할 타락한 종교인들 (막 12:38-40)

죄에 빠져 이 세상에 살아가는 인간들은 본성적으로 이기적이며 자기중심적이다. 따라서 타락한 세상에서 성공하거나 출세하고 싶은 현실적인 욕망을 가지게 된다. 그리하여 세상 사람들로부터 인정을 받고 존경받는 것을 최고의 덕목인 양 여기는 것이 보통이다.

하지만 하나님의 자녀는 그와 같은 자세를 사고의 중심에 두지 말아야 한다. 이 세상의 모든 것들은 하나님의 영광을 위해 사용되어야 하며 개인의 이기적인 욕망을 채우는 도구로 사용되어서는 안 된다. 그와 같은 태도와 행동은 결국 신앙인으로 살아가야 할 자신의 삶을 약화할 따름이다.

그럼에도 불구하고 이 세상에서는 항상 그와 연관된 부작용이 발생하게 된다. 따라서 어리석은 자들은 하나님 앞에서 진실로 겸손해지기는커녕 종교적인 성취와 세상의 성공을 자랑으로 삼기를 좋아한다. 그와 같은 양상은 예수님이 활동하던 유대인들의 사회 가운데서도 그대로 나타나고 있었다.

스스로 종교적인 우월감을 가진 자들은 외형상 다른 사람들과 차별화된 모습을 보이기를 좋아했다. 특히 제사장과 서기관들과 같은 인사들은 보통 사람들과는 달리 긴 옷을 입고 다녔으며 시장에서는 사람들로부터 문안 인사를 받는 것을 즐겼다. 또한 회당에서는 그들이 다른 평범한 사람들의 자리와 구별되는 상좌(上座)에 앉는 것을 당연한 것으로 여겼다. 그들은 또한 성대한 잔치를 베푸는 자리에서는 보통 사람들과 달리 특별히 구별된 높은 자리에 앉기를 원했다.

따라서 많은 사람들이 그와 같은 사람을 부러워했다. 자기도 그들처럼 긴 옷을 입고 회당에서 높은 자리에 앉아 존경을 받고 싶어 했을 것이기 때문이다. 스스로 그와 같은 지위를 획득할 수 없다는 사실을 깨닫게 된 자들은 그것을 부러워하며 자기 자식들이라도 그렇게 되기를 바라는 마음을 가지게 되었을 것이 분명하다.

하지만 저들에 대한 예수님의 해석은 대다수 사람들과 전혀 달랐다. 예수님은 그런 지위에 있는 서기관들을 비롯한 종교지도자들을 부러워할 필요가 전혀 없다는 사실을 언급하셨다. 도리어 그런 자들을 주의를 기울여 경계하며 가까이하지 말라고 요구하셨다.

그들은 겉보기에 대단한 권위를 가진 사람들처럼 행세하지만, 실상은 하나님의 말씀을 철저히 버린 자들이었다. 그 사람들은 자신의 욕망을 채우고자 가난한 과부의 재산마저 집어삼키기 위해 혈안이 되어 온갖 술수를 다 쓰고 있었다. 그리고 자기의 신앙이 남보다 훌륭하다는 점을 외부에 선전하기 위해 길게 기도하며 자신을 드러내기를 원했다. 그들의 모든 종교 행위는 자기의 욕망을 추구하려는 방편으로 이용되었을 뿐 진정으로 하나님의 뜻에 순종하는 것이 아니었다.

그러므로 예수께서는 그들이 나중 큰 상을 받는 것이 아니라 무서운 심판을 받게 되리라는 사실을 말씀하셨다. 이 세상에서 거짓 신앙을 내세우며 자신의 만족을 꾀하고 있으나 궁극적으로는 그것이 아무런 의미가 없다. 하나님을 진정으로 믿고 그의 율법에 순종하는 성숙한 신앙인들은 그에 관한 깨달음을 가져야 한다. 그리하여 그런 자들을 부러워하거나 존경할 것이 아니라 오히려 그들을 불쌍히 여기며 경계해야 한다.

오늘날 우리 역시 이에 대하여 여간 분명한 자세를 취하지 않으면 안 된다. 먼저 교회의 지도자들은 사람들로부터 칭송을 듣고 종교적인 성공을 거두려는 현상적 야망을 포기해야만 한다. 본질을 상실한 종교인들의 세속적 경향의 명예는 도리어 본인과 이웃에게 심각한 독이 될 수 있다. 따라서 사람들로부터 훌륭한 종교인으로 인정받는 것 자체를 중대의 과제인 양 여기지 말아야 한다.

또한 일반 성도들은 계시로 주어진 하나님의 말씀을 통한 분별력을 가지고 있어야 한다. 특히 종교적으로 자신을 드러내며 교인들의 재물을 탐하는 자들과 연약한 자들을 멸시하며 훌륭한 종교인 행세를 하는 자들을 경계해야 한다. 그렇게 함으로써 역사 가운데 하나님의 몸된 교회를 순수하게 보존하는 일에 참여하게 되는 것이다.

4. 한 가난한 과부의 진솔한 신앙 (막 12:41-44)

어리석은 인간들은 대개 사람의 외모와 외형을 보고 판단하는 것에 익숙해 있다. 겉보기에 얼마나 그럴듯한지 따지며 세상에서의 성공 여부에 관심을 가진다. 그리고 재산이 많은 부자들이 그렇지 못한 자들보다 더 나은 것인 양 착각하게 된다.

그렇다고 해서 외견상 좋지 않아 보이는 편을 더 훌륭한 것인 양 판단하지 말아야 하는 것은 지극히 당연하다. 하나님 앞에서는 겉으로 드러나는 것보다 눈에 보이지 않는 내면의 실상이 훨씬 소중하기 때문이다. 즉 중요한 것은 신앙인이 소유한 삶의 내면이 얼마나 충실한가 하는 점이다. 하나님은 사람의 외모가 아니라 그 중심을 보시며 자기 백성들에게도 사람을 외모로 판단하지 말라고 요구하셨다.

> "외모로 판단하지 말고 공의의 판단으로 판단하라" (요 7:24); "너는 굽게 판단하지 말며 사람을 외모로 보지 말며 또 뇌물을 받지 말라 뇌물은 지혜자의 눈을 어둡게 하고 의인의 말을 굽게 하느니라" (신 16:19); "나의 보는 것은 사람과 같지 아니하니 사람은 외모를 보거니와 나 여호와는 중심을 보느니라" (삼상 16:7)

예수님 당시에도 많은 사람들은 사람의 외모를 보고 판단하는 일에 익숙해 있었다. 그들은 당시 제사장과 서기관, 바리새인과 사두개인들처럼 높은 지위를 가진 자들을 하나님의 특별한 은혜를 입은 자들인 양 간주하고 존경했다. 또한 그렇게 하는 것이 마치 겸손한 신앙인의 자세인 양 착각하기도 했다.

그런데 문제는 사람의 외모를 보고 모든 것을 평가하는 자들이 가난하고 어려운 형편에 처한 이들을 멸시하는 심각한 오류에 빠져 있다는 사실이다. 물론 그들이 의도적으로 그렇게 하지 않았을지라도 그들의 심성 저변에는 그와 같은 사고가 깔려 있었다. 예수께서는 그동안 그것이 얼마나 잘못된 것인가 하는 점을 줄곧 말씀해 오셨다.

그런 중에 예수께서 연보궤가 놓인 자리 가까이 가시게 되었다. 그 궤는 성전 안이 아니라 성전 입구인 바깥에 놓여있었다. 다양한 부류의 사람들이 그곳을 지나가며 연보궤에 돈을 넣었다. 그 가운데 부자들은 많은 액수의 돈을 넣기도 했다. 아마도 그들은 스스로 뿌듯한 마음과 더불어 자신의 행위를 통해 상당한 종교적인 자부심을 느끼게 되었을 것이다.

그런데 그때 가난한 과부 한 사람이 와서 두 렙돈에 해당하는 한 고드란트를 연보궤에 넣었다.[43] 산술적인 계산에 따른다면 지극히 적은 액수에 지나지 않았으나 그 의미상의 액수는 그렇지 않았다. 예수께서는 그 모든 광경을 지켜보신 후 제자들을 불러 말씀하셨다. 그에 관한 중요한 교훈을 주시기 위해서였다.

---

43) 고드란트(kodrante)는 로마의 화폐에서 가장 작은 단위의 동전이다. 한 고드란트를 헬라의 화폐로 환산하면 두 렙돈(lepton) 정도가 된다. 로마의 한 데나리온(denarius)이 64고드란트임을 감안하면 그 액수를 어느 정도 짐작할 수 있다. 좀 더 구체적으로는 성년 노동자의 하루 일당을 한 데나리온으로 본다면 그 과부가 연보한 금액의 정도가 드러난다. 우리는 여기서 이방인들이 사용하는 돈인 고드란트를 연보궤에 넣은 것을 통해 그 일이 성전 입구 밖에서 일어난 것이란 사실을 알게 된다.

예수께서는 그 가난한 과부가 연보궤에 넣은 돈의 액수가 부자들을 포함한 모든 사람들보다 더 많은 액수를 연보했다고 말씀하셨다. 부유한 사람들은 풍족한 중에 연보를 했으나 그 과부는 어려운 형편 가운데서 자기가 가진 모든 돈을 연보궤에 넣었다는 것이다. 즉 그것은 그 여인이 그날 생활에 필요한 액수의 돈 전부라는 것이었다.

예수께서 하신 이 말씀 가운데는, 제사장들과 서기관들이나 바리새인들과 사두개인들처럼 높은 지위를 가진 사람이 그들의 지위 자체로 인해 더 큰 존경을 받을 만한 대상이라 말할 수 없다는 의미를 지니고 있다. 오히려 많은 사람들에 의해 멸시당하는 과부가 더 훌륭한 신앙인이었던 것이다. 중요한 점은 귀하고 천한 것은 인간들의 시각에 근거한 현상적인 판단이 아니라 하나님의 본질적인 시각에 달려 있다는 사실이다.

제25장

종말에 관한 예언적 교훈
(막 13:1-13)

1. 성전 파괴와 징조에 관한 문제 (막 13:1-4)

(1) 성전 파괴 예언 (막 13:1, 2)

예루살렘 성전은 이스라엘 백성에게 그 어떤 것과도 비교할 수 없는 절대적인 성격을 지니고 있었다. 그것은 성전 건물 자체뿐 아니라 그 구속사의 상징성과 직접적인 연관성이 있었기 때문이다. 하지만 성전 앞을 지나다니거나 그 안에 들어가는 각 사람의 관점에는 상당한 차이가 날 수밖에 없었다.

어떤 사람들은 웅장한 건물 자체를 보고 감탄하기도 했을 것이며 건물의 외적인 아름다움을 보고 남다른 느낌이 들기도 했을 것이다. 당시 예루살렘에 거주하던 이방인들은 그 건물 옆을 지나다니면서도 그에 대한 별다른 감정이 없었을 수도 있다. 그들의 눈에는 그것이 유대인들이 중요하게 여기는 종교적인 건축물 이상이 아니었다.

그런데 신앙이 성숙한 성도들은 그 건물을 보며 하나님의 구속사를 떠올릴 수밖에 없었다. 그들은 당시로부터 이천 년가량 이전 아브라함이 그의 독자 이삭을 제물로 바쳤던 모리아산과 그 제단을 염두에 두었을 것이 분명하다. 또한 모세가 제작한 성막이 다윗과 솔로몬 시대에 그곳에 건립된 것을 기억하며 감격스러워하기도 했을 것이다.

그와 같은 상황에서 '성전 파괴'라는 용어를 사용하는 것은 그 표현 자체만으로도 이스라엘 백성에게 충격적이었다. 그것은 곧 하나님을 모독하는 불경한 언사로 간주할 수 있었기 때문이다. 전지전능하신 하나님께서 자기의 거룩한 성전을 지켜 보호하지 못할 것이란 가정 자체를 받아들이기 어려웠다.

이스라엘 민족의 역사 가운데는 오래전에 이미 바벨론 제국의 느부갓네살에 의해 예루살렘 성전이 한 차례 파괴된 적이 있었다. 또한 페르시아 제국 시대에 재건된 성전이 헬라제국 시대에는 이방인들에 의해 엄청난 모욕을 당하기도 했다. 하지만 다수의 백성에게는 그 사건들이 다시금 떠올리고 싶지 않은 불편한 과거에 지나지 않았다. 따라서 어떻게든지 그 기억을 지우거나 역사적 사건을 다른 방법으로 피해서 가고자 했다.

하지만 성경에는 그에 연관된 내용이 상세히 기록되어 있다. 그런데 예수께서는 십자가 사건을 눈앞에 둔 상황에서 예루살렘 성전이 완전히 파괴되리라는 예언적 말씀을 하시게 되었다. 그가 성전에서 밖으로 나가실 때 제자들 가운데 하나가 그에게 질문을 던졌다. 돌로 견고하게 건립된 예루살렘 성전과 그 건물에 관해 물어보았다.

제자의 질문을 들은 예수께서는 그 큰 건물이 머지않아 완전히 허물어지게 되리라는 사실을 언급하셨다. 돌 위에 돌 하나가 남지 않을 만큼 철저하게 파괴된다는 것이다. 이는 막강한 외부 군대의 세력으로 인해 하나님의 성전이 부서지게 되리라는 끔찍한 사건에 연관되어 있었다.

어쩌면 제자들은 예수님으로부터 그와 같은 부정적인 답변을 듣고

자 기대하지 않았을 것으로 보인다. 절대적 권능을 가지고 이땅에 오
셔서 이제 막 만왕의 왕으로서 예루살렘에 입성하신 주님께서 거룩한
성전을 끝까지 지켜주시기를 바라고 있었을 것이기 때문이다. 하지만
성전 파괴에 관한 예수님의 말씀을 듣고 그에 토를 다는 자는 아무도
없었다.

사실 예수께서는 그전에도 성전에 연관된 부정적인 예언을 하신 적
이 있었다. 예루살렘 성전과 자신의 몸을 동일시하며 언약의 교훈을 주
셨다. 요한복음에는 그가 성전에서 환전(換錢)하며 양과 비둘기를 비롯
한 동물을 매매하는 자들의 상을 뒤엎으신 후 그에 관한 말씀을 하신
것으로 기록되어 있다.

> "이에 유대인들이 대답하여 예수님께 말하기를 네가 이런 일을 행하니 무
> 슨 표적을 우리에게 보이겠느뇨 예수께서 대답하여 가라사대 너희가 이
> 성전을 헐라 내가 사흘 동안에 일으키리라 유대인들이 가로되 이 성전은
> 사십륙 년 동안에 지었거늘 네가 삼 일 동안에 일으키겠느뇨 하더라 그
> 러나 예수는 성전된 자기 육체를 가리켜 말씀하신 것이라"(요 2:18-21)

이 말씀은 성전의 본질적인 의미를 드러내는 동시에 예수님 자신의
죽음과 부활에 대한 실체적 예언과 연관되어 있다. 즉 예루살렘 성전이
허물어지게 된다는 것은 단순한 파괴가 아니라 구약성경의 언약 성취
를 말해주고 있다. 즉 아브라함이 모리아산에서 이삭을 제물로 바친 사
건과 바로 그 자리에 성전이 건립된 후 제사장들을 통해 하나님께 바쳐
진 모든 제물은 장차 십자가를 지고 죽게 될 예수 그리스도에 대한 예
표적 성격을 지니고 있었다.

이제 그 성전이 파괴되면 완벽한 제물로 이땅에 오신 하나님의 어린
양이신 예수님의 십자가 사역을 통해 그 모든 언약적 의미가 완성된
다. 예수님은 성전 파괴에 대한 예언과 더불어 앞에서 언급된 자기가

십자가에 달려 죽었다가 삼 일 만에 부활하게 되리라는 사실을 선포하셨다. 제자들은 그와 같은 상황에서 그 구속사적 의미에 참여하고 있었다.

(2) 성전 파괴에 연관된 제자들의 질문(막 13:3, 4)

예수님의 제자들은 주님께서 하시는 모든 말씀을 믿었다. 즉 예루살렘 성전이 돌 하나도 돌 위에 남지 않을 만큼 철저히 파괴되리라는 예수님의 예언을 그대로 받아들였다. 그것은 구속사적 의미에서 볼 때 필연적으로 일어날 수밖에 없는 사건이었다.

성전에서 나오실 때 그에 관한 대화를 나눈 예수님과 제자들은 감람산에 도착했다. 그들은 자연스러운 상태에서 건너편에 자리잡고 있는 하나님의 성전을 바라보며 앉게 되었다. 그때 베드로와 야고보와 요한과 안드레가 예수님께 조용히 질문했다. 예수께서 말씀하신 대로 예루살렘 성전이 파괴될 때가 언제인지 물어보았다.

그 당시에는 예루살렘 성전이 파괴될 기미가 보이지 않았다. 즉 배도에 빠진 유대인 내부에서도 그와 같은 기미가 전혀 보이지 않았으며 로마제국에서도 성전을 파괴해야겠다고 생각하는 자들이 없었기 때문이다. 그와 같은 상황에서 예수님이 그 말씀을 하셨으니 언제 그 일이 발생할지 궁금하지 않을 수 없었다.

그리고 그들은 예수님을 향해 질문을 이어갔다. 그의 말씀이 장차 반드시 이루어지게 될 터인데 그 사건을 앞두고 어떤 징조가 있을지 궁금해했다. 그와 같은 엄청난 사건이 발생한다면 사전에 그에 연관된 어떤 조짐이 있을 수밖에 없다. 따라서 그 모든 일이 발생하게 될 즈음에 어떤 징조가 나타나게 될지 물어보았다.

예수님의 제자들이 가진 질문은 매우 합리적이었다. 제자들이 그에 관한 실상을 파악하고 있으면 언약의 자손들을 위한 대처 방안을 모색

할 수 있게 된다. 즉 성전 파괴로 말미암아 일반 백성들이 놀라서 우왕
좌왕할 때 그들이 언약을 따르는 성도들을 위해 적절한 대응책을 말해
줄 수 있는 것이다. 물론 제자들이 질문을 할 당시 그에 관한 마음을 가
지고 있었는지는 알 수 없으나 실제적으로는 그와 같은 의미를 지니게
된다.

2. 성전 파괴와 더불어 전개될 상황 (막 13:5-13)

(1) 예수님을 빗대 미혹하는 자들(막 13:5, 6)

악한 자들은 자기의 목적을 이루는 방편으로 남의 이름을 도용하기
를 좋아한다. 그런 자들은 자기의 능력으로 되지 않는 일을 추구하면서
자기보다 힘이 있고 유능해 보이는 자를 적절히 이용하게 된다. 그렇게
하기 위해서는 상대를 잘 속이거나 기만해야 한다. 그래야만 목표하는
것을 취할 수 있을 것이기 때문이다. 타락한 세상 가운데서는 항상 그
와 같은 일이 발생한다.

예수께서는 자기에게 질문하는 제자들을 향해 사람의 미혹을 받지
않도록 주의하라고 말씀을 하셨다. 이 가운데는 그들에게 사람의 주장
이 아니라 하나님의 말씀에 귀를 기울여 듣고 그에 온전히 순종하라는
의미를 담고 있다. 모든 인간은 나름대로 경험과 이성을 가진 존재이
다. 따라서 어리석은 인간들은 자기를 이용하려는 악한 자들의 경험과
이성에 속아 넘어가기 쉽다.

언약의 범주 안에 들어와 있는 것으로 행세하는 배도자들은 자기가
하나님과 예수님을 가장 잘 아는 듯이 주장한다. 어쩌면 배도에 빠진
악한 자들이 하나님과 예수님의 이름을 일반 교인들보다 입술에 더 많
이 올리게 될지 모른다. 예수께서는 그런 자들이 한두 사람이 아니라
많다는 사실을 언급하셨다.

그러므로 다양한 사람들이 예수님의 이름으로 와서 어린 사람들을 미혹할 것이라고 하셨다. 그들은 자기의 더러운 욕망을 채우기 위한 목적으로 하나님의 거룩한 이름을 도용하게 되는 것이다. 그러면 어리석은 자들은 그의 이름을 빗댄 자들의 종교를 앞세운 교묘한 술수에 넘어가 미혹을 당하게 된다.

예수님의 이 말씀 가운데는 그런 악한 배도자들을 항상 경계해야 한다는 의미가 담겨있다. 그들을 방치하게 되면 하나님의 백성들을 엄청난 혼란에 빠뜨리게 된다. 주님의 제자들은 그 일을 위해 최선의 노력을 기울이지 않으면 안 된다.

그와 더불어 제자들은 신앙이 어린 성도들을 보호해야 할 의무를 지니게 된다. 이는 제자들의 일반적인 노력이 아니라 계시로 주어진 하나님의 말씀을 통해 그들을 지켜야만 한다. 예수께서 제자들에게 그 말씀을 하신 것은 악한 자들을 경계하고 하나님의 자녀들을 지켜 보호해야 한다는 사실에 연관되어 있다.

그리고 예루살렘 성전 파괴와 더불어 발생하게 될 징조 가운데 하나로서 이 교훈을 주신 것은 성전이 허물어진 후에도 사악한 배도자들이 끊임없이 등장할 것이란 점을 시사하고 있다. 또한 나중 제자들이 저들에게 맡겨진 모든 사명을 마친 후 죽고 나서도 그와 같은 일은 지속될 수밖에 없다. 따라서 오늘날 우리 시대에도 예수님과 그의 제자들의 가르침을 받는 성도들은 그와 같은 신앙 정신을 유지해야만 한다.

(2) 민족과 국가와 자연 재난에 관한 예언(막 13:7, 8)

예루살렘 성전이 파괴될 즈음이 되면 평상시와 다른 일들이 끊임없이 생겨난다고 했다. 그 가운데 하나는 난리와 난리 소문을 듣게 된다는 것이다. 이는 피를 흘리는 잔인한 전쟁을 의미하고 있다. 합법적으로 사람을 죽이고 건물을 비롯한 많은 물건을 파괴하고 약탈을 일삼게 되는 전쟁은 무서운 일이 아닐 수 없다.

예수께서는 제자들을 향해 그런 끔찍한 전쟁이 발발할지라도 두려워하지 말라고 했다. 그와 같은 살육과 파괴가 하나님의 자녀들을 궁극적으로 해칠 수는 없기 때문이다. 하나님을 의지하는 성도들에게는 그 모든 것이 하나의 과정일 뿐 더 이상의 본질적인 의미를 가지지 못한다.

그리고 성전 파괴를 앞두고 당연히 그와 같은 일이 발생하게 되지만 아직 그것은 최종적인 종말이 아니라고 했다. 사람들은 이기적으로 되어 민족과 민족 사이에 전쟁을 일으키며, 나라와 나라 사이에 전쟁이 일어나게 된다. 그것을 통해 인간들의 사악한 욕망이 어느 정도인지 가늠하게 되기도 한다.

뿐만 아니라 그 시기가 가까워지면 세상의 여러 곳에 땅이 흔들리는 지진이 발생하며 사람들은 전쟁과 흉년으로 인해 심한 기근에 빠져 허덕이게 된다. 그리하여 배가 고파 굶주림에 빠진 자들은 목숨을 부지하기 위해 약탈과 도둑질을 일삼는다. 하지만 예수께서는 그와 같은 상황이 재난의 시작일 뿐이라고 말씀하셨다.

지혜로운 자들은 예사롭지 않은 그 상황을 보며 하나님의 심판이 눈앞에 바짝 임박했다는 사실을 알아챈다. 참된 성도들은 그로 말미암아 더욱 신실한 신앙인의 삶을 살아가고자 애쓰게 된다. 그와 달리 배도에 빠진 자들과 어리석은 자들은 그 실상을 깨닫지 못한 채 생존을 위해 몸부림치지만 하나님의 무서운 심판을 피하지 못한다.

이와 같은 양상은 예루살렘 성전이 파괴되는 역사적 사건을 넘어 최종적인 하나님의 심판 때까지 지속되는 성격을 지니고 있다. 주님의 재림을 앞둔 상태에서도 그와 같은 일이 일어나게 된다. 하나님을 진정으로 경외하는 성도들은 불신자와 배도자들과 달리 그에 관한 올바른 깨달음을 가지고 주님의 재림을 간절히 기다리게 되는 것이다.

(3) 언약의 백성들이 종교집단과 세속 국가로부터 당하게 될 고난(막 13:9-11)

예수께서는 제자들을 향해 스스로 주의를 기울여 조심하라고 말씀을 하셨다. 이는 장차 그들의 주변에 위험한 요소들이 많이 생겨나리라는 사실에 연관되어 있다. 이 말은 제자들이 잘못을 저지르기 때문이 아니라 그들에게 억울한 누명을 뒤집어씌워 고통에 빠뜨리는 자들이 많아지게 될 것을 말해준다.

사악한 자들은 주님을 신실하게 따르는 자들을 종교적인 세력을 가진 공회에 넘겨주게 된다. 하나님을 믿고 순종하는 자들이 저들에게는 거추장스럽고 방해가 될 따름이다. 그런 참 신앙인들은 저들의 위선적인 행동에 아무런 도움이 되지 않는다. 따라서 그들을 제거하거나 힘을 약화해야만 자기에게 유익이 될 것이라는 판단을 하고 있다.

그러므로 그 배도자들은 종교 집단화된 회당에서 주님을 따르는 성도들을 매질하며 심한 고통을 가한다. 또한 권력을 가지고 행정 책임을 맡은 기관장들과 세상의 통치자들 앞에서 마치 대역 죄인이라도 되는 양 고통스러운 심문을 당하게 된다. 그들은 의로운 자들이면서 주님으로 말미암아 그 자리에 서서 증인의 역할을 감당한다.

하지만 그 어렵고 힘든 과정을 통해 하나님의 자녀들이 신앙을 드러내며 진리를 증거하는 기회를 얻게 된다. 이는 하나님의 진리가 평화로운 상태가 아니라 환난과 고통 가운데서도 증거된다는 사실을 말해주고 있다. 그리하여 최종적인 종말이 이르기 전에 먼저 참된 복음이 온 세상 만방에 선포되는 것이다.

하나님의 백성은 이에 대한 올바른 깨달음을 가져야 한다. 영원한 천상의 나라에 속한 성도로서 이땅에서 고난을 겪는 것은 이상한 일이 아니다. 따라서 악한 자들이 그들을 끌고 가서 세상의 불의한 기관에 넘겨줄 때 지나친 염려를 하지 않아도 된다. 그리고 그들 앞에서 어떤 말을 함으로써 자신을 변론해야 할지 고민할 필요가 없다.

그런 일이 발생할 때는 살아계신 하나님께서 저들에게 지혜와 더불어 대응할 말씀을 주신다고 했다. 따라서 예수 그리스도를 진정으로 믿고 의지한다면 하나님께서 모든 상황을 인도해 가시게 된다는 사실을 기억해야 한다. 다급하고 위태로운 상황 가운데서 그에 지혜롭게 대처하는 적절한 답변은 인간의 능숙한 판단이 아니라 성령의 사역에 따른 것이다.

(4) 가족간의 관계 파괴와 고통의 문제(막 13:12, 13)

예수께서는 종말의 막바지에 이르게 되면 가정이 그 기능을 상실한다는 사실을 말씀하셨다. 이는 가정의 해체와 연관된 문제이기도 하다. 인간들의 많은 모임이나 집단 가운데 가정은 가장 기본적인 공동체에 해당한다. 본래의 의미에서 본다면 개인의 삶보다 가정이 선행되는 가치를 가지고 있다.

가족간의 사랑은 혈통으로 인한 본질적 관계를 기반으로 하고 있다. 따라서 가족 가운데 하나가 극한 위기에 처하게 되면 자기의 생명을 아끼지 않고 내어주는 것이 일반적이다. 즉 부모 형제 자식을 위해서 아까운 자기의 생명을 주저 없이 내어주는 것은 전혀 이상한 일이 아니다.

그런데 우리 시대에 이르러서는 이런 말이 무색하게 되어 가정이 해체된 것과 같다고 해도 과언이 아니다. 전통적인 사회에서는 '집안'이라는 개념이 존재했다. 친부모 형제가 아닐지라도 한마을에 살아가는 친족이라면 공동체적 관계를 유지하고 있었다. 그런데 이와 같은 관계적 환경이 전통사회의 종말과 함께 사라져 버렸다.

세계 1, 2차 대전을 거치면서 인간들은 세상에 대한 일반적인 깊은 회의에 빠지게 되었다. 그리하여 소위 포스트모더니즘(post-modernism)

의 풍조가 생겨 이웃을 위한 공동체적 자세가 점차 사라지고 극단적인 개인주의를 향하게 되었다. 그것은 결국 광의적 개념의 집안 해체에 이어 대가족 제도에서 소가족, 그리고 핵가족을 거쳐 급기야는 일인 가족의 형태가 되어버렸다.

혈연적인 가족간의 사랑이 사라지면 각자는 가족을 위해 존재하는 가족 구성원이 아니라 가족이 자기를 위한 하나의 방편이 될 따름이다. 그렇게 되면 자기 이외의 모든 가족은 자기를 위한 도구에 지나지 않는다. 그러니 형제가 형제를, 아비가 자식을 죽는 데 내어주며, 자식들조차 부모를 대적하여 죽게 만든다(막 13:12).

예수님의 이 말씀은 물론 일반적인 경우를 두고 대체할 수 있는 성질의 것이 아니라 그리스도로 인해 발생하는 문제이다. 따라서 하나님의 자녀들은 항상 언약을 기억하는 가운데 가정의 소중함을 삶의 중심에 두고 살아가야 한다. 이는 예수 그리스도의 이름으로 인해 모든 사람에게 미움을 받고 고난을 겪는 것이 오히려 감사한 일이라는 사실을 말해준다. 따라서 하나님을 진정으로 경외하는 성도들은 그 모든 어려움을 이기고 견디면서 영원한 구원을 소유하게 된다.

제26장

종말의 때와 예수님의 재림

(막 13:14-37)

1. 구체적인 심판 때의 상황 (막 13:14-20)

(1) '멸망의 가증한 것'과 성전 모독(막 13:14-16)

예수께서는 장차 이 세상에 도래하게 될 종말에 관한 예언을 하시면서 그때가 가까워지면 '멸망의 가증한 것'(the abomination of desolation)이 하나님의 성전에 서게 된다는 사실을 말씀하셨다. 그런데 당시 그 말의 의미를 올바르게 이해하기는 그리 쉽지 않은 문제였다. 따라서 주님께서는 나중 그 내용을 읽게 되는 자들이 그에 대한 깨달음을 가지게 되리라고 하셨다.

본문에 언급된 '멸망의 가증한 것'에 대해서는 구약성경 다니엘서에 기록되어 있다(단 12:11; 9:27; 11:31). 예루살렘 성전에서 하나님께 제물을 바치는 제사가 폐하게 되고 그 가증한 것이 거룩한 성전에 들어서게 된다는 것이다. 예수께서는 또다시 하나님의 성전을 모독하는 그와 같은 끔찍한 일이 일어나게 되리라는 사실을 예언하셨다.

다니엘이 예언한 '멸망케 하는 미운 물건이 세워질 것'(단 11:31)이라
고 한 말씀은 BC160년대 셀류코스 왕조의 안티오코스 4세, 곧 에피파
네스(Eepiphanes)가 예루살렘 성전에 세우게 되는 '제우스 신상'을 의
미한다. 그리고 다니엘서 12장 11절에 기록된 '멸망케 할 미운 물건을
세울 때부터'란 다니엘서 9장 27절에 연관되는 의미로서 AD70년 예
루살렘 성전 파괴와 연관되는 것으로 이해하는 것이 자연스럽다.[44]

그런데 마가복음에 언급된 '멸망의 가증한 것이 거룩한 곳에 선다'
라는 말은 AD70년 예루살렘 성전 파괴를 중심에 둔 역사적 전후 사건
과 어느 정도 관련된 것으로 보인다.[45] 즉 유대인들의 패망을 수십 년
앞둔 시기에 로마제국이 행하게 될 성전 모독에 연관되는 것으로 이해
할 수 있다.[46] 예수께서는 장차 그와 같은 구체적인 사건이 일어나는
것을 보게 되면, 유대 지역에 머물고 있는 자들은 망설이지 말고 산으
로 도망치라고 했다.

그리고 집의 위층 옥상에 있는 자들은 아래층 방 안으로 들어가지 말
고 집 안의 귀중품을 가지러 가지도 말라고 했다. 또한 밭에서 일하는

44) 이광호, 다니엘서, 서울: 교회와 성경, CNB516, (2011, 2020), pp.270-271. 각주
93. 참조.

45) BC19년 헤롯이 증축하기 시작한 예루살렘 성전은 예수님 시대를 거쳐 AD63
년이 되어서야 완공된다. 성전 증축이 완공된 지 불과 7년 후에 로마제국의
병력에 의해 파괴된다. AD70년 로마제국의 티투스 장군에 의해 완전히 허물
어지게 되는 것이다. 이는 예수께서 예루살렘 성전이 돌 위에 돌 하나도 남지
않고 철저히 파괴된다는 예언의 성취를 보여주고 있다.

46) 로마 황제가 된 칼리굴라(Caligula; AD37-41, 제위)는 오래전 헬라의 안티오쿠
스 4세의 종교 정책을 부활시키려 했다. 그것을 위해 그는 AD40년경 자기를
드러내고자 예루살렘 성전에 쥬피터(Jupiter) 곧 제우스 신상을 세우려 했으나
41년 암살당함으로써 성공을 거두지 못했다. 그러나 AD70년 예루살렘 성전
이 완전히 파괴된 후, 하드리아누스(Hadrianus; AD76-138) 황제는 성전이 파
괴된 그 자리에 쥬피터 신상을 세우게 되었다. 이를 통해 우리는 예루살렘 성
전 파괴에 쥬피터와 연관된 종교적 모독의 성격이 들어있으리라는 점을 생
각해 볼 수 있다. 즉 로마 군대는 성전을 파괴하면서 로마인들의 최고 신인 쥬
피터의 승리를 선전했으리라는 것이다.

자들은 밭 가에 벗어놓은 겉옷을 챙기기 위해 뒤로 돌이키지 말라는 당부를 했다. 그 긴박한 상황에서 아무리 귀한 것들이라 할지라도 다른 것을 돌아볼 겨를이 없다는 것이다.

우리는 여기서, 예루살렘 성전에 그와 같은 끔찍한 일이 발생할 때 갑자기 들이닥치는 다급한 상황을 엿보게 된다. 따라서 불과 몇 발짝만 움직이면 취할 수 있는 물건과 겉옷마저도 챙기지 말고 신속하게 그곳을 피하라고 했다. 또한 이 말 가운데는 이제 그들에게 진정으로 중요한 것은 저들의 귀중품이나 겉옷이 아니라 생명이라는 점이 강조되고 있다.

그리하여 당시 신약시대 교회에 속한 하나님의 언약의 자손들은 뒤를 돌아보지도 않고 유다 지역과 예루살렘을 신속하게 떠나게 되었다. 그때 유대교에 속한 자들은 로마제국으로부터 예루살렘 성읍과 성전을 지키기 위해 강력하게 저항하며 투쟁하고 있었다. 그런데 기독교인들은 그들에 대항하지 않은 채 다른 지역으로 도망쳐 이주하게 되었다.

유다 지역과 예루살렘에서 탈출해서 나온 자들 가운데 다수는 지중해 연안의 소아시아 지역으로 이주해 갔다. 사도 요한은 예수님의 어머니 마리아를 모시고 소아시아의 에베소로 이주해 그곳에서 일정 기간 거주했다. 그리하여 예루살렘을 언약 중심부에 두고 있던 기독교 핵심처가 에베소와 그 인근 지역으로 옮겨 일시적이긴 하지만 그곳이 기독교의 중심지 역할을 하게 되었다.

(2) 최악의 상황과 구원받은 성도들(막 13:17-20)

예수님은 예루살렘 성전에 끔찍한 일이 발생하는 그 날에는 아이 밴 자들과 젖먹이는 자들에게 화가 있으리라고 말씀하셨다. 이는 아이 밴 자들과 젖먹이는 자들은 다른 사람들처럼 먼 길을 걸어 낯선 지역으로 이주해 가기 힘들었기 때문이다. 그 긴박한 상황에서 그들은 스스로 도망치기 어려웠을 뿐 아니라 그로 말미암아 다른 사람들조차 자유롭게 도망치기 쉽지 않았다.

따라서 그 일이 특히 겨울에 일어나지 않도록 기도하라고 했다.[47] 날이 따뜻하고 좋은 계절이 아니라 추운 겨울에 그런 상황이 발생하게 되면 엄청난 제약이 따를 수밖에 없다. 겨울밤에는 추운 날씨로 인해 제대로 잠을 잘 수 없을 것이며 이동하는 길에 먹을 양식을 구하기도 어려울 것이었기 때문이다.

그와 같은 자연환경이 아닐지라도 예루살렘 성전이 파괴되는 그 날은 최악의 환난 날이 될 것이 분명했다. 그런 일이 진행되는 기간은 백성들에게 최악의 고통스러운 날이 될 수밖에 없었다. 성경은 그날 임하게 되는 환난은 창조 이후 처음 있는 일이며 앞으로도 되풀이되지 않을 것이라고 말했다. 따라서 만일 주님께서 그날들을 감해주지 않으신다면 모든 육체가 멸망할 수밖에 없게 된다. 따라서 하나님께서는 자기가 선택하신 백성들을 위해 그날들을 감해주실 것이라고 하셨다.

우리는 이 예언의 말씀을 원근통시적(遠近通時的) 관점에서 생각해 볼수 있어야 한다. 역사적으로 보아 당시 예수님의 예언이 가까이는 AD70년 예루살렘 파괴를 향하고 있으나 동시에 그것은 종말에 있게 될 최후 심판의 그림자와 같은 성격을 지닌다. 예루살렘 성전에 '멸망의 가증한 것'이 선 것처럼 지상에 존재하는 말세의 기독교 내에는 가증한 것이 자리잡게 된다.

이와 같은 일은 오늘날 우리 시대에 그대로 일어나고 있다. 다니엘서에 기록된 '멸망의 가증한 것'이 셀류코스 왕조 때 안티오코스 4세가

---

47) 예루살렘 성전 파괴는 AD70년 여름에 행해졌다. 로마제국의 티투스 장군은 AD70년 6월 예루살렘 성전 둘레에 뾰족한 말뚝으로 벽을 세워 포위한 지 서너 달 후에 성읍을 둘러싼 성벽을 허물고 성전을 완전히 파괴하게 되었다. 그때 도망친 유대 병사들은 사해 서쪽의 마사다 요새로 물러가 항전했으나 AD72년 끝내 함락되어 유대 전쟁은 막을 내리게 된다.

예루살렘 성전에 제우스 신상을 세운 것과 동일한 상황이 우리 시대 기독교 내부에서 발생하고 있기 때문이다. 우리가 여기서 주의를 기울여 생각해야 할 바는 헬라의 제우스가 당시 최고신이었다는 점이다.

따라서 당시 헬라인들은 유대인들의 여호와와 헬라의 제우스가 동일한 최고신이라 여기고 있었다. 그들이 예루살렘 성전에 제우스 신상을 세운 것은 유대인들의 여호와와 유사한 최고신인 제우스를 그 자리에 가시적으로 앉힌 것과 같았다. 이는 우리 시대 종교 다원주의(pluralism)를 지향하는 자들이 기독교의 신과 이방인들의 최고신을 동일하게 보는 것과 같은 상황이다.

따라서 배도에 빠진 예루살렘 성전을 심판하신 하나님께서 장차 지구 최후의 때가 이르면 타락한 기독교를 엄히 심판하시게 된다. 하지만 예루살렘 성전 파괴를 앞둔 시점에서 언약의 자손들을 구원하신 하나님께서, 최후 심판을 하시며 자기 자녀들을 세상으로부터 구원해 내시게 된다. 하나님의 자녀들은 그의 은혜 가운데 영생을 보장받게 되는 것이다.

2. 대혼란의 시기 (막 13:21-25)

(1) 혼선을 부추기는 악한 자들(막 13:21, 22)

예수께서는 예루살렘 성전 파괴에 대한 예언과 더불어 그 시기와 종말에 발생할 특징적 풍조에 관한 언급을 하셨다. 이는 최후 종말의 때와 중첩적으로 이해될 수 있다. 그때가 이르면 하나님의 교회를 어지럽히려는 세력이 기승을 부리게 된다. 그와 동시에 신앙이 어린 교인들과 어리석은 자들을 미혹하는 행위를 일삼는 자들이 여기저기서 나타난다.

하나님의 진리를 파괴하는 그 악한 자들은 거짓말을 일삼으며 자신이 마치 대단한 신앙을 가진 자라도 되는 양 사람들을 기만하고 속이기를 되풀이한다. 그들은 특히 그리스도를 빌미로 삼아 종교적인 거짓 선전을 하게 되며 그것을 통해 왜곡된 열정을 부추기게 된다. 그들이 그리스도를 핑계댄다는 것은 자신의 행위가 마치 신앙심의 표출인 양 선전하는 방편으로 삼기 위해서이다.

따라서 참된 성도들은 배도에 빠진 사악한 자들이 그리스도가 여기 있다 혹은 저기 있다고 해도 저들의 말을 배격할 수 있어야 한다. 그때는 다양한 형태를 띤 배도자 무리가 등장하게 된다. 또한 그들은 지상 교회의 언저리뿐 아니라 교회 내부로 잠입해 들어오기도 한다. 잘못된 신앙에 물든 자들 가운데 상당수는 자기가 거짓을 옮기고 있다는 사실을 인식조차 하지 못하는 경우가 많이 있다.

문제는 악에 빠진 위선자들은 그와 같은 상황에서 거짓 평화를 외치게 된다는 사실이다. 그들은 신앙인을 가장한 채 화사한 얼굴을 하고 어린 사람들을 미혹하게 된다. 그들의 입술에는 사람을 죽이는 독화살을 머금고 있으면서도 겉으로는 그럴듯한 말로 어리석은 자들을 미혹하는 것이다. 그와 같은 자들은 역사 가운데 항상 있었으나 종말의 때가 이르면 더욱 기승을 부리게 된다. 구약시대 솔로몬 성전의 파괴를 앞두고도 그와 같은 일이 발생했음이 예레미야서에 기록되어 있다.

> "그들의 혀는 죽이는 살이라 거짓을 말하며 입으로는 그 이웃에게 평화를 말하나 중심에는 해를 도모하는도다"(렘 9:8)

하나님의 참된 진리를 버린 자들은 주변 사람들을 향해 '거짓 평화'를 외치기를 좋아한다. 그들은 악한 것을 선한 것인 양 포장하여 거짓말을 내뿜으며 어린 사람들을 속이는 것을 예사로 여겼다. 그런 자들은 자신의 거짓 욕망을 추구하며 그것을 달성하기 위해 이웃을 해치는 것을 아무렇지 않게 여긴다.

이처럼 세상의 최후 종말이 이르면 그런 자들은 자기 세상을 얻은 듯 활개를 치게 된다. 따라서 하나님께 저항하며 교인을 미혹하는 자들 가운데 거짓 그리스도들과 거짓 선지자들이 많이 일어나게 될 것이라고 했다. 그런데 문제는 그들이 일어나서 단순한 언술뿐 아니라 다양한 이적과 기사를 행하게 된다는 점이다.

그들은 그렇게 해서라도 할 수만 있다면 하나님께서 택하신 백성을 미혹하기 위해 애를 쓰게 될 것이다. 그런데 분별력이 없는 어린 교인들과 어리석은 자들은 그것을 보며 속아 넘어갈 우려가 따르게 된다. 더욱이 그들은 마치 상대방을 표적 삼아 독화살을 겨누듯이 특정인을 향해 적극적으로 공략하기를 좋아한다.

그러므로 하나님의 자녀들은 올바른 분별력을 가져야만 한다. 우리가 여기서 생각해야 할 중요한 점은 하나님의 말씀을 전하는 참된 교사들은 결코 그와 같은 기적을 행하지 않는다는 사실이다. 즉 거짓 선지자들은 다양한 이적과 기사를 베푸는 반면 참된 선지자들은 그런 식으로 행동하지 않는다.

신약시대 교회 가운데 가장 중요한 것은 하나님께서 계시하신 성경 말씀이다. 그래서 계시가 종결된 보편교회 시대에는 어떤 기적이라 할지라도 그것을 하나님으로부터 허락된 계시적 기적으로 보지 않는다. 중요한 것은 '오직 성경'(sola scriptura)이다. 성숙한 교회와 성도들은 이에 대한 분명한 깨달음을 가지고 있어야만 한다.

마지막 최후 종말이 임박한 시기가 되면 영원한 멸망을 앞둔 사탄이 더욱 크게 기승을 부릴 것이 분명하다. 이는 거짓 선지자들이 다양한 기적을 베풀면서 하나님의 교회를 어지럽히고 어린 교인들을 미혹하는 배경에는 사탄과 그의 졸개인 귀신들이 도사리고 있음을 말해준다. 어리석은 자들은 영적인 눈이 멀어 신기한 기적과 현상들을 보며 그에 미혹되기 쉽다. 하지만 성경의 교훈에 따라 예수 그리스도를 의지하는 참된 성도들은 그것을 경계하며 단호한 태도를 유지하게 된다.

(2) 우주의 변화 조짐과 종말(막 13:23-25)

종말의 때가 가까이 이르게 되면 인간들뿐 아니라 자연에도 상당한 변화가 생긴다. 이는 인간의 죄로 말미암아 오염된 우주 만물도 하나님의 심판의 대상이 된다는 의미가 내포된 것으로 이해할 수 있다. 하늘의 해와 달과 별은 과거에도 특별한 일이 있을 때 하나님께서 변화를 일으킨 경우들이 있었다.

구약시대에는 하늘의 태양이 멈춘 적이 몇 차례 있었다. 그 사건은 출애굽 후 약속의 땅 가나안에 진입해 들어간 여호수아가 아모리 족속과 전쟁할 때 일어났으며(수 10:12, 13), 그보다 후일 이사야 시대에 히스기야와 연관하여 그와 같은 일이 발생하기도 했다(사 38:8; 왕하 20:9-11). 하나님께서 특별히 관여하여 그렇게 하셨다.

또한 예수께서 십자가에 못 박힌 채 매달려 있을 때 12시부터 오후 3시까지 땅이 어두워졌다(마 27:45). 그리고 십자가에 달린 예수님의 생명이 끊어질 때 성소의 휘장이 찢어지고 땅이 진동하는 지진이 일어났다(마 27:51). 또한 안식 후 첫날 여인들이, 그가 묻힌 무덤을 찾아갔을 때도 땅이 흔들리는 일이 발생했다(마 28:1, 2). 이는 단순한 일반적인 자연현상이 아니라 하나님의 적극적인 관여에 따른 것이었다.

이처럼 마지막 최후 종말의 때에도 그와 같은 양상이 나타나리라고 했다. 물론 앞의 여러 경우는 하나님께서 보여주신 부분적인 현상이었으나 마지막 때가 되면 하늘의 태양을 비롯한 별들이 하늘에서 떨어지는 총체적인 상황이 전개될 것이라고 했다. 하늘과 우주를 지탱하던 모든 권능이 흔들려 그 기능을 상실하게 된다는 것이다. 그렇게 하여 하나님께서 창조하신 처음의 세상 만물은 최종 심판을 받게 되는 것이다.

3. '천상의 왕'의 강림 (막 13:26-32)

(1) 인자(人子)의 공개적인 재림(막 13:26, 27)

우주 만물을 지탱하던 권능이 흔들리고 처음 창조된 세상이 종말을 맞게 되는 그때 하나님의 아들이자 인간의 몸을 입으신 인자(人子)가 큰 권능과 영광으로 이땅에 재림하시게 된다. 이에 대한 예언은 나중 십자가에 달렸다가 부활하신 예수께서 승천하실 때 천사들의 입술을 통해 선포된 바였다.

> "이 말씀을 마치시고 저희 보는데서 올리워 가시니 구름이 저를 가리워 보이지 않게 하더라 올라가실 때에 제자들이 자세히 하늘을 쳐다 보고 있는데 흰옷 입은 두 사람이 저희 곁에 서서 가로되 갈릴리 사람들아 어찌하여 서서 하늘을 쳐다 보느냐 너희 가운데서 하늘로 올리우신 이 예수는 하늘로 가심을 본 그대로 오시리라 하였느니라"(행 1:9-11)

예수께서는 아직 자신의 십자가 사역과 연관된 모든 사역이 완성되기 전에 인자가 구름을 타고 오실 것에 관한 예언의 말씀을 하셨다. 그 말씀은 당시 소외당하던 사람들 가운데 한 부류로서 주님을 따르던 갈릴리인들에게 주로 주어졌다. 또한 그 일은 비밀리에 행해지는 것이 아니라 많은 사람이 보는 가운데 이루어지게 된다. 재림하시는 그 주님은 심판주로 오셔서 최종적인 구원을 베푸시게 된다.

영화로운 권세를 가진 예수께서 영원한 왕의 신분으로 재림하여 악한 세상을 심판하실 것이며 그 가운데서 고난을 겪던 자기 백성들에게는 구원을 허락하시게 된다. 그는 그때가 이르면 천사들을 보내 자기가 선택하신 성도들을 땅끝으로부터 하늘 끝까지 사방에서 불러 모으시리라고 했다. 이는 창세 전에 택하신 언약의 자녀들을 한 사람도 빠지지 않도록 완벽하게 부르신다는 사실을 말해주고 있다.

우리가 여기서 깊은 주의를 기울여 생각해야 할 바는 주님의 재림을 상징적인 것으로 간주해서는 안 된다는 사실이다. 주님께서는 반드시 재림하실 것이며 구체적으로 구원과 심판을 베푸시게 된다. 현대 기독교에 속한 자들 가운데는 그것을 상징적인 것으로 이해할 뿐 실제로 받아들이지 않는 자들이 상당수 있다. 하지만 주님의 약속은 반드시 이루어진다는 사실을 기억해야만 한다.

또한 그가 구름을 타고 오신다는 말씀을 지나치게 상징화하려는 태도 역시 지양되어야 한다. 물론 그가 어떤 형태의 구름을 어떻게 타고 오시는지에 대하여 명확하게 알 수 없지만, 하늘의 영광을 동반한 채 이땅에 오시는 것은 분명하다. 우리는 주님의 재림으로 말미암아 모든 것이 새롭게 되는 그날과 영원한 구원을 소망하게 되는 것이다.

(2) 시대를 읽고 해석하는 안목(막 13:28-30)

예수께서는 이와 더불어 제자들에게 중요한 비유의 말씀을 주셨다. 무화과나무의 비유를 배우라는 것이다. 우리는 여기서 불과 며칠 전 예수께서 무화과나무를 저주한 사건을 떠올리게 된다. 예수께서 예루살렘에 왕으로 입성하신 후 아직 열매 맺을 시기가 아닌 무화과나무에서 열매를 얻고자 했으나 얻지 못하게 되자 그 나무를 저주하셨던 것이다 (막 11:12-14; 마 21:18, 19).

그런데 여기서 '무화과나무 가지가 연하여지고 잎사귀를 낸다'라는 말씀을 하실 때 제자들의 머릿속에는 저주받은 그 무화과나무가 떠올랐을 것이 분명하다. 이는 당시 배도에 빠진 유대주의자들을 빗댄 사건이었을 것으로 이해된다. 따라서 나중 무화과나무 가지가 다시금 잎사귀를 내듯이 저들에게도 그와 같은 일이 발생하게 되리라는 의미를 지니고 있다.

이는 역사적 관점에서 이해할 수 있는 말이다.[48] AD70년 예루살렘과 하나님의 성전이 파괴됨으로써 그동안 로마제국의 압제 아래 놓여 있으면서 어느 정도 독립적 지위를 누리던 팔레스틴의 이스라엘 왕국은 역사 가운데 사라져 버리게 된다. 그로부터 거의 이천 년의 세월이 흐르는 동안 그 나라가 다시금 세워지게 되리라는 기대를 하기 어려웠을 것이다.

그런데 19세기 말부터 시작된 시오니즘(Zionism) 운동을 거쳐 20세기 중반 제2차 세계대전 직후인 1948년, 이스라엘이 팔레스틴 지역에 독립국을 세우게 되었다. 그것은 하나님의 섭리 가운데 이루어진 일이라 할 수 있다. 예수께서 무화과나무가 연하여지고 잎사귀를 내면 여름이 가까운 줄 알라고 하신 말씀은 자연적인 이치와 더불어 1세기 후반 이스라엘 왕국의 패망과 20세기 중반 이스라엘 국가의 독립에 연관된 것으로 받아들일 수 있다.

예수께서는 그 비유와 더불어 그와 같은 일이 발생하는 것을 보게 되면 자신의 재림 때가 가까워진 줄 알라고 하셨다. 인자(人子)가 문 앞 곧 저들의 눈앞에 당도했다는 것이다. 그는 그 일이 반드시 일어나게 될 것이며 세대가 지나가기 전에 다 이루실 것이라고 했다. 이는 반드시 이루어질 역사적 정황과 그의 재림을 염두에 두고 하신 말씀이다. 따라서 지상 교회에 속한 성도들은 역사적 변화에 민감하게 반응할 수 있어야 한다.

(3) 오염된 세상에 대한 하나님의 심판(막 13:31, 32)

예수께서는 자기가 하시는 모든 말씀이 절대 진리라는 사실을 강조

---

48) 우리는 이를 세대주의자들이 주장하듯이 1948년 이스라엘 국가가 다시 세워지게 된다는 언약적 의미와 동일하게 생각할 필요는 없다. 단지 하나님의 역사적 섭리 가운데 소중한 교훈을 얻을 수 있을 따름이다.

하셨다. 천지는 없어지겠으나 자기의 말씀은 영원토록 존재하며 절대
로 없어지지 않는다는 것이다. 이는 하나님의 권능이 모든 피조 세계를
통제하고 있음을 의미하고 있다. 즉 타락한 세상과 우주 만물을 하나님
의 뜻 가운데 심판하시게 되리라는 사실에 관련되어 있다.

하나님께서는 인간의 죄로 말미암아 오염된 세상과 우주 만물을 반
드시 심판하시게 된다. 죄에 물든 것들은 거룩한 하나님의 존재와 그의
성품과 조화될 수 없기 때문이다. 그리하여 처음 피조 세계를 심판하신
후 새로운 세계를 창조함으로써 자기 백성들로 하여금 영원토록 그곳
에 살아가게 하시고자 했다.

그런데 그 일이 발생하게 될 구체적인 날과 때는 아무도 모른다고 말
씀하셨다. 하늘에 있는 천사들과 하나님의 아들인 자기도 알지 못한다
고 하셨다. 오직 성부 하나님만 알고 계신다는 것이다. 우리가 여기서
주의를 기울여 생각해 보아야 할 점은 과연 성자 하나님께서도 그에 대
해 '전혀 모르고 계셨나?' 하는 문제이다.

성경의 전체적인 내용을 볼 때 성자 하나님께서 그때를 알고 계시는
것으로 이해하는 것이 자연스럽다. 그럼에도 불구하고 그렇게 말씀하
신 것은 완벽한 인간으로서 인자(人子)이신 자기를 드러내고자 함이었던
것으로 보인다. 중요한 사실은 그가 부활 승천하신 후 때가 이르면 반
드시 재림하신다는 약속에 대한 선포이다. 따라서 모든 성도는 항상 그
소망의 말씀을 마음속 깊이 새긴 채 이 세상을 살아가야만 한다.

4. 성도들의 각성과 대비 (막 13:33-37)

재림에 관하여 구체적인 내용을 언급하신 예수께서는 제자들을 향해
항상 주의하여 깨어 있으라는 말씀을 하셨다. 그의 재림과 더불어 실행
될 구원과 심판의 날이 언제 도래하게 될지 모르기 때문이었다. 만일
부주의하여 깊이 잠든 상태에서 그 놀라운 일이 발생하게 되면 당황스

러울 수밖에 없다.

따라서 타락한 이 세상에 살아가는 성도들은 항상 하나님과 그의 사역에 깊은 관심을 두고 살아가야 한다. 하나님의 자녀들은 세상의 풍요로움을 추구하며 그것을 통해 만족을 누리려 해서는 안 된다. 그래야만 잠시 지나가는 이 세상에 집착하지 않고 영생을 바라보며 살아갈 수 있기 때문이다. 여러 징조를 통해 주님의 재림 때가 가까워진 사실을 깨닫게 되지만 그 구체적인 날짜는 알 수 없다는 것이다.

예수께서는 그 점을 설명하시기 위해 하나의 예를 말씀하셨다. 가령 어떤 사람이 집을 떠나 외국으로 가면서 하인들에게 어느 정도 권한을 주어 사무를 맡기고, 집을 관리하는 자에게 깨어서 지키라는 명령을 내리고 떠났다. 특별히 맡겨진 그 일은 주인으로부터 사명을 위임받은 자들이 마땅히 행해야 할 의무에 해당한다.

그 하인들은 성실하게 직무를 수행하는 가운데 항상 깨어 있으면서 집주인이 돌아올 때를 대비할 수 있어야 한다. 그가 날이 저물 때 올지 밤중에 올지 혹은 닭이 우는 새벽에 올지 알 수 없었기 때문이다. 그 주인이 갑자기 돌아올 때, 직무를 맡아 일하는 자들이 태만하여 아무런 대비를 하지 않은 채 잠자고 있는 상태를 보이지 말라는 것이다. 따라서 주인으로부터 사명을 부여받은 자들은 항상 깨어 있어야만 한다.

예수께서는 제자들에게 하신 그 말씀이 모든 사람에게 해당하는 말이라는 사실을 강조하셨다. 물론 그 교훈은 오늘날 우리에게도 주어진 것으로 받아들여야 한다. 예수님의 재림을 통해 하나님의 궁극적인 심판이 임하게 되면 하나님께 속한 성도들은 영원한 구원의 은총을 입게 된다. 그에 반해 깨어 있지 않고 잠들어 있는 불신자들은 그 무서운 심판을 받지 않을 수 없다.

제27장

역사상 마지막 유월절의 긴장과 본질적 교훈

(막 14:1-25)

1. 유월절과 어린양 예수 그리스도 (막 14:1, 2)

예수님이 왕의 신분으로 예루살렘에 입성하신 후 마지막 유월절이
다가오고 있었다. 이제 이틀이 지나면 유월절과 무교절이다. 제사장들
은 그날 거룩한 성전에서 흠 없는 양을 잡아 하나님께 바치게 되고 온
이스라엘 백성은 그 절기를 지키는 동안 양고기를 먹으며 즐거움을 누
리게 된다. 나아가 그때는 누룩을 넣지 않은 빵을 먹으며 하나님께서
베푸시는 섭리와 은총을 기억하게 된다.

그 절기와 관련된 모든 행사를 총괄하며 주도하는 자들의 중심에는
제사장들과 서기관들이 있었다. 전 과정은 하나님의 율법에 기록된 내
용에 따라 진행되어야 했다. 그리고 제사장들에 의해 하나님 앞에 제물
이 바쳐져야만 했다. 물론 하나님 앞에 제물을 바치는 제사 행위를 통
해 언약의 자손들은 영원한 어린 양이신 메시아를 기억해야만 했다.

그럼에도 불구하고 당시 대다수 제사장과 종교지도자들은 그렇지 못
했다. 유월절과 무교절을 앞둔 상황에서 대제사장들과 서기관들은 그

절기의 본질을 버린 채 하나님의 어린 양으로 오신 예수님을 죽일 방책을 강구하고 있었다. 그들은 사악한 계략을 짜서 그를 잡아 죽이려는 방안에 몰두하고 있었다.

하지만 그들이 스스로 목적하는 바를 실행에 옮기기에는 그리 쉽지 않았다. 자칫 무리한 시도를 하게 되면 백성들의 반란이 일어날 우려가 없지 않았기 때문이다. 며칠 전 예수께서 영원한 왕으로서 나귀 새끼를 타고 예루살렘에 입성하실 때 길가에 선 큰 무리가 예수님을 향해 종려나무 가지를 흔들며 환영한 바가 있었다.

그들은 예수님을 '다윗의 자손으로 오신 존재'임을 알고 '호산나'를 외치며 하나님을 찬양했었다. 많은 백성이 그를 영원한 왕으로 인정하는 상황에서 그를 잡아 죽인다는 것은 저들에게도 상당한 부담이 될 수밖에 없었다. 자칫 잘못하면 저들의 목적을 벗어나 더 큰 소요가 일어날 수도 있었기 때문이다.

그러므로 대제사장들을 비롯한 산헤드린 공회원들은 예수님을 잡아 죽이는 일을 유월절 기간에는 피하는 것이 좋겠다는 주장을 펼치기도 했다(막 14:2). 이는 예수님에 대한 처형이 공적으로 결의된 상태에서 시기를 조정하자는 의미를 담고 있다. 그들은 참된 어린 양이신 예수님이 반드시 유월절 제물로 바쳐져야 한다는 사실을 전혀 모르고 있었다.

2. 베다니 문둥이 시몬의 집 (막 14:3-11)

(1) 문둥병 환자의 집(막 14:3ⓐ)

예수께서는 예루살렘 성읍에서 나와 베다니에 도착해 문둥병 환자인 시몬의 집으로 가셨다. 그가 제자들과 함께 문둥병에 걸린 사람의 집에 들어간다는 것은 결코 평범한 일이 아니었다. 일반적인 관점에서 본다면 건강한 유대인이 부정한 자를 방문해 그의 집에 머문다는 것은 이해

하기 어려웠다. 더욱이 부정한 자와 함께 자리에 앉아 식사한다는 것은
있을 수 없는 일이었다.

당시 베다니에는 문둥이 시몬 이외에 예수께서 알고 계시는 다른 사
람들도 있었을 것으로 보인다. 설령 그 마을에 가까이 교제하는 자가
없다고 할지라도 주변의 다른 동네로 갈 수도 있었다. 그럼에도 불구하
고 그가 굳이 문둥병 환자의 집을 선택해 찾아간 것은 그럴 만한 특별
한 이유가 있었던 것이 분명하다.

우리가 짐작할 수 있는 사실은, 예수님과 그의 제자들이 악한 유대주
의자들의 위협으로부터 피할 수 있는 장소로서 그 집이 절대 안전한 곳
이었으리란 사실이다. 설령 힘 있는 유대인들이 그곳에 예수님과 제자
들이 머물고 있다는 사실을 안다고 할지라도 크게 신경 쓰일 수밖에 없
었다. 즉 유대인 당국자들이 예수님의 동태를 확인하려고 해도 그 집
안으로 들어가기는 어려웠다. 당시에는 사람뿐 아니라 그 집안 곳곳에
문둥병이 스며 있을 수도 있었다(레 13:47-52. 참조). 더구나 당시는 유월
절을 눈앞에 둔 시기였다.

따라서 예수님과 제자들은 가장 안전한 곳인 그 집에서 여러 사람과
함께 식사를 나누었다. 그들이 문둥병자의 집을 단순히 방문했을 뿐 아
니라 한 식탁에서 음식을 먹으며 교제한다는 것은 당시의 율법적인 관
점에서 볼 때 여간 심각한 문제가 아닐 수 없었다. 따라서 그 모든 상황
을 잘 알고 계시는 예수께서 의도적으로 그렇게 하신 것으로 보인다.

(2) 한 여인이 값비싼 향유를 예수님의 머리에 부음(막 14:3ⓑ)

예수님과 제자들이 문둥병 환자인 시몬의 집에서 식사하실 때 아무
도 예기치 못한 갑작스러운 사건이 발생했다. 적어도 예수님 이외의 다
른 제자들과 거기 모여 있던 사람들은 전혀 예측할 수 없는 일이었다.
즉 아무도 그 자리에서 그와 같은 특별한 사건이 일어날 줄 몰랐다.

예수님을 비롯한 여러 사람이 식사하는 자리에서 한 여성 곧 마리아
가 갑자기 매우 값비싼 향유 곧 순전한 나드 한 옥합을 가지고 와서 그
것을 깨뜨렸다(요 12:3, 참조).49) 그리고는 그 자리에 앉아계시는 예수님
의 머리 위에 향유를 쏟아부었다. 보기에 따라서는 그 여인의 행동이
극히 무례하게 보일 수 있었다.

값비싼 향유를 예수님의 머리에 부은 것도 문제였지만 그의 동의를
구하지 않은 상태에서 갑자기 그에게 수액(水液)을 쏟아붓는다는 것은
이해하기 어려운 문제였다. 더구나 여성이 젊은 청년 남성에게 그와 같
은 행동을 한다는 것은 결코 있을 수 없는 일이었다. 그와 같은 행동은
그 자체로서 크게 비난받을 만한 행동이었다.

나아가 우리가 주의를 기울여 생각해야 할 점은 그 여성의 행동이 그
당사자 개인의 결단에 의한 것이라 보기 어렵다는 사실이다. 거기에는
그 여성이 스스로 그렇게 하기로 작정하고 실행한 것 이상의 의미가 담
겨있었다. 즉 그 여성 자신도 자기가 예수님의 머리에 향유를 붓는 이
유와 의미에 관한 분명한 이해가 없었을 것으로 보인다. 따라서 우리는
그 여성의 특이한 행동이 성령 하나님의 감동과 사역에 의한 것으로 받
아들여야 한다.

(3) 어떤 사람들의 분노와 책망(막 14:4, 5)

문둥이 시몬의 집에서 식사하는 중 한 여인이 예수님의 머리에 값비
싼 향유를 붓는 것을 목격한 자들 가운데 일부는 크게 분노하는 마음을
가졌다. 그들은 스스로 자기가 정의롭다고 생각하는 자들이었다. 그 사

---

49) 요한복음 12:3에는, 마리아가 지극히 비싼 향유 곧 순전한 나드 한 근을 가져
다가 예수님의 발에 붓고 자기 머리털로 그의 발을 씻은 것으로 기록하고 있
다. 우리는 이를 통해 그 여인이 예수님의 머리에서부터 온 몸과 발에도 향유
를 부었다는 사실을 알게 된다.

람들은 자기가 가난한 자와 약한 자의 편에 선 자인 것으로 여기고 있었다.

예수께서 문둥병에 걸린 환자의 집에 들어왔을 때도 그들은 소외되고 약한 자의 집을 선택한 예수님을 보고 긍정적으로 받아들였을 것으로 보인다. 즉 예수님이 제자들을 데리고 부유하고 건강한 자의 집 대신, 많은 사람이 저주받은 자로 여기는 문둥병자의 집을 찾는 것을 보며 마음속으로 지지를 보냈을 것이다.

그런데 문둥병 환자의 집 안에서 전혀 예측하지 못한 의외의 일이 발생하게 되었다. 그들은 한 여인이 엄청나게 비싼 향유를 예수님의 머리에 쏟아붓는 어처구니없는 행동을 이해하기 어려웠다. 그러므로 그 향유를 순식간에 허비해 버린 여성을 향해 크게 분노하는 마음을 가지게 되었다.

그 여인이 허비한 향유는 삼백 데나리온 이상이 되는 값어치를 지니고 있었다. 한 데나리온을 건장한 노동자의 하루 노임으로 본다면 그 액수는 노동자의 한 해 봉급에 해당하는 거액이었다.[50] 그 고가(高價)의 향유를 팔아 가난한 이웃을 위해 사용하거나 그들에게 나누어준다면 얼마나 좋은 일인가? 그렇게 한다면 예수님을 긍정적으로 이해하는 자들이 훨씬 더 많아질 수도 있는 일이었다. 따라서 그들의 입장에서는 그 여인을 강하게 책망하는 것이 당연한 것으로 여겨질 수 있었다.

(4) 예수님의 반응(막 14:6-9)

값비싼 향유를 예수님의 머리에 붓는 여인에게 분노하는 자들을 향

---

50) 우리 형편에서 본다면 이 액수는 근로자의 연봉인 3-4천만 원 정도에 해당하는 큰 돈이다. 따라서 저들에게는 그 거액의 향유를 한 사람의 머리에 부어 허비하는 것은 이해하기 어려웠다. 예수님의 존재를 올바르게 알지 못하는 자들의 입장에서는 그럴 만한 일이었다.

해 예수께서 친히 반응하셨다. 그가 취한 행동에 대해 부정적인 태도를
보이지 말라는 것이다. 도리어 왜 그 여인을 괴롭게 하느냐며 책망의
말씀을 하셨다.

예수께서는 그 여인이 잘못된 행동을 한 것이 아니라 자기를 위해 선
한 일을 했다고 언급하셨다. 그에 대해 잘못된 판단을 하는 자들이 생
각하는 가난한 사람들은 항상 그들과 함께 있으리라고 했다. 그러니 언
제든지 그들이 원하는 대로 그 사람들을 도울 수 있으리라는 것이었다.
하지만 이땅에서 맡은 바 중요한 사명을 감당해야 할 자기는 항상 저들
과 함께 있지 않을 것이라고 말했다.

그러므로 그 여인이 자기에게 행한 일은 단순히 향유를 허비한 것이
아니라, 보다 중요한 의미가 담겨 있다고 말씀하셨다. 예수께서는 간절
한 마음으로 자기 몸에 향유를 부은 여인의 행동은 이제 곧 십자가에
달려 하나님의 제물로 바쳐지게 될 자신의 거룩한 죽음을 준비하는 것
이라는 사실을 밝히셨다. 우리가 여기서 염두에 두어야 할 중요한 사실
은 그 여인조차도 자기가 행한 일이 의미하는 바를 명확히 깨닫지 못하
고 있었으리라는 점이다.

그 여인은 성령 하나님의 인도하심에 따라 구속사적 의미와 더불어
그와 같은 일에 참여하게 되었을 것으로 보인다. 그것은 매우 특별한
사건으로서 하나님의 직접적인 관여에 의한 행동이었다. 즉 그녀의 행
동은 선택받은 모든 성도를 위한 구속사적 대표성을 지니고 있는 것으
로 이해해야 한다.

그러므로 예수께서는 그것이 지닌 중요한 성격에 관한 말씀을 하셨
다. 장차 하나님의 복음이 전파되는 모든 곳에서는 그 여인이 행한 일
도 함께 전해지리라는 것이었다. 그리하여 하나님의 자녀들이 그를
기념하게 되리라는 사실을 언급하셨다. 이는 그 여인 자신을 기념한
다는 것이라기보다 그가 취한 놀라운 사역이 기념된다는 것에 연관되
어 있다.

(5) 가룟 유다의 왜곡된 정의감과 결단(막 14:10, 11)

열두 명의 제자들 가운데 예수님의 말씀을 듣고 가장 미리 반응한 자는 가룟 유다였다. 그는 그동안 예수님의 제자인 것처럼 행세하여 많은 사람을 속여왔으나 실상은 예수님께 대적하는 사탄의 하수인에 지나지 않았다. 그럼에도 불구하고 모든 사람이 그 점을 알지 못하고 있었으며 예수님의 다른 열한 제자들조차 그에 대해 인식을 하지 못하고 있었다.

우리가 여기서 보게 되는 점은 사악한 자가 도리어 거짓된 정의감에 사로잡혀 있다는 사실이다. 가룟 유다는 사탄에게 속한 자로서 값비싼 향유를 허비한 여인의 편을 드는 예수님의 태도를 받아들이기 어렵다는 태도를 보였다. 가룟 유다를 비롯하여 복음으로부터 거리가 먼 자들의 처지에서는, 소외되고 힘든 사람에게 관심이 있을 것이라 믿어왔던 예수님이 그 여인의 무례하고 무책임한 행동을 강하게 책망해야만 했다.

하지만 자기의 몸에 값비싼 향유를 쏟아붓는 여인에 대한 예수님의 태도는 전혀 그렇지 않았으며, 그 모든 광경을 지켜본 가룟 유다는 그동안 따라다니던 예수님을 산헤드린 공회에 넘겨주려고 결심하게 되었다.[51] 그 유대주의자들은 무죄한 예수님을 죽이기 위해 치밀한 계략을 세우는 중이었다. 따라서 가룟 유다는 예수님을 산헤드린 공회에 넘겨주기 위해 대제사장들이 있는 곳으로 찾아갔다.

그런데 가룟 유다는 단순히 그들에게 예수님이 계시는 장소를 알려주는 밀고(密告)에 그친 것이 아니었다. 그는 그들로부터 적절한 신고 보상금을 받고자 생각하고 있었다. 이는 그의 진정한 관심이 가난한 사람

---

51) 누가복음에는, 가룟 유다에게 '사탄이 들어가서' 그가 예수를 팔기 위해 대제사장들과 방도를 논의한 것으로 기록되어 있다(눅 22:3, 참조). 이 말은 그동안 다른 제자들처럼 선했던 그에게 '사탄이 들어갔다' 라는 의미가 아니라 비로소 그가 '사탄의 지시를 구체적으로 받는 자리에 서게 되었다' 라는 의미를 지닌 것으로 이해해야 한다.

들에게 있었던 것이 아니라 도리어 자기의 욕망을 채우기 위한 돈에 관심을 두고 있었음을 말해주고 있다.

그리하여 유다는 대제사장들과 흥정을 했으며 신고로 인한 포상금에 대한 약속을 받아냈다. 예수님을 체포하려는 산헤드린 공회원들과 가룟 유다의 이해관계가 서로 맞아떨어진 것이다. 따라서 대제사장들은 예수를 넘겨받는 대가로 돈을 주기로 했으며 유다는 그 일을 위해 기회를 엿보게 되었다.

3. 구약의 마지막 유월절과 그 본질적 의미 (막 14:12-25)

(1) 유월절을 위한 제자들의 준비(막 14:12)

이번 유월절은 이스라엘 민족에게 있어서 매우 특별한 절기였다. 구약시대에 줄곧 이어져 온 모든 유월절의 종지부를 찍는 마지막 역할을 하게 될 것이었기 때문이다. 즉 그동안 해마다 있었던 유월절은 이제 곧 예수 그리스도의 십자가 사역을 통해 완성될 마지막 유월절을 향하고 있었다.

무교절의 첫날 곧 유월절을 지키기 위해 양을 잡는 날이 이르렀다. 그날은 언약의 자손들이 살아가는 모든 지역에서 유월절을 지키기 위한 양을 잡았다. 제사장들은 예루살렘 성전에서 흠없는 양을 잡아 거룩한 제사로 바치는가 하면, 여러 곳에 흩어져 살아가는 백성들은 각 처소에서 어린 양의 고기를 먹었다.

구약의 유월절의 어린 양을 바치는 일은 장차 오실 메시아 사역과 밀접하게 연관되어 있었다. 그리고 백성들이 유월절 양고기를 먹는 것은 매우 특별한 의미를 지니고 있었다. 그것은 날마다 먹는 보통의 다른 음식과는 근본적으로 성격이 달랐다. 그 양고기를 통해 영원한 생명을 약속받았기 때문이다.

즉 유월절 양고기는 언약의 자손들에게 영원한 생명을 공급하기 위한 특별한 식량이 되었다. 따라서 주님께서 십자가 사역을 완성한 후 세워진 지상 교회에서는 구약의 유월절을 성취하신 영원한 어린 양을 상징하는 떡과 포도주를 먹고 마시게 된다. 따라서 성도들은 매 주일 공예배를 통해 십자가에 달리신 예수 그리스도의 살을 상징하는 떡과 그 피를 상징하는 포도주를 마심으로써 영생의 의미를 누리게 되는 것이다.

마지막 유월절과 예수님의 십자가 사역을 앞두고 그의 제자들은 예수님께 현실적인 상황에 관한 문제를 여쭈었다. 이제 유월절 음식을 먹어야 할 텐데 어디로 가서 그로 하여금 유월절 음식을 먹게 해야 좋을지 모르겠다는 것이다. 그리하여 어디서 어떻게 유월절 양고기를 먹으면서 유월절을 지켜야 할지 그에게 물어보았다.

이는 갈릴리 지역에서 예루살렘에 올라온 제자들에게는 예루살렘 성읍 안에서 그 장소를 찾기가 쉽지 않았다는 사실을 말해주고 있다. 더구나 당시 예수님은 산헤드린 공회원들에 의해 쫓기고 있는 몸이었다. 그런 중에도 제자들은 예수께서 그에 대한 복안(腹案)을 가지고 계시리라는 사실을 믿고 있었다.

(2) 특별한 유월절을 위한 큰 다락방(막 14:13-16)

예수님은 우주 만물의 주인이다. 세상에 존재하는 것들 가운데 그의 소유가 아닌 것은 없다. 무엇이든지 주인인 예수께서 달라고 하시면 즉시 그에게 내어드려야 한다. 원리적인 측면에서 볼 때 그에 대해서는 어떤 예외도 존재하지 않는다. 우리는 앞에서 다른 사람의 집 앞에 매여 있는 나귀 새끼를 몰고 오라고 명령하신 예수님을 기억하고 있다(막 11:1-6; 마 21:1-3; 눅 19:30-35).

이번에는 예수께서 제자들 가운데 두 명을 택하여 예루살렘 성 안으로 들어가라고 하셨다. 그러면 물 한 동이를 가지고 지나가는 사람을 만나게 될 것이니 그를 따라가라는 말씀을 하셨다. 그가 들어가는 집으로 따라 들어가서 그 집주인에게 '우리 선생님의 말씀이 내가 내 제자들과 함께 유월절을 먹을 나의 객실이 어디 있느뇨'(막 14:14)라고 하신다는 사실을 전하라는 것이었다.

그렇게 하면 그 집주인이 곧장 자리를 베풀고 예비된 큰 다락방을 보여줄 것이라 말씀하셨다. 거기서 예수님과 그 제자들을 위한 유월절을 예비하라고 하셨다. 제자들은 주님의 말씀대로 성읍 안으로 들어가 유월절을 예비하게 되었다. 이는 그 집의 다락방 공간이 예수님의 소유란 사실을 말해주는 의미를 지니고 있다. 따라서 그 집주인은 갈릴리에서 온 사람들의 요구에 아무런 거절이나 저항 없이 순순히 그렇게 했던 것이다.

(3) 유월절 식탁의 이중적 성격(막 14:17-21)

그날 해가 저물어갈 때 예수께서는 열두 명의 제자들을 데리고 그 집의 다락방으로 올라가셨다. 이는 그 자체로서 매우 놀라운 일이 아닐 수 없었다. 집주인이 자기와 개별적인 친분이 없는 한 무리 사람들을 아무런 조건 없이 자기 집 안에 받아들인다는 것은 일반적이지 않다. 또한 그가 예수님에 대한 어느 정도의 관계로 인해 집 안에 들였다면 산헤드린 공회의 보복을 신경 쓰지 않을 수 없을 것이다.

예수께서는 다락방에 둘러앉아 음식을 먹을 때, 제자들 가운데 한 사람이 자기를 배신할 것이란 사실을 언급하셨다. 그가 자기를 산헤드린 공회에 팔아넘기리라는 것이었다. 그것은 공적인 선언의 의미를 지니고 있었다. 이는 당사자 이외의 나머지 신실한 제자들에게는 충격적인 말이 아닐 수 없었다.

그러므로 큰 근심에 빠진 제자들은 각기 예수님을 향해 그 지목된 사람이 혹 자기인지 물어보았다. 이 말 가운데는 예수님을 팔게 되는 자가 의도적으로 그와 같이 하는 것이 아니라 자기도 모르는 사이에 그렇게 하게 될 것이란 사실에 연관되어 있다. 이는 그 당시에는 그에 대해 큰 혼선이 빚어지게 되었음을 보여주고 있다.

그런데 예수께서는 열두 명의 제자들 가운데 자기와 함께 그릇에 손을 넣는 자가 곧 자기를 팔게 되리라고 말씀하셨다. 그런데 예수님과 함께 손을 그릇에 넣는 자는 한 사람이 아니라 그 자리에 있는 모든 제자들이었다. 만일 한 사람만 그렇게 했다면 당연히 그 자리에서 누가 그 당사자인지 밝혀질 수밖에 없었을 것이다. 그렇게 될 경우 나머지 제자들이 가만히 있지 않았을 것이 틀림없다.

그런 중에 예수께서는 인자(人子)인 자기는 성경에 기록된 대로 그 길을 가게 되리라고 하셨다. 하지만 자기를 원수들에게 파는 그 당사자에게는 저주가 임할 것이라는 사실을 언급하셨다. 또한 그런 자는 차라리 이 세상에 태어나지 않았으면 저에게 좋을 뻔 했다는 말씀을 하셨다.

여기서 우리가 생각해 보아야 할 바는 예수님을 따라 다니던 열두 제자들 가운데 하나가 배신자라는 사실에 연관된 잠재적 의미이다. 이후에도 지상 교회 가운데는 형식적으로는 예수님의 제자로 비쳐지지만 실상은 배도에 빠진 자들이 많이 나타나게 된다. 이는 참된 하나님의 자녀들은 앞으로 외부의 악한 세력을 경계해야 할 뿐 아니라 교회 내부의 배도자들과 맞서 싸워야 한다는 사실을 말해주고 있다.

(4) 유월절 음식의 최고봉(막 14:22-25)

예수님과 제자들이 그 집의 다락방에 모여 유월절 음식을 먹게 되었다. 그런데 그 가운데는 일반적인 경우와 달리 양고기가 없었던 것으로 보인다. 이는 마지막 유월절의 가장 중요한 현장의 중심에는 하나님의 영원한 어린 양이신 예수 그리스도가 계셨기 때문이다. 이는 이제 그

자신이 자기 제자들과 자기를 따르는 언약의 백성들을 위해 공급되는
신령한 음식이 된다는 사실을 말해주고 있다.

　그러므로 예수께서는 제자들에게 떡을 가지고 축복하신 후 떼어 주
시면서 그것이 자기의 몸이니 받아먹으라고 하셨다. 그리고 포도주가
담긴 잔을 가지고 축사하신 다음 그것이 자기가 흘리는 피 곧 언약의
피니 받아 마시라는 말씀을 하셨다. 물론 제자들은 그의 살과 피를 상
징하는 떡과 포도주를 받아먹고 마셨다.

　그것이 예수님의 십자가 사역을 앞둔 역사상의 마지막 유월절 날 제
자들에게 허락된 신령한 음식이었다. 즉 그 떡과 포도주가 장차 이땅에
세워지게 될 지상 교회의 성도들에게 제공될 신령한 음식이었던 것이
다. 따라서 교회 가운데 예수님의 살과 피를 상징하는 그 떡과 포도주
가 하나님으로부터 계시된 말씀과 더불어 신령한 예배의 중심에 놓이
게 되었다.

　예수께서는 떡과 포도주를 나눈 그 마지막 유월절 식탁에서 제자들
을 향해 말씀하셨다. 하나님 나라에서 새것으로 마시는 날까지는 포도
나무에서 난 포도주를 마시지 않으리라는 것이었다. 이는 이제 곧 하나
님께서 제공하시는 새 포도주를 마시는 때가 다가온다는 사실을 말해
주고 있다. 그 새 포도주는 예수 그리스도가 십자가 위에서 흘리시게
될 거룩한 피에 대한 예언적 의미를 지니는 것으로 이해해야 한다.

제28장

감람산과 체포되는 예수님

(막 14:26-52)

1. 감람산에서 있었던 특별한 예언 (막 14:26-28)

예수께서는 그 후 제자들을 데리고 감람산으로 올라가셨다. 당시 그들은 하나님의 섭리와 예언의 성취를 염두에 두고 찬미하는 마음을 가득 품고 있었다. 예수께서는 감람산에서 매우 의미심장한 말씀을 하셨다. 그 자리에 있던 제자들을 향해 그들 모두가 곧 자기를 버리게 되리라는 것이었다.

거기에는 그 모든 일이 구약에 예언된 내용이 성취되어 가는 과정이란 의미가 내포되어 있었다. 하지만 제자들의 입장에서는 그 말씀이 충격적이지 않을 수 없었다. 구약성경에 이미 예언되어 있듯이, 선지자 스가랴는 하나님께서 목자를 치시면 그를 따르던 양들이 뿔뿔이 흩어지게 되리라는 내용을 기록하고 있다.

> "만군의 여호와가 말하노라 칼아 깨어서 내 목자, 내 짝된 자를 치라 목자를 치면 양이 흩어지려니와 작은 자들 위에는 내가 내 손을 드리우리라"
> (슥 13:7)

이 말씀은 일반적인 상황에 관한 것이 아니라 장차 이땅에 오실 메시아에 연관된 직접적인 예언이다. 선지자 스가랴의 예언은 매우 중요한 의미를 지니고 있다. 우선 하나님께서 직접 칼 곧 무기를 동원해 목자 곧 자기의 '짝된 자'를 치라는 명령을 내리시게 될 것이라는 말씀을 하셨다. 더욱이 죽음에 처해 지게 될 그 목자가 '자기의 짝된 자'라는 사실을 분명히 밝히고 계셨다.

이는 삼위일체 하나님에 연관된 매우 중요한 사실을 드러내 보여주고 있다. 그 목자는 '성부 하나님의 짝이 되는 존재'라는 사실을 말씀하고 있기 때문이다. 성부 하나님과 짝된 자로서 인간은 오직 예수 그리스도 한 분밖에 없다. 그런데 하나님께서 자기의 '짝된 자'를 치게 해서 그 생명이 박탈되도록 하신다는 것이다.

그렇게 되면 그 목자를 따라다니던 모든 양들이 뿔뿔이 흩어지게 될 것이라고 했다. 그리고 흩어져 도망가는 양들의 뒤를 하나님께서 친히 따라가서 치실 것이라는 말씀을 하셨다. 이는 스스로 제 목숨을 부지할 수 없는 양들은 고통스러운 지경에 빠지게 된다는 사실을 말해주고 있다.

예수께서는 구약성경에 기록된 예언의 말씀을 인용하며, 이제 하나님께서 자기를 치시게 될 것이라는 사실을 언급하셨다(막 14:27). 그러면 그 자리에 모여 있던 모든 제자들도 뿔뿔이 흩어지게 되리라는 것이었다. 그러나 주님께서는 그들을 영원히 버리시지 않을 것이라는 점을 분명히 약속하셨다.

여기서 드러난 중요한 사실은 그가 죽었다가 반드시 다시 살아나게 된다고 말씀하신 점이다. 아직도 제자들은 초월적인 막강한 권능을 가지신 예수께서 그와 같이 죽게 되리라는 사실을 받아들이기 어려웠을 것이며, 그런 최악의 끔찍한 생각을 하고 싶지 않았을 것이 분명하다. 하지만 예수께서는 자기가 죽었다가 반드시 다시 살아나서 거기 모인 제자들보다 먼저 갈릴리 지역으로 가게 되리라는 약속의 말씀을 하셨다.

2. 베드로의 다짐 (막 14:29-31)

예수님의 제자들 가운데서도 베드로는 가장 측근에서 예수님을 따라다니던 인물이었다. 그는 예수께서 하신 말씀을 듣고 심한 충격을 받았다. 따라서 자기는 어떤 경우라 할지라도 그를 버리는 일이 없을 것이라 스스로 확신하고 있었다. 말은 하지 않았으나 다른 제자들 역시 그와 비슷한 생각을 하게 되었다.

그런 상황에서 베드로가 주님을 향해 자신의 심경을 드러내 보이며 말했다. 설령 모든 사람들이 예수님을 버리고 도망칠지라도 자기는 절대로 그렇게 하지 않으리라는 것이었다. 그의 말은 전혀 가식이 없는 진심어린 말이었음이 분명하다. 단순히 자기를 드러내기 위해 그렇게 말한 것이 아니었던 것이다.

하지만 예수께서는 베드로의 말을 받아들이지 않으셨다. 그가 아무리 진심어린 말을 한다고 할지라도 그와는 별개로 예수님은 그의 고백이 실행되지 못하리라는 사실을 잘 알고 계셨기 때문이다. 당시 그가 생각하고 다짐하는 것과는 달리 감당하기 어려운 상황이 전개되어 가게 되리라는 것이었다. 그것은 물론 구약성경의 예언과 더불어 구속사적인 사건의 진행 과정에서 발생할 일이었다.

그러므로 예수께서는 베드로를 향해, 다가오는 그날 밤 새벽닭이 두 번 울기 전에 세 번 자기를 부인하게 되리라고 말씀하셨다. 베드로의 입장에서는 자기의 진심어린 마음을 받아주지 않고 인정하지 않는 주님이 크게 서운했을 것이다. 그는 예수님에 대한 절대적인 신뢰가 있었으므로 충분히 그렇게 할 수 있다고 자신했던 것이다.

그런데 예수께서는 그의 다짐과 결심을 인정하시기는커녕 완전히 무시하셨다. 그날 밤이 지난 다음 새벽닭이 두 번 울기 전에 베드로가 세

번 자기를 부인할 것이라고 하신 말씀은 반드시 그렇게 된다는 단정적인 표현이었다. 큰소리치며 장담하는 베드로를 향해 한 번도 아닌 세 번씩이나 자기를 부인할 것이라고 확언하셨던 것이다. 그와 같은 말씀은 베드로 자신에게 또 다른 충격이 아닐 수 없었다.

하지만 베드로는 자기의 생각을 굽히지 않고 더욱 강력한 태도로 자신의 다짐을 강조해 말했다. 자기는 주님과 함께 죽을지언정 절대로 그를 부인하지 않으리라는 것이었다. 그 자리에 있으면서 베드로의 말을 들은 다른 모든 제자들도 베드로와 동일한 마음을 가지고 있었으며 반드시 그렇게 하리라는 의사를 표현했다.

당시 베드로는 인간의 결심이 가지는 한계에 대한 깨달음이 거의 없었던 것으로 보인다. 자기가 다짐하고 작정하면 반드시 그렇게 할 수 있으리라 확신하고 있었다. 하지만 아무리 선한 의도에 기초한 것이라 할지라도 인간의 개인적인 결심에는 한계가 있을 수밖에 없다. 즉 아무리 훌륭한 신앙인이어도 하나님의 성령께서 도와주시지 않으면 그 자체로는 궁극적인 효력을 가지지 못한다.

3. 겟세마네 동산에서 번민 중에 기도하시는 성자 하나님
(막 14:32-36)

예수님과 제자들은 겟세마네 동산으로 자리를 옮겨갔다. 예수께서는 제자들에게 자기가 기도할 동안 그곳에 머물러 있으라고 명하신 후 가까운 조용한 곳으로 이동하셨다. 그때 특별히 베드로와 야고보와 요한을 데리고 가셨다.

예수께서 그들과 함께 걸어가시는 동안 심히 괴로워하며 고통스러워하는 모습을 드러내 보이셨다. 그와 더불어 함께 걸어가던 제자들을 향해 마음이 너무 힘들어 죽을 지경이라는 말씀을 하셨다. 그리고 저들에게는 중간에 머물러 있게 하시고 혼자서 조용히 기도할 만한 장소로 가셨다.

우리는 여기서 십자가의 죽음을 눈앞에 두신 상태에서 심히 고통스러워하시는 주님의 마음을 여실히 보게 된다. 일반적인 관점에서 본다면 앞으로 닥칠 일이 그 정도로 고민이 된다면 그 자리를 피할 수도 있지 않았을까 싶은 생각이 들기도 한다. 그러나 주님께서는 결코 그렇게 하시지 않았다.

우리가 여기서 생각해 보아야 할 바는, 반드시 감당해야 할 죽음의 십자가 사역과 하나님의 아들로서 완벽한 인간이 되어 이땅에 오신 메시아가 겪어야만 할 필연적 상황에서 가지게 되는 번민이다. 즉 예수께서는 기꺼이 그 일을 감당하시게 되지만 일반적으로 말하는 식의 순전한 자발적 행위로 그 일을 감당하시지 않았다는 사실이다. 그는 괴롭고 힘든 가운데 그 일을 감내하고자 하셨던 것이다.

예수께서는 일부 제자들에게 자신의 힘든 심경을 토로하신 후 기도할 만한 장소로 가서 땅에 엎드려 하나님께 간구했다. 그는 할 수 있으면 자기의 눈앞에 직면한 그 고통스러운 상황이 지나가기를 원한다고 했다. 성부 하나님은 모든 것을 하실 수 있으니 그 잔을 자기에게서 옮겨 달라고까지 말씀하셨다.

물론 예수님은 그 상황이 아무런 문제없이 지나가게 될 것이라 기대하지 않으셨던 것이 분명하다. 그는 오히려 하나님의 아들이자 완벽한 인간으로서 겪게 되는 자신의 고통스러운 심경을 성부 하나님 앞에 드러내셨던 것이다. 그래서 번뇌와 고통에 휩싸인 자기가 원하는 대로 하지 마시고 성부 하나님의 원대로 하실 것을 요청하게 되었다.

우리는 여기서 소위 신학자들이 말하는, 구원을 위한 '능동적 순종'과 '수동적 순종'에 관한 문제를 생각해 보게 된다. 능동적 순종이란 예수께서 자발적으로 기꺼이 하나님의 율법에 순종한 것에 연관되어 있다. 그와 동시에 고통스러운 예수님의 십자가 사역은 성부 하나님의 요구에 의한 수동적 순종으로 이해할 수 있다.

그러므로 우리는 예수님의 사역 가운데는 능동적인 순종과 수동적인 순종이 동시에 드러나고 있다는 사실을 기억해야 한다.[52] 이와 관련된 마가복음의 기록 가운데서 우리가 볼 수 있는 사실은 예수님이 십자가를 지시는 사건이 기쁨과 즐거움에 의한 전적으로 자발적이고 능동적인 사건으로 보지 않아도 된다는 사실이다.

완벽한 인간이신 예수께서는 자기가 질 십자가 사역에 대한 심한 고통으로 인해 그것을 피하고 싶다는 마음을 드러내신 것이 분명하다. 하지만 그는 그 모든 상황을 기꺼이 받아들일 준비가 되어 있었다. 그로 말미암아 죄에 빠져 영원한 멸망에 처한 자기 백성들을 위해 고통 중에서도 아낌없이 자신의 생명을 내어주셨다. 이에 대한 올바른 깨달음을 가지는 것은 매우 중요하다.

4. 긴박한 상황에 처한 예수님과 제자들 (막 14:37-42)

예수께서 겟세마네 동산의 한 곳에서 홀로 기도를 마치고 돌아왔을 때 깊은 잠에 빠져있는 제자들을 보시게 되었다. 그때 잠시 잠에서 깬 베드로를 향해 '시몬아, 네가 한 시간도 깨어 있을 수 없더냐?'고 말씀하셨다. 그리고는 유혹 곧 시험에 빠지지 않도록 깨어 있으면서 기도하라고 하셨다. 그와 더불어, 마음은 원하지만 육신이 약하기 때문에 그렇게 하기가 쉽지 않다는 사실을 언급하셨다.

우리가 여기서 관심을 기울여야 할 바는 예수님의 말씀이 일반적인 경우에 대한 언급이 아니란 사실이다. 예수님은 이제 곧 닥치게 될 상황이 매우 위급하다는 사실을 알고 계셨다. 그에 반해 그의 제자들은 아직도 설마 그런 일이 발생할까 하는 의구심에 젖어 있었다. 그러니 조용한 상태에서 잠을 자게 되었던 것이다.

---

52) 신학자들 가운데 예수 그리스도의 능동적 순종과 수동적 순종을 따로 분리하여 주장하는 것은 바람직한 것으로 보이지 않는다.

그 말씀을 하신 후 주님께서는 또다시 기도하던 곳으로 가서 앞서 고통 가운데 기도한 내용과 동일한 내용의 기도를 하시고 제자들이 있는 곳으로 되돌아오셨다(막 14:39, 참조). 그런데 제자들은 또다시 곤하게 잠들어 있었다. 그들은 밤새워 기도하시고 돌아오신 예수님을 보고는 무슨 말을 해야 할지 몰라 했다.

예수께서는 세 번째 기도하기 위해 또다시 혼자 조용한 곳으로 가셨다가 제자들에게 돌아와서 아직 자고 있는 저들을 향해 말씀하셨다. 이제 자고 쉬었으니 그만하면 됐다고 하셨다. 그리고 이제 악한 자들이 자기를 잡기 위해 그들이 있는 곳으로 들이닥칠 때가 이르렀음을 언급하셨다. 하나님의 아들로서 이땅에 '인자'로 오신 자기가 악한 자들의 손에 넘겨지게 되리라는 것이었다. 그리하여 자기를 파는 자가 가까이 오고 있으니 일어나 그에 맞서 나아가자고 하셨다.

우리는 타락한 세상에 살아가면서 이 사건과 주님께서 주신 교훈을 통해, 종말의 때가 가까이 오고 있다는 사실에 대한 긴장감을 가질 수 있어야 한다. 하나님의 심판을 받게 될 세상이 실제로 긴박하게 돌아가는데 어리석은 자들은 그에 대한 깨달음을 제대로 갖지 못하는 경우가 많다. 따라서 예수께서 제자들을 향해 깨어 있으라고 요구하신 대로 우리 역시 잠에 취하지 말고 항상 깨어 있으면서 현실의 상황을 올바르게 직시할 수 있어야 한다.

5. 가룟 유다와 예수님을 체포하려는 사악한 무리의 당도
(막 14:43-45)

더러운 죄악으로 가득한 악한 자들이 거룩한 하나님의 아들이신 죄 없는 예수님을 체포한다는 것은 전혀 논리적이지 않다. 원래는 무죄한 권세자가 죄인들을 체포하여 벌을 주게 된다. 그러나 예수님과 당시 종교지도자들 사이에서는 정반대의 상황이 전개되었다. 이는 죄에 빠진 인간들이 자기와 같지 않은 거룩한 의인에게 죄를 뒤집어씌워 죄수로 만드는 것을 당연히 여기고 있었음을 말해주고 있다.

예수께서 밤새 주무시지 못한 상태에서 제자들과 대화를 나누고 있을 때 열두 제자 가운데 한 명인 가룟 유다가 그곳으로 왔다. 그는 혼자 온 것이 아니라 산헤드린 공회에 속한 대제사장들과 서기관들과 장로들이 파송한 무기를 든 한 무리 떼를 대동하고 있었다. 그들은 손에 칼과 몽치를 든 채 예수님을 체포할 태세를 갖추고 무장한 상태였다.

그런 상황에서 예수님을 팔게 되는 가룟 유다가 이미 작전을 세워 그들과 비밀의 군호(軍號)를 짜두고 있었다. 유다가 앞으로 나아가 입을 맞추는 그 사람이 곧 예수이니 그를 잡아 단단히 결박하도록 했다. 그리고 체포된 그를 산헤드린 공회가 약속한 장소로 끌고 가라는 것이었다.

당시 그 사람들 가운데는 예수님의 얼굴을 알고 있는 자들도 있었으나 그렇지 않은 자들이 많았다. 예수님을 체포하기 위해 가룟 유다와 함께 온 자들 가운데는 그의 얼굴을 모르는 자들이 상당수 있었다. 따라서 그들은 예수님을 정확하게 지목하여 실수 없이 체포해야만 했다. 열두 제자 가운데 한 사람인 가룟 유다는 그를 가장 잘 알고 있었으므로 그가 지목한 자가 예수인 것은 확실한 일이었다.

그러므로 가룟 유다는 산헤드린 공회에 속한 사악한 무리와 미리 짜둔 비밀신호에 따라 예수님 앞으로 다가와 입을 맞추었다. 이는 사실상 결코 있을 수 없는 최악의 추악한 위선 행위였다. 당시 누군가와 입을 맞추며 인사한다는 것은 절대적인 신뢰를 기초로 하고 있었기 때문이다.[53]

그런데 가룟 유다는 돈을 받고 자기의 스승인 예수님을 원수들에게 팔아넘기면서 그에게 나아와 다정한 듯 입맞춤으로 인사했다. 그것은

---

53) 신약성경에는 하나님의 몸된 교회에 속한 성도들 사이에 서로 거룩한 입맞춤으로 인사하는 문제에 관한 내용이 여러 곳에 기록되어 있다(롬16:16; 고전 16:20; 고후13:11; 살전5:26; 벧전5:14 등).

일반적인 관점에서 본다고 할지라도 결코 있을 수 없는 가식적인 행위였다. 하지만 기본적인 인륜마저 포기한 사탄의 세력은 그와 같은 행동을 자행했던 것이다.

6. 체포당하는 하나님의 아들 예수 그리스도 (막 14:46-52)

산헤드린 공회로부터 공적으로 파송받은 무리가 손에 칼과 몽치를 들고 일시에 예수님께 덤벼들었다. 가룟 유다가 예수님께 위선적인 역겨운 입맞춤을 하는 것을 신호로 삼아 그들이 예수님을 체포했던 것이다. 아직 사람들이 많이 움직이지 않는 이른 시간 예루살렘에서 약간 떨어진 곳에서 순식간에 일어난 사건이었다.

현장에서 그 모든 광경을 지켜보던 예수님의 제자들은 가만히 보고만 있으려 하지 않았다. 그들 또한 나름대로 대항하고자 했다. 그들 가운데 베드로는 몸에 지니고 있던 칼을 뽑아 대제사장이 보낸 종 가운데 한 사람을 내려쳐서 그의 귀를 떨어뜨리게 되었다. 그 종의 이름은 말고(Malchus)였다(요 18:10).

베드로는 말고의 귀를 자르기 위해 칼을 휘둘렀던 것이 아니라 그를 죽이기 위해 머리를 향해 칼을 내리쳤다. 하지만 그가 몸을 적절히 피하였으므로 얼굴의 귀만 잘려나가게 되었다. 그와 같은 상황에서 예수께서는 기적을 베풀어 그의 귀를 다시 원래대로 붙여주셨다(눅 22:50, 51).

베드로는 앞서 예수님을 향해 자기의 생명을 바쳐서라도 그를 끝까지 지키겠다는 다짐을 했었다. 이제 그는 자기가 결심한 그 내용을 어느 정도 지킨 셈이 되었다. 우리는 여기서 당시 예수님의 제자들이 일반적으로 몸에 칼을 지니고 다닌 사실에 대하여 생각해 볼 필요가 있다. 다른 제자들도 베드로와 같이 칼을 소유하고 있었을 가능성이 크다. 하지만 그들이 가지고 다닌 칼은 방어용이었을 뿐 아니라 일상적인 생활용품이었던 것으로 보인다.

그런데 예수께서는 목숨을 내놓고 자기를 지켜주기 위해 취한 베드로의 행동을 칭찬하지 않으셨다. 오히려 그 칼을 칼집에 도로 꽂아 넣으라고 명하셨다. 칼을 쓰는 자는 칼로 망한다는 것이다(마 26:52). 제자들을 향해 주어진 예수님의 이 말씀 가운데는 지금 부당한 방법으로 칼을 쓰고 있는 산헤드린 공회에 속한 유대인들이 결국 칼로 망하게 되리라는 사실을 예언적으로 말해주고 있다.54)

그런 중에 예수께서는 자기를 붙잡으러 온 무리를 향해 말씀하셨다. 왜 강도를 잡듯이 손에 칼과 몽치를 들고 왔느냐는 것이다. 자기는 그전에 이미 예루살렘 성전에서 여러 차례 사람들에게 가르침을 베풀었으나 아무도 자기를 잡지 않았던 사실을 언급했다. 하지만 그들이 그런 식으로 자기에게 나아와 강제로 체포하는 것은 성경의 예언을 이루기 위한 것이라고 말씀하셨다.

그처럼 위급한 상황에서 예수님이 체포되는 것을 지켜본 제자들은 오직 자기의 목숨을 부지하기 위해 예수님을 버리고 도망쳤다. 그것은 예수께서 앞서 예언하신 바였다. 그런 중에도 절대로 예수님을 버리지 않겠다고 호언장담(豪言壯談)하던 제자들은 큰 부끄러움을 느꼈을지 모른다.

그때 예수님의 제자로 보이는 한 청년이 벗은 몸에 베로 된 홑이불을 걸친 채 당국자들에 의해 붙잡히게 되었다. 당시 그는 예수님을 뒤따라 가다가 무리에게 체포될 위기에 처하자 베 홑이불을 버리고 벗은 몸으로 도망쳤다. 자기 목숨을 부지하기 위해서는 예수님에 대한 신의는 물론 벌거벗은 몸으로 인해 당하는 창피 따위는 아무것도 아니었던 것이다.

---

54) 칼을 쓰며 예수님을 체포했던 산헤드린 공회의 휘하에 있던 예루살렘과 하나님의 성전은 AD70년 로마 군대의 칼에 의해 완전히 패망하게 되었다.

제29장
산헤드린 공회의 판결과 베드로의 고뇌
(막 14:53-72)

1. 대제사장의 관저로 끌려가는 예수님과 베드로 (막 14:53, 54)

무죄한 예수님을 마치 강도를 잡듯이 체포한 사악한 무리는 미리 약속된 장소로 그를 끌고 갔다. 그러자 대제사장들과 장로들과 서기관들이 그곳으로 모여들었다. 그때 모인 사람들은 산헤드린 공회에 속한 종교적인 권력자들이었다.

그 사이 예수님을 따르던 모든 제자들은 제각기 뿔뿔이 흩어졌다. 절대로 예수님을 버리지 않을 것처럼 행세하며 다짐하던 자들이 극한 위기가 닥치자 전부 자기 목숨을 부지하고자 도망쳤던 것이다. 그에 대해서는 이미 예수께서 예언한 바였다.

그런 중에 산헤드린 공회로부터 행정적 권한을 위임받은 자들은 예수님을 대제사장의 관저 뜰 안으로 데려갔다. 당시 유월절을 앞두고 있던 예루살렘에서는 살벌한 분위기가 조성되어 있었다. 정치적인 지도자들이나 종교인들뿐 아니라 일반 시민들도 돌아가는 정황을 지켜보면서 긴장했을 것이 틀림없다.

모든 제자들이 도망친 상황 가운데서도 베드로는 저들에 비해 어느 정도 다른 면을 보이고 있었다. 예수님을 체포하러 온 공권력을 행사하는 무리들 앞에서 목숨을 걸고 직접 대응했던 그였다. 그리하여 칼을 빼들어 말고(Malchus)의 머리를 내리쳤었다. 그것은 원수들 가운데 앞서 나아오는 자를 죽이고자 하는 판단 때문이었다. 그와 같은 행동은 생명을 내어놓지 않고는 취할 수 없는 일이었다.

따라서 베드로는 예수님이 대제사장의 집 뜰 안으로 끌려갈 때도 완전히 도망친 것이 아니라 멀찍이서 그의 뒤를 따라 들어갔다. 그가 적진의 한가운데로 들어가는 것은 상당한 위험이 따르는 무모한 행동일 수 있었다. 살벌한 분위기로 가득 찬 대제사장의 관저 뜰에는 적군들만 있었기 때문이다.

그와 같은 형편에서 베드로는 대제사장의 관저에서 일하는 하인들과 산헤드린 공회의 관계자들이 있는 그 집으로 들어가 모든 상황을 지켜보고자 했다. 그는 예수님이 겪는 극심한 수모와 고통의 모든 과정을 지켜보며 안타까워했을 것이 분명하다. 물론 그에게는 예수님을 도울 수 있는 힘과 방안이 전혀 없는 상태였다. 그럼에도 불구하고 그는 대제사장의 관저에 들어가 바깥에 피워 놓은 장작불 곁에서 다른 하인들과 함께 불을 쬐며 그 되어가는 형편을 바라보고 있었던 것이다.

2. 산헤드린 공회의 신문과 거짓 증인들 (막 14:55-59)

산헤드린 공회와 그에 속한 대제사장을 비롯한 많은 공회원들은 예수님을 죽이기 위한 증거를 찾기 위해 혈안이 되어 있었다. 무죄(無罪)한 그에게 죄를 뒤집어씌우고자 부당한 방법으로 증거를 찾으려 했다. 그에게 무서운 형벌을 내리기 위해서는 그에 상응하는 증거가 있어야만 했기 때문이다.

그리하여 증거를 찾을 목적으로 많은 사람들을 불러 불법을 저지른 예수님의 행동과 가르침에 연관된 증언을 듣고자 했다. 그들 가운데는 예수를 쳐서 거짓 증거를 하는 자들이 많이 있었다. 그들은 산헤드린 공회로부터 환심을 사고자 예수님을 모함하여 거짓 증거를 내세우며 위증했던 것이다.

하지만 증언을 하는 자들의 주장이 서로 달랐다. 즉 증언하는 자들의 주장이 서로 충돌하는 경우가 많았다. 그들은 예수께서 말씀하신 내용의 원래 의미를 버리거나 왜곡된 해석을 한 채 다른 방향으로 주장을 펼쳤기 때문이다.

그들이 판단하기에 가장 심각한 죄는 예수께서 성전 파괴에 관한 언급을 한 사실이었다. 그리하여 거짓 증언을 하는 자들은 예수님이 성전을 헐겠다고 주장하면서 하나님의 거룩한 성전을 모독했다는 것이었다. 즉 그가 예루살렘 성전을 파괴하고 손으로 짓지 아니한 다른 성전을 사흘 만에 지으리라고 했다는 것이다. 그에 연관된 증언조차도 여러 사람들이 하는 말이 서로 통일되지 않았다.

3. 거짓 증인들의 주장에 대한 예수님의 침묵 (막 14:60, 61ⓐ)

산헤드린 공회에서는 주관적인 다양한 입장에서 거짓으로 증언하는 자들의 말을 증거로 채택하고자 했다. 그 사람들은 제각각 충돌되는 증언을 했음에도 불구하고 재판에 가담하는 자들은 저들에게 유리한 것들만 취합해 증거능력이 있는 것으로 둔갑시켰다. 그들은 전체적인 실상을 파악하고 있었음에도 그런 식으로 몰아가고자 했다.

그러므로 대제사장이 자리에서 일어나 죄수로 붙잡혀온 예수님을 향해 질문했다. 그것은 범죄 사실을 확인하는 심문의 절차였다. 많은 사람이 그를 치는 증거들을 쏟아내고 있는데 그것을 인정하는지 확인하며 물어보는 성격을 지니고 있었다. 대제사장을 비롯한 산헤드린 공회에서는 이미 결과를 정해놓은 상태에서 요식적 행위만 했을 따름이다.

따라서 대제사장은 죄수이자 피고인으로서 법정의 성격을 지닌 자리에 선 예수님을 향해 여러 증인이 증거한 모든 내용에 대한 반론이 있는지 물었다. 그런데 예수께서는 그에 대해 아무런 답변을 하지 않으셨다. 마치 그 모든 증거를 인정하는 듯이 잠잠히 침묵을 지키셨다.

예수께서는 산헤드린 공회의 관계자들이 꾸며놓은 모든 계략을 이미 간파하고 계셨다. 따라서 그 자리에서 어떤 변호를 한다고 할지라도 악한 자들이 그 사실을 받아들이지 않을 것이란 사실을 잘 알고 계셨다. 물론 무죄한 예수님을 심문하는 실제적인 악한 범죄자들은 그의 침묵을 보며 마치 모든 죄를 인정하는 것인 양 몰아붙일 것이 분명했다. 그런 중에 예수께서는 저들의 물음에 침묵하시게 되었다.

4. 산헤드린 공회 앞에서 선포되는 예수님의 존재(막 14:61ⓑ, 62)

거짓 증언을 하는 자들의 증거에 대하여 어떻게 생각하느냐고 물은 데 대해 예수께서 아무런 답변을 내어놓지 않자 대제사장이 다시금 그를 향해 물었다. 이는 앞선 증언을 기반으로 한 심층적인 심문이라 할 수 있다. 그 내용은 그와 관련된 그동안의 사회적 분위기와 연관되어 있었다.

따라서 대제사장은 그를 향해 그가 과연 '찬송 받을 자의 아들 그리스도'냐고 물었다. 이는 '하나님의 아들'이라는 말과 '그리스도'라는 말이 동시에 내포되어 있다. 물론 그와 같은 심문을 하는 대제사장은 예수가 바로 '그'라는 사실을 전혀 인정하거나 믿지 않은 채 그것을 인정하면 죄수로 몰아갈 작정이었다.

당시 예수께서 자기가 찬송 받으실 하나님의 아들이라고 답변하면 그것 자체로서 하나님에 대한 모독으로 간주할 사안이었다. 그것은 하나님을 욕되게 하는 직접적인 증거가 될 수 있었다. 감히 인간이 거룩하신 하나님의 아들이라고 주장하는 것은 말이 되지 않는다고 여기고 있었기 때문이다. 그런데 대제사장은 그와 같은 말과 소문이 온 유대 땅에 퍼져있는 것은 그 진원지가 예수님이라 판단하고 있었다.

그러므로 예수님이 그리스도라고 답변하면 그를 거짓을 퍼뜨리는 범죄자로 몰아가고자 하는 의도를 하고 있었다. 이미 그 사실 자체를 부인하는 유대주의자들의 입장에서는 예수가 근거 없이 자신을 그리스도라 자칭하며 당시 산헤드린 공회를 비롯한 유대 지도자들에 저항하게 만든 것으로 판단하고 있었다. 이는 예수님을 반유대주의적인 위험한 인물로 확정을 지어둔 상태였음을 말해주고 있다.

일반적인 법정이라면 그와 같은 불리한 상황에 부닥친 피고자는 어떤 방식으로든 자신을 변호할 만한 사안이었다. 자기가 말한 것은 그런 의미가 아니라든지 당시 사회적 분위기에 대해 좀 더 소상한 해명을 하고자 했을 것이다. 하지만 예수님은 전혀 망설이지 않고 자기가 곧 '하나님의 아들이자 그리스도'라는 사실을 말씀하셨다. 그것은 산헤드린 공회 앞에서 이루어진 공적인 선언의 의미를 지니고 있었다.

따라서 예수님의 이번 말씀은 매우 중요한 의미를 지니고 있다. 이스라엘 민족의 공적인 법정에서 자기가 '하나님의 아들로서 그리스도'라는 사실을 분명히 증언하셨기 때문이다. 그동안은 사회적으로 예수님의 신분이 백성들에게 선포되어 그렇게 믿고 따르는 사람들이 많았다면 이번에는 공적인 증거를 통해 자신의 존재를 입증하셨다.

그런데 예수께서는 그 자리에서 더욱 확정적인 말씀을 하셨다. 그것은 장차 일어나게 될 일로서 자기가 권능자 곧 하나님의 우편에 앉은 것과 하늘의 구름을 타고 이땅에 다시 오는 것을 저들이 목격하게 되리라는 것이었다. 이는 영적인 눈과 귀가 먼 대제사장들을 비롯한 산헤드린 공회가 이해하기 어려운 문제였다.

왜냐하면 그들은 어떻게 해서든지 예수님을 극형에 처해 죽일 궁리만 하고 있었기 때문이다. 그가 죽음에 처하게 되면 그것으로 모든 것이 끝인데 그가 살아서 하나님의 우편에 앉는다는 말과 구름을 타고 다시 오는 것을 많은 사람이 보게 되리라고 한 것은 상식적으로 접근할 수 없는 말이었기 때문이다. 그럼에도 불구하고 예수께서는 공적인 법정에서 그에 관한 예언적 증언을 하게 된 것이다.

5. 사악한 자의 참람한 애통과 사형을 선고받은 예수님
(막 14:63, 64)

악하고 미련한 자들은 자신의 판단과 행동에 대한 객관성 있는 이해를 하지 못한다. 그런 자들은 악의 편에 서서 부정을 행하고 있으면서도 그것이 마치 의로운 것인 양 착각한 채 정의의 이름을 들먹이기를 좋아한다. 이는 타락한 불신자들의 세상에서도 그렇지만 언약의 백성들 가운데서도 그대로 드러나고 있는 양상이다.

산헤드린 공회에서 예수님을 심문하는 모든 과정에서도 그 양상이 드러났다. 진정으로 애통해야 할 의인과 그를 따르는 자들의 애통은 겉으로 크게 드러나지 않았다. 그 대신 인간 역사 가운데 도저히 있을 수 없는 사악한 범죄를 주도하는 악한 자가 도리어 자신을 의인인 양 여기며 애통해하는 모습을 보인다.

당시 제사장은 입고 있던 옷을 찢으면서 슬픔에 빠진 자기의 심정을 드러내 보였다. 그는 자기가 하나님과 사람 앞에서 의로운 자라도 되는 양 근본적인 착각을 하고 있었다. 그 광경을 지켜보는 자들은 그의 참람한 행동을 보면서 그것이 마치 훌륭한 신앙의 표출인 양 여기며 존경하는 마음으로 바라보았을 것이다.

대제사장은 앞서 예수께서 숭고한 법정에서 자신을 거룩한 하나님의 아들이자 그리스도라고 선포하는 피고인 증언을 듣고 판결을 매듭지으려고 했다. 그 말 한마디로 더는 다른 증인을 필요로 하지 않는다고 보았다. 예수님이 그와 같은 주장을 펼쳤으므로 하나님 앞에서의 그의 범죄행위에 대한 더 이상의 소명(疏明)이 필요하지 않다는 것이다.

그러므로 대제사장은 함께 재판에 참여하는 책임을 맡은 자들의 의견을 물었다. 그는 먼저 피고인 예수가 한 참람한 말을 그 자리에 있던 모든 사람이 듣게 된 사실을 언급했다. 거기 있던 권력자들은 그의 범죄행위에 대하여 아무런 이의를 달지 않았다. 그가 하나님 앞에서 범죄인이란 사실을 만장일치로 가결했다. 그리하여 그들은 예수님을 죽여야 한다는 의사를 모아 사형 판결을 선고하게 되었다.

6. 모든 인권을 박탈당한 예수 그리스도 (막 14:65)

법정 최고형에 해당하는 사형을 선고받은 예수님은 더는 국가나 사회로부터 보호받는 대상이 되지 않았다. 그에게는 외부의 공격이나 침해로부터 보호받을 수 없었으며 누구든지 마음대로 그에게 해코지할 수 있었다. 즉 이 세상에서 취할 수 있는 모든 권한과 인권이 완전히 박탈당하게 된 것이다.

이는 하나님의 아들이자 메시아이신 예수 그리스도께서 가장 사악한 인간들보다 더 못한 대우를 받게 되었음을 말해주고 있다. 부당한 방법으로 타인의 것을 빼앗고 애꿎은 자들을 제멋대로 짓밟는 범죄자들조차도 기본적인 인권을 보호받았다. 당시 악행을 저지른 산헤드린 공회원들은 도리어 당당한 태도로 세상을 휘저으며 활보하고 있었다.

하지만 인간의 몸을 입고 이땅에 오신 거룩한 하나님의 아들은 전혀 그렇지 못했다. 악하고 무지한 자들이 예수님의 얼굴에 침을 뱉으며 모욕을 주는가 하면 모진 욕설을 퍼부었다. 그리고 얼굴에 수건을 뒤집어 씌운 채 주먹으로 얼굴을 가격(加擊)하며 심한 고통을 주었다. 그는 보통 인간들도 겪지 않는 엄청난 수모와 고통을 감내해야만 했다.

그런데 사악한 자들은 재미 삼아 그런 못된 짓을 하고 있었다. 그들은 예수님을 향해 그가 만일 하나님의 아들이자 선지자라면 얼굴을 가려 앞을 보지 못한다고 할지라도 누가 그렇게 했는지 알아 맞춰보라는

것이었다. 나아가 집에서 잔심부름하는 하인들조차 예수님의 얼굴을
손바닥으로 치며 능욕했다.

　우리가 여기서 기억해야 할 바는 우리 가운데 아무도 그와 같이 심한
능욕을 당해 본 적이 없다는 사실이다. 우리처럼 죄악이 가득하여 지속
적인 악행을 저지르는 자들에게도 그와 같은 경험이 없다. 이는 하나님
의 아들이 당한 능욕이 오늘날 우리로 하여금 한없이 부끄럽고 죄스럽
게 만들고 있다. 그로 말미암아 우리는 예수 그리스도의 모든 사역을
통해 감사하며 찬송을 돌리게 되는 것이다.

　7. 베드로의 고뇌 (막 14:66-72)

　베드로는 예수님이 하나님의 아들 곧 성자 하나님이라는 사실과 인
간의 몸을 입고 이땅에 메시아로 오신 사실을 분명히 깨달아 알고 있었
다. 그는 거룩하신 하나님께서 사악한 인간들에 의해 모진 고난을 겪는
모습을 남몰래 지켜보고 있었다. 그에게는 그것 자체가 고통스러운 일
이 아닐 수 없었다.

　베드로에게는 그 처참한 광경을 지켜보는 자체가 심한 괴로움이었
다. 동시에 형언할 수 없는 안타까운 마음과 더불어 막강한 권세를 지
닌 산헤드린 공회와 대제사장에 대한 두려운 마음이 동시에 밀려들었
을 것이 분명하다. 그것은 당시 베드로가 처한 형편의 한계였다.

　그런 입장에서 대제사장의 관저 뜰에 있던 베드로를 보고 여자 하
인 하나가 다가왔다. 그가 불을 쬐고 있는 모습을 주목하여 보고 베드
로를 향해 말했다. 그가 나사렛 예수와 함께 있는 것을 본 적이 있다는
것이다.

　그 여자 하인의 말을 들은 베드로는 즉시 그것을 부인했다. 그가 자
기에게 하는 말이 무슨 말인지 도무지 이해하지 못하겠다는 뜻으로 반
응했다. 만일 자기가 예수님의 제자라는 사실이 알려지게 되면 예수님

을 향해 분노를 터뜨리며 폭행을 가하는 자들의 폭력 행위가 자기에게
도 미칠지 모를 일이었기 때문이다.

베드로가 곧장 그 자리를 피했으나 그 여자 하인은 그가 예수님을 따
라다니던 자라는 생각을 떨치지 못했다. 그리하여 주변에 함께 있던 다
른 사람들에게 그 사실을 말했다. 베드로를 지칭하며 그가 나사렛 예수
를 추종하는 인물이 틀림없다는 것이다. 그 말을 들은 베드로는 앞에서
부인했던 것보다 한층 더 강하게 자신은 그를 모른다고 부인했다.

시간이 조금 지난 후에 그 곁에 서 있던 사람들이 또다시 베드로에게
말했다. 그곳에 있던 다수의 사람이 대제사장 관저에서 일하는 자들로
서 서로간 알거나 면식(面識)이 있는 사이였으나 베드로는 그와 달리 낯
선 사람이었으므로 의심을 사기에 충분했다. 그리하여 사람들이 베드
로를 향해 그가 갈릴리 사람으로서 그를 추종하는 무리 가운데 한 사람
이라고 지목하게 되었다.

그러자 그는 강하게 저주하면서 맹세하기를 자기는 저들이 말하는
예수를 알지 못한다고 했다. 그 말을 마치자마자 닭이 두 번째 울었다.
예수께서 미리 예언하신 대로 닭이 두 번 울기 전에 세 번 부인했다.[55]
그제서야 그는 예수께서 '네가 닭이 두 번 울기 전에 나를 세 번 부인하
리라'(막 14:30)라고 하신 말씀이 떠올랐다. 그리하여 그는 자신의 처신

---

55) 이에 대해서는 마태복음에 좀 더 구체적으로 기록되어 있다: "베드로가 바깥
뜰에 앉았더니 한 비자가 나아와 가로되 너도 갈릴리 사람 예수와 함께 있었
도다 하거늘 베드로가 모든 사람 앞에서 부인하여 가로되 '나는 네 말하는 것
이 무엇인지 알지 못하겠노라' 하며 앞문까지 나아가니 다른 비자가 저를 보
고 거기 있는 사람들에게 말하되 이 사람은 나사렛 예수와 함께 있었도다 하
매 '베드로가 맹세하고 또 부인하여 가로되 내가 그 사람을 알지 못하노라'
하더라 조금 후에 곁에 섰던 사람들이 나아와 베드로에게 이르되 너도 진실
로 그 당이라 네 말소리가 너를 표명한다 하거늘 '저가 저주하며 맹세하여 가
로되 내가 그 사람을 알지 못하노라' 하니 닭이 곧 울더라 (마 26:69-74). 베드
로는 세 번 주님을 부인하면서 첫번째는 그냥 모른다고 했다가 두 번째는 맹
세하며 모른다고 부인했다. 그리고 세 번째는 저주하며 맹세하여 그를 모른
다고 부인했다.

을 돌아보며 울음을 참지 못하고 심히 통곡하게 되었다.

| 베드로와 도망친 열두 제자들 |

예수께서 산헤드린 공회에 의해 체포되자 모든 제자가 뿔뿔이 도망쳤다. 불과 얼마 전까지만 해도 결코 예수님을 버리는 일이 없으리라고 다짐하던 제자들의 공언은 헛말에 지나지 않았다. 그들은 예수님 앞에서 큰소리치며 끝까지 그를 따르리라고 결심했지만 아무런 소용이 없었다.

그런 중에도 베드로는 다른 제자들과 다소 다른 모습을 보였다. 모든 제자가 예수님을 버렸으나 그는 대제사장의 관저로 끌려가는 예수님의 뒤를 따라갔다. 그런데 그는 예수께서 예언적으로 말씀하신 대로, 대제사장 집에서 긴장되는 짧은 시간 동안 세 번이나 예수님을 모른다고 강하게 부인했다.

우리가 여기서 기억해야 할 바는 베드로는 모든 성도를 대표하는 대표성을 지니고 있다는 사실이다. 즉 그가 예수님을 부인할 때, 지상 교회에 속한 백성들 또한 그와 동일한 위치에 있었다. 즉 누구도 예수님을 세 번이나 부인하는 베드로보다 나은 신앙을 가진 사람들이 없었다.

또한 어쩌면 베드로가 세 번 예수님을 모른다고 부인한 것을 알게 된 다른 제자들은 자기는 그렇게 한 적이 없다고 큰소리칠지도 모를 일이었다. 저들은 예수님을 직접 입술로 부인하지 않았으므로 마치 떳떳한 듯 행세할 수도 있었다. 하지만 분명한 사실은 예수님을 직접 부인하지 않은 다른 제자들이나 오늘날 우리 역시 그보다 훨씬 심하게 주님을 부인한 것과 같다는 점이다.

그런 중에도 하나님께서 자기 자녀들을 끝까지 지켜 구원으로 이끌어 주신 것은 그의 놀라운 은혜가 아닐 수 없다. 하나님의 자녀들은 그 점을 분명히 깨달아야 한다. 우리는 예수께서 산헤드린 공회에 의해 모진 고통과 심문을 당하는 동안 베드로가 그를 부인한 사건이 역사적 실제라는 사실을 잊어서는 안 된다.

그러므로 베드로는 한평생 자기가 한 그와 같은 언행을 마음에 두고 살아갔을 것이 틀림없다. 예수께서 그 모든 것을 용서하셨을지라도 베드로는 자신의 연약한 행동을 마음에 두었을 것이다. 오순절 날 강림하신 성령에 의해 자신의 부족함을 깨닫게 되었을지라도 그 사건 자체를 잊어버릴 수는 없었다. 그가 하나님 앞에서 교만한 마음을 가지지 못한 것은 자신의 못난 모습에 대한 깨달음 때문이다. 이에 대해서는 지상 교회에 속한 모든 성도에게 그대로 적용되어야 한다.

제30장

로마 총독부 법정과 예수님의 사형 언도

(막 15:1-23)

1. 본디오 빌라도의 법정에 선 예수님 (막 15:1-5)

이른 새벽에 산헤드린 공회에 속한 제사장들은 즉시 저들이 결의한 바를 실행하고자 했다. 그들은 장로들과 서기관들 즉 공회원들을 불러 논의한 후 예수를 결박하여 로마 총독 빌라도 앞으로 끌고 갔다. 그들은 예수를 이방 세력인 로마제국 빌라도의 법정에 세우고자 결의했다.

예수님이 총독 관저에 있는 일반 법정 안으로 들어서자 곧바로 기본적인 심문이 시작되었다. 법적인 재판권을 가진 본디오 빌라도가 자리에 앉아 그를 향해 질문했다. 산헤드린 공회가 명시한 그의 가장 중대한 죄목은 로마 황제에 대한 일종의 반란 행위였다. 그가 자기를 '유대인의 왕'이라 주장한다는 것이었다.

로마제국 내의 모든 사람은 황제의 신하가 되어야 했다. 황제의 제가 없이 스스로 왕이라 칭할 수 있는 자는 아무도 없었다. 산헤드린 공회는 예수가 자기를 유대인의 왕으로 주장한 것이 로마 황제에 대한 저항 의사가 있는 것으로 몰아갔다. 만일 그의 주장이 단순히 유대인 내부의

종교적인 문제에 국한된 것이라면 굳이 로마 총독부에 그 사건을 가져
올 필요가 없었을 것이다.

사실 산헤드린 공회에 속한 유대인들은 간악한 이중적인 태도를 보
이고 있었다. 그들은 예수님이 예루살렘 성전에 대한 파괴와 모세 율법
을 무시하는 듯한 발언과 처사를 두고 하나님을 모독하는 것으로 판단
했다. 그러나 그와 같은 주장은 유대인들에게는 심각한 문제가 되었을
지라도 로마제국에서는 죄가 될 만한 사안이 아니었다.

그러므로 산헤드린 공회는 예수님을 로마 총독의 재판정에 고소하면
서 원래의 내용을 부풀려 그가 '유대인의 왕'이라고 주장하면서 로마
황제에 대한 반란을 주도한 것처럼 간주하여 고소하게 되었다. 따라서
총독은 그 내용을 근거로 하여 판단할 수밖에 없었다. 따라서 본디오
빌라도가 법정에 선 예수님을 향해 가장 먼저 한 말은 그가 과연 '유대
인의 왕'이라고 내세운 것이 사실이냐고 심문했다.

그런데 총독 빌라도의 심문을 들은 예수님은 전혀 망설이지 않고 그
의 말을 그대로 인정했다. 그가 말한 대로 자기가 '유대인의 왕'이 맞
는다는 것이다. 예수님이 그 사실을 부인하지 않고 받아들여 인정하자
대제사장들은 기고만장하여 그에 관련된 여러 가지 일들을 증거로 제
시하며 고소를 이어갔다.

아마도 그 가운데는 며칠 전 예수께서 자신을 왕으로 선포하며 예루
살렘에 입성한 사실이 언급되었을 것이다. 그리고 큰 무리가 그를 이스
라엘 민족의 초대 왕인 다윗의 자손으로 환호하며 왕위를 계승한 자로
추종한 내용도 포함되었을 것으로 보인다. 그뿐만 아니라 자기를 메시
아로 주장하면서 심한 어려움에 빠져 있는 이스라엘 백성을 구출하고
자 한다고 선언한 그의 말을 정치적으로 포장하여 고소했을 것이 분명
하다.

그런데 예수께서는 유대주의자들이 주장하는 모든 말을 듣고도 아무
런 동요를 하지 않은 채 침묵하셨을 따름이다. 한편 산헤드린 공회원들

의 다양한 주장을 듣게 된 빌라도는 또다시 예수님을 향해 물었다. 그들의 주장 가운데 받아들이지 못할 내용이나 그에 반론을 펼칠 만한 내용이 없느냐는 것이다. 유대인들이 근거자료로 제시하는 많은 고소 내용에 대해 그 부당성을 반박해 보라는 것이었다.

그런데 예수님은 그에 대해 아무런 변론을 하지 않은 채 잠잠히 계셨다. 그와 같은 대응은 자신의 모든 행위를 인정하는 것과 마찬가지였다. 그런 자세는 그에게 불리한 판결을 가져올 것이 분명했다. 대개는 그와 같은 심문이 있게 되면 그 사실을 변명하거나 부인하는 것이 일반적이다. 하지만 예수께서 아무런 변론이나 반박을 하지 않는 것을 본 빌라도는 이상하게 여기며 이해할 수 없다는 표정을 지었다.

2. 예수를 무죄 석방하려는 본디오 빌라도 (막 15:6-10)

로마제국에서는 그들의 통치 아래 놓인 지역에서 피지배 민족의 명절이 되면 저들이 원하는 대로 죄수 하나를 석방해 주는 관례가 있었다. 그것은 일종의 유화 정책으로서, 로마 당국이 피지배 지역의 주민들에게 선의를 베푸는 듯한 모습을 보이기 위한 일종의 관행으로 정착되어 있었다. 그렇게 함으로써 지배를 받는 족속으로부터 발생하는 반감이나 저항을 줄이고자 한 것이다.

그러한 관례는 팔레스틴 지역의 이스라엘 백성들 가운데서도 적용됐었다. 그에 연관된 문제는 로마제국의 총독부에서 잘 알고 있었으며 일반 백성들도 그에 대한 나름대로 기대가 있었다. 이번에도 이스라엘 지역에서는 민족적 절기인 유월절을 앞두고 그와 같은 특별한 사면(赦免)이 기대되고 있었다.

그 당시 죄수들 가운데 바라바(Barabbas)라는 유명한 인물이 있었다. 요한복음에서는 그를 강도라 묘사하고 있다(요 18:40). 하지만 그는 일반적으로 생각하는 단순한 강도가 아니라 민란을 계획하고 실행하는 독립투사와 같은 인물로서 때로 사람들을 죽이는 일이 발생하기도 했다. 그가 로마제국에 체포되어 재판을 거쳐 감옥에 갇히는 형벌을 받게 된 이유에 대해서는 성경에 잘 나타나고 있다.

"이 바라바는 성중에서 일어난 민란과 살인을 인하여 옥에 갇힌 자러라" (눅 23:19); "민란을 꾸미고 이 민란에 살인하고 포박된 자 중에 바라바라 하는 자가 있는지라" (막 15:7)

우리가 이 말씀을 통해 알 수 있는 점은 바라바가 유대인들을 선동하여 로마제국에 항거하도록 부추겨 독립운동을 주도한 인물로 이해할 수 있다는 사실이다. 그런 인물에 대해서는 각 사람에 따라 평가가 다양할 수밖에 없었다. 다수의 유대인은 그를 독립운동가로서 영웅처럼 여겼을 것이 분명하다.

그에 반해 로마제국으로서는 절대로 그냥 둘 수 없는 위험한 인물이었다. 그런 자를 그냥 내버려 두게 되면 정치적으로 큰 문제가 발생할 우려가 따를 것이었기 때문이다. 한편 평범한 유대인들 가운데 많은 사람은 그가 사회를 혼란케 하고 그 과정에서 살인을 저지른 무서운 인물로 생각하기도 했을 것이다.

당시의 그와 같은 상황에서 예수님이 산헤드린 공회에 의해 죄수로 낙인찍혀 로마제국의 법정에 서게 되었다. 그런데 로마 총독 본디오 빌라도가 전후 사정을 살펴 확인해 보았으나 예수님에게서 유대인들이 고소한 형태의 범죄행위를 찾을 수 없었다. 즉 빌라도는 유대인 대표자들이 예수님을 고발하면서 나열한 죄목을 살피며 직접 그를 심문해 본 결과 그의 범죄혐의를 받아들이지 않았다.

이는 최고 재판관인 본디오 빌라도가 예수의 무죄(無罪)를 인정했음을 말해주고 있다. 여기서 무죄란 말은 우리가 성경을 통해 그가 죄 없는 거룩한 분이란 사실을 받아들이는 것을 의미하지 않는다. 그는 예수님을 하나님의 아들 메시아로 본 것이 아니라 당시 유대인들이 그를 '유대인의 왕'이라 고소한 내용을 자세히 살펴보았다. 하지만 그가 로마제국을 넘어뜨리려고 그와 같은 표현을 한 것이 아니라는 사실을 알게 되었을 따름이다.

한편 그 시기에 유대인들은 총독 빌라도를 향해 유월절을 앞둔 시점에서 죄수들 가운데 한 사람을 특별 사면하여 훈방해 주기를 요청했다. 백성들의 요구를 들은 빌라도는 관례에 따라 그렇게 하기로 작정했다. 따라서 그는 백성들을 향해 이번 기회에 '유대인의 왕'이라 칭하는 예수를 석방해 주면 어떻겠느냐고 물어보았다. 그는 백성들이 자기의 생각을 받아들일 것이라는 어느 정도의 기대를 하고 있었다.

당시 산헤드린 공회의 대제사장들이 예수를 죽이기로 결의한 후, 로마 총독의 법정에서 최종적인 사형 선고와 집행을 요구하며 고소했으나 그 내용으로서는 범죄요건을 구성하지 못했다. 그 모든 정황을 간파한 본디오 빌라도는 유대인들이 예수를 질시하여 그와 같이 했다는 점을 쉽게 파악할 수 있었다. 즉 그는 예수가 실제적 범법자가 아니란 사실을 확인하게 된 것이다.

따라서 총독은 백성들 가운데 다수도 그에 대하여 자기와 동일한 판단을 하고 있을 것으로 여겼다. 그리하여 본디오 빌라도는 예수를 무죄 석방해 주기를 원했다. 하지만 그것은 거기 모인 사람들의 정서적 분위기를 제대로 파악하지 못한 오산이었다. 그들 가운데 다수는 산헤드린 공회를 지지하는 유대주의자들이었기 때문이다.

3. 산헤드린 공회의 입장 앞에 굴복하는 본디오 빌라도
(막 15:11-15)

산헤드린 공회는 이미 예수님의 생명을 박탈하는 죽음의 형벌에 넘겨주도록 결의한 상태였다. 대제사장들이 그를 로마 총독의 법정에 끌고 온 것은 옳고 그름을 따지자는 것이 아니었으며 그의 고소 건에 대한 범죄 여부를 정확하게 판단해보자는 의도가 있었던 것도 아니었다. 그들은 이미 예수님을 죽여야 한다는 최종 판단을 내려놓고 있는 상태였다.

그러므로 백성들이 죄수 한 사람을 특별 사면해 주도록 총독에게 요구할 때, 대제사장들은 무리를 충동질하여 예수가 아니라 바라바를 풀어 달라고 외치라는 주문했다. 어리석은 백성들은 그들의 말을 듣고 그에 현혹되어 바라바를 석방해 달라고 소리질러 외쳤다. 그들은 산헤드린 공회와 대제사장들의 주장과 요구에 따르는 것이 마치 올바른 신앙인의 행동인 양 착각하고 있었다.

그리하여 본디오 빌라도는 거기 모인 백성들을 향해 물었다. '너희가 유대인의 왕이라 하는 이는 내가 어떻게 하랴' 라며 그에 대한 처치 방안을 되물었다(막 15:12). 그러자 산헤드린 공회의 사주를 받은 어리석은 자들은 큰 소리를 지르며 '저를 십자가에 못 박게 하소서' 라고 부르짖었다(막 15:13). 그들 가운데 다수는 자기가 지금 무슨 사악한 일에 참여하고 있는지조차 모르는 채 저주의 편에 서 있게 되었다.

결국 로마 총독 본디오 빌라도는 최종적인 재판 책임을 맡은 자로서 자신의 양심을 버리게 되었다. 그는 예수님이 무죄라는 사실을 분명히 확인한 상태였음에도 불구하고 정치적 목적을 위해 부당한 판결을 내리기로 작정하고 그것을 실행에 옮기게 되었다. 그에 관해서는 요한복음에 소상히 기록되어 있다.

> "그러하므로 빌라도가 예수를 놓으려고 힘썼으나 유대인들이 소리 질러 가로되 이 사람을 놓으면 가이사의 충신이 아니니이다 무릇 자기를 왕이라 하는 자는 가이사를 반역하는 것이니이다 빌라도가 이 말을 듣고 예수를 끌고 나와서 박석[히브리 말로 가바다(Gabbatha)]이란 곳에서 재판석에 앉았더라 이 날은 유월절의 예비일이요 때는 제 육시라 빌라도가

유대인들에게 이르되 보라 너희 왕이로다 저희가 소리지르되 없이 하소
서 없이 하소서 저를 십자가에 못 박게 하소서 빌라도가 가로되 내가 너
희 왕을 십자가에 못 박으랴 대제사장들이 대답하되 가이사 외에는 우리
에게 왕이 없나이다 하니 이에 예수를 십자가에 못 박히게 저희에게 넘
겨주니라"(요 19:12-16)

본디오 빌라도가 의도적으로 부당한 판정을 내리긴 했지만 한편 일
반적인 관점에서 볼 때 불신자인 그의 판단이 유대 지도자들보다 훨씬
더 윤리적인 것으로 이해할 수도 있다. 하나님의 언약을 앞세운 배도에
빠진 유대인들은 자기의 악한 욕망을 채우기 위해 혈안이 된 상태로 빌
라도를 겁박하기까지 했다. 이를 고려한다면 이방인 불신자들이 기독
교 내의 배도자들보다 차라리 낫다는 생각이 든다.

산헤드린 공회의 사주를 받은 백성들은 본디오 빌라도를 향해, 만일
'유대인의 왕'이라 주장하는 예수를 죽이지 않고 그대로 살려둔다면
로마제국의 황제를 거역하는 것과 마찬가지란 사실을 언급했다. 빌라
도의 입장에서는 겁박하듯이 외치는 그 말이 여간 섬뜩하지 않을 수 없
었다. 결국 그는 예수를 십자가에 못 박으라고 외치는 무리의 소리를
듣고 객관적인 실상보다 그들의 환심을 사는 쪽을 택하게 되었다.

그리하여 그는 예수님에 대한 사형을 언도하기 위해 최종 판결 재판
석이 있는 높은 곳이란 의미를 지닌 박석(薄石) 곧 가바다(Gabbatha)로 자
리를 옮겼다. 유월절을 하루 앞둔 그 날 본디오 빌라도는 당시 형성된
관행에 따라 죄수 바라바를 석방해 주고 예수님에게는 채찍질하며 법
정 최고형인 십자가형을 선고했다.[56] 그것은 거룩한 하나님 앞에서 행
한 인간의 가장 사악한 행위였다.

---

56) 예수님은 먼저 유대인들의 산헤드린 공회에서 사형을 선고받은 바 있다. 하
지만 그 판결은 로마 황제에게 저항하는 반란자로서 법적인 구속력을 가지지
못했다(막 14:64, 참조). 따라서 로마 총독부 재판정에서 최종 사형 판결을 받
음으로써 그는 십자가를 지고 죽게 되었다.

4. 총독의 관저에서 부정적으로 선포되는 '유대인의 왕'

(막 15:16-19)

로마 총독 본디오 빌라도가 예수님을 십자가형에 처한다는 최종 판결을 선고하자 곧장 로마 군대의 병사들이 그에게 몰려왔다. 그들은 재판의 결과에 따라 사형을 집행할 실무자들이었다. 팔레스틴 땅에 주둔하고 있는 로마제국의 병사들은 저들이 지금 어떤 두려운 행위를 하는지에 대한 아무런 인식이 없었을 것이 분명하다. 그들은 상부에서 시키는 대로 복종했을 따름이지만 그들의 죄는 절대 가볍지 않았다.

그 군병들은 사형을 선고받은 예수님을 끌고 '브라이도리온' (Praetorium)이라는 곳으로 갔다. 그곳은 총독 관정과 로마군의 지역 본부가 있는 장소였다. 그들은 거기서 예수님을 처형하기 위한 마무리 단계를 거쳐야만 했다. 그들이 행하는 일 가운데는 하나님의 아들로서 유대인의 왕으로 이땅에 오신 예수님을 조롱하며 모욕을 주기 위해 왕처럼 꾸미는 저열한 일이 포함되어 있었다.

그러므로 그들은 원래 예수님이 입고 있던 옷을 벗기고 대신 그들이 준비한 자색 옷을 입혔다. 당시 자색을 띤 특별한 의상은 아무나 입을 수 없었으며 왕이 입는 옷이었다. 그리고 그의 머리에는 왕이 화려한 면류관을 쓰듯이 가시로 엮어 만든 면류관을 씌웠다. 날카로운 가시들은 예수님의 머리를 찔렀으며 찢긴 살을 통해 피가 흐르게 되었다. 그것은 여간 고통스러운 일이 아닐 수 없었다.

이는 예수께서 자신을 '유대인의 왕'이라고 주장했으니 그와 같은 끔찍한 모습으로 왕이 된 자신을 만방에 드러내 보이라는 뜻을 지니고 있었다. 이는 순전히 그에게 모욕을 주기 위한 사악한 처사에 지나지 않았다. 이처럼 죄 없는 예수께서는 악한 인간들로 말미암아 모든 고통을 한 몸에 져야만 했다.

그런데 무지막지(無知莫知)한 군병들은 예수님을 향해 거짓된 예식을 갖추며 크게 조롱하는 행동을 했다. 그들은 예수님을 '유대인의 왕'이라 부르면서 평강을 빈다고 말했다. 고통에 빠진 그를 향해 평안을 빈다는 것은 인간으로서는 결코 행할 수 없는 사악한 일이었다. 여기서우리는 거짓으로 친밀감을 나타내며 예수님께 입맞추는 가운데 그를 원수들에게 팔아넘긴 가룟 유다의 행동을 떠올리게 된다.

사악한 자들은 고통에 빠진 예수님을 향해 말로는 '평안'을 빈다고하면서 그의 머리를 때리고 침을 뱉으며 모욕했다. 그리고는 그의 앞에무릎을 꿇고 거짓된 경배를 했다. 이는 저주받은 인간들의 자기만족과욕망에 취한 사악한 형편을 그대로 보여주고 있다. 하나님과 무관한 모든 인간과 배도자들은 전체적으로 이와 같은 형편에 처해 있다.

우리는 여기서 대략 한 주일 전에 예수께서 예루살렘에 왕으로 입성하신 사실을 떠올리게 된다. 그는 세련되고 강한 백마가 아니라 힘없는나귀 새끼를 타고 예루살렘 안으로 들어가셨으며 막강한 병사들이 아니라 평범한 시민들이 그를 맞았다. 그리고 화려한 양탄자가 아니라 사람들의 남루한 겉옷을 밟고 성전을 향해 나아가셨다. 사람들의 눈에는그 광경이 초라했을지라도 그것은 실상에 대한 선언적 의미를 지니고있다.

이처럼 사악한 인간들은 십자가형을 선고받은 예수님께 자기들 마음대로 고른 자색 옷을 입히고 심한 고통을 주는 가시 면류관을 만들어씌웠다. 그리고 머리에서 피를 흘리는 그의 앞에서 '유대인의 왕'이라호칭하며 그에게 심한 모욕을 주었다. 나아가 그의 머리를 때리면서 그앞에 꿇어 엎드려 거짓으로 경배하기도 했다.

그들은 사악한 본성으로 인해 그와 같은 악행을 저질렀지만, 구속사적 의미 가운데는 예수가 영원한 왕이라는 사실이 선포되고 있었다. 즉저들의 행위 자체는 악했으나 그 실체적 의미가 그런 식으로 드러나게되었다. 우리는 또한 인간 역사 가운데 그와 같은 방식으로 처형을 당한 인물이 존재하지 않는다는 사실을 기억해야 할 필요가 있다. 이는

저들의 부정적인 악행을 통해 예수 그리스도의 실상에 관한 긍정적인
의미가 드러난 사실을 말해주고 있다.

5. 골고다를 향해 가시는 예수님 (막 15:20-23)

로마 군병들은 유대인의 왕으로 오셔서 사형을 선고받고 자색 옷과
가시 면류관을 쓴 채 모욕을 당하시는 예수님을 향해 절하며 참람한 경
배 의식을 행하기를 주저하지 않았다. 그런데 그 본질적 실상은 그 행
위를 통해 그를 왕으로 인정하고 선포하는 성격을 지니고 있었다. 예수
님에 대한 온갖 조롱을 다 한 후 그들은 예수님께 입혔던 자색 옷을 벗
기고 다시금 원래의 옷을 그에게 입혔다.

그리고는 예수님을 십자가에 못 박아 처형하기 위해 군병들은 그를
총독의 관저에서 밖으로 끌고 나왔다. 그들은 고통스러워하는 예수님
을 바깥으로 데리고 나갔던 것이다. 그들이 갈 곳은 '해골의 곳'이란
의미를 지닌 골고다 언덕이었다. 예수님이 사형수가 되어 십자가에 달
리기 위해 끌려가는 안타까운 모습을 많은 사람이 바라보고 있었다.

그때 마침 알렉산더와 루포의 아버지인 구레네 사람 시몬이 시골에
서 올라와서 그 앞을 지나갔다. 그는 지금의 아프리카 북부의 구레네에
사는 사람이었다. 히브리식인 '시몬'이란 이름을 보아 그들의 조상은
오래전 유다왕국이 패망한 시기 어간에 그곳으로 이주해 간 것으로 보
인다.

구레네 시몬은 나름대로 신앙심이 깊은 인물이었다. 따라서 당시 온
세계에 흩어져 살아가던 유대인 가운데 한 사람으로서 유월절을 지키
기 위해 예루살렘을 방문한 것으로 보인다. 그는 예루살렘을 방문해 종
교 정치 사회적 여러 정황과 더불어 예수님에 관한 소문도 들어 알고
있었을 것이 분명하다.

사형수가 된 예수께서 '브라이도리온'에서 부정적이고 악한 형태의

의식을 통해 형식적으로나마 왕위가 선포된 후 로마의 군병들이 그를 골고다로 끌고 가는 중에 만난 구레네 사람 시몬에게 예수님의 십자가를 지웠다. 그것은 그의 자발적인 행동이 아니었다. 오히려 강력한 세력을 지닌 로마 군대가 강제로 그렇게 했다.

사형수가 된 예수님을 비롯하여 그의 십자가를 메고 간 구레네 시몬, 그리고 사형 집행관인 병정들이 골고다 언덕에 도착했다. 유월절을 지키기 위해 예루살렘에 온 구레네 시몬은 자신의 의도와 무관하게 갑작스럽게 그 일에 가담하게 되었다. 또한 그 외에도 그의 사형을 주도했던 산헤드린 공회에 속한 제사장들을 비롯하여 많은 사람이 그와 함께 골고다 언덕으로 갔다. 그들 가운데는 예수님을 따르던 갈릴리 출신의 여인들도 상당수 있었다.

예수님이 골고다 언덕에 도착하자 사람들이 그에게 몰약을 탄 포도주를 주어 마시도록 했다. 그러나 예수께서는 그것을 받지 않으셨다. 몰약을 탄 포도주를 예수님께 준 사람들은 그의 고통을 잊게 해주기 위한 목적이 있었을 것으로 보인다. 그것은 충분히 인간미 나는 행동이었을 수 있었으나 그는 그것을 거부했다. 이는 하나님의 아들이신 예수께서 인간들의 도움을 거부한 채 모든 고통을 체휼하신 특별한 상황에 연관된 것으로 보인다.

제31장

십자가 처형을 당하신
'유대인의 왕'의 장례와 무덤

(막 15:24-47)

1. '유대인의 왕' (막 15:24-28)

죄 없는 예수께서는 두 번의 사형 선고를 받으셨다. 첫번째는 유대인들의 산헤드린 공회에 의한 종교적인 사형 선고였다(막 14:64). 그리고두 번째는 로마제국 총독부에 의해 정치적인 죄 때문에 사형을 선고받으셨다(막 15:15). 악한 자들에 의해 부당하게 사형수가 된 예수님은 두차례 모두 침 뱉음을 당하고 얼굴을 심하게 폭행당하는 비인격적인 수모를 당하셨다(막 14:65; 15:19).

총독 본디오 빌라도의 최종 선고로 인해 예수께서 십자가에 못 박히신 그 현장에서는 죄에 빠진 인간들이 얼마나 사악한 존재인지 그 실상을 여실히 드러내 보여주었다. 그것은 인간 스스로 저주받을 존재라는사실을 고발하는 성격을 지니고 있었다. 그들은 인간의 탈을 쓰고는 결코 행할 수 없는 악행을 저질렀다.

예수님을 십자가에 못 박은 자들은 그 긴박한 상황 중에도 처참하게 고통당하는 예수님 앞에서 그의 옷을 차지하기 위해 추잡스러운 욕심을 부리고 있었다. 그래서 제비를 뽑아 그 옷을 차지할 자를 선택하고자 했다. 그들은 십자가에 달린 사형수가 온몸이 찢겨 엄청난 피를 흘리고 있는 터에 그 옷을 차지하기 위해 그런 패악질을 저지르고 있었다.

예수님이 십자가에 못 박힌 시간은 제 삼시로 우리 시간으로는 오전 아홉시 경이었다. 로마 병정들은 예수님을 십자가에 못 박은 후 세워진 그 나무 위에 그의 죄패를 고정해 붙였다. 그의 죄명은 왕을 지칭하고 그 권위를 선포한 것으로서 죄패에는 '나사렛 예수 유대인의 왕' (JESUS OF NAZARETH, THE KING OF THE JEWS)이라 기록되어 있었다 (요 19:19).[57] 이 죄패는 히브리어 로마어 헬라어로 기록되었다(요 19:20).

이는 오가는 모든 사람이 다 그 내용을 읽을 수 있게 하려는 목적 때문이었다. 유대인들뿐 아니라 로마나 헬라 지역에서 온 자들 가운데 세 언어 중 하나를 아는 자들은 그 죄패에 기록된 내용을 읽을 수 있었다. 로마 총독부로서는 그것을 통해 앞으로 로마 황제에 대항하여 반란을 일으켜 왕이 되고자 하는 자들은 그와 같은 무서운 형벌을 받게 된다는 사실을 강력히 선포하고자 했다. 그 죄패를 보는 자들 가운데 다수는 그 경고의 메시지를 받아들이지 않을 수 없었다.

한편 배도에 빠진 유대주의자들의 입장에서는 '유대인의 왕'이라는 내용의 글귀가 담긴 그 패가 그리 편하게 받아들여지지 않았다. 다수의

---

57) 예수께서 이땅에 왕으로 오신 사실은 그의 일생동안 지속해서 선포되었다. 그가 베들레헴에 출생하셨을 때 동방박사들에 의해 왕으로 인정되었으며 당시 헤롯 대왕도 '유대인의 왕'으로 오신 아기 예수에 관한 언급을 했다. 따라서 그는 그를 그냥 두지 않고 살해하고자 했다. 그리고 그가 공사역을 시작할 때 세례 요한은 그를 왕으로 고백했다. 또한 그가 십자가를 지시기 전 예루살렘에 나귀를 타고 입성하실 때 그는 다윗을 계승하는 왕으로 선포되었다. 마지막 예수님을 심문한 본디오 빌라도는 왕으로서 그의 신분을 확인했다. 그리고 그가 십자가를 지셨을 때 그의 머리 위에 붙여진 죄패에는 '나사렛 예수 유대인의 왕'이라 기록되어 있었다.

유대인은 그 글귀를 보고 '다윗의 자손' 으로서 왕위를 계승한 '유대인의 왕' 으로 이해했을 것이기 때문이다. 며칠 전 예수님이 나귀 새끼를 타고 예루살렘에 입성하실 때 길가에 늘어선 많은 사람이 그를 '다윗의 자손 유대인의 왕' 으로 환호하며 기쁨으로 맞아들였었다.

그런데 우리가 이와 더불어 주의 깊게 생각해 보아야 할 점은 뒤이어 성경에 기록된 특별한 내용이다. 그것은 강도 두 사람이 각기 예수님의 십자가 오른편과 왼편에 못 박혔기 때문이다. 여기서 언급된 강도들이란 앞에서 언급된 바라바처럼 당시 로마제국에 항거하며 독립운동을 하던 인물들로 보인다(막 15:7, 참조).

이는 당시 예수께서 십자가에 달리신 그 자리는 로마제국으로서는 정치적인 성격을 지니고 있었다는 사실을 말해주고 있다. 예수님은 자기를 왕이라 주장하면서 로마 황제에 반란을 일으킨 죄수로 간주하였으며 예수님의 십자가 좌우편에 달린 강도로 묘사된 자들은 로마제국에 저항하여 독립운동에 앞장선 인물들이었기 때문이다.

한편 유대주의자들의 입장에서는 그 자리가 종교적인 성격을 지니고 있었다. 예수님은 예루살렘 성전을 모독함으로써 하나님을 욕되게 한 동시에 모세의 율법을 무시한 죄목을 뒤집어쓰고 있었다. 한편 예수님의 십자가 좌우에 못 박힌 두 사람은 민족주의자들로서 예루살렘 성전을 지키고자 하는 자들이었다. 관점은 서로 상이했을지라도 그들은 종교적인 성격을 지닌 것으로 이해할 수 있는 것이다.

그리고 대다수 한글 번역 성경에서는 마가복음 15장 28절에 아무런 내용이 없는 채 공란(空欄)으로 비워두고 있다.58) 하지만 일부 성경 번역본들 가운데는 그 내용이 채워져 있다. 영어성경 KJV와 NASB에는

---

58) 대다수 고대 사본에는 이 구절이 없으나 베자 사본과 레기우스 사본 등 몇몇 사본에는 누가복음 22:37과 동일하게 기록되어 있다. 따라서 개역한글, 개역개정, 현대인의 성경, 공동번역, 새번역 등에는 마가복음 15:28이 없으며 영어성경 NIV에도 공란으로 되어 있다. 그러나 KJV와 NASB에는 그 내용이 채워져 있다. 그 예언의 말씀은 이사야 53장 12절의 성취와 연관되어 있다.

"And the scripture was fulfilled, which saith, And he was numbered with the transgressors"라고 기록되어 있다. 이는 예수께서 좌우편에 함께 십자가에 못 박힌 자들로 인해 그와 같은 동류의 죄인 중 하나로 간주되리라고 한 성경이 성취된 것을 보여주고 있다는 것이다.

2. 사악한 인간들 (막 15:29-32)

우리는 배도에 빠진 인간들이 자신의 사악한 본성을 그대로 보여주고 있는 사실에 특별한 관심을 가지게 된다. 일반적으로는 아무리 악한 자라 할지라도 누군가 심한 고통을 당하는 현장에서는 저를 애처롭게 여기는 것이 보통이다. 하지만 예수님을 십자가 위에 못 박은 자들이 그 앞에서 그가 입던 옷을 취하기 위해 제비를 뽑으며 히죽거리는 모습은 죄로 물든 인간들의 본성적 행태를 반영하는 성격을 지니고 있다.

사형이 집행되는 현장 앞을 지나가는 자들은 머리를 흔들면서 십자가에 달려 신음하는 예수님을 모욕했다. 성전을 헐고 사흘 만에 다시 건축하겠다고 했다면서 그를 조롱했다. 이제 그 죄로 말미암아 십자가에 못 박힌 채 매어 달려있으니 스스로 거기에서 뛰어내려 자기를 구원해 보라며 비아냥거렸다.

거기 모여 있던 대제사장들과 서기관들도 저들과 함께 예수님을 조롱하며 욕했다. 예수가 다른 사람을 구원하겠다고 하면서 정작 자기는 구원하지 못한다는 것이다. 그들은 예수님이 '유대인의 왕'이라 주장한다는 죄목을 걸어 로마 총독부에 고소하여 사형에 처하도록 했으나 이제는 그 종교적인 본색을 드러내고 있었다.

그들이 문제 삼았던 내용은, 예루살렘 성전 파괴를 언급함으로써 하나님을 모독하고 자기가 메시아로서 언약의 자손들을 구원할 자라고 선포한 행동이었다. 따라서 다른 사람을 구원하는 능력이 있다면 먼저 자기를 구원해 보라며 비아냥거렸다. 그가 이스라엘의 왕인 동시에 그리스도라 주장해온 만큼 당장 십자가에서 내려와 보라는 것이다.

그렇게 한다면 저들도 그것을 보고 믿을 것이니 당장 내려와 보라고 외쳤다. 예수님과 함께 그의 좌우편에서 십자가에 못 박힌 두 사람도 저들과 함께 예수님을 향해 욕했다. 그들은 메시아라 주장하는 그가 고통당하고 있는 자기를 구원해 내지 못한다면 어떻게 메시아라 할 수 있느냐는 취지로 비난했다. 그들은 고통으로 인해 신음하며 그에게 희망을 품고자 했으나 구출을 위한 아무런 행동을 하지 않는 그가 싫었다.

우리가 여기서 생각해 볼 수 있는 점은 예수님의 십자가 앞에 서 있던 제자들의 모습이다. 그들은 십자가에 달려 모진 고통을 당하시는 예수님을 조롱하는 자들과 죄없는 그를 십자가에 못 박고 흡족해 하는 권세자들에 대하여 아무런 저항을 하지 않았다. 일반적인 경우라면 그들은 목숨을 내놓고 그들에게 달려들어야 했다. 그럼에도 불구하고 그 고통스러운 십자가의 현장에서 철저히 침묵했던 제자들을 통해 우리는 하나님의 경륜과 장엄한 사역을 엿보게 된다.

3. 갑작스럽게 임한 한낮의 어두움 (막 15:33-36)

우리 시간으로 오전 아홉 시에 예수께서 십자가에 달리신 이후, 세 시간 정도 지난 낮 열두 시가 되었을 때 갑자기 온 땅에 어두움이 임했다. 태양빛이 쨍쨍해야 할 한낮이 한밤중처럼 깜깜하게 되었다. 그 어두움은 오후 세 시까지 지속되었다.

다시금 어두움이 걷히기 시작한 오후 세 시가 되자 예수께서 큰 소리로 '엘리 엘리 라마 사박다니'(ELOI, ELOI, LAMA SABACHTHANI)라고 외치셨다. 그 말은 '나의 하나님 나의 하나님 어찌하여 나를 버리셨나이까'라는 의미를 지니고 있었다. 이는 인간의 몸을 입으신 하나님의 아들이 겪는 극한 고뇌를 보여주고 있다.

십자가 부근에 서 있던 사람들 가운데 어떤 이들은 그 말을 듣고 엘리야를 부른다고 말하기도 했다. 십자가에 못 박힌 채 심한 고통을 당하고 계신 예수께서 하시는 말씀을 정확하게 알아듣기 어려웠기 때문이다. 그는 엘리야를 부른 것은 아니었으나 그 말씀과 더불어 참기 어려운 고통스러운 모습을 보이고 계셨다.

그때 한 사람이 달려가서 해융(sponge)을 신포도주에 적셔 갈대에 꿰어 입술을 축이도록 해주었다. 그리고는 과연 엘리야가 와서 그를 십자가로부터 내려주는지 보자고 말했다. 이는 그 사람이 설령 선의로 그렇게 했다고 할지라도 순수한 신앙으로 말미암은 것은 아니었던 것으로 보인다.

우리는 여기서 예수께서 십자가를 지고 계시는 여섯 시간 가운데 왜 마지막 세 시간이 갑자기 깜깜한 어두움에 휩싸였을까 하는 점을 생각해 보게 된다. 우선 분명한 사실은 예수님의 십자가 사건이 우주적 사건이라는 사실이 그로부터 선포되는 의미를 지니고 있다. 거기에는 하나님의 놀라운 섭리와 경륜이 작용하고 있었다.

어리석은 자들은 예수께서 십자가를 지신 사건이 한 시대의 지엽적인 사건으로 생각했을 것이 분명하다. 하지만 그 사건은 역사와 우주 공간을 초월하는 절대적인 의미를 지니고 있다. 따라서 십자가 사건은 오늘날 우리 시대에도 여전히 그 효력이 전해져 드러나고 있는 것이다.

| 가상칠언 (架上七言) |

십자가에 못 박힌 예수께서는 고통 중에 여러 말씀을 하셨다. 흔히 가상칠언으로 알려진 일곱 개의 사실을 말씀하셨다. 신약성경에는 예수께서 십자가에서 말씀하신 내용이 각 복음서에 흩어져 기록되어 있다. 따라서 말씀하신 순서를 분명히 알기는 쉽지 않다. 따라서 순서와 무관하게 그 내용을 전체적으로 정리해 보면 다음과 같다.

(1) "아버지여 저희를 사하여 주옵소서 자기의 하는 것을 알지 못함이니이다"(눅 23:34)

십자가에 달린 예수께서는 하나님을 향해 저들의 죄를 용서해 달라는 간구를 했다. 그들이 자기가 저지르는 행위의 의미를 전혀 모르고 있다는 것이다. 우리가 여기서 특별히 주의를 기울여야 할 바는, 이 말씀이 자신을 십자가에 못 박은 로마 병정들이나 산헤드린 공회에 속한 배도자들을 용서해 달라고 하신 의미가 아니라는 점이다.

이 말씀은 언약의 백성을 염두에 두고 하신 것으로 이해해야 한다. 그와 더불어 죄에 빠진 인간들에 대한 보편적 관점에 연관되어 있다. 이는 하나님의 아들이신 메시아를 십자가에 못 박은 보편적 인간들 전체에 그 죄를 묻지 말아 달라는 것이었다. 그리하여 하나님의 은혜를 입은 성도들은 비록 죄에 빠져 있음에도 불구하고 하나님의 은혜로 말미암아 영원한 구원에 참여하게 된다.

(2) "내가 진실로 네게 이르노니 오늘 네가 나와 함께 낙원에 있으리라"(눅 23:43)

예수님의 십자가 좌우편에 못 박힌 한 사람은 예수님을 비방했다. 그리스도라면서 왜 구원을 베풀지 않느냐는 것이다. 그에 반해 다른 한 사람은 비방하는 그를 책망하면서 예수님을 향해 영원한 나라에서 자기를 기억해 달라는 간구를 했다. 그는 얼마 전까지만 해도 예수님을 욕하던 인물이었다.

그 사람은 십자가에 달려 자기가 고통당하는 중에 메시아이자 참 왕이신 그를 알아보았다. 그리하여 영원한 구원을 간구했을 때 예수께서 그에 응답하셨다. 그가 십자가에서 생명을 거두면 자기와 함께 천상의 낙원에 들어가게 되리라고 하셨다. 이는 그 사람의 인간적인 판단이 아니라 전적인 하나님의 은혜로 말미암은 것이었다.

(3) "여자여 보소서 아들이니이다" "보라 네 어머니라"(요 19:26, 27)

예수께서 십자가에 달려 심한 고통을 당하시는 동안 그 앞에는 그의 어머니 마리아와 일부 제자들이 있었다. 예수님의 형벌은 모든 사람이 볼 수 있도록 하는 공개처형이었으므로 당국은 누구든지 그 자리에 있는 것을 제재하지 않았다. 사랑하는 아들이자 성자 하나님이신 예수께서 극도의 고통을 당하시는 광경을 지켜보며 예수님의 어머니 마리아는 어쩔 줄 몰라 했을 것이 분명하다.

그런 중에도 육신의 어머니 마리아는 그의 영원한 구속 사역을 알고 있었으므로 힘든 가운데 의연히 받아들였을 것으로 보인다. 예수께서는 아픈 심정으로 자신의 어머니 마리아를 향해 '여자여 보소서 아들이니이다' 라고 말했다. 그와 동시에 제자 요한에게 자기 대신 마리아를 저의 어머니로 모시고 돌보아 달라는 당부를 했다.

(4) "엘리 엘리 라마 사박다니"(나의 하나님 나의 하나님 어찌하여 나를 버리셨나이까) (막 15:34)

예수께서는 고통 중에 '엘리 엘리 라마 사박다니' 라고 외쳤다. 그 말의 의미는 '나의 하나님 나의 하나님 어찌하여 나를 버리셨나이까' 라는 뜻을 지니고 있다. 그는 십자가에 달린 자신의 처지를 하나님으로부터 버림받는 것으로 묘사하고 있다.

이 말씀은 실제로 그가 하나님으로부터 버림받았다는 의미가 아니라 인간의 몸을 입으신 예수님의 극한 고뇌의 상태를 말해주고 있다. 그는 하나님의 아들이면서 공의로운 하나님께서 허용하시는 철저한 고통의 자리에 놓이게 되었다. 이 말은 그가 죄에 빠진 언약의 자손들을 위해 모든 죄를 뒤집어쓰고 고통에 빠지게 된 실상에 연관되어 있다.

(5) "내가 목마르다"(요 19:28)

십자가에 달린 예수께서는 '내가 목마르다' 라고 말씀하셨다. 이는 사람들이 일반적으로 생각하는 정도의 목마름이 아니라 입이 바짝 타들어간 매우 고통스러운 상태를 말해주고 있다. 그는 목이 말라 참고 견디기 어려운 극한 상황에 놓이게 되었다.

그는 머리에 가시 면류관을 쓰고 손과 발에 대못이 박힌 채 많은 피를 흘리셨다. 또한 악한 군병들이 창으로 그의 허리를 찔러 피와 물을 흘리게 되었다. 이는 그의 몸에서 많은 양의 수분이 빠져나와 극심한 목마른 상태가 될 수밖에 없었던 처지를 말해주고 있다.

(6) "다 이루었다"(요 19:30)

예수께서는 십자가에서 숨을 거두기 직전 '다 이루었다'라는 말씀을 하셨다. 이는 하나님의 아들로서 인간의 몸을 입고 이땅에 오신 그의 목적을 다 이루게 되었음을 말해주고 있다. 그가 이 세상에 오신 것은 자기의 몸을 하나님 앞에 희생 제물로 바치고 하나님의 언약의 백성을 구원하시는 것이었다.

영원한 왕으로 오신 그는 베들레헴에서 태어나 애굽으로 잠시 피신하셨다가 나사렛에서 성장하셨다. 또한 그는 친히 하나님의 율법에 온전히 순종하는 모습을 보이셨다. 그리고 공사역을 시작하며 많은 기적과 더불어 천상의 교훈을 베풀어 주셨다. 하나님의 어린 양이신 그가 이제 모진 고난과 더불어 십자가를 지시고 하나님 앞에 영원한 제물로 바쳐지게 됨으로써 이땅에서 구원을 위한 모든 것을 다 이루셨다.

(7) "아버지여 내 영혼을 아버지의 손에 부탁하나이다"(눅 23:46)

예수께서는 인간으로서 자기의 생명이 끊어지기 전 '아버지여 내 영혼을 아버지의 손에 부탁하나이다'라고 말씀하셨다. 이는 단순한 부탁이 아니라 성부 하나님과 일체를 이루게 되는 성자 하나님의 존재를 보여주고 있다. 이제 이 세상에서 모든 사역을 완성하신 성자 하나님께서 성부 하나님과 하나임을 확인하셨다.

물론 예수께서는 이땅에 계시는 동안에도 성부 하나님과 신비의 일체를 이루고 있었다. 즉 성부 성자 성령 하나님의 삼위일체로 존재하셨다. 이제 세상에서의 모든 구원 사역을 완성하신 예수님의 몸은 잠시 무덤에 갇혔다가 부활하여 모든 것을 완성하게 되어 천상의 나라로 나아가게 되는 것이다.

4. 예수님의 죽으심 (막 15:37-41)

(1) 예수님의 죽음과 성소 휘장의 찢어짐(막 15:37, 38)

예수께서는 십자가에 못 박힌 채 여섯 시간 동안 심한 고통 중에 계시다가 큰 소리를 지르고 돌아가셨다. 그는 어느 인간도 겪지 못한 모진 고난을 겪으셨다. 거룩한 하나님의 아들이 천박한 인간의 몸을 입고 이 세상에 오셔서 언약의 자손들을 구원하기 위해 극심한 수모와 고통을 당하셨다.

예수님이 돌아가시는 그 순간 예루살렘 성전 내부의 성소 휘장이 위로부터 아래까지 찢어졌다. 그 현장을 직접 목격한 사람은 성전 제사장 가운데 극히 일부에 지나지 않았을 것이지만 역사적 실상으로 드러났다. 이는 모든 하나님의 자녀들이 깨달아야 할 매우 중요한 의미를 지니고 있다.

예수께서 하나님의 완벽한 어린 양으로 이땅에 오신 것은 십자가를 통해 하나님께 제물로 바쳐지기 위한 중요한 목적이 있었다. 구약성경에서 제사장들이 성전에서 하나님 앞에 흠없는 양을 제물로 바쳤던 것은 예수님의 십자가 사역을 예표하는 것이었다. 즉 성전 제사는 그 자체로서 결론적 효력을 지녔던 것이 아니라 장차 있게 될 예수 그리스도의 십자가 사역과 연관되어 있었다.

우리가 기억해야 할 바는 예수께서 골고다 언덕 위에서 십자가에 달려 돌아가신 것은 실제적인 의미상 하나님의 거룩한 성소에 바쳐진 것과 같다는 사실이다. 따라서 그가 십자가에서 완전히 죽음으로써 거룩한 성소에 제물로 바쳐지게 되었다. 예수님이 숨을 거두실 때 성소 휘장이 위에서부터 아래까지 찢어졌다는 것은 그가 하나님의 거룩한 지성소에 바쳐지게 된 사실을 말해주고 있다.

이는 또한 예수님의 십자가가 성소 앞의 제단(祭壇)과 같은 역할을 했음을 의미한다. 구약시대 제사장들이 번제단에서 하나님께 어린 양을 바쳤듯이 완벽한 하나님의 어린 양이신 예수께서는 십자가 위에서 성전의 성소와 지성소를 통해 여호와 하나님께 제물로 바쳐졌다. 이로써 하나님 앞에 바쳐진 영원한 어린 양으로 말미암아 속죄(贖罪)를 위한 제사가 드려졌으며 하나님과 그의 백성 사이에 화해(reconciliation)가 이루어지게 되었다.

이처럼 거룩한 하나님의 어린 양이신 예수 그리스도가 지성소에 바쳐짐으로써 하나님께서는 그 완벽한 제물을 받으시고 분노를 누그러뜨리시게 되었다. 창세 전에 약속하신 자기 자녀들의 모든 죄악을 예수님이 지고 돌아가심으로써 저들의 죄를 용서하시는 기틀이 마련되었다. 그로 인해 하나님과 그의 백성들 사이에는 예수 그리스도를 통해 완벽한 화해가 이루어지게 된 것이다.

(2) 로마 군대의 백부장의 고백(막 15:39)

그와 같은 놀라운 사건이 진행되는 동안에도 어리석은 인간들은 그에 대한 인식이 전혀 없었다. 당시 이스라엘 민족의 최고 종교지도자들로 구성된 산헤드린 공회에 속한 대제사장들을 비롯한 서기관들과 장로들 가운데 절대다수는 그 사실을 깨닫지 못했다. 오만한 종교성에 빠져 있던 바리새인들과 사두개인들 역시 마찬가지였다.

사악한 유대주의자들이 예수님을 하나님의 아들 메시아로 고백하기는커녕 심하게 모독하고 있을 때 도리어 이방 출신의 한 사람이 그에 대해 고백을 했다. 십자가에 달린 예수님을 바라보고 있던 로마 군대의 고급 장교인 백부장이 예수님의 존재를 알아보았던 것이다. 그것은 물론 하나님의 전적인 은혜에 의한 것이었음이 분명하다.

그 백부장은 '이 사람은 진실로 하나님의 아들이었도다' 라는 고백을 했다. 그가 예수님이 하나님의 아들로서 이땅에 오신 그리스도라는 사실을 깨닫게 되었던 것이다. 그의 말 가운데는 로마인들과 유대인들의 악행에 대해 심판이 임하게 되리라는 선언적 의미가 내포되어 있었다.

아무것도 알지 못하는 로마의 군병들은 자기의 권세를 이용해 하나님의 아들을 십자가에 못 받는 악행을 저질렀다. 대제사장을 비롯한 유대주의자들은 구약성경을 입술에 달고 다니며 아브라함과 모세와 다윗이 저들의 조상이라 주장하면서도 하나님의 아들을 모독하고 죽이는 일에 앞장섰다. 그들은 한결같이 저들이 정당한 행동을 한 것으로 착각하고 있었다.

그런 중에 하나님께서는 로마 군대의 백부장을 통해 악한 자들의 범죄를 고발하는 선포를 하게 했다. 이는 곧 혈통적 유대인들과 혈통적 이방인 사이에 그로 인한 신앙적인 차별이 없어졌음을 말해주고 있다. 하나님께서는 오히려 유대인들이 부정하다고 여기는 이방인들에게 더 소중한 역할을 하도록 했다.

(3) 갈릴리 출신의 여인들(막 15:40, 41)

예수께서 십자가에 달려 돌아가신 골고다 언덕의 현장에는 수많은 사람이 모여서 그 모든 광경을 지켜보고 있었다. 거기에는 예수님의 어머니 마리아, 막달라 마리아, 세베대의 아내 살로메 등이 함께 있었다. 그들은 갈릴리에서 예수님과 함께 예루살렘으로 올라온 여인들이었다

(요 19:25, 참조).

우리가 이 본문을 통해 알 수 있는 점은 그 자리에 많은 남자들이 함께 있었으나 특별히 여인들의 이름만 언급되고 있다는 사실이다. 이는 남성 중심의 신앙환경에서 여인들이 차지하는 비중의 중요성을 말해주는 것으로 이해할 수 있다. 이것은 직분에 관한 것이 아니라 당시 남성 우월주의적 사고를 버리게 했다.

물론 우리는 구약시대의 제사장들이 남성이었으며 예수님의 열두 제자들 역시 모두 남자들이었음을 잘 알고 있다. 그 후 교회의 직분에 따른 질서 가운데서도 남성과 여성이 감당해야 할 사역이 따로 구별되어 있다. 이는 성별에 따른 우월주의적 성격이 아니라 직분의 질서와 연관된 의미를 지니고 있다.

그리고 부유한 예루살렘 출신의 지성인이 아니라 시골의 가난한 갈릴리 출신 여인들이 언급되고 있음을 눈여겨보아야 한다. 당시 예루살렘에 살고 있던 사람들은 자부심과 우월감을 가지고 있었던데 반해 시골 갈릴리 사람들은 저들로부터 크게 인정받지 못했다. 그런 형편 가운데서 갈릴리 여인들의 이름이 주로 소개된 것은 하나님의 복음이 남성과 여성 사이, 예루살렘과 갈릴리 사이에서 아무런 차등이 없는 보편적 성격을 지니게 된다는 선언적 의미를 드러내 보여주고 있다.

5. 예수님의 시신과 무덤 (막 15:42-47)

(1) 예수님의 시신(막 15:42-45)

예수님이 십자가에 달리신 날은 구속사적으로 역사상 마지막 유월절을 앞둔 안식일 전날이었다. 그날 우리 시간으로 아침 아홉 시부터 여섯 시간 동안 십자가에 달려 계시던 예수께서 오후 세 시가 되자 숨을 거두시게 되었다. 이제 육신의 생명을 끝낸 시신을 무덤에 장사지내야만 했다.

　그 상황에서 아리마대 출신의 요셉이 빌라도 앞으로 나아왔다. 죽은 예수님의 시신을 자기에게 내어달라는 것이었다. 그는 공회원으로서 하나님 나라의 도래를 기다리는 경건한 인물이었다. 아무리 그가 유대 민족의 권위를 가진 중요한 인물이었다고 할지라도 로마 총독 빌라도에게 가서 정치적 정죄를 받은 사형수였던 예수님의 시신을 내어달라고 요구하는 것은 당돌한 행동이 아닐 수 없었다.

　그의 요청을 듣고 나서야 본디오 빌라도는 비로소 예수가 숨을 거두고 죽었다는 사실을 알게 되었다. 하지만 실상을 확인하지 않은 상태에서 그의 말만으로 모든 것을 쉽게 받아들이기 어려웠다. 그리하여 총독부 산하 군대의 장교인 백부장을 불러 그가 과연 죽었는지 묻고, 죽은 지 얼마나 되었는가를 확인하고자 했다.

　백부장으로부터 소상한 보고를 받은 총독 빌라도는 예수가 죽었다는 사실을 확인하게 되었다. 그런 후에야 빌라도는 예수의 시신을 아리마대 요셉에게 내어주었다. 한편 유대인들 가운데 매우 민감한 인물로 간주하고 있는 예수의 시신을 로마 군대가 처리하는 것은 골치 아픈 일이 될 우려가 있기도 했다. 따라서 그 시신을 요셉에게 내어주는 것이 차라리 마음 편한 방법이었다.

(2) 예수님의 무덤과 장사(葬事)(막 15:46, 47)

　본디오 빌라도로부터 예수님의 시신을 받기로 한 아리마대 요셉은 세마포를 준비했다. 그는 십자가에 달린 예수님의 시신을 내려다가 새로운 세마포로 쌌다. 그리고는 바위 속에 파둔 무덤에 넣어두게 되었다. 그 무덤은 요셉이 자기가 묻히기 위해 미리 준비해 둔 새 무덤이었다(마 27:60).

　요셉은 예수님을 묻은 바위 무덤 입구에 큼직한 돌을 굴려 막았다.

그때 막달라 마리아와 요셉의 어머니 마리아가 그 진행되는 모든 과정과 예수님이 묻히게 된 장소를 지켜보게 되었다. 이처럼 예수님의 장례는 매우 간단한 방식으로 치러졌다. 만왕의 왕으로 이땅에 오신 하나님의 아들 메시아의 장례식으로는 지나치게 초라했다. 이와 같은 초라한 장례식은 일반적인 평범한 가정에서도 보기 어려운 일이었다.

우리가 여기서 기억해야 할 바는 그의 초라한 장례식이 주는 중요한 교훈적 메시지이다. 만일 영원히 무덤에 갇히게 될 세상의 권세 있는 왕이라면 거창한 장례를 치르는 것이 자연스럽다. 그러나 만왕의 왕이신 예수께서는 잠시 죽음에 이르게 되었으나 그는 반드시 다시 살아나시게 될 분이다.

그러므로 그의 장례식이 거창하게 치러질 아무런 이유가 없었다. 이는 그가 반드시 죽음을 이기고 부활하게 될 것이기 때문이었다. 십자가에 달려 돌아가신 예수께서 초라한 장례의 과정을 거쳐 바위 무덤에 묻히게 된 것은 구속사 가운데 진행되는 매우 중요한 의미를 지니고 있다.

우리가 여기서 기억해야 할 바는 죄에 빠진 인간들이 감히 하나님을 땅 속에 가두어버린 사악한 행태이다. 사실 모든 인간들이 그에 참여했다. 심지어 하나님과 예수 그리스도를 믿는 자들조차 그의 부활을 믿지 않음으로써 그와 동일한 편에 서 있게 되었다. 하지만 주님께서는 부활을 통해 궁극적인 승리를 거두시게 된 것이다.

제32장

안식 후 첫날 빈 무덤과 부활을 불신한 제자들

(막 16:1-13)

1. 부활을 믿지 않는 예수님 추종자들 (막 16:1)

예수께서 십자가에 매어 달린 채 돌아가신 것에 대해서는 각자의 관점에 따라 다양한 평가가 있었을 것이 틀림없다. 로마제국으로서는 비록 그를 정치적 반란자로 지목한 것이 아니었으나 상당한 문제를 일으킨 한 당파의 우두머리를 제거함으로써 골치 아픈 사건 하나를 해결한 것으로 생각했을 수도 있다. 총독부 당국자들에게는 오직 정치적인 셈법만 존재했다.

그에 반해 당시 산헤드린 공회와 그에 속한 유대주의자들은 승리의 개가를 불렀을 것이 분명하다. 자신을 하나님의 아들 메시아로 주장하던 예수가 십자가에 달려 죽었다는 것은 그의 주장이 허구였음이 드러난 것으로 받아들였기 때문이다. 나아가 저들에게는 누구든지 십자가를 지고 죽는다는 것은 저주를 의미하고 있었다.

그가 정말 하나님의 아들이자 메시아라면 어떤 경우라 할지라도 죽지 않고 살아야만 했다. 그들의 판단에는 그래야만 그가 세상을 구원할 메시아라는 사실이 입증된다고 생각하고 있었다. 그런데 그는 자기 자신의 생명조차 구하지 못하고 죽었다. 이는 그가 하나님의 아들이 아닐 뿐더러 메시아가 아니란 사실이 만천하에 드러난 것으로 여겼다. 그러니 그들은 이스라엘 민족을 어지럽히는 그가 처형된 것을 당연한 일이라 받아들였다.

그런데 문제는 예수님을 따라다니며 그가 메시아라는 사실을 믿고 있던 제자들이었다. 사랑하는 선생을 잃게 된 그들은 깊은 슬픔에 빠지지 않을 수 없었다. 나아가 그동안 메시아로 알고 추종해 왔는데 그가 죽었으니 더 이상 어떻게 해야 할지 모를 만큼 혼란스러웠을 것이 분명하다.

그렇지만 그를 따르던 자들 가운데는 하나님의 편에서 좋은 일을 하다가 돌아가신 예수님을 위해 예를 갖추어 그의 죽음을 마무리하고자 하는 자들이 있었다. 우리가 여기서 기억해야 할 바는 그들이 예수님이 죽음에서 다시 살아날 것이라 기대하지 않았다는 점이다. 예수께서는 그동안 자기가 죽었다가 다시 살아나게 되리란 사실을 여러 번 말씀하셨으나 받아들이지 않았다.

이는 예수님의 제자들과 그를 따르던 자들을 비롯한 모든 인간에게는 죽음에서 부활한 사실에 관해서는 상상도 할 수 없는 경험이 없는 세계였다. 즉 누가 죽어서 무덤에 묻혔다가 다시 살아나리라는 예언을 한 후 그 말대로 살아난 자가 있다는 이야기를 들어본 적이 없었다. 따라서 그들은 예수께서 하신 그 말씀이 상징성을 지닌 다른 의미를 담고 있는 것으로 받아들였다.

그러므로 예수님을 따라다니면서 그에게 고마운 마음을 가진 몇몇 여인들이 죽은 그를 위해 예를 갖추어 장례를 마무리하고자 했다. 예수님이 돌아가시는 것을 본 막달라 마리아와 야고보의 어머니 마리아와 또 살로메가 예수님의 시신에 향품을 발라 처리하기 위해 그것을 미리 사서 준비해 두었다. 그들은 예수님의 부활을 믿지 않은 채 인간적인 왜곡된 사랑과 충성심을 가지고 있었다. 그들은 그와 같이 장례를 마무리하는 것이 죽은 예수님에 대한 진정한 사랑의 표시라고 믿었던 것이다.

2. 십자가 사건 다음 안식 후 첫날 (막 16:2-4)

예수께서 십자가에 달려 돌아가신 후 사흘간 무덤에 계시는 동안 무덤 밖의 인간들은 앞에서 언급한 대로 제각기 복잡한 사고에 빠져 있었다. 그가 무덤에 묻혀 있었던 사흘은 대략 서른여섯 시간 정도 된다. 십자가에 달려 돌아가신 금요일 오후 세 시부터 무덤에 안치되는 데 약 세 시간 정도 소요된 것으로 본다면, 안식 후 첫날 아침 여섯 시경 부활하실 때까지 무덤 속의 시간은 그와 같은 계산이 나올 수 있다.

우리가 여기서 기억해야 할 중요한 내용은 예수께서 완전한 하루를 무덤에 계셨다는 사실이다. 이는 하나님께서 우주 만물을 엿새 동안 창조하시고 마지막 이레째 되는 날을 안식일로 정하신 것과 연관되어 있다. 그날은 하나님께서 친히 자신이 창조한 모든 피조 세계를 보시며 만족스러워하며 영광을 받으신 날이다.

그런데 사탄의 유혹에 빠진 아담이 죄를 범함으로 말미암아 그 안식일의 의미를 파괴하게 되었다. 구약성경에는 그 안식의 회복을 위해 율법과 규례를 통해 안식일을 지키며 언약의 궁극적인 회복을 기대하도록 하셨다. 따라서 구약시대 성도들은 매주 돌아오는 안식일에 모든 초점이 맞추어져 있었다.

이제 이땅에 메시아로 오신 하나님의 아들 예수께서 십자가 사역을 통해 하나님 앞에 거룩한 제물로 바쳐짐으로써 죄에 대한 근본적인 문제를 해결하시게 되었다. 그와 더불어 죽음 후에 그 안식일 하루를 온종일 무덤에 계심으로써 안식일의 의미를 완전히 회복하시게 된 것이다. 이제 그 안식이 회복됨으로써 안식 후 첫날 곧 오늘날 우리가 지키는 주일을 통해 그의 승리와 영광이 쟁취되었다.

그리고 그가 무덤에 계시는 동안 사탄의 편에 선 자들이 갇혀있는 지옥으로 내려가셨다. 우리가 흔히 말하는 지옥강하(地獄降下)가 이루어졌다. 이는 물론 시간상으로 계산할 일은 아니다. 즉 예수님이 십자가에 달려 돌아가신 후 무덤에 묻혔을 때 어느 기간 동안 지옥에 머무셨는가 하는 점은 알 수 없다. 그것은 인간이 이해할 수 없는 초월적 성격을 지니고 있기 때문이다.

예수께서 그때 지옥에 내려가신 것은 분명하다. 신약성경은 그에 관한 증언을 하고 있다(벧전 3:19). 예수께서 지옥으로 내려가신 중요한 목적은 자신의 승리를 사탄과 그에 속한 자들에게 선포하시기 위해서였다. 이는 사탄이 첫 사람 아담을 유혹하여 하나님께 저항하게 했으나 이제 그 사탄을 향해 두 번째 아담이신 예수 그리스도께서 궁극적인 승리를 거둔 사실을 선포하는 의미를 지니고 있다.

당시 인간들은 그 놀라운 비밀에 대해 아직 아무것도 알지 못하고 있었다. 하나님의 자녀들이라 할지라도 나중 그 사실이 계시가 되기 전까지는 몰랐다. 그와 같은 형편에서 예수님을 따라다니던 여인들 가운데 몇 사람이 안식 후 첫날 해가 돋을 즈음인 이른 아침에 그가 묻힌 무덤으로 갔다. 그들은 예수님의 부활을 믿었기 때문에 그곳으로 간 것이 아니라 부활을 믿지 않았기 때문에 그곳을 찾아갔던 것이다.

그런데 그들에게는 반드시 해결해야만 할 당면한 문제가 있었다. 예수님의 시신에 향품을 발라주기 위해서는 그가 묻힌 무덤 입구를 막은 무거운 돌을 굴려내야만 했다. 그 일은 힘센 남성들이 할 수 있었으며 나약한 여성들이 할 수 있는 일은 아니었다.

하지만 그들이 그 무덤에 도착해 보니 벌써 무덤 입구를 막았던 큰 돌이 굴러진 채 열려 있었다. 그것은 하나님께서 보내신 천사가 한 일이었다(마 28:2). 장례를 마무리하기 위해 아침 일찍 무덤을 찾아온 여인들은 전혀 예상치 못했던 의외의 상황에 맞닥뜨려 놀라지 않을 수 없었다.

3. 예수님의 빈 무덤과 부활하신 예수님 (막 16:5-7)

예수님의 시신에 향품을 발라줌으로써 장례를 마무리하기 위해 바위 무덤을 찾은 여인들은 열린 무덤 안으로 들어갔다. 무덤에 들어가서 보니 흰 옷을 입은 한 청년이 무덤의 오른편에 앉아있었다.[59] 죽은 사람의 시신이 있어야 할 무덤 안에서 살아있는 청년의 모습을 보고 놀라지 않을 수 없었다. 그는 하나님께서 보내신 천사였다.

그 천사는 당혹스러워하는 여인들을 향해 놀라지 말라고 했다. 그들이 십자가에 못 박혀 죽은 나사렛 예수를 찾는다는 사실을 알고 있다는 것이다. 그가 바로 그 무덤에 장사 되었으므로 그것은 지극히 당연한 일이었다.

그런데 그 천사는 예수님이 죽음에서 살아나셨다는 사실을 말했다. 그러니 그가 이제는 그곳에 계시지 않는다고 했다. 그가 부활해서 무덤으로부터 나가셨으므로 무덤 안에서 그를 찾을 수 없다는 것이다. 그리고 그의 시신이 놓여있던 자리를 가리키며 거기에 아무것도 없지 않냐며 그가 살아나신 사실을 확인해 주었다.

그리고 그 천사는 무덤 안으로 들어온 그 여인들을 향해 이제 곧장 베드로를 비롯한 예수님의 제자들에게 부활 사실을 알리도록 했다. 주님을 따르던 자들은 죽었던 예수님이 다시 살아난 상태였음에도 불구하고 아직 아무것도 모르고 있었다. 그들은 여전히 슬픔에 빠져 있었을

---

[59] 요한복음 20:12에는 흰 옷 입은 '두 천사'가 무덤 안에 있었다는 사실을 기록하고 있다. 그 가운데 한 천사는 시신이 놓여있던 곳의 머리쪽에 있었으며 다른 한 천사는 발쪽에 있었다고 했다. 한편 마가복음 16:5절에는 한 청년이 저들의 오른편에 앉아있는 것을 보았다고 했다. 그 말은 그들이 무덤 안으로 들어갔을 때 두 천사들 가운데 오른편에 앉은 천사를 먼저 보게 되었음을 말해 주고 있다.

뿐 그의 부활을 기대하지 않았다.

천사는 그 여인들을 향해 그런 제자들에게 가서 부활하신 예수님이 그들보다 먼저 갈릴리로 가시게 되리라는 사실을 전하도록 했다. 당시 제자들은 갈릴리로 돌아갈 수밖에 다른 방도가 없었다. 예수께서 십자가를 지신 후에는 그들이 예루살렘에서 할 일들이 없어져 버렸기 때문이다.

그러므로 제자들이 갈릴리로 돌아가게 될 사실을 알고 계시는 부활의 주님께서는 자기가 먼저 갈릴리 지역에 가기로 작정하고 계셨다. 예수님의 제자들 가운데 다수는 갈릴리로 돌아가서 예수님을 만나기 전에 옛날에 하던 일을 다시 시작하려고 마음먹고 있었다. 물론 세무 공무원이었던 마태의 경우는 복직하기 어려웠을 것이다. 하지만 베드로와 같은 어부들은 그렇게 하는 것이 어렵지 않았다.

제자들은 여러 가지 생각을 하는 가운데 걸어서 갈릴리로 가야 했을 것이다. 하지만 예수님은 그렇지 않았다. 과거 부활하기 전에는 제자들과 함께 길을 가며 식사를 하고 잠을 주무셨다. 하지만 부활하신 예수님은 다른 보통 인간들처럼 걸어서 장소를 이동하는 것이 아니라 초월적인 방법으로 그렇게 하셨다. 그 천사는 그 전에 이미 제자들에게 말씀하셨듯이 그들이 갈릴리에서 예수님을 뵙게 되리라고 말했다.

4. 무서워 떠는 갈릴리 출신 여인들 (막 16:8)

예수님의 시신이 묻힌 무덤을 찾아갔던 여인들은 진행되어가는 모든 상황을 지켜보며 매우 놀라게 되었다. 마땅히 시신이 놓여있어야 할 자리에 그 시신이 없다는 사실은 저들을 크게 당혹하게 만들었음이 분명하다. 그리고 그 무덤 안에 흰 옷을 입은 젊은 청년이 앉아 있었다는 점도 놀라게 하기에 충분했다.

거기다가 그 청년이 십자가에 달려 죽은 예수님이 다시 살아났다고 말하는 것도 받아들이기 어려운 일이었다. 또한 그 낯선 사람이 천사라는 사실을 그들이 미처 깨닫지 못했을 가능성이 크다. 여인들이 보기에 그는 처음 보는 젊은 청년이었을 뿐 외관상 특별히 이상한 모습을 보이고 있지는 않았다.

하지만 무덤을 찾은 여인들이 눈으로 직접 보고 확인한 바로는 예상치 못한 무슨 일이 발생한 것은 틀림없는 사실이었다. 무덤 안에 있던 청년이 죽은 예수님이 다시 살아났다고 주장한 점은 충격적이지 않을 수 없었다. 십자가에 달려 돌아가신 예수께서 부활하시게 된다는 것은 그전에 이미 여러 번 예언된 바였으나 가장 가까이서 그를 따라다니던 제자들조차도 쉽게 받아들이지 못하고 있었다.

우리가 보기에 놀라운 점은 예수님의 부활을 크게 기뻐해야 할 자들조차 전혀 그렇지 못했다는 사실이다. 그들은 그것을 두 눈으로 확인하고 그에 관한 증언을 귀로 들었음에도 기뻐하기는커녕 도리어 크게 당황하고 불안해하고 있었다. 그리하여 그들은 결국 두려움에 빠져 무덤에서 도망쳤다.

그러므로 그 여인들은 예수님의 무덤에서 일어난 사실에 대하여 아무에게도 말하지 못했다. 무덤 문이 열려 있었으며 예수님의 시신이 사라지고 없다는 것을 말하기가 어려웠다. 나아가 그가 죽음에서 부활하셨다는 실제적인 사실에 대해서 받아들이기가 쉽지 않았다. 무덤에서 나타났던 젊은 청년이 저들에게 전한 말도 다른 사람들에게 전할 수 없었다.

이와 같은 상황이 예수께서 부활하신 첫날 그의 무덤을 찾아갔던 여인들이 보인 실상이다. 이는 사람들 가운데 십자가에 달려 돌아가신 예수님의 부활을 믿거나 기다리던 자가 아무도 없었다는 점을 말해주고 있다. 항상 그와 함께 생활하던 여러 제자들과 그의 뒤를 따라다니던 갈릴리 여인들에게도 그의 부활에 대한 기대와 믿음이 전혀 없는 터에 다른 사람들은 두말할 나위가 없었다.

따라서 하나님 혼자서 자신의 약속에 따라 부활에 연관된 그 모든 일을 진행해 나가고 계셨다. 창세 전부터 맺어오신 언약을 통해 자기 백성을 구원하시기 위해서였다. 이는 그 모든 것이 하나님 홀로 예수 그리스도를 통해 그의 자녀인 우리를 위해 베푸신 전적인 은혜라는 사실을 말해주고 있다.

5. 막달라 마리아를 만난 부활하신 예수님 (막 16:9)

안식 후 첫날 이른 아침 죽음을 이기고 부활하신 예수께서는 막달라 마리아에게 나타나 보이셨다. 그는 항상 함께 다니던 열한 제자들이 아니라 막달라 마리아에게 나타나셨다. 그 여인은 주님께서 저에게 들린 귀신을 쫓아내 주신 적이 있는 인물이었다.

우리는 여기서 예수께서 자기가 특별한 권위를 위임한 제자들이 모인 자리에 먼저 나타나지 않은 사실을 생각해 볼 필요가 있다. 또한 그 제자들 가운데 한 사람에게 나타나신 것도 아니었다. 그는 오히려 한때 사람들로부터 멸시받던 막달라 마리아에게 부활하신 자신의 모습을 드러내 보이셨다.

예수께서 왜 그렇게 하셨을까? 물론 그에 대해 완벽한 이해를 하기란 쉽지 않다. 하지만 우리는 그 의미를 어느 정도 짐작해 볼 수 있다. 만일 제자들에게 먼저 자신을 보였으면 그들은 그것이 마치 대단한 일이라도 되는 양 인식하며 자신의 자랑거리로 삼지 않았을까 싶은 생각이 든다.

만일 제자들 가운데 한 사람에게 먼저 나타나셨다면 그는 자기가 예수님으로부터 가장 사랑받는 인물인 양 착각할 수도 있다. 예를 들어 요한에게 먼저 보이셨다면 그것을 자랑으로 여겼을 것이다. 아니면 마태나 야고보에게 먼저 나타나 대화를 나누었다면 그들이 우월감을 가지게 되었을지도 모른다.

하지만 부활하신 예수께서는 일곱 귀신이 들렸다가 치유받은 막달라 마리아에게 먼저 나타나 보이심으로써 그와 같은 분위기가 조성되는 것을 막으셨다. 주님께서는 제자들과 자기를 따르는 성도들에게 왜곡된 서열 문화가 생성되는 것을 막으셨다. 이는 물론 예수님의 제자들이 가진 권위 자체를 약화하는 것이 아님은 두말할 나위 없다. 이 가운데는 오늘날 우리 역시 배워야 할 소중한 교훈이 담겨 있음을 기억해야 할 필요가 있다.

6. 예수님의 부활 소식을 듣고 불신한 제자들 (막 16:10, 11)

무덤을 찾아갔던 여인들의 입술을 통해 예수께서 부활하셨다는 소문이 전해질 수밖에 없었다. 여전히 그들에게는 미심쩍어하는 마음이 완전히 가시지 않은 상태였다. 하지만 어떤 방식으로든 그에 연관된 말들이 외부로 퍼져나가게 되어 있었다.

한편 당시 예수님의 제자들을 비롯하여 그와 함께 활동하던 자들은 십자가 위에서 처참하게 사형당한 예수님으로 인해 괴로움에 빠져 있었다. 불과 얼마 전에 발생한 그 안타까운 일을 기억하며 슬픔에 울고 있었다. 오만한 로마인들과 기고만장한 유대주의자들이 만들어가는 분위기 가운데서 저들에게는 어떤 위로도 소용이 없었다.

그런 중에 부활하신 예수님을 만난 막달라 마리아가 그들이 모여 있는 곳으로 찾아갔다. 마리아는 그들에게 예수님이 죽음에서 부활하신 사실을 전했다. 예수님의 시신이 묻혀있던 무덤으로부터 사라졌으나 얼마 전 다시 살아난 모습으로 그가 자기를 찾아오셔서 직접 만나게 되었다는 것이다.

하지만 제자들을 비롯한 거기 모인 사람들은 마리아가 한 말을 믿지 않았다. 그들은 여전히 큰 괴로움을 이기지 못하고 있었을 따름이다. 예수님의 부활로 인해 크게 기뻐해야 할 시간에 깊은 슬픔에 빠져 있었다. 우리는 여기서 오순절 성령이 임하시기 전 개인적인 판단에 의존하던 자들의 지극히 어리석은 모습을 보게 된다.

7. 엠마오로 가는 노상(路上)의 부활하신 예수님과 제자들의 불신(막 16:12, 13)

그 후에 제자들 가운데 두 사람이 시골길을 걸어가고 있었다. 누가복음 24장 13절에서 31절 사이에는 이 사건에 관한 좀 더 구체적인 내용이 기록되어 있다. 즉 두 제자가 예루살렘에서 이십오 리 정도[60] 떨어진 엠마오로 가는 길 위에서 부활하신 예수님을 만나게 되었다.

하지만 두 제자는 그를 만나 함께 길을 걸어가며 대화를 나누면서도 그가 예수님이란 사실을 알아채지 못했다. 예수님과 제자들은 근래에 예루살렘에서 일어난 안타까운 사건에 관한 얘기를 하기도 했다. 그것은 유대인들의 산헤드린 공회가 예수님을 재판한 일과 로마제국의 총독 본디오 빌라도가 최종 사형을 선고하고 십자가 처형을 한 내용이 포함되어 있었다.

그리고 예수님의 시신이 무덤에 묻혔으나 그에 연관된 복잡한 소문이 나돌고 있다는 사실을 대화 가운데 떠올렸다. 그가 십자가에 달려 돌아가시고 나서 사흘이 지난 안식 후 첫날 아침 일찍 몇몇 사람들이 무덤을 찾아갔을 때 그의 시신이 사라지고 없어졌다고 주장한다는 점을 언급했다. 그리고 그들이 예수님이 죽음에서 살아났다고 말하는 천사를 본 사실에 관해서도 대화를 나누었다. 그때까지도 제자들은 함께 길을 가며 대화하는 그 분이 부활하신 예수님이란 사실을 전혀 깨닫지 못하고 있었다.

나중에 그들이 마을에 도착해 함께 식사하던 중 예수께서 저들의 눈

---

60) 이 거리는 7miles 가량의 거리(NIV, NASB)로, 대략 11km 정도(한글 현대인의 성경) 된다.

을 밝혀주시자 비로소 그가 부활하신 예수님이란 사실을 깨닫게 되었
다. 그들이 부활하신 예수님을 알아보지 못했던 것은 그가 그전과 '다
른 모양'으로 나타나셨기 때문이다(막 16:12). 이는 예수님의 외형적 모
습은 부활 전과 후가 확연히 달랐음을 말해주고 있다.

그 후 그들은 곧장 여러 제자가 모인 곳으로 돌아가서 엠마오 노상에
서 예수님을 만난 사건을 고했다. 근래에 있었던 예수님에 연관된 사건
에 대하여 그와 나누었던 대화를 포함해 전체적인 내용을 제자들에게
전했을 것이 분명하다. 그런데도 거기 모여 있던 자들은 예수께서 부활
하신 사실을 받아들이지 않았다.

제33장

부활의 주님께서 세우시는 교회

(막 16:14-20)

1. 예수님의 부활을 받아들이지 않은 제자들 (막 16:14)

나중 열한 명의 제자들이 모여 식사하는 자리에 부활하신 예수께서 나타나셨다. 그들은 예수님이 죽음을 이기고 살아난 사실을 여러 사람의 증언을 통해 들었음에도 믿지 않았다. 죽은 자가 살아난 것을 직접 본 경험이 없었을 뿐 아니라 그와 같은 이야기도 들은 바 없었기 때문이다.

그러므로 그들은 십자가 위에서 돌아가신 예수님이 살아났다는 사실을 받아들이기 어려웠다. 그런데 그에 대해서는 예수께서 살아 계실 때 이미 여러 차례 말씀하신 바였다. 자기가 죽었다가 반드시 다시 살아나게 된다는 것이었다.

그동안 예수님을 따라다닌 제자들이라면 그의 말씀을 믿는 것이 당연했다. 경험이 없는 세계에 관한 새로운 사건이라든지 동일한 사건에 관한 내용을 들어본 적이 없어서 이성적인 판단이 되지 않을지라도 그의 예언을 믿는 것은 제자로서 마땅한 도리였다. 예수께서는 그동안 제자들이 보는 앞에서 숱하게 많은 귀신을 쫓아내고 수많은 병자를 고쳐 주셨다.

나아가 심하게 몰아치는 파도를 말씀으로 잠재우는가 하면 죽은 사람을 살려내기도 하셨다. 그와 같은 놀라운 능력을 행하신 하나님 아들의 예언이라면 의심 없이 받아들이는 것이 지극히 당연했다. 그러나 그들은 하나님께서 보내신 메시아의 말씀을 온전히 받아들이지 않고 있었다.

그리하여 예수께서는 저들의 믿음 없는 것을 보시고 크게 꾸짖으셨다. 그것은 그들의 마음이 완악하여서 그 사실을 믿지 않고 있기 때문이라고 했다. 죄로 얼룩진 인간의 본성은 하나님을 온전히 믿는 것을 근본적으로 거부하는 속성을 지니고 있다. 더 큰 문제는 예수님이 죽음에서 살아난 것에 대한 증언을 들었음에도 그것을 받아들이지 않았다는 사실이다.

즉 하나님의 아들이신 예수님의 직접적인 예언과 여러 사람의 증언이 이중적인 보증이 됨에도 불구하고 제자들은 그 사실을 믿지 않았다. 이는 그들이 예수님의 부활을 믿게 되는 것은 저들의 개인적인 판단이 아니라 전적인 주님의 은혜에 근거한다는 사실을 말해주고 있다. 나중 오순절 성령께서 강림하시게 되면 성령의 도움을 통해 그들이 주님의 사역에 연관된 모든 진리를 깨닫게 되는 것이다.

이에 대해서는 오늘날 지상 교회에 속한 성도들 역시 주의를 기울여 받아들여야 한다. 우리는 주님께서 부활하신 현장을 직접 목격한 자들이 아니다. 하지만 부활하신 예수님을 현장에서 만난 믿음의 선배들의 증언을 듣고 그 실제 상황을 받아들이게 된다. 복음서에는 그에 관한 직접적인 증거들이 넘쳐나고 있으며 과거 역사 가운데 살아간 모든 성도를 통해 그 실상을 후대 교회 가운데 상속해 오고 있다.

2. 제자들을 향한 주님의 명령 (막 16:15, 16)

부활하신 예수께서는 제자들을 향해 온 천하에 다니며 만민에게 진리의 복음을 전파하라는 명령을 내리셨다. 이 말씀은 매우 중요한 의미를 지니고 있다. 예수님은 하나님의 어린 양으로서 십자가 사역을 통해 거룩한 성소에 제물로 바쳐지셨다.

그 주님께서 죽음을 이기고 부활하신 후 제자들을 향해 온 천하에 다니며 만민에게 복음을 전파하도록 명령하셨다. 구약시대가 완성되는 그때까지 하나님의 언약은 이스라엘 민족을 중심으로 형성되어 왔다. 그런데 주님의 십자가 사역과 부활 후에는 약속의 땅을 중심으로 하던 사역이 온 천하까지 그 지경이 넓어지게 되었다고 했다.

그리고 세상에 살아가는 모든 사람에게 복음을 전파하라는 명령을 내리셨다. 이는 유대인들을 중심으로 계승되어온 하나님의 말씀이 이방인들에게 개방된다는 사실을 말해주고 있다. 예수 그리스도를 통한 십자가 사역으로 말미암아 지역적으로는 예루살렘과 가나안 땅을 중심으로 하던 것이 온 천하로 넓어졌으며, 혈통적으로는 유대인 중심이던 것이 이방인들에게 완전히 개방되었다.

이 말은 예루살렘과 유대인들을 중심으로 하던 하나님의 언약이 천상의 예루살렘과 더불어 만천하에 이르게 된 점을 의미하고 있다. 이로 말미암아 하나님의 구원과 심판의 영역이 전 세계로 확장되었음을 보여준다. 이는 만민을 향한 복음의 개방성과 더불어 주님이 만왕의 왕이 된다는 사실을 선포하고 있다.

우리가 여기서 기억해야 할 바는 복음의 완성을 위해 예수님의 부활이 절대적인 기초가 되었다는 사실이다. 그것은 하나님을 위해 완벽한 제물이 된 주님으로 말미암아 하나님과 화해가 이루어졌으며 그와 더불어 사탄에 대한 승리가 이루어졌음을 말해준다. 이를 통해 이땅에서 완성될 하나님의 궁극적인 사역이 진행되어갔던 것이다.

이는 지상 교회의 설립과 직접적인 관련이 있다. 그래서 하나님께 속한 자들에게는 예수 그리스도와 그의 모든 사역을 믿고 받아들이는 것이 구원의 기초가 된다. 그것은 물론 인간의 판단에 따른 개별적인 결단이 아니라 전적인 하나님의 은혜로 말미암아 이루어진다. 그로 인해 세례를 받는 자는 영원한 구원을 얻게 된다.

이 말은 이제 곧 지상에 세워지게 될 교회의 의미와 더불어 모든 것을 주님께 맡기고 그에게 의지해야 한다는 사실에 연관되어 있다. 예수님을 온전히 믿는다는 것은 자신에 대한 부인(否認)을 동반하게 된다. 그리고 세례를 받는다는 것은 타락한 이 세상에서 욕망을 추구하는 삶을 포기한다는 의미를 지니고 있다.

그와 달리 주님과 그의 사역을 믿지 않는 자들의 불신(不信)은 정죄의 근거가 된다. 그런 상태에서는 자기를 포기하고 하나님께 속하게 되는 참된 세례를 받을 수 없다. 그렇게 되면 예수께서 십자가에 달리심으로써 세우신 교회와 그 가운데 허락되는 그의 살과 피로 연결된 신령한 음식을 먹지 못해 생명을 공급받을 수 없게 되는 것이다.

3. 믿는 자들에게 허락된 표적 (막 16:17, 18)

예수께서는 메시아인 자기의 십자가 사건과 부활을 믿는 성도들에게 따르게 될 표적에 관한 말씀을 하셨다. 그것은 저들이 자기 이름으로 더러운 귀신을 쫓아내며 새 방언으로 말하게 되리라는 것이었다. 이 의미를 일반적인 관점에서 생각하듯 귀신들린 사람들로부터 그 귀신을 쫓아내고, 다른 사람들이 알아듣지 못하는 구술 언어로서 새로운 방언을 말하게 되리라는 의미를 생각할 수 있다.

하지만 우리는 좀 더 넓은 관점에서 이 말씀을 이해할 필요가 있다. 즉 예수님의 이름으로 귀신을 쫓아낼 것이란 말씀은 사람들을 지배하는 사탄과 그 졸개인 귀신의 세력을 쫓아내는 것에 연관된 것으로 받아들일 수 있다. 그 악한 세력을 물리치고 하나님의 능력을 받아들임으로써 그에 속한 성도가 되는 것이다.

그리고 새 방언을 말하게 되리라는 말의 의미 역시 단순히 입술로 말하는 구술적인 것 이상의 의미를 지닌 것으로 이해할 수 있다. 그것은 신약성경을 통한 하나님의 계시와 연관된 것으로 받아들이는 것이 자연스럽다. 계시로 주어진 하나님의 말씀은 모든 사람이 알아들을 수 있는 것이 아니라 하나님의 자녀들에게 주어진 것이다.

예수께서 승천하신 후 오순절 강림 때 있었던 특별한 방언은 언어가 다른 다양한 종족들에게 하나님의 큰일을 선포하기 위한 것이었다. 언약의 백성들은 각기 자신의 방언을 듣고 그 의미를 깨달아 알았으나 그렇지 않은 자들은 그 말을 알아듣지 못한 채 오히려 조롱하게 되었다(행 2:1-13).

또한 사도 바울이 고린도 교회를 향해 언급한 방언도 하나님의 계시를 전하는 역할을 하게 되었다(고전 14:20-33, 참조). 하나님의 특별한 은사로서 말하게 되는 방언은 신령한 질서 가운데 행해져야만 했다. 그런데 그 방언은 모든 사람이 다 알아들을 수 있는 것이 아니라 하나님께 속한 자들이 그 역사하시는 방법에 따라 깨달을 수 있었다.

이와 같은 관점에서 방언의 본질적인 의미를 염두에 둔다면 예수께서 하나님을 믿는 성도들이 장차 새 방언으로 말하게 되리라고 하신 말씀의 실상을 좀 더 쉽게 이해할 수 있다. 즉 그 말씀을 성경의 기록 계시와 연관된 것으로 받아들이는 것이 자연스럽다. 불신자들은 그와 같은 특별한 방언을 알아듣지 못한다.

그에 반해 하나님께 속한 자들은 성령 하나님의 도우심에 따라 그 내용을 깨달아 말하게 된다. 그것은 하나님의 은혜로 말미암아 허락된 참된 지혜에 근거하고 있다. 따라서 지상 교회에 속한 모든 성도는 세상 사람들이 알지 못하는 그 방언을 말하며 영원한 기쁨에 참여하게 된다. 그것이 모든 믿는 자들에게 허락된 중요한 표적이 되는 것이다.

예수께서는 또한 하나님의 자녀들을 향해 장차 그 전과 다른 상황이 전개될 것이라는 사실을 말씀하셨다. 성도들이 손으로 뱀을 잡거나 무슨 독을 마실지라도 해를 받지 않으리란 것이었다. 이는 상식적이라 말하기 어렵다. 지금이라도 하나님의 자녀라는 이유만으로 독이 있는 뱀을 잡거나 독을 마시면 해를 입을 수밖에 없다.

그럼에도 불구하고 예수께서 그와 같은 말씀을 하신 의도는 무엇일까? 아마도 이 세상의 어떤 것도 하나님을 믿고 예수 그리스도를 신앙하는 성도들을 위협하지 못한다는 사실을 말하는 것으로 보인다. 아무리 무서운 뱀을 손으로 잡는다고 할지라도 겁낼 필요가 없듯이 세상에서 두려운 존재는 아무것도 없다.

나아가 설령 독을 마셔도 아무런 문제가 없는 것처럼 세상의 어떤 위험한 것이라 할지라도 하나님의 자녀를 근본적으로 해치지 못한다. 따라서 하나님의 자녀들은 이 세상을 살아가면서 하나님을 의지하고 담대한 마음 자세를 취해야 한다. 세상에는 성도들을 위협할 만한 두려운 것이 아무것도 없기 때문이다.

예수님의 이 말씀은 궁극적으로 그의 십자가 사역에 연관된 것으로 보인다. 첫 사람 아담을 유혹해 사망의 구렁텅이에 빠뜨린 뱀 곧 사탄은 더이상 두려워할 필요가 없다. 그가 퍼뜨리는 어떤 독을 마실지라도 하나님의 자녀들은 해를 입지 않는다. 이는 예수 그리스도의 십자가 사역으로 말미암아 허락된 능력이 사탄의 어떤 공격이라 할지라도 능히 억누를 수 있기 때문이다.

그리고 예수께서는 하나님을 믿는 성도들이 병든 사람에게 손을 얹으면 그가 낫게 되리라는 사실을 말씀하셨다. 이 역시 매우 주의 깊은 해석을 요하고 있다. 이는 예수를 믿는 사람들이 살아가는 지역에는 더이상 의사와 약이 필요 없다는 것을 의미하지 않는다. 예수님의 그 말씀은 육체적, 정신적, 영적 질병으로 말미암아 세상에서 소망이 끊어진 듯한 사람들에게 믿음의 손을 얹어 안수함으로써 그들이 하나님 안에서 새로운 삶을 얻게 된다는 의미로 받아들이는 것이 자연스럽다.

4. 부활하신 주님의 승천과 영광의 보좌 (막 16:19)

부활하신 예수께서는 제자들에게 여러 교훈을 주신 후 천상의 나라로 승천하셨다. 원래부터 그가 계시던 곳으로 올라가신 것이다. 성경에는 그가 영원한 천상에서 성부 하나님의 우편에 앉아 계신 사실을 언급하고 있다.

예수님의 승천에 대해서는 사도행전에 소상하게 기록되어 있다(행 1:6-11). 예수님의 제자들을 비롯한 여러 성도가 모인 자리에서 하늘로 올라가셨다. 제자들은 그곳에서 이스라엘 왕국의 회복에 관한 질문을 했다. 그러자 주님께서는 그 완성의 때가 성부께 달려있다는 점과 더불어 자기가 승천한 후 성령이 임하게 되리란 사실을 말씀하셨다.

그리고는 여러 사람이 보는 가운데 천상의 나라로 올라가시게 되었다. 당시 하늘에 떠 있던 구름으로 인해 그 광경을 끝까지 지켜볼 수 없었다. 그는 승천하여 영광의 보좌가 있는 천상에 이르게 되었다. 그때 흰 옷 입은 두 천사가 거기 모인 제자들을 향해 그의 재림에 관한 예언을 했다.

> "갈릴리 사람들아 어찌하여 서서 하늘을 쳐다보느냐 너희 가운데서 하늘로 올리우신 이 예수는 하늘로 가심을 본 그대로 오시리라" (행 1:11)

부활하신 예수께서는 이 세상에서의 모든 사역을 완성하신 후 천상의 나라로 승천하셨다. 성자 하나님이신 그는 그때부터 지금까지 천상의 나라의 성부 하나님 우편에 앉아계시면서 영광을 받으시는 가운데 지상 교회를 돌아보고 계신다. 죄에 빠진 세상에 대한 최종 심판의 날까지 그 일은 지속된다.

예수께서 친히 약속하시고 천사들이 증거했듯이 때가 되면 그가 이 땅에 재림하신다. 그때는 초림하실 때처럼 소박한 모습이 아니라 영광스러운 왕으로 오셔서 세상의 모든 것에 대해 심판을 하신다. 그가 모든 사람을 최종 심판대에 세우시되, 십자가의 대속에 참여한 자들은 특별히 분류된다. 즉 죄를 용서받은 성도들은 무서운 심판을 면하여 의로운 자로 분류되어 영원한 천국으로 들어가게 되는 것이다.

5. 주님의 역사와 증거 (막 16:20)

부활하신 예수께서 승천하신 후 그의 제자들은 주님의 말씀에 온전히 순종했다. 그들은 진리의 복음을 전파하기 위해 여러 지역을 두루 다녔다. 하나님께 속한 백성이면서도 아직 그에 대한 깨달음이 없는 자들을 향해 하나님의 복음을 전하기 위해서였다.

제자들이 하나님의 말씀을 선포했으나 저들 스스로 그 일을 감당한 것이 아니었으며 저들만 따로 있었던 것도 아니었다. 눈에 보이지 않았지만, 예수께서 항상 저들과 함께 계시면서 역사하셨기 때문이다. 이는 천상에 계신 주님께서 지상의 제자들과 함께 있으면서 친히 역사하고 계신다는 사실을 말하고 있다.

이 일은 나중 제자들의 신앙과 삶을 상속받은 지상 교회에 속한 모든 성도에게도 마찬가지로 적용되어야 한다. 하지만 성숙한 신앙을 가지지 못한 어린 성도들은 함께 계시면서 역사하시는 주님을 보지 못하고 그것이 마치 자신의 종교적인 열정으로 인한 사역인 양 착각하기도 한다. 또한 그들의 입술을 통해 하나님의 복음과 진리를 전해 받는 어린 교인들 역시 마찬가지다.

하나님께서 친히 역사하신 결과로 말미암아 주님의 복음을 받으면서도 단순히 유능한 제자들을 통해 복음을 소개받은 것으로 여기는 자들이 많이 있다. 그들은 하나님의 도우심에 의해 그렇게 된 사실을 미처 깨닫지 못하고 있다. 하지만 그 모든 것은 십자가에 달려 돌아가신 후 부활 승천하신 주님으로 말미암은 것이다.

그러므로 제자들의 복음 전파 사역에는 앞에서 언급한 표적들이 따르게 된다. 그것은 주님의 이름으로 귀신을 쫓아내고, 새 방언을 말하는 것과, 뱀을 집으며, 어떤 독을 마실지라도 해를 받지 않으며, 병든 사람에게 손을 얹으면 낫게 된다는 것과 연관되어 있다(막 16:17, 18). 이는 특별한 경우에 일시적으로 생기는 현상이 아니라 일반적으로 드러나게 된다.

우리가 관심을 기울여야 할 바는 귀신을 쫓아내는 일과 새 방언을 말하는 것은 상극(相剋)의 관계에 놓여있다는 점이다. 그리고 뱀을 집으며 어떤 독을 마시는 것과 해를 받지 않는 것은 서로 반대 성격을 지니고 있다. 또한 병든 사람과 그의 병이 낫는 것 역시 정반대의 실상을 보여주고 있다.

이처럼 하나님의 복음을 전파하는 과정에서 그것을 받아들이는 자들에게는 악하고 부정적인 요소가 떠나게 되며, 그 대신 선하고 긍정적인 내용으로 다가서게 된다. 그로 말미암아 하나님의 말씀이 확실히 증거된다. 하나님께서는 역사 가운데 이와 같은 신령한 일을 진척시키시며, 하나님의 나라를 견고히 세워가신다.

〈성구색인〉

구 약

신 약